KB022201

## 독자의 1초를
## 아껴주는 정성을
## 만나보세요!

세상이 아무리 바쁘게 돌아가더라도 책까지 아무렇게나 빨리 만들 수는 없습니다.

인스턴트 식품 같은 책보다 오래 익힌 술이나 장맛이 밴 책을 만들고 싶습니다.

땀 흘리며 일하는 당신을 위해 한 권 한 권 마음을 다해 만들겠습니다.

마지막 페이지에서 만날 새로운 당신을 위해 더 나은 길을 준비하겠습니다.

# 알고리즘 산책

## 수학에서 제네릭 프로그래밍까지

알렉산더 A. 스테파노프, 다니엘 E. 로즈 지음 | 서환수 옮김

길벗

# 알고리즘 산책: 수학에서 제네릭 프로그래밍까지

From Mathematics To Generic Programming

**초판 발행** • 2018년 5월 31일
**초판 3쇄 발행** • 2020년 8월 31일

**지은이** • 알렉산더 A. 스테파노프, 다니엘 E. 로즈
**옮긴이** • 서환수
**발행인** • 이종원
**발행처** • (주)도서출판 길벗
**출판사 등록일** • 1990년 12월 24일
**주소** • 서울시 마포구 월드컵로 10길 56(서교동)
**대표 전화** • 02)332-0931 | **팩스** • 02)323-0586
**홈페이지** • www.gilbut.co.kr | **이메일** • gilbut@gilbut.co.kr

**기획 및 책임 편집** • 한동훈(monaca@gilbut.co.kr) | **디자인** • 배진웅 | **제작** • 이준호, 손일순, 이진혁
**영업마케팅** • 임태호, 전선하, 지운집, 박성용, 차명환 | **영업관리** • 김명자 | **독자지원** • 송혜란, 정은주

**교정교열** • 이미현 | **전산편집** • 남은순 | **출력 • 인쇄** • 북토리 | **제본** • 신정문화사



**ISBN** 979-11-6050-488-0 93000 (길벗 도서번호 006732)

**정가** 26,000원

**알렉산더 A. 스테파노프(Alexander A. Stepanov)**

모스크바 국립대학교에서 1967년부터 1972년까지 수학을 공부했다. 프로그래밍은 1972년부터 시작했는데 처음에는 소련에서 그리고 1977년 후로는 미국에서 계속 프로그래밍을 했다. 운영 체제, 프로그래밍 툴, 컴파일러와 라이브러리를 만들었다. GE, 폴리테크닉 대학교, 벨 연구소, HP, SGI, 어도비의 지원을 받아 프로그래밍 기초에 관한 일을 해 왔으며 2009년부터는 아마존의 검색 기술 자회사인 A9.com에서 일하고 있다. 1995년에는 C++ 표준 템플릿 라이브러리(Standard Template Library, STL) 설계에 대한 공로를 인정받아 Dr. Dobb's Journal의 Excellence in Programming Award를 받았다.

**다니엘 E. 로즈(Daniel E. Rose)**

애플, 알타비스타, 지고(Xigo), 야후, A9.com에서 관리자 업무를 맡아온 연구원이다. 인덱스 압축을 위한 저수준 알고리즘에서 웹 검색, 인간-컴퓨터 상호작용에 이르기까지 검색 기술 전반에 대한 연구를 수행해 왔다. 애플에서는 매킨토시용 데스크톱 검색기능을 만든 팀을 이끌었다. 하버드 대학교에서 학부를 마치고 캘리포니아 주립대 샌디에이고 캠퍼스에서 인지과학 및 전산학 박사 학위를 받았다.

**서환수**

서울대학교 물리학과에서 박사 학위를 받고 지금은 경기도 모처의 기업 연구소에서 나노과학을 연구하고 있다. 유치원에 들어가기 전부터 아무것도 모르고 물리학을 하겠다고 마음먹은 이후로, 40대 중반에 이른 지금까지도 "어떤 사람이 되고 싶으냐?"라는 질문을 받으면 "훌륭한 과학자요"라고 대답하고 있다.

몇 년 전 안타깝게 이 세상을 떠난 스티브 잡스는 잘 알려진 스탠퍼드 대학교 졸업식 축사에서 자신이 캘리그래피를 배웠던 이야기를 꺼냈다. 대학 공부에 흥미를 못 느껴 중퇴한 뒤 방황하며 친구 방에 얹혀 지내던 시기, 잡스는 순전히 글씨의 아름다움에 매료되어 캘리그래피를 배웠다. 잡스가 캘리그래피를 배우던 시기에 옆에 누군가가 취업 준비라든가 뭔가 도움이 될 만한 공부를 하는 게 낫지 않겠냐며 잔소리를 했을지도 모르겠다. 하지만 그는 그냥 재미와 호기심 때문에 캘리그래피를 배웠고, 캘리그래피의 기초는 훗날 매킨토시를 개발할 때 제대로 된 그래픽 사용자 인터페이스를 만드는 데 있어서 아주 중요한 밑바탕이 되었다. 그가 캘리그래피를 배우지 않았다면 우리는 지금보다 한참 못난 인터페이스를 마주하며 살고 있을지도 모를 일이다.

이렇게 먹고 사는 데 도움이 되어 보이지 않는 것이 훗날 큰 파급효과를 미치는 것을 우리는 학문 분야에서도 종종 보곤 한다. 빛이 어떤 식으로 움직이는지 궁금해했던 사람들의 쓸데없는 행동이 오랜 시간 다듬어지고 정교해져서 지금의 광통신 같은 것의 기반이 될 수 있었고, 눈에 보이지도 않는 작은 원자, 전자들의 성질을 알아내기 위해 만들어진 양자역학이 지금의 반도체와 컴퓨터의 기반이 되어 이 세상을 움직이고 있다.

제네릭 프로그래밍의 밑바탕에는 일반화, 추상화라는 개념이 깔렸고, 이는 수학에서 가장 중요한 주제 가운데 하나라고 할 수 있다. 이 책은 주로 정수와 대수에 초점을 맞추면서 수학과 제네릭 프로그래밍이 어떻게 맞물려가는지 보여준다. 일상생활에는 전혀 도움이 되지 않을 것 같았던 정수론이 지금은 우리 삶에 있어서 필수불가결하다고도 할 수 있는 암호화의 바탕을 이루게 된 과정을 배울 수 있는 흥미로운 책이다.

생각보다 엄청나게 늘어진 번역 일정을 끈기와 인내로 받아준 한동훈 차장님께 감사의 마음을 전하고 싶다. 그리고 가족들에게 그다지 친절하지 못한 남편이자 아빠를 항상 응원해주는 아내 혜선, 그리고 세 아들 정언, 정인, 정후에게 사랑의 마음을 전한다.

- 서환수

전산학이 수학으로부터 분리되면서부터 양쪽이 모두 망가지고 말았다. 이 책의 근간이 된 강의는, 고대로부터 시작되어 우리 문명의 태초로 돌아가는 것인 동시에 가장 근대적인 것으로 나아가는, 이 둘을 다시 합칠 방법을 보여주기 위한 시도의 일환이다.

나는 나의 절친 댄 로즈 밑에서 제네릭 프로그래밍 원리를 검색 엔진 설계에 적용하는 일을 했는데, 천만다행으로 중구난방이라고 할 수 있었던 강의를 잘 정리하여 책으로 엮어낼 수 있었다. 우리가 함께 만든 이 책을 독자들이 즐겁게 읽어주기를 바라 마지않는다.

– 알렉산더 A. 스테파노프

이 책은 2012년에 알렉산더 스테파노프가 A9.com에서 했던 "알고리즘 여행" 강의를 바탕으로 만들었다. 알렉산더와 나는 그 강의록을 책으로 만드는 과정에서 제네릭 프로그래밍과 그 수학적 기반을 중심으로 더 좋은 스토리를 만들 수 있겠다는 것을 깨달았다. 그 과정에서 주제를 전반적으로 재구성하고 전체 스토리에서 벗어나는 집합론 및 논리학에 관한 내용은 전부 덜어내야 했다. 그리고 수학 지식이 조금 부족한 독자들도 제대로 이해할 수 있도록 일부 내용은 보강하거나 생략하기도 했다.

알렉산더는 수학 전공이지만 나는 아니다. 꽤 이해하기 어려운 부분도 있었는데, 그 경험을 되살려 일부 내용에 대해서는 좀 더 자세한 설명을 덧붙였다. 혹시라도 어떤 내용을 수학자들과 조금 다른 방식으로 설명했다거나, 다른 용어를 사용했다거나, 중간 과정을 건너뛰었다면 모두 내 책임이다.

– 다니엘 E. 로즈

이 책이 만들어지기까지 수고해 준 모든 분께 감사드린다. A9.com의 경영진들은 맨 처음부터 이 프로젝트를 적극적으로 지원해주었다. 빌 스타지오는 이 책의 바탕이 된 강의 개설을 추진했으며 우리가 제안한 몇 가지 선택지 가운데 주요 주제를 선정해 주었다. 브라이언 핑커튼은 강의를 들었을 뿐 아니라 그 강의 내용을 책으로 정리하겠다는 생각에 큰 용기를 보태주었다. 2004-2005년에 알렉산더가 어도비에서 비슷한 강의를 할 때 함께 했던 매트 마커스에게도 고마움을 전하고 싶다.

검색을 위한 기초 자료구조 및 알고리즘 팀의 다른 멤버들도 그 과정에서 중요한 역할을 했다. 아닐 강골리는 강의 내용의 윤곽을 잡는 데 도움을 주었으며 라이언 에른스트는 프로그래밍 인프라를 제공했고 파람지트 오베로이는 집필 단계에서 매우 값진 피드백을 해 줬다. 덕분에 항상 즐겁게 일할 수 있었고 그들의 도움에 대해 고맙게 생각한다.

애디슨 웨슬리의 편집자 피터 고든과 그렉 도엔치, 편집장 존 풀러, 제작 편집인 메리 케젤 윌슨, 교열 담당 질 홉스, 조판 담당 및 레이텍 전문가 로리 휴즈에게도 감사드린다. 덕분에 엉성했던 우리 원고가 깔끔한 책으로 완성될 수 있었다.

마지막으로 이 책의 초안을 읽고 코멘트를 해 주고, 오류를 수정해 주고, 의견을 내는 등 여러모로 도와준 여러 친구와 가족, 동료들에게도 고마운 마음을 전하고 싶다(가스퍼 아즈만, 존 배닝, 신디아 드워크, 허난 에펠만, 라이언 에른스트, 아닐 강골리, 수잔 그루버, 존 칼브, 로버트 레어, 드미트리 레시너, 톰 런던, 마크 매내스, 폴 맥존스, 니콜라스 니콜로프, 고어 니샤노프, 파람지트 오베로이, 션 페어런트, 페르난도 펠리치오니, 존 라이저, 로버트 로즈, 스테판 바지아스, 아담 영). 덕분에 훨씬 좋은 책이 만들어질 수 있었다.

## 1장 이 책에 관하여 ····· 017

1.1 프로그래밍과 수학 019
1.2 역사적인 관점 020
1.3 미리 알아야 할 것 021
1.4 로드맵 022

## 2장 첫 번째 알고리즘 ····· 025

2.1 이집트인의 곱셈 027
2.2 알고리즘 개선 031
2.3 마무리 036

## 3장 고대 그리스의 정수론 ····· 037

3.1 정수의 기하학적인 성질 038
3.2 소수 걸러내기 042
3.3 코드 구현 및 최적화 045
3.4 완전수 052
3.5 공측도 057
3.6 공측도 개념의 치명적인 약점 060
3.7 마무리 065

## 4장 유클리드의 알고리즘 ····· 067


4.1 아테네와 알렉산드리아 **068**

4.2 유클리드의 최대공약수 알고리즘 **073**

4.3 수학이 없는 밀레니엄 **079**

4.4 영의 기묘한 역사 **081**

4.5 나머지와 몫 알고리즘 **084**

4.6 코드 공유 **088**

4.7 알고리즘 유효성 검증 **092**

4.8 마무리 **094**


## 5장 근대 정수론의 시초 ····· 095


5.1 메르센 소수와 페르마 소수 **096**

5.2 페르마의 작은 정리 **103**

5.3 상쇄 **107**

5.4 페르마의 작은 정리 증명 **113**

5.5 오일러의 정리 **116**

5.6 모듈러 산술 응용 **121**

5.7 마무리 **123**

## 6장 수학에서의 추상화 ····· 125

6.1 군 126

6.2 단항과 반군 131

6.3 군에 관한 정리 몇 가지 134

6.4 부분군과 순환군 138

6.5 라그랑주 정리 141

6.6 이론과 모형 147

6.7 범주 이론과 비범주 이론의 예 151

6.8 마무리 155

## 7장 제네릭 알고리즘 유도 방법 ····· 157

7.1 알고리즘 요구조건 매듭 풀기 158

7.2 A에 대한 요구조건 160

7.3 N에 대한 요구조건 164

7.4 새로운 요구조건 167

7.5 곱셈에서 거듭제곱으로 169

7.6 연산 일반화 171

7.7 피보나치 수 계산 176

7.8 마무리 180

## 8장 기타 대수구조 ····· 181

8.1 스테빈, 다항식 그리고 최대공약수 182
8.2 괴팅겐과 독일의 수학자들 190
8.3 뇌터와 추상대수학의 탄생 197
8.4 환 199
8.5 행렬 곱과 반환 203
8.6 응용: 소셜 네트워크와 최단 경로 206
8.7 유클리드 영역 208
8.8 체와 기타 대수구조 210
8.9 마무리 211

## 9장 수학 지식 체계화 과정 ····· 215

9.1 증명 216
9.2 첫 번째 정리 220
9.3 유클리드와 공리적 방법 223
9.4 비유클리드 기하학 226
9.5 힐베르트의 형식주의 접근법 231
9.6 페아노와 그의 공리 234
9.7 산술 구축하는 법 239
9.8 마무리 243

## 10장 기초 프로그래밍 개념 ····· 245

10.1 아리스토텔레스와 추상화 246
10.2 값과 유형 250
10.3 개념 251
10.4 반복자 255
10.5 반복자의 범주와 연산, 속성 257
10.6 구간 262
10.7 선형 검색 265
10.8 이진 검색 267
10.9 마무리 273

## 11장 순열 알고리즘 ····· 275

11.1 순열과 호환 276
11.2 구간 맞바꾸기 281
11.3 회전 285
11.4 순환 사용법 290
11.5 뒤집기 296
11.6 공간 복잡도 301
11.7 메모리 적응형 알고리즘 302
11.8 마무리 304

## 12장 GCD 확장 ····· 305

12.1 하드웨어의 제약과 더 효율적인 알고리즘 306
12.2 슈타인 알고리즘 일반화 310
12.3 베주 항등식 314
12.4 확장된 GCD 319
12.5 GCD의 응용 325
12.6 마무리 326

## 13장 실전 응용 ····· 329

13.1 암호학 330
13.2 소수 여부 검사법 334
13.3 밀러-라빈 테스트 337
13.4 RSA 알고리즘의 작동 원리 341
13.5 마무리 345

## 14장 결론 ····· 347

## 15장 읽을거리 ····· 351

## 부록 A 표기법 ····· 361

## 부록 B 일반적인 증명 기법 ····· 367


B.1 귀류법 **368**

B.2 수학적 귀납법 **369**

B.3 비둘기집 원리 **370**


## 부록 C C++의 기초 ····· 373


C.1 템플릿 함수 **374**

C.2 개념 **375**

C.3 선언 구문과 유형이 정해진 상수 **377**

C.4 함수 객체 **378**

C.5 전제 조건, 사후 조건 그리고 assert 구문 **379**

C.6 STL 알고리즘과 자료구조 **380**

C.7 반복자와 구간 **382**

C.8 C++11의 using을 이용한 유형 앨리어스와 유형 함수 **384**

C.9 C++11의 리스트 초기화 **385**

C.10 C++11의 람다 함수 **385**

C.11 inline 지시자에 관하여 **386**


## 부록 D 참고문헌 ····· 389


찾아보기 **395**

# 1 장

# 이 책에 관하여

수학을 알지 못하면
이 세상 아무것도 알 수 없다.

_ 로저 베이컨, 〈대저작(Opus Majus)〉

이 책은 프로그래밍에 관한 책이지만 다른 프로그래밍 책과는 다르다. 이 책에서는 알고리즘과 코드 외에도 고대에서 20세기에 이르기까지의 다양한 수학적인 발견에 관한 수학적인 증명과 역사적인 설명을 함께 소개한다.

조금 더 구체적으로 말하자면 이 책은 제네릭 프로그래밍(generic programming)에 관한 책인데 제네릭 프로그래밍은 1980년대에 처음 만들어졌으며 1990년대에 C++ 표준 템플릿 라이브러리(Standard Template Library, STL)가 탄생하면서부터 점점 널리 알려지게 되었다.

**정의 1.1** 제네릭 프로그래밍이란 대부분의 일반적인 설정에서 효율 저하 없이 작동할 수 있도록 알고리즘과 자료구조를 설계하는 데 초점을 맞춘 프로그래밍에 대한 접근법이다.

STL을 써 봤다면 "잠깐, 제네릭 프로그래밍이 이게 다야? 템플릿이나 반복자 특성(trait) 같은 얘기는 안 나오네?" 하는 생각이 들지도 모른다. 그런 것들은 해당 언어에서 제네릭 프로그래밍을 지원할 수 있게 해 주는 도구이며 그런 요소들을 효과적으로 사용하는 법을 익히는 것은 매우 중요하다. 하지만 제네릭 프로그래밍은 특정 도구나 기능을 모아놓은 것보다는 프로그래밍에 대한 마음가짐에 더 가깝다.

우리는 "이런 식으로 코드를 작성하려고 하는" 마음가짐을 모든 프로그래머가 받아들여야 할 마음가짐이라고 생각한다. 잘 만들어진 제네릭 프로그램의 구성요소는 자료구조나 알고리즘, 인터페이스 자체에 특정 용도에 특화된 불필요한 가정을 처음부터 집어넣은 프로그램에 비해 더 쉽게 사용하고 수정할 수 있다. 더 제네릭하게 만들수록 더 단순하면서도 강력한 프로그램으로 만들 수 있다.

FROM MATHEMATICS TO GENERIC PROGRAMMING

## 1.1 프로그래밍과 수학

이런 제네릭 프로그래밍 방식은 어디에서 오는 것이며 어떻게 배울 수 있는 것일까? 그 근원은 수학에 있고 그중에서도 특히 추상대수학(abstract algebra)이라고 부르는 분야에서 유래한다. 이 접근법을 이해하는 데 도움이 될 수 있도록, 우선 객체의 추상적인 속성에 대해 연산을 적용하는 것과 관련하여 객체에 관한 추론을 전개하는 방법에 초점을 맞추면서 추상대수학을 간단하게 소개해 보고자 한다. 수학을 전공하는 대학생이 아니면 잘 배우지 않는 내용이긴 하지만, 우리는 이 내용이 제네릭 프로그래밍을 이해하는 데 필수적이라고 생각한다.

알고 보면 프로그래밍의 근본 개념 중에는 수학에서 온 것이 많다. 이런 개념이 어떻게 만들어졌고 시간이 흐름에 따라 어떤 식으로 진화했는지 배우면 소프트웨어 설계에 대해 생각하는 데도 도움이 될 것이다. 예를 들어 유클리드의 〈원론(Elements)〉은 쓰인 지 2000년도 넘은 책이지만, 소수와 관련된 쉬운 내용에서 시작해서 복잡한 시스템을 구축하는 방법을 가장 잘 보여주는 예 가운데 하나라고 할 수 있다.

제네릭 프로그래밍의 진수는 추상화(abstraction)에 있지만, 추상화가 처음부터 완벽하게 이뤄지는 건 아니다. 뭔가를 더 일반적으로 만드는 방법을 알아보기 위해서는 어떤 구체적인 것에서부터 시작해야 한다. 특히 제대로 추상화하기 위해서는 그 영역을 세세하게 이해하고 있어야 한다.

추상대수학에서 볼 수 있는 추상화는 상당 부분 수학의 가장 오래된 분야 가운데 하나인 정수론에서 도출된 구체적인 결과로부터 유래한다. 이런 연유로 이 책에서도 정수의 성질, 그중에서도 특히 나누어짐을 주로 다루는 정수론의 핵심 개념을 일부 소개했다.

이런 수학을 배우는 과정에서 익히게 될 생각하는 방식 자체도 프로그래밍 기량을 향상하는 데 도움이 되지만, 그렇게 배운 수학적인 결과가 소프트웨어 애플리케이션 자체에 결정적인 역할을 할 수도 있다. 특히, 이 책 마지막 부분에서는 정수론에서 나온 결과가 온라인 사생활 보호와 온라인 상거래의 바탕을 이루는 암호화 프로토콜에 어떤 식으로 쓰이는지 알아본다.

이 책은 수학 이야기와 프로그래밍 이야기 사이를 오가는 식으로 꾸몄다. 특히 중요한 수학적인 개념을 특정 알고리즘 및 일반적인 프로그래밍 기법과 엮어서 소개했다. 어떤 알고리즘은 간단하게만 짚고 넘어가지만, 또 어떤 알고리즘은 책 전반에 걸쳐 계속해서 다듬고 일반화시켰다. 수학에 대한 내용으로만 꾸린 장도 있고 프로그래밍에 관한 내용만 담은 장도 있지만, 대부분은 수학과 프로그래밍을 적절히 섞어서 구성했다.



## 1.2 역사적인 관점

적당한 이야기를 곁들이면 무엇이든 더 쉽고 재미있게 익힐 수 있다. 그 시기에 어떤 일이 일어났을까? 어떤 사람들이 관련된 일인가? 그 사람들이 어떻게 그런 생각을 품게 되었는가? 다른 사람이 한 일을 바탕으로 이루어진 일인가, 아니면 다른 사람이 한 일에 반론을 제시하는 일인가? 이 책에서는 수학적인 개념을 소개하면서 그런 개념이 나타나게 된 사연과 그런 개념을 만들어낸 사람들의 이야기도 소개했다. 많은 경우 이야기의 주인공이라고 할 수 있는 수학자의 생애에 대해 간략하게 짚고 넘어갔다. 백과사전처럼 상세한 내용을 다루기보다는 그 사람이 그 일을 해낸 맥락을 전달하는 수준으로 소개했다.

역사적인 관점에서 이야기를 풀어내긴 했지만, 이 책이 수학의 역사에 관한 책은 아니며 개념을 발견 순서대로 소개하지도 않았다. 필요에 따라 시공간을 넘나들었지만 개념별로 역사적인 맥락을 파악할 수 있도록 노력을 기울였다.

## 1.3 미리 알아야 할 것

수학에 관한 내용을 많이 다루는 책이다 보니 수학 수업을 많이 들은 사람만 이 책을 제대로 읽을 수 있는 게 아닐까 하는 생각이 들지도 모르겠다. 물론 논리적 사고력은 있어야 하겠지만, 고등학교 수준의 대수학과 기하학을 뛰어넘는 수학 지식이 필요한 것은 아니다. 논리적 사고력은 프로그래머라면 이미 어느 정도 갖추고 있는 능력이다. 선형대수학(벡터, 행렬 등)을 활용하는 응용 예를 다루는 부분도 어느 정도 있지만, 선형대수학을 모르면 그냥 넘어가도 괜찮다. 이 책에서 사용하는 표기법 중에 생소한 게 있다면 부록 A에 있는 설명을 찾아보자.

수학에서 중요한 부분 가운데 하나가 바로 뭔가를 형식에 맞게 증명할 수 있는 능력이다. 이 책에도 증명이 많이 나온다. 중고등학교 수준의 기하학이나 오토마타 이론에 관한 전산학 수업이나 논리학 같은 쪽에서 증명을 좀 해 본 사람이라면 더 이해하기가 수월할 것이다. 이 책에서 사용하는 대표적인 증명 기법과 예제는 부록 B에 담았다.

이 책은 프로그래머를 대상으로 만든 책이다. 특히 C, C++, 자바 같은 명령형 프로그래밍 언어에 어느 정도 능숙한 프로그래머들을 대상으로 만들었다. 예제는 C++로 작성했지만 C++에 대한 경험이 없는 독자라도 이해할 수 있을 것이다. C++에만 있는 기능을 사용한 경우에는 부록 C에 해당 내용을 설명하였다. 이 책에서는 C++를 사용하지만, 이 책에서 논의하는 모든 원칙은 프로그래밍 전반에 적용할 수 있다.

이 책에서 다루는 프로그래밍 관련 주제 중 상당수는 스테파노프와 맥존스가 쓴 〈프로그래밍의 이해(Elements of Programming)〉에서 다른 관점에서, 더 정형적인 방식으로 다루는 내용이기도 하다. 더 심도 깊게 공부하고 싶다면 그 책도 함께 보면 도움이 될 것이다. 관심 있는 독자들을 위해 이 책 전반에 걸쳐서 〈프로그래밍의 이해〉의 관련 절을 적어두었다.

## 1.4 로드맵

본론으로 들어가기 전에 이 책에서 어떤 내용을 다루는지 간략하게 짚어보고 넘어가자.

- 2장에서는 고대의 곱셈 알고리즘 및 개선 방안에 대한 이야기를 소개한다.
- 3장에서는 오래전에 발견된 정수의 속성들을 알아보고 소수를 찾기 위한 알고리즘을 효율적으로 구현하는 방법에 대해 알아본다.
- 4장에서는 최대공약수를 찾는 알고리즘을 소개한다. 최대공약수를 찾는 알고리즘은 나중에 다룰 몇 가지 추상화와 그 응용의 밑바탕이 된다.
- 5장에서는 이 책의 마지막 부분에서 결정적인 역할을 하게 될 몇 가지 정리를 소개하면서 수학적인 결과에 초점을 맞춘다.
- 6장에서는 제네릭 프로그래밍의 핵심 개념을 제공하는 추상대수학이라는 수학 분야를 소개한다.
- 7장에서는 이러한 수학적인 개념을 통해 곱셈 알고리즘을 간단한 산술로부터 다양한 실용적인 프로그래밍 응용에 이르기까지 일반화하는 방법을 알아본다.
- 8장에서는 새로운 추상적인 수학적 구조를 소개하고 어떤 식으로 응용할 수 있는지 알아본다.
- 9장에서는 제네릭 프로그래밍의 구성요소인 공리체계, 이론과 모델을 알아본다.
- 10장에서는 제네릭 프로그래밍의 개념을 소개하고 몇 가지 단순한 프로그래밍 작업의 중요 세부 요소를 살펴본다.
- 11장에서는 몇 가지 기초적인 프로그래밍 작업을 살펴보면서 주어진 문제에 관한 이론적인 지식을 활용하는 여러 실제 구현 방법을 알아본다.

- 12장에서는 하드웨어 상의 제약조건에 따라 기존 알고리즘에 새롭게 접근하는 방법에 대해 알아보고 최대공약수의 새로운 응용 방법을 제시한다.
- 13장에서는 지금까지 배운 수학과 알고리즘을 암호화에 적용하는 방법을 알아본다.
- 14장에서는 이 책의 주요 개념을 정리한다.

프로그래밍과 수학이라는 씨줄과 날줄을 엮어 구성했으나 둘 중 한쪽에 무게가 실린 장도 있다. 하지만 모든 장은 이 책 전반에 깔린 생각의 연결고리를 이어가는 데 있어서 각각 중요한 역할을 한다.

> 좋은 프로그래머가 되려면 제네릭 프로그래밍의 원리를 이해해야 한다. 제네릭 프로그래밍의 원리를 이해하려면 추상화를 이해해야 한다. 추상화를 이해하려면 그 바탕을 이루는 수학을 이해해야 한다.

이게 바로 우리가 하고 싶은 얘기다.

# 2장

# 첫 번째 알고리즘

모세는 빠르게 산술과 기하학을 배워갔다.
…모세는 이런 지식을 이집트인들로부터 배웠는데
이집트인들은 무엇보다도 수학을 열심히 연구하는 사람들이었다.

_ 필론, 〈모세의 삶〉

알고리즘이란 계산 작업을 수행하기 위한 끝이 있는 일련의 단계들을 가리키는 단어다. 알고리즘은 컴퓨터 프로그래밍과 매우 밀접하게 연관되어 있다 보니 사람들은 대부분 알고리즘이라는 개념이 전산학에서 나온 것으로 생각한다. 하지만 알고리즘은 이미 수천 년 전부터 있었다. 수학에는 알고리즘이 수없이 많이 있고 그중에는 우리가 매일 쓰는 것도 있다. 초등학생이 여러 자릿수 수를 더할 때 쓰는 방법도 알고리즘이다.

알고리즘 자체는 오래전부터 있었지만, 지금 우리가 알고리즘이라고 부르는 것을 알고리즘이라고 인식한 건 한참 후의 일이었다. 알고리즘이라는 개념이 언제 처음 발명되었는지는 모르지만 적어도 4000년 전, 고대 이집트에도 알고리즘은 분명히 존재했다.

• • •

고대 이집트 문명은 나일강을 중심으로 번성했으며 이집트의 농업은 나일강이 범람하여 토지에 영양분을 공급했기에 가능한 일이었다. 하지만 매번 나일강이 범람할 때마다 토지 경계를 나타내는 표식도 씻겨 내려갔다. 이집트인들은 밧줄로 거리를 재서 문서에 기록된 대로 토지 경계를 복구하는 절차를 개발했다. 이 임무는 여기에 필요한 수학적 기법을 공부한 소수의 선택된 사제들이 맡았으며 이들을 "밧줄을 당기는 이"라고 불렀다. 후세에 그리스에서는 이 사람들을 "지구를 측량하는 사람들"이라고 불렀으며 이 단어가 지금의 기하학자(geometer)의 어원이 되었다.

안타깝게도 이집트인의 수학적인 지식에 대한 기록은 거의 남아 있지 않다. 이 시기의 수학에 관한 문서는 단 두 건만 전해지고 있다. 지금 우리가 알아볼 내용과 관련된 기록은 린드 수학 파피루스(Rhind Mathematical Papyrus)라고 부르는데 이집트에서 그 내용이 기록된 파피루스를 사들인 19세기 스코틀랜드 수집가 알렉산더 헨리 린드의 이름을 딴 것이다. 린드 파피루스는 기원전 1650년쯤 아메스라는 필경사가 작성한 문서로 몇 가지 산술 및 기하 문제와 계산용 표가 기록되어 있다. 이 파피루스에는 인류 최초로 기록된 알고리즘이 들어 있는데 하나는 빠른 곱셈 알고리즘이고 다른 하나는 빠른 나눗셈 알고리즘이다. 우선 아직도 중요한 계산 기법으로 쓰이는 빠른 곱셈 알고리즘을 알아보자(요즘 어떻게 쓰이는지는 나중에 다룰 예정이다).

FROM MATHEMATICS TO GENERIC PROGRAMMING

## 2.1 이집트인의 곱셈

이집트의 수 체계에는 다른 모든 고대 문명과 마찬가지로 자릿수 개념도, 0을 표현할 방법도 없었다. 그렇다 보니 곱셈이 매우 까다로웠고 곱셈은 소수의 훈련된 전문가만 할 수 있는 일이었다(로마 숫자로 큰 수를 곱하는 걸 떠올려 보라).

곱셈은 어떻게 정의할까? 보통은 "뭔가를 몇 번 더하는 것"으로 정의한다. 좀 더 형식을 갖추자면 곱셈은 1로 곱하는 것과 1보다 큰 수로 곱하는 것, 이렇게 두 가지로 나눌 수 있다.

1로 곱하는 것은 다음과 같이 정의한다.

$$1a = a \tag{2.1}$$

이제 이미 계산한 것에 1을 더한 것을 곱하는 경우를 생각해 보자. 수학적 귀납법을 떠올리는 독자들도 있을 텐데 수학적 귀납법에 대해서는 나중에 제대로 알아보기로 하자.

$$(n + 1)a = na + a \tag{2.2}$$

$n$과 $a$를 곱할 때는 $a$를 $n$ 번 더하면 된다. 하지만 숫자가 커지면 덧셈을 $n - 1$ 번 반복한다는 게 여간 지루한 일이 아니다. C++로는 이 알고리즘을 다음과 같이 쓸 수 있다.

```
int multiply0(int n, int a) {
    if (n == 1) return a;
    return multiply0(n - 1, a) + a;
}
```

이 두 줄의 코드가 바로 앞에 나온 식 2.1과 2.2에 해당하는 부분이다. 고대 이집트에서 계산할 때와 마찬가지로 $a$와 $n$은 모두 양수이다.

아메스가 적어놓은 알고리즘(고대 그리스인은 "이집트인의 곱셈"이라고 불렀고 근대에 이르러서는 "러시아 소작농의 알고리즘"*이라고 부른 알고리즘)은 다음과 같은 사실로부터 출발한다.

$$\begin{aligned} 4a &= ((a + a) + a) + a \\ &= (a + a) + (a + a) \end{aligned}$$

위와 같은 식으로 최적화할 수 있는 이유는 덧셈의 결합법칙 때문이다.

$$a + (b + c) = (a + b) + c$$

이 방법을 이용하면 $a + a$를 한 번만 계산하면 되기 때문에 덧셈 횟수를 줄일 수 있다.

이 알고리즘의 핵심은 $n$을 반으로 줄이고 $a$를 두 배로 키워서 2를 거듭제곱한 횟수만큼 더한 값을 만드는 것이다. 물론 그 시절에는 알고리즘을 설명할 때 $a$나 $n$ 같은 변수를 쓰진 않았다. 특정 예를 보여준 다음 "다른 수도 마찬가지 방법으로 계산한다"는 설명을 붙이는 식이었다. 아메스도 마찬가지였다. $n = 41$에 $a = 59$를 곱하는 과정을 다음과 같은 표를 그려서 설명했다.

* 아마 많은 전산 전공자들이 도널드 커누스의 〈컴퓨터 프로그래밍의 예술〉에서 이 알고리즘을 접했을 것이다. 그 책을 보면 19세기 러시아를 여행한 사람들이 소작농들이 이 알고리즘으로 큰 수를 곱하는 것을 봤다는 경험담이 들어있다. 하지만 이 이야기는 토마스 히스 경이 1911년에 쓴 책에 처음 등장하는데 이 책에는 다음과 같이 적혀있다. "요즘도 이 방법을 쓰는 곳이 있다는 얘길 들었다. (러시아에서 이 방법을 쓴다는 사람도 있는데 직접 확인해보지는 못했다.) …"

| | | |
|---|---|---|
| 1 | ✓ | 59 |
| 2 | | 118 |
| 4 | | 236 |
| 8 | ✓ | 472 |
| 16 | | 944 |
| 32 | ✓ | 1888 |

왼쪽에 있는 각각의 항목은 2의 거듭제곱수이며 오른쪽에는 이전 항목을 두 배 한 값이 적혀 있다(어떤 값을 두 번 더하는 건 상대적으로 쉽기 때문이다). 체크 표시를 한 부분은 41을 이진수로 썼을 때 1로 표시되는 비트에 해당하는 자리다. 위 표를 잘 살펴보면 $41 \times 59$를 다음과 같이 표현할 수 있음을 알 수 있다.

$$41 \times 59 = (1 \times 59) + (8 \times 59) + (32 \times 59)$$

여기에서 우변에 있는 각 곱은 59를 필요한 횟수만큼 더해서 계산할 수 있다.

이 알고리즘에서는 $n$이 짝수인지 홀수인지 확인해야 하는 것으로 미루어, 이집트인들이 짝수와 홀수를 구분할 수 있었을 것이라고 짐작할 수 있다. 고대 이집트인들로부터 수학을 배웠다고 알려진 고대 그리스인들도 짝수와 홀수를 알고 있었다. 고대 그리스인들이 짝수와 홀수를 정의한 방식*을 현대적인 표기법**으로 쓰자면 다음과 같다.

$$n = \frac{n}{2} + \frac{n}{2} \implies \text{even}(n) \ (n\text{은 짝수})$$

$$n = \frac{n-1}{2} + \frac{n-1}{2} + 1 \implies \text{odd}(n) \ (n\text{은 홀수})$$

이집트인의 곱셈을 구현할 때는 아래와 같은 조건도 사용해야 한다.

$$\text{odd}(n) \implies \text{half}(n) = \text{half}(n-1)$$

* 이 정의는 1세기에 게라사의 니코마코스가 쓴 〈산술 입문〉 1권 7장에 나온다. 니코마코스의 책에는 "짝수는 중간에 끼인 것 없이 두 조각으로 똑같이 나눌 수 있으며 홀수는 중간에 끼어있는 것 때문에 두 개의 똑같은 조각으로 나눌 수 없다."라고 적혀있다.

** A ⇒ B에서 화살표 기호 "⇒"는 "A이면 B이다"라는 의미를 전달하는 기호로 쓰인다.

이집트인의 곱셈 알고리즘은 C++로 다음과 같이 쓸 수 있다.

```
int multiply1(int n, int a) {
    if (n == 1) return a;
    int result = multiply1(half(n), a + a);
    if (odd(n)) result = result + a;
    return result;
}
```

$x$가 홀수인지를 판별하는 `odd(x)`는 $x$의 최하위 비트를 확인하는 식으로, 2로 나눈 몫을 구하는 `half(x)`는 $x$를 한 비트 오른쪽으로 시프트하는 식으로 구현할 수 있다.

```
bool odd(int n) { return n & 0x1; }
int half(int n) { return n >> 1; }
```

`multiply1`에서는 덧셈을 몇 번 계산해야 할까? 이 함수를 호출할 때마다 `a + a`에 들어있는 +에 해당하는 덧셈을 해야 한다. 매번 재귀 호출을 할 때마다 값이 절반으로 줄어들기 때문에 이 함수는 총 $\log n$ 번*만큼 호출하게 된다. 그리고 `result + a`에 해당하는 덧셈도 가끔 계산해야 한다. 따라서 총 덧셈 횟수는 다음과 같은 식으로 구할 수 있다.

$$\#_+(n) = \lfloor \log n \rfloor + (\nu(n) - 1)$$

여기에서 $\nu(n)$은 n을 이진법으로 썼을 때 1의 개수를 뜻한다. 따라서 $O(n)$ 알고리즘을 $O(\log n)$ 알고리즘으로 고친 셈이다.

이 알고리즘이 최적일까? 항상 그런 건 아니다. 예를 들어 15로 곱한다고 할 때 위 공식대로 계산해 보면 다음과 같이 된다.

$$\#_+(15) = 3 + 4 - 1 = 6$$

* 이 책에서는 따로 언급하지 않는 이상 로그는 2를 밑으로 하는 것으로 생각하자.

하지만 15로 곱할 때는 아래와 같이 하면 덧셈을 다섯 번만 하면 된다.

```
int multiply_by_15(int a) {
    int b = (a + a) + a;     // b == 3*a
    int c = b + b;           // c == 6*a
    return (c + c) + b;      // 12*a + 3*a
}
```

이런 식으로 줄줄이 더하는 것을 덧셈 사슬(addition chain)이라고 부른다. 여기에서는 15에 대해서 최적의 덧셈 사슬을 찾아낸 것이다. 하지만 아메스의 알고리즘을 쓰면 대부분의 경우에 대해 괜찮은 결과가 나온다.

**연습문제 2.1** 100 미만의 $n$에 대해 최적의 덧셈 사슬을 구하라.

곱하는 두 수 중 첫 번째 수가 두 번째 수보다 더 클 때는 순서를 바꾸면 더 빨리 계산할 수 있는 것 아닌가 하는 생각이 들 수 있다(예를 들어 $15 \times 3$보다는 $3 \times 15$가 더 계산하기 쉽다). 실제로 그렇다. 고대 이집트인도 그 사실을 알고 있었다. 하지만 그 최적화 방법은 나중에 7장에서 인자의 유형이 서로 다르고 인자의 순서가 문제가 될 수 있는 경우로 알고리즘을 일반화할 때 적용하기로 하자.

## 2.2 알고리즘 개선

FROM MATHEMATICS TO GENERIC PROGRAMMING

앞에서 구현한 `multiply1` 함수는 덧셈 횟수 면에서 보자면 잘 돌아가지만, 재귀 호출을 $\lfloor \log n \rfloor$ 번 해야 한다는 문제가 있다. 함수 호출은 비싼 작업이기 때문에 이에 따르는 비용을 피할 수 있도록 프로그램을 고쳐보자.

이번에는 "적게 일하는 것보다 많이 일하는 게 더 쉬울 수도 있다"는 원칙을 적용한다. 더 구체적으로는 다음과 같은 값을 계산할 것이다.

$$r + na$$

여기에서 $r$은 $na$의 일부를 계속 더한 값이다. 즉, 그냥 곱하기만 하는 게 아니고 곱한 값을 더하는 곱셈 누적(multipy-accumulate) 연산을 할 것이다. 이 원칙은 프로그래밍뿐 아니라 하드웨어 설계나 수학에도 적용되곤 하는데 특정 결과만 보이는 것보다 일반적인 결과를 통째로 증명하는 게 더 쉬운 경우에 적용할 수 있다.

곱셈 누적 함수는 다음과 같이 구현할 수 있다.

```
int mult_acc0(int r, int n, int a) {
    if (n == 1) return r + a;
    if (odd(n)) {
        return mult_acc0(r + a, half(n), a + a);
    } else {
        return mult_acc0(r, half(n), a + a); }
}
```

이 함수에서는 $r + na = r_0 + n_0 a_0$라는 불변식을 따른다( $r_0$, $n_0$, $a_0$는 각각 $r$, $n$, $a$의 초깃값).

재귀 호출을 더 단순화시킬 수도 있다. 함수 안에 있는 두 재귀 호출은 첫째 인자만 빼면 똑같다. 짝수와 홀수 각각의 경우에 대해 재귀 호출을 하는 대신 다음과 같이 재귀 호출을 하기 전에 $r$을 바꿀 수도 있다.

```
int mult_acc1(int r, int n, int a) {
    if (n == 1) return r + a;
    if (odd(n)) r = r + a;
    return mult_acc1(r, half(n), a + a);
}
```

이제 이 함수는 꼬리 재귀 호출(tail-recursive) 함수, 즉 마지막 리턴 단계에서만 재귀 호출을 하는 함수이다. 잠시 후에 꼬리 재귀 호출 특성을 활용해 보자.

이 곱셈을 곰곰이 생각해 보면 다음과 같은 사실을 알 수 있다.

- $n$이 1인 경우는 거의 없다.
- $n$이 짝수라면 $n$이 1인지 확인할 필요도 없다.

따라서 홀수 여부를 먼저 확인하는 것만으로도 $n$을 1과 비교하는 횟수를 절반으로 줄일 수 있다.

```
int mult_acc2(int r, int n, int a) {
    if (odd(n)) {
        r = r + a;
        if (n == 1) return r;
    }
    return mult_acc2(r, half(n), a + a);
}
```

혹시 컴파일러가 이런 걸 알아서 최적화해 주지 않을까 하는 생각이 들 수도 있는데 그렇지 않다. 컴파일러에서 알고리즘까지 바꿔주는 건 아니다.

이 정도만 해도 꽤 괜찮아 보인다. 하지만 재귀 호출을 완전히 없애서 함수 호출에 따르는 오버헤드를 피해 보자.

**정의 2.1** 모든 형식 매개변수를 각각에 상응하는 인자로 사용하는 꼬리 재귀 호출을 순 꼬리 재귀 호출(strictly tail-recursive)이라고 한다.

재귀 호출을 하기 전에 변수의 값을 미리 설정해 주면 순 꼬리 재귀 호출로 고칠 수 있다.

```
int mult_acc3(int r, int n, int a) {
    if (odd(n)) {
        r = r + a;
        if (n == 1) return r;
    }
    n = half(n);
    a = a + a;
    return mult_acc3(r, n, a);
}
```

이제 꼬리 재귀 호출을 while(true) 구문으로 바꾸기만 하면 손쉽게 반복문 형태의 프로그램으로 고칠 수 있다.

```
int mult_acc4(int r, int n, int a) {
    while (true) {
        if (odd(n)) {
            r = r + a;
            if (n == 1) return r;
        }
        n = half(n);
        a = a + a;
    }
}
```

이렇게 최적화한 곱셈 누적 함수를 이용하여 새 버전의 곱셈 함수를 만들 수 있다. 다음과 같이 보조용으로 만든 곱셈 누적 함수를 호출하면 된다.

```
int multiply2(int n, int a) {
    if (n == 1) return a;
    return mult_acc4(a, n - 1, a);
}
```

여기에서는 mult_acc4를 처음 호출할 때부터 $r$ 값을 $a$로, $n$을 1 줄여서 $n - 1$로 넘겨줌으로써 계산 횟수를 한 번 더 줄였다.

이것도 괜찮긴 하지만, $n$이 2의 거듭제곱이면 조금 문제가 된다. 처음에 $n$에서 1을 뺀 상태로 시작하는데 이러면 2진수로 썼을 때 모든 자리 숫자가 1이 되어 이 알고리즘에서는 최악의 경우로 시작하는 셈이다. 이런 문제를 해결하기 위해 $n$이 짝수이면 $n$이 홀수가 될 때까지 $n$을 절반으로 나누고 $a$는 두 배로 키우는 작업을 추가해 보자.

```
int multiply3(int n, int a) {
    while (!odd(n)) {
        a = a + a;
        n = half(n);
```

```
    }
    if (n == 1) return a;
    return mult_acc4(a, n - 1, a);
}
```

이렇게 고쳐놓고 다시 보면 mult_acc4을 처음 호출할 때는 $n$이 항상 짝수이므로 $n$이 홀수인지 확인할 필요도 없음을 알 수 있다. 따라서 아예 mult_acc4를 호출할 때부터 $n-1$은 반으로 나누고 $a$는 두 배로 하여 다음과 같은 식으로 고칠 수 있다.

```
int multiply4(int n, int a) {
    while (!odd(n)) {
        a = a + a;
        n = half(n);
    }
    if (n == 1) return a;
    // even(n-1) ⇒  n - 1 ≠ 1
    return mult_acc4(a, half(n - 1), a+a);
}
```

---

## 코드 고쳐 쓰기

곱셈 알고리즘을 바꿔 가는 과정에서 보았듯이 코드를 고쳐 쓰는 일은 중요하다. 처음부터 좋은 코드를 쓸 수 있는 사람은 없다. 뭔가를 하는 데 있어서 가장 효율적인, 또는 가장 일반적인 방법을 찾아내기 위해서는 여러 번 반복하는 것이 필수적이다. 어떤 프로그래머든 한 방에 끝내겠다는 마음가짐은 금물이다.

지금까지 코드를 고치는 과정을 보면서 "연산 한 번 더 한다고 해서 큰일 나겠어?" 같이 생각한 사람도 있을 것이다. 하지만 내가 만든 코드를 오랫동안 수없이 많이 쓰게 될 수도 있다(사실 대충 땜빵처럼 짜 놓은 코드를 두고두고 쓰는 일을 흔하게 볼 수 있다). 지금은 그 연산 한 번이 별로 비싼 연산이 아니지만, 나중에 코드 버전이 바뀌면서 그 연산이 갑자기 비싼 연산으로 바뀔 가능성도 무시할 수 없다.

효율을 극단으로 끌어올리기 위해 노력하다 보면 문제를 더 깊이 이해하는 효과가 따라올 수 있다. 문제를 더 잘 이해하면 그만큼 더 효율적으로 구현할 수 있기 때문에 바람직한 선순환이 일어날 수 있다.

---



## 2.3 마무리

기초 대수학을 배울 때는 수식을 최대한 간단하게 변환하는 방법을 배운다. 이 장에서는 이집트인의 곱셈 알고리즘을 반복해서 구현하면서 더 분명한 코드, 더 효율적인 코드로 고치는 작업을 했다. 프로그래머라면 코드가 제 모습을 갖추게 될 때까지 계속해서 고치는 습관을 길러야 할 것이다.

이 장에서는 고대 이집트에서 수학이 어떻게 발전되었는지, 우리가 알고 있는 최초의 알고리즘이 어떻게 만들어졌는지 알아보았다. 이 알고리즘은 나중에 다시 자세히 살펴보고 확장해볼 것이다. 하지만 일단은 천 년 후, 고대 그리스 시대에 있었던 수학적 발견에 대해 알아보자.

# 3장

# 고대 그리스의 정수론

피타고라스학파 사람들은 수학 연구에 매진했다.
그들은 수학의 원리가 세상 만물의 원리여야 한다고 생각했다.

_ 아리스토텔레스, 〈형이상학〉

이번 장에서는 고대 그리스 수학자들이 연구한 문제들을 살펴보겠다. 고대 그리스인들은 수의 패턴과 "모양"에 관한 많은 연구의 결과로 소수를 발견했고 정수론이라는 분야를 만들어냈다. 그들이 발견한 역설 중에는 나중에 대단한 수학적인 발견으로 이어진 것도 있었다. 고대 그리스의 정수론에 대해 알아보면서 그 당시에 만들어진 소수를 찾아내는 알고리즘을 살펴보고 그 알고리즘을 최적화시켜보자.



## 3.1 정수의 기하학적인 성질

피타고라스라고 하면 아마 대부분 피타고라스의 정리만 떠오르겠지만, 그는 세상을 이해하기 위해서는 수학을 이해해야 한다는 개념을 주창한 사람이다. 그는 정수의 여러 흥미로운 성질을 발견한 인물이기도 하다. 그는 그러한 성질이 실질적인 응용과는 무관하게 그 자체만으로도 대단히 중요하다고 생각했다. 아리스토텔레스의 제자인 아리스토제너스에 의하면 피타고라스는 "산술 연구를 매우 중요하게 여겼으며 산술의 발전과 상거래 응용에 크게 이바지 했다"고 한다.

**피타고라스(기원전 약 570년 – 490년)**

피타고라스는 고대 그리스에서 막강한 해군력을 자랑하던 사모스섬에서 태어났다. 그는 명문가 출신이었지만 부보다는 학문을 추구했다. 젊은 시절 철학의 창시자인 탈레스 밑에서 공부하기 위해 밀레투스로 떠났는데(9.2절 참조), 탈레스는 피타고라스에게 이집트로 가서 이집트 수학의 비밀을 공부하라고 조언했다.

피타고라스가 유학하던 시기에 페르시아 제국이 이집트를 점령했다. 피타고라스는 페르시아군을 따라 동쪽의 바빌론(지금의 이라크)으로 이동했으며 거기에서 바빌론인들이 정립한 수학과 천문학을 공부했다. 바빌론에 있는 동안 인도에서 온 사람들도 만난 것으로 보인다. 그는 그 시기에 영혼의 환생, 채식주의, 금욕주의와 같이 인도 종교에서 유래한 사상을 받아들이게 됐다. 피타고라스 이전에는 그리스에 전혀 알려지지 않은 사상이었다.

피타고라스는 그리스로 돌아온 후에 이탈리아 남부의 그리스 식민지인 크로톤에 자리를 잡았으며 그의 사상을 나누며 금욕적인 생활방식을 따르는 추종자들을 거느리게 되었다. 그들은 천문학, 기하학, 정수론, 음악, 이렇게 네 가지를 주로 연구했다. 이 네 가지 주제는 나중에 4학(quadrivium)으로 자리 잡았으며 그 뒤로 약 2000년에 걸쳐서 유럽 교육의 핵심으로 자리 잡았다. 이 네 학문 분야는 서로 밀접하게 연관되어 있다. 별의 움직임은 기하학적으로 연관 지을 수 있었고 기하학은 수에 기반을 둔 것이었으며 수는 음악을 만들어냈다. 실제로 피타고라스는 음악의 옥타브에서 주파수의 수치적인 구조를 처음으로 발견한 사람이기도 했다. 피타고라스학파 사람들은 피타고라스를 "천구(celestial spheres)의 음악을 들을 수 있는 사람"이라고 일컫기도 했다.

피타고라스가 죽은 다음 피타고라스의 추종자들은 그리스의 여러 식민지로 퍼져서 다양한 수학 분야를 발전시켰다. 하지만 그들은 학파의 가르침을 비밀로 간직했기 때문에 대부분 그 대가 끊겼다. 그리고 모든 업적을 피타고라스의 공으로 돌렸기 때문에 실제 누가 어떤 일을 했는지는 제대로 알려지지 않고 있다.

피타고라스학파는 약 200년 뒤에 완전히 사라졌지만, 그 후로도 상당한 영향력을 발휘했다. 심지어 (미적분학의 창시자 중 하나인) 17세기의 수학자 라이프니츠도 자신을 스스로 피타고라스학파라고 얘기할 정도였다.

안타깝게도 피타고라스와 그 추종자들은 연구 결과를 비밀로 간직했기 때문에 그들이 직접 작성한 문헌은 하나도 남아 있지 않다. 하지만 동시대의 다른 자료로부터 결과를 엿볼 수 있다. 게라사의 니코마코스가 쓴 〈산술 개요(Introduction to Arithmetic)〉에도 그런 내용이 들어있다. 거기에는 수의 기하학적 성질에 관한 내용이 있는데 피타고라스학파 사람들은 수를 특정 도형과 연관 지었다.

예를 들어 삼각수(triangular number)는 첫 $n$ 개의 양의 정수를 나타내는 행들을 쌓아서 만들 수 있는데 기하학적으로 다음과 같은 패턴을 따른다.

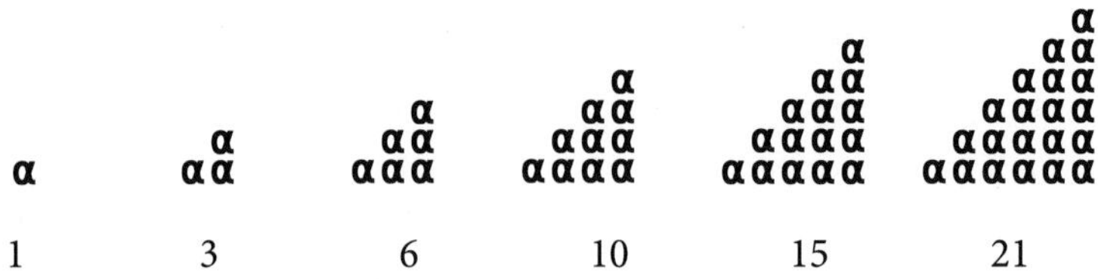

| | | | | | |
|---|---|---|---|---|---|
| | | | | | α |
| | | | | α | αα |
| | | | α | αα | ααα |
| | | α | αα | ααα | αααα |
| | α | αα | ααα | αααα | ααααα |
| α | αα | ααα | αααα | ααααα | αααααα |
| 1 | 3 | 6 | 10 | 15 | 21 |

직사각수(oblong number)는 다음과 같다.

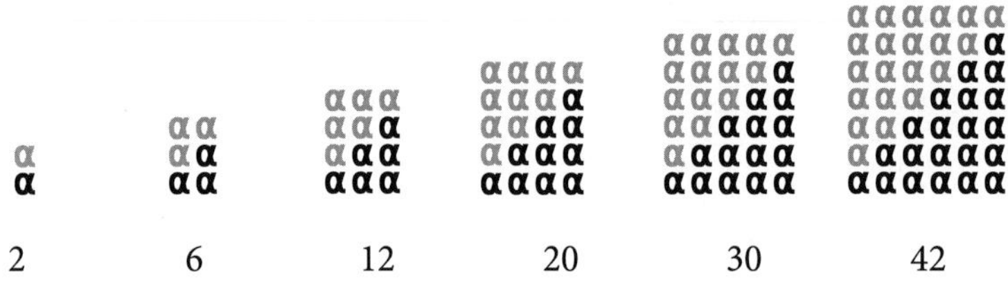

| | | | | | |
|---|---|---|---|---|---|
| | | | | | αααααα |
| | | | | ααααα | αααααα |
| | | | αααα | ααααα | αααααα |
| | | ααα | αααα | ααααα | αααααα |
| | αα | ααα | αααα | ααααα | αααααα |
| α | αα | ααα | αααα | ααααα | αααααα |
| α | αα | ααα | αααα | ααααα | αααααα |
| 2 | 6 | 12 | 20 | 30 | 42 |

이 그림을 보면 $n$ 번째 직사각수는 $n \times (n+1)$ 크기의 직사각형으로 표현됨을 알 수 있다.

$$\square_n = n(n+1)$$

또한 위 두 그림을 비교해 보면 각각의 직사각수는 같은 수에 대응되는 삼각수의 두 배라는 것을 알 수 있다. 삼각수는 첫 $n$ 개의 양의 정수의 합이므로 다음과 같은 식이 성립된다.

$$\square_n = 2\triangle_n = 2\sum_{i=1}^{n} i = n(n+1)$$

따라서 위와 같은 기하학적인 결과로부터 양의 정수를 1부터 $n$까지 더한 값을 다음과 같이 구할 수 있다.

$$\triangle_n = \sum_{i=1}^{n} i = \frac{n(n+1)}{2}$$

홀수의 수열에서 그노몬이라는 물건과 같은 모양을 만들 수 있다는 것도 피타고라스학파에서 발견한 내용이었다. (목수들이 쓰는 ㄱ자 모양의 직각자를 그리스어로 그노몬이라고 부르는데 해시계에서 그늘을 만들어내는 부품도 모양이 비슷하기 때문에 그노몬이라고 부른다.)

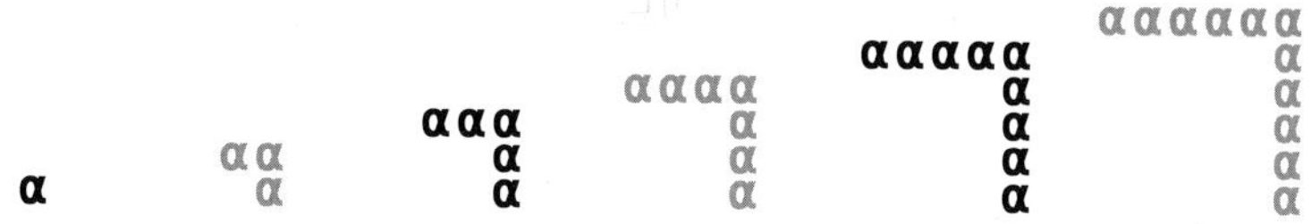

1 3 5 7 9 11

첫 번째부터 n 번째까지의 그노몬을 쭉 붙이면 정사각형이 만들어진다.

1 4 9 16 25 36

이 그림을 보면 첫 $n$ 개의 양의 홀수를 더한 값의 공식을 다음과 같이 구할 수 있음을 알 수 있다.

$$\square_n = \sum_{i=1}^{n} (2i-1) = n^2$$

**연습문제 3.1** 임의의 삼각수에 8을 곱한 다음 1을 더하면 정사각수가 나온다는 것을 기하학적인 방법으로 증명하라(이 문제는 플루타르코스의 "플라톤의 질문"에 실려있다).

# 3.2 소수 걸러내기

피타고라스학파에서는 양변의 길이가 모두 2 이상인 직사각형 모양으로 나타낼 수 없는 수가 있다는 것을 발견했다. 이렇게 두 개의 2 이상의 수의 곱으로 표현할 수 없는 다음과 같은 수를 소수(prime number)라고 부른다.

$$2, 3, 5, 7, 11, 13, \ldots$$

(고대 그리스에서 "수"는 항상 정수를 뜻한다.) 소수에 관해서는 일찍이 유클리드 시절에도 이미 알고 있었다. 유클리드*는 기하학으로 유명하지만, 그가 쓴 책 〈원론〉에서는 몇 권에 걸쳐서 우리가 지금 정수론이라고 부르는 분야를 다룬다. 유클리드가 남긴 정리 중에는 다음과 같은 것도 있다.

**정리 3.1 (유클리드 VII, 32):** 모든 수는 소수이거나 소수로 나눌 수 있다.

이 정리는 "무한 내림 불가"라는 기법으로 증명할 수 있는데 자세히 써 보면 다음과 같다.**

**| 증명** *A*라는 수가 있다고 하자. 이 수가 소수이면 이 정리에 부합한다. 이 수가 합성수(즉 소수가 아닌 수)이면 더 작은 어떤 수 *B*로 나눌 수 있다. *B*가 소수라면 이 정리에 부합한다(*A*를 *B*로 나눌 수 있고 *B*가 소수이므로 *A*는 소수로 나눌 수 있다). *B*도 합성수이면 더 작은 수 *C*로 나눌 수 있다. 이런 식으로 계속 내려가다 보면 나누는 수가 소수가 될 수밖에 없다. 소수로 나눌 수 없는 합성수가 있다면 그 수는 점점 작아지는 무한한 수열의 곱으로 나눌 수 있어야 하는데 이는 불가능하기 때문이다. (유클리드 VII, 31 명제의 내용) |

* 역주 그리스식으로 "에우클레이데스"라고 쓰는 것이 맞지만, "유클리드"라는 영어식 표기법이 워낙 널리 쓰이고 있기 때문에 이 책에서도 에우클레이데스 대신 유클리드로 쓰기로 한다.

** 유클리드는 VII, 32 정리를 명제 VII, 31(모든 합성수는 어떤 소수로 나눌 수 있다)을 가지고 증명했으며 여기에서 소개한 증명에 그 내용이 포함된다.

유클리드가 주장한 “점점 작아지는 자연수의 수열에는 반드시 끝이 있을 수밖에 없다(무한 내림 불가)”라는 원리는 정수의 귀납 공리와 동등한데 이에 대해서는 9장에서 다시 알아보게 될 것이다.

• • •

유클리드의 〈원론〉에 있는 또 다른 정수론 관련 정리 중에는 소수가 무한히 많이 존재한다는 정리가 있는데 이는 수학에서 가장 아름다운 정리 가운데 하나로 꼽히기도 한다.

**정리 3.2 (유클리드 IX, 20):** 모든 소수의 수열 $\{p_1, \cdots, p_n\}$에 대해 그 수열에 포함되어 있지 않은 소수 $p$가 존재한다.

**| 증명** 다음과 같은 수를 생각해 보자.

$$q = 1 + \prod_{i=1}^{n} p_i$$

여기에서 $p_i$는 소수 수열의 $i$ 번째 소수다. $q$를 만든 방식을 생각해 보면 $q$는 어떤 $p_i$로도 나눌 수 없다. 그러면 $q$는 소수이거나 다른 소수로 나눌 수 있는 합성수여야만 하는데 전자인 경우에는 $q$ 자체가 기존 소수 수열에 들어있지 않은 소수가 되고 후자인 경우에는 기존 수열에 포함되지 않은 다른 어떤 소수로 나눌 수 있다. 따라서 소수는 무한히 많다. |

소수를 찾는 방법 중에서 가장 잘 알려진 방법의 하나로 “에라토스테네스의 체”를 들 수 있다. 에라토스테네스는 3세기 그리스의 수학자로 지구 둘레를 놀라울 정도로 정확하게 측정한 것으로도 유명하다. 에라토스테네스의 체는 모든 수를 체를 쳐서 소수가 아닌 수는 구멍으로 털어 보내고 마지막에 소수만 남기는 방식이다. 실제 절차는 모든 후보 수 목록에서 시작해서 (지금까지 소수로 확인된 수의 배수를 골라서) 소수가 아닌 수를 지우고 지워지지 않는 소수만 남기는 식으로 진행된다. 1부터 주어진 수까지 모든 양의 자연수를 가지고 에라토스테네스의 체를 돌리기도 하지만, 에라토스테네스 시절에도 2를 제외한 짝수는 소수가 아니라는 걸 이미 알고 있었기 때문에 굳이 짝수는 포함하지 않았다.

에라토스테네스가 했던 것처럼 여기서도 홀수만 놓고 2보다 큰 소수를 찾아보자. 이 체에는 우리가 정한 최댓값 이하의 모든 소수 후보가 들어가 있다. 여기에서는 최댓값인 53 이하의 소수를 전부 찾아보기로 하자. 체는 처음에 다음과 같이 시작된다.

3 5 7 9 11 13 15 17 19 21 23 25 27
29 31 33 35 37 39 41 43 45 47 49 51 53

남아있는 첫 번째 수(소수)에 대해서 그 수 자체와 이전에 이미 지워진 수를 제외한 모든 배수를 지운다. 아래에서는 이렇게 지운 수를 사각형으로 강조하겠다. 맨 처음 3의 배수를 지우고 나면 다음과 같이 된다.

(3) 5 7 ~~9~~ 11 13 ~~15~~ 17 19 ~~21~~ 23 25 ~~27~~
29 31 ~~33~~ 35 37 ~~39~~ 41 43 ~~45~~ 47 49 ~~51~~ 53

이제 아직 지워지지 않은 5의 배수를 지우면 다음과 같다.

3 (5) 7 ~~9~~ 11 13 ~~15~~ 17 19 ~~21~~ 23 ~~25~~ ~~27~~
29 31 ~~33~~ ~~35~~ 37 ~~39~~ 41 43 ~~45~~ 47 49 ~~51~~ 53

그리고 남아있는 7의 배수까지 지우면 다음과 같다.

3 5 (7) ~~9~~ 11 13 ~~15~~ 17 19 ~~21~~ 23 ~~25~~ ~~27~~
29 31 ~~33~~ ~~35~~ 37 ~~39~~ 41 43 ~~45~~ 47 ~~49~~ ~~51~~ 53

$m$ 이하의 소수를 모두 찾고 싶다면 $\lfloor \sqrt{m} \rfloor$ 이하의 모든 인수에 대해 이 과정을 반복하면 된다.

위 예에서는 $m = 53$이니까 모든 작업이 끝났다. 지금까지 지워지지 않고 남은 수는 모두 소수이다.

3 5 7 ~~9~~ 11 13 ~~15~~ 17 19 ~~21~~ 23 ~~25~~ ~~27~~
29 31 ~~33~~ ~~35~~ 37 ~~39~~ 41 43 ~~45~~ 47 ~~49~~ ~~51~~ 53

알고리즘을 구현하기 전에 몇 가지 더 살펴보자. 배수를 지워갈 때, 목록에 있는 수의 위치에 대한 정보를 추가로 뽑아내 보자. 아래와 같이 5의 배수를 지우는 상황을 따져보자.

| 인덱스: | 0 | 1 | 2 | 3 | 4 | 5 | 6 | 7 | 8 | 9 | 10 | 11 | 12 | 13 | 14 | 15 | 16 | 17 | 18 | … |
|---|---|---|---|---|---|---|---|---|---|---|---|---|---|---|---|---|---|---|---|---|
| 값: | 3 | (5) | 7 | ~~9~~ | 11 | 13 | ~~15~~ | 17 | 19 | ~~21~~ | 23 | [~~25~~] | ~~27~~ | 29 | 31 | ~~33~~ | [~~35~~] | 37 | ~~39~~ | … |

5의 배수를 지울 때 25나 35와 같은 지워야 할 수 사이의 간격, 즉 **스텝 크기**는 5이다. 즉 현재 고려 중인 인수의 값과 같다. 바꿔 말하자면 각 단계에서 지워야 할 수의 **인덱스**의 차는 그 단계에서 고려 중인 인수의 크기와 같다. 그리고 체로 걸러낼 정수는 전부 홀수이기 때문에 두 값의 차이는 인덱스의 차이의 두 배임을 알 수 있다. 따라서 지워야 할 두 수(예를 들어 위의 25와 35)의 차는 스텝 크기의 두 배, 즉 해당 인수의 두 배다. 잘 따져 보면 여기에서 예로 든 5뿐 아니라 3이나 7 같은 모든 인수에 대해 이런 패턴이 성립한다는 것을 알 수 있다.

마지막으로, 매 소인수에 대해 처음으로 지워지는 수는 그 소인수의 제곱수라는 것도 확인할 수 있다. 5의 배수를 지울 때 이미 지워지지 않은 수 중에 가장 먼저 지울 수는 25이다. 다른 배수는 이전 소인수의 배수를 지울 때 이미 솎아냈기 때문이다.

## 3.3 코드 구현 및 최적화

FROM MATHEMATICS TO GENERIC PROGRAMMING

얼핏 보면 이 알고리즘을 구현하기 위해서는 체로 걸러낼 수(값)를 저장할 배열과 해당 수가 소수인지를 표시할 불(bool) 플래그를 저장할 배열을 따로 만들어야 할 것 같다. 하지만 조금 더 생각해 보면 애초에 값을 저장할 필요가 없음을 알 수 있다. 대부분 값(즉 모든 소수가 아닌 수)은 전혀 쓰이지 않으며 값이 필요하면 위치로부터 계산해낼 수 있다. 첫 번째 값은 3이고 그 뒤로는 각각 앞 수보다 2씩 큰 수가 들어있기 때문에 $i$ 번째 수는 $2i + 3$이다.

그러므로 알고리즘을 구현할 때는 소수는 true, 합성수는 false로 표시하는 불 플래그만 저장하면 된다. 소수가 아닌 수를 지워가는 과정을 체에 표시한다고 부르고 mark_sieve라는 이름의 함수로 구현하자. 어떤 인수가 주어졌을 때 소수가 아닌 수를 전부 표시하는 함수는 다음과 같다.

```
template <RandomAccessIterator I, Integer N>
void mark_sieve(I first, I last, N factor) {
    // assert(first != last)
    *first = false;
    while (last - first > factor) {
        first = first + factor;
        *first = false;
    }
}
```

여기에서는 템플릿 인자를 선언할 때 요구사항을 지정하는 방식을 사용했다. 개념(concept)이라고 부르는 이러한 요구사항에 대해서는 10장에서 자세히 알아보도록 하고 일단은 잘 모르겠다면 부록 C를 참조하자(부록 C에는 C++에 대한 이해를 돕기 위한 내용을 실어 놓았다).

잠시 뒤면 알 수 있겠지만, 이 함수를 호출할 때는 지금 처리할 소수 인수인 factor의 배수 중에서 아직 지워지지 않은 첫 번째 배수에 해당하는 불 값을 가리키는 first를 함수에 넘겨준다. 처음으로 지울 배수는 앞에서 보았듯이 factor를 제곱한 수이다. last 인자로는 STL 관행에 따라 우리가 사용할 표에 들어있는 마지막 원소 바로 다음 위치를 가리키는 반복자를 넘겨준다. 이렇게 하면 last - first가 원소의 개수가 된다.

• • •

체를 치는 방법을 본격적으로 알아보기 전에 다음과 같은 보조정리를 짚고 넘어가자.

- 어떤 합성수 $c$의 가장 작은 소인수의 제곱은 c 이하이다.
- $p^2$보다 작은 모든 합성수는 $p$보다 작은 소수에 의해 걸러진다. (즉, $p$보다 작은 어떤 소수의 배수로 지워진다.)
- $p$로 체를 칠 때는 $p^2$부터 쳐낸다.
- $m$까지의 수를 걸러내고자 한다면 $p^2 \geq m$이 성립하기 전까지만 걸러내면 된다.

계산할 때는 다음과 같은 공식을 이용한다.

$$\text{인덱스 } i\text{에 해당하는 값:} \quad \text{value}(i) = 3 + 2i = 2i + 3$$
$$\text{값 } v\text{에 해당하는 인덱스:} \quad \text{index}(v) = \frac{v - 3}{2}$$

$i$ 위치에 있는 값의 $k$ 번째 배수와 $k$ + 2번째 배수 사이의 스텝 크기:

$$\begin{aligned}
\text{step}(i) &= \text{index}((k+2)(2i+3)) - \text{index}(k(2i+3)) \\
&= \text{index}(2ki + 3n + 4i + 6) - \text{index}(2ki + 3n) \\
&= \frac{(2ki + 3k + 4i + 6) - 3}{2} - \frac{(2ki + 3k) - 3}{2} \\
&= \frac{4i + 6}{2} = 2i + 3
\end{aligned}$$

$i$ 위치에 있는 값의 제곱에 해당하는 값의 인덱스:

$$\begin{aligned}
\text{index}(\text{value}(i)^2) &= \frac{(2i+3)^2 - 3}{2} \\
&= \frac{4i^2 + 12i + 9 - 3}{2} \\
&= 2i^2 + 6i + 3
\end{aligned}$$

위와 같은 공식을 활용하면 에라토스테네스의 체를 아래와 같이 구현할 수 있다.

```
template <RandomAccessIterator I, Integer N>
void sift0(I first, N n) {
    std::fill(first, first + n, true);
    N i(0);
    N index_square(3);
    while (index_square < n) {
        // index_square = 2i^2 + 6i + 3으로 고정
        if (first[i]) {            // 해당 수가 소수인 경우
            mark_sieve(first + index_square,
                       first + n,   // last
                       i + i + 3);  // factor
        }
        ++i;
        index_square = 2*i*(i + 3) + 3;
    }
}
```

모든 수를 다 처리해야만 소수를 찾을 수 있기 때문에 얼핏 보면 불 배열이 들어있는 자료구조에 대한 레퍼런스를 넘겨야 할 것만 같다. 하지만 여기서는 작업을 시작할 위치에 대한 반복자와 작업할 영역의 길이를 넘겨줌으로써 어떤 종류의 자료구조에 대해서든 쓸 수 있도록 만들었다. 데이터는 STL 컨테이너에 들어있든 메모리 블록에 들어있든 상관없다. 그리고 체로 거를 최댓값 $m$이 아니라 테이블의 크기 $n$을 썼다는 점에 주의하자.

index_square 변수는 표시할 첫 번째 값, 즉, 지금 확인 중인 인자의 제곱 값의 인덱스이다. 위 코드에서는 mark_sieve 함수에서 사용할 인자의 값 $(i + i + 3)$을 비롯한 몇 가지 값(코드에서 기울인 글꼴로 표시)을 순환문을 돌면서 매번 계산한다. 이런 부분을 밖으로 뽑아내면 코드를 다음과 같이 고칠 수 있다. (**굵은 글꼴**로 표시)

```
template <RandomAccessIterator I, Integer N>
void sift1(I first, N n) {
    I last = first + n;
    std::fill(first, last, true);
    N i(0);
```

```
    N index_square(3);
    N factor(3);
    while (index_square < n) {
        // index_square = 2i^2 + 6i + 3으로 고정
        // factor = 2i + 3으로 고정
        if (first[i]) {             // 해당 수가 소수인 경우
            mark_sieve(first + index_square, last, factor);
        }
        ++i;
        factor = i + i + 3;
        index_square = 2*i*(i + 3) + 3;
    }
}
```

눈썰미가 좋은 독자라면 factor 계산을 전에는 if 문의 조건이 참인 경우에만 했는데 이제는 매번 해야 하므로 오히려 이전 코드보다 안 좋아졌다는 것을 눈치챘을 것이다. 이렇게 factor 변수를 따로 뽑아낸 이유는 나중에 다시 짚어보도록 하자. 더 중요한 문제는 곱셈을 두 번 해야 하기 때문에 상대적으로 비싼 연산인 index_square 계산이 그대로 남아있다는 점이다. 컴파일러 최적화에서 곱셈같이 비싼 연산을 덧셈같이 덜 비싼 연산을 이용하는 동등한 코드로 치환하는 **우선순위 줄임**(strength reduction) 기법이라는 걸 사용하는데 여기에서도 그 방법을 적용해 보자.* 컴파일러에서 자동으로 할 수 있는 일이라면 당연히 사람이 수동으로도 할 수 있다.

계산 과정을 조금 더 자세히 살펴보자. 아래와 같은 코드를

```
factor = i + i + 3;
index_square = 3 + 2*i*(i+3);
```

다음과 같이 바꾼다고 해 보자.

```
factor += δ_factor;
```

* 요즘 쓰이는 프로세서에서 곱셈이 덧셈보다 반드시 느린 건 아니지만, 여전히 이 기법을 이용하면 일반적으로 연산 횟수를 줄일 수 있다.

```
index_square += δindex_square;
```

여기에서 $\delta_{factor}$와 $\delta_{index_square}$는 각각 factor와 index_square의 $i$ 번째와 $i + 1$ 번째 값 사이의 차를 뜻한다.

$$\delta_{factor}: \quad (2(i+1)+3)-(2i+3)=2$$

$$\begin{aligned}\delta_{index\_square}: \quad & (2(i+1)^2+6(i+1)+3)-(2i^2+6i+3) \\ & = 2i^2+4i+2+6i+6+3-2i^2-6i-3 \\ & = 4i+8=(2i+3)+(2i+2+3) \\ & = (2i+3)+(2(i+1)+3) \\ & = \text{factor}(i)+\text{factor}(i+1)\end{aligned}$$

$\delta_{factor}$는 쉽다. 변수가 서로 상쇄되어 상수 2만 남는다. 그런데 $\delta_{index_square}$의 식은 어떻게 더 단순하게 고칠 수 있을까? 항의 순서를 잘 바꿔보면 이미 계산한 값인 factor(i)와 어차피 계산해야 할 factor(i+1)을 활용하면 $\delta_{index_square}$를 구할 수 있다. (여러 값을 계산해야 할 때는 이렇게 이미 계산했거나 앞으로 계산할 다른 값을 활용할 수 있는지 따져보는 게 좋다. 전체 계산량을 줄일 수 있기 때문이다.)

이런 치환 방법을 잘 써서 에라토스테네스의 체, sift의 최종 버전을 다음과 같이 만들 수 있다. 아래에서도 이전 코드에 비해 개선된 부분을 굵은 글꼴로 표시했다.

```
template <RandomAccessIterator I, Integer N>
void sift(I first, N n) {
    I last = first + n;
    std::fill(first, last, true);
    N i(0);
    N index_square(3);
    N factor(3);
    while (index_square < n) {
        // index_square = 2i^2 + 6i + 3으로 고정
        // factor = 2i + 3으로 고정
        if (first[i]) {              // 해당 수가 소수인 경우
```

```
            mark_sieve(first + index_square, last, factor);
        }
        ++i;
        index_square += factor;
        factor += N(2);
        index_square += factor;
    }
}
```

**연습문제 3.2** 각각 데이터 크기가 다른 비트(`std::vector<bool>` 사용), `uint8_t`, `uint16_t`, `uint32_t`, `uint64_t` 유형에 대해 에라토스테네스의 체 작업을 수행하여 시간을 비교해 보라.

**연습문제 3.3** 에라토스테네스의 체를 이용하여 107까지의 $n$에 대해

$$\pi(n)=n\text{보다 작은 소수의 개수}$$

를 구하여 그래프를 그려보고 이 함수를 해석함수로 근사해 보라.

소수 중에서 왼쪽에서 오른쪽으로 읽으나 오른쪽에서 왼쪽으로 읽으나 똑같은 수를 **회문 소수**(palindromic prime)라고 부른다. 1000까지의 소수 중에 회문 소수를 찾아보면 다음과 같다.

**2** **3** **5** **7** **11** 13 17 19 23 29 31 37 41 43 47 53 59 61 67 71 73 79 83 89 97 **101** 103 107 109 113 127 **131** 137 139 149 **151** 157 163 167 173 179 **181** **191** 193 197 199 211 223 227 229 233 239 241 251 257 263 269 271 277 281 283 293 307 311 **313** 317 331 337 347 349 **353** 359 367 **373** 379 **383** 389 397 401 409 419 421 431 433 439 443 449 457 461 463 467 479 487 491 499 503 509 521 523 541 547 557 563 569 571 577 587 593 599 601 607 613 617 619 631 641 643 647 653 659 661 673 677 683 691 701 709 719 **727** 733 739 743 751 **757** 761 769 773 **787** 797 809 811 821 823 827 829 839 853 857 859 863 877 881 883 887 907 911 **919** **929** 937 941 947 953 967 971 977 983 991 997

신기하게도 1000과 2000 사이에는 회문 소수가 하나도 없다.

1009 1013 1019 1021 1031 1033 1039 1049 1051 1061 1063 1069 1087
1091 1093 1097 1103 1109 1117 1123 1129 1151 1153 1163 1171 1181
1187 1193 1201 1213 1217 1223 1229 1231 1237 1249 1259 1277 1279
1283 1289 1291 1297 1301 1303 1307 1319 1321 1327 1361 1367 1373
1381 1399 1409 1423 1427 1429 1433 1439 1447 1451 1453 1459 1471
1481 1483 1487 1489 1493 1499 1511 1523 1531 1543 1549 1553 1559
1567 1571 1579 1583 1597 1601 1607 1609 1613 1619 1621 1627 1637
1657 1663 1667 1669 1693 1697 1699 1709 1721 1723 1733 1741 1747
1753 1759 1777 1783 1787 1789 1801 1811 1823 1831 1847 1861 1867
1871 1873 1877 1879 1889 1901 1907 1913 1931 1933 1949 1951 1973
1979 1987 1993 1997 1999

**연습문제 3.4** 1000보다 큰 회문 소수가 있을까? [1000, 2000] 구간에 회문 소수가 없는 이유는 무엇일까? 16진법으로 표기하면 어떻게 달라질까? 임의의 $n$진법의 경우에는 또 어떻게 달라질까?

FROM MATHEMATICS TO GENERIC PROGRAMMING

## 3.4 완전수

3.1절에서 봤듯이 고대 그리스인들은 수의 온갖 성질에 관심을 기울였다. 완전수라는 개념도 그때 나왔는데 모든 진약수*의 합이 자신과 같은 수를 완전수라고 부른다.

$$\begin{aligned} 6 &= 1+2+3 \\ 28 &= 1+2+4+7+14 \\ 496 &= 1+2+4+8+16+31+62+124+248 \\ 8128 &= 1+2+4+8+16+32+64+127+254+508+1016+2032+4064 \end{aligned}$$

고대 그리스인들은 완전수가 우주의 성질 및 구조와 연관되어 있다고 믿었다. 예를 들어 28은 음력 한 달의 날수와 같다.

* 어떤 정수 $n$에 대해, $n$을 제외한 모든 약수를 진약수(proper divisor)라고 부른다.

그리스인들은 다른 완전수를 예측할 방법이 있는지 알고 싶어 했다. 그래서 이미 알고 있는 완전수를 다음과 같이 소인수분해했다.

$$\begin{aligned} 6 &= 2 \cdot 3 = 2^1 \cdot 3 \\ 28 &= 4 \cdot 7 = 2^2 \cdot 7 \\ 496 &= 16 \cdot 31 = 2^4 \cdot 31 \\ 8128 &= 64 \cdot 127 = 2^6 \cdot 127 \end{aligned}$$

그리고 다음과 같은 패턴을 알아냈다.

$$\begin{aligned} 6 &= 2 \cdot 3 = 2^1 \cdot (2^2 - 1) \\ 28 &= 4 \cdot 7 = 2^2 \cdot (2^3 - 1) \\ 120 &= 8 \cdot \mathbf{15} = 2^3 \cdot (2^4 - 1) \text{ 완전수 아님} \\ 496 &= 16 \cdot 31 = 2^4 \cdot (2^5 - 1) \\ 2016 &= 32 \cdot \mathbf{63} = 2^5 \cdot (2^6 - 1) \text{ 완전수 아님} \\ 8128 &= 64 \cdot 127 = 2^6 \cdot (2^7 - 1) \end{aligned}$$

위에서 볼 수 있는 것처럼 두 번째 항이 소수이면 완전수가 된다. 유클리드는 기원전 300년경에 이 사실을 증명했다.

### 몇 가지 유용한 공식

증명을 본격적으로 살펴보기 전에 몇 가지 공식을 되짚어 보자. **거듭제곱수의 차의 공식**은 다음과 같다.

$$\begin{aligned} x^2 - y^2 &= (x - y)(x + y) \\ x^3 - y^3 &= (x - y)(x^2 + xy + y^2) \\ &\vdots \\ x^{n+1} - y^{n+1} &= (x - y)(x^n + x^{n-1}y + \cdots + xy^{n-1} + y^n) \end{aligned} \tag{3.1}$$

위 공식은 아래 두 등식에서 쉽게 유도할 수 있다.

$$x(x^n + x^{n-1}y + \cdots + xy^{n-1} + y^n) = x^{n+1} + x^n y + x^{n-1}y^2 + \cdots + xy^n \tag{3.2}$$

$$y(x^n + x^{n-1}y + \cdots + xy^{n-1} + y^n) = \qquad x^n y + x^{n-1}y^2 + \cdots + xy^n + y^{n+1} \tag{3.3}$$

식 3.2와 식 3.3의 좌변과 우변이 같은 이유는 분배법칙 때문이다. 식 3.2에서 식 3.3을 빼면 식 3.1이 나온다.

다음은 **홀수 거듭제곱수의 합의 공식**이다.

$$x^{2n+1} + y^{2n+1} = (x+y)(x^{2n} - x^{2n-1}y + \cdots - xy^{2n-1} + y^{2n}) \tag{3.4}$$

이 공식은 덧셈을 뺄셈으로 고쳐 쓰고 식 3.1을 활용하면 유도할 수 있다.

$$\begin{aligned} x^{2n+1} + y^{2n+1} &= x^{2n+1} - -y^{2n+1} \\ &= x^{2n+1} - (-y)^{2n+1} \\ &= (x-(-y))(x^{2n} + x^{2n-1}(-y) + \cdots + (-y)^{2n}) \\ &= (x+y)(x^{2n} - x^{2n-1}y + \cdots - xy^{2n-1} + y^{2n}) \end{aligned}$$

−1을 홀수 번 곱하면 −1이기 때문에 이런 식이 성립한다. 이 두 공식은 이번 장에서 나오는 증명 과정에서 자주 쓰인다.

**정리 3.3 (유클리드 IX, 36):**

$$\sum_{i=0}^{n} 2^i \text{ 이 소수이면 } \quad 2^n \sum_{i=0}^{n} 2^i \text{ 은 완전수이다.}$$

양수 $n$에 대해

$$\sum_{i=0}^{n-1} 2^i = 2^n - 1 \tag{3.5}$$

이 성립하는데 이는 다음과 같이 거듭제곱수의 차의 공식으로부터 유도할 수 있다.

$$2^n - 1 = (2-1)(2^{n-1} + 2^{n-2} + \cdots + 2 + 1)$$

(2의 거듭제곱수를 쭉 더한 값을 이진수로 쓰면 어떻게 될지 생각해 보면 이해할 수 있다.)

**연습문제 3.5** 식 3.1을 이용하여 $2^n - 1$이 소수이면 $n$도 소수임을 증명하라.

위의 정리 3.3을 독일의 위대한 수학자 카를 가우스의 증명법으로 증명해 보자 (가우스에 대해서는 8장에서 자세히 알아보기로 하겠다). 우선 식 3.5를 이용하여 유클리드의 정리에 들어있는 $\sum_{i=0}^{n-1} 2^i$을 모두 $2^n - 1$로 치환해서 위의 정리를 다음과 같이 고쳐 써 보자.

$$2^n - 1 \text{ 이 소수이면 } \; 2^{n-1}(2^n - 1) \text{ 은 완전수이다.}$$

이제 $n$의 약수의 합을 $\sigma(n)$으로 정의하자. $n$을 다음과 같이 소인수분해할 수 있다고 하면

$$n = p_1^{a_1} p_2^{a_2} \cdots p_m^{a_m}$$

모든 약수가 들어있는 집합은 모든 소수인 약수의 $a_i$까지의 모든 가능한 제곱수의 조합으로 구성된다. 예를 들어 $24 = 2^3 \cdot 3^1$이므로 24의 모든 약수의 집합은 $\{2^0 \cdot 3^0, 2^1 \cdot 3^0, 2^2 \cdot 3^0, 2^3 \cdot 3^0, 2^0 \cdot 3^1, 2^1 \cdot 3^1, 2^2 \cdot 3^1, 2^3 \cdot 3^1\}$이 된다. 이 약수들을 전부 더하면 $2^0 \cdot 3^0 + 2^1 \cdot 3^0 + 2^2 \cdot 3^0 + 2^3 \cdot 3^0 + 2^0 \cdot 3^1 + 2^1 \cdot 3^1 + 2^2 \cdot 3^1 + 2^3 \cdot 3^1 = (2^0 + 2^1 + 2^2 + 2^3)(3^0 + 3^1)$ 이다.

즉, 어떤 수 $n$의 약수의 합은 합의 곱 형태로 쓸 수 있다.

$$\begin{aligned}
\sigma(n) &= \prod_{i=1}^{m} (1 + p_i + p_i^2 + \cdots + p_i^{a_i}) \\
&= \prod_{i=1}^{m} \frac{p_i - 1}{p_i - 1} (1 + p_i + p_i^2 + \cdots + p_i^{a_i}) \\
&= \prod_{i=1}^{m} \frac{(p_i - 1)(1 + p_i + p_i^2 + \cdots + p_i^{a_i})}{p_i - 1} \\
&= \prod_{i=1}^{m} \frac{p_i^{a_i+1} - 1}{p_i - 1}
\end{aligned} \tag{3.6}$$

여기에서 마지막 줄로 넘어갈 때는 거듭제곱수의 차 공식을 써서 분자를 간단

하게 표현할 수 있도록 정리했다. (앞으로 이 책에서 증명할 때, 다른 설명이 없는 한 정수 변수 $p$는 소수라고 가정하겠다.)

**연습문제 3.6** $n$과 $m$이 서로소이면(1 외에 공약수가 없으면) 다음 식이 성립함을 증명하라.

$$\sigma(nm) = \sigma(n)\sigma(m)$$

(위와 같은 식을 만족하는 함수를 **곱셈적 함수**(multiplicative function)라고 부른다.)

이제 진약수합(aliquot sum) $\alpha(n)$을 다음과 같이 정의하자.

$$\alpha(n) = \sigma(n) - n$$

진약수합은 $n$의 진약수를 모두 더한 값이므로 위와 같이 $n$의 모든 약수의 합인 $\sigma(n)$에서 $n$을 뺀 값으로 정의된다.

이제 아래의 유클리드 IX, 36, 즉 정리 3.3을 증명할 준비가 다 됐다.

$2^n - 1$이 소수이면 $2^{n-1}(2^n - 1)$은 완전수이다.

**| 증명** $q = 2^{n-1}(2^n - 1)$로 놓자. 2는 소수이고 위 정리의 조건에서 $2^n - 1$이 소수라고 했기 때문에 $2^n(2^n - 1)$은 이미 그 자체로 $n = p_1^{a_1} p_2^{a_2} \cdots p_m^{a_m}$꼴로 소인수분해가 되어 있는 셈이다. (여기에서 $m = 2$, $p_1 = 2$, $a_1 = n - 1$, $p_2 = 2^n - 1$, $a_2 = 1$) 약수의 합 공식(식 3.6)을 이용하면 다음과 같이 정리할 수 있다.

$$\begin{aligned}
\sigma(q) &= \frac{2^{(n-1)+1} - 1}{1} \cdot \frac{(2^n - 1)^2 - 1}{(2^n - 1) - 1} \\
&= (2^n - 1) \cdot \frac{(2^n - 1)^2 - 1}{(2^n - 1) - 1} \cdot \frac{(2^n - 1) + 1}{(2^n - 1) + 1} \\
&= (2^n - 1) \cdot \frac{((2^n - 1)(2^n - 1) - 1)((2^n - 1) + 1)}{((2^n - 1)(2^n - 1) - 1)} \\
&= (2^n - 1)((2^n - 1) + 1) \\
&= 2^n(2^n - 1) = 2 \cdot 2^{n-1}(2^n - 1) = 2q
\end{aligned}$$

그러면 진약수합은 다음과 같이 된다.

$$\alpha(q) = \sigma(q) - q = 2q - q = q$$

따라서 $q$는 완전수이다. ∎

유클리드의 정리는 어떤 수가 특정한 형태를 갖추면 완전수가 된다는 내용의 정리다. 그러면 그 역도 성립할까? 즉 어떤 수가 완전수라면 그 수는 $2^{n-1}(2^n - 1)$ 형태로 표현할 수 있을까? 오일러는 18세기에 어떤 완전수가 짝수이면 그러한 형태로 표현할 수 있다는 것을 증명했다. 하지만 더 일반화해서 모든 완전수를 그런 형태로 표현할 수 있는지까지 증명하진 못했다. 이 문제는 아직도 풀리지 않았다. 홀수인 완전수가 존재하는지 아직 모르기 때문이다.

**연습문제 3.7** 모든 짝수인 완전수가 삼각수임을 증명하여라.

**연습문제 3.8** 완전수의 약수의 역수를 전부 더하면 항상 2가 나온다는 점을 증명하여라. 예를 들면 다음과 같다.

$$1 + \frac{1}{2} + \frac{1}{3} + \frac{1}{6} = 2$$

FROM MATHEMATICS TO GENERIC PROGRAMMING

## 3.5 공측도

피타고라스학파에게 수학은 지금 우리가 생각하는 것과 같은 추상적인 기호의 조작에 관한 것만은 아니었다. 그들에게 수학은 현실 세계에서 지각 가능한 두 가지 가장 근본적인 측면, 즉 "수"와 "공간"의 과학이었다. 그들은 (정사각수, 직사각수, 삼각수같이) 특정 모양을 가진 수를 이해하려 했을 뿐 아니라 공간에도 이산적인 구조가 있다고 믿었다. 그런 믿음으로 수를 바탕으로 기하를 구축하는 방법을 마련하고자 했으며 양의 정수를 기반으로 통일된 수학 이론을 만들려고 했다.

이런 목표를 달성하기 위해 그들은 한 선분을 다른 선분으로 "측정"할 수 있다는 개념을 만들어냈다.

**정의 3.1** 어떤 선분 $A$와 $V$가 있을 때, $V$를 유한 번 이어붙여서 A를 표현할 수 있을 경우에만 선분 $V$를 선분 $A$의 **측도**라고 부른다.

측도(measure)는 정수 개만큼("분수" 측도는 없다) 이어 붙여서 원하는 선분을 만들 수 있을 만큼 작아야 한다. 물론 다른 선분에 대해서는 다른 측도를 쓸 수도 있다. 두 선분에 대해서 같은 척도를 쓰고 싶다면 공측도(common measure)*를 써야만 한다.

**정의 3.2** 선분 $A$의 측도이면서 동시에 선분 $B$의 측도이면 그 선분 $V$를 $A$와 $B$의 공측도라고 부른다.

피타고라스학파에서는 어떤 객체에 대해서든 반드시 공측도가 존재한다고 믿었다. 따라서 모든 공간을 이산적으로 표현할 수 있다고 믿었다.

• • •

공측도가 여러 개 있을 수 있으므로 최대공측도(greatest common measure, GCM)라는 개념도 만들었다.

**정의 3.3** A와 B의 다른 어떤 공측도보다 큰 공측도를 A와 B의 최대공측도라고 부른다.

피타고라스학파는 최대공측도의 여러 속성을 발견했으며 요즘 쓰이는 표기법을 따르자면 다음과 같이 쓸 수 있다.

* 역주 공측도(common measure)가 영어에서는 공약수(common divisor)와 같은 의미로도 쓰이기 때문에 공약수로 옮기기도 한다. 하지만 여기에서는 문맥상 우리말로 공약수라고 옮길 수 없기 때문에 "공통의 측도", 즉 "공측도"로 옮겼다.

$$\text{gcm}(a, a) = a \tag{3.7}$$
$$\text{gcm}(a, b) = \text{gcm}(a, a + b) \tag{3.8}$$
$$b < a \implies \text{gcm}(a, b) = \text{gcm}(a - b, b) \tag{3.9}$$
$$\text{gcm}(a, b) = \text{gcm}(b, a) \tag{3.10}$$

그들은 이러한 속성으로부터 그리스 수학에서(어쩌면 수학 전체에서) 가장 중요한 절차라고 할 수 있는 두 선분의 최대공측도를 계산하는 방법을 만들어냈다. 그리스에서는 선분에 대해서 자와 컴퍼스로 연산을 적용하는 방식으로 계산했다. C++ 표기법으로는 `line_segment`라는 이름의 유형으로 다음과 같은 식으로 최대공측도 계산 절차를 구현할 수 있다.

```
line_segment gcm(line_segment a, line_segment b) {
    if (a == b)      return a;
    if (b < a)       return gcm(a - b, b);
 /* if (a < b) */    return gcm(a, b - a);
}
```

이 코드에서는 삼분법(trichotomy law), 즉 완전히 정렬된 유형의 두 값 $a$, $b$가 있으면 $a = b$, $a < b$, $a > b$ 중 하나는 반드시 성립한다는 법칙을 이용한다.

예를 들어 gcm(196, 42)를 구해보자.

| $a$ $b$ | | | | | |
|---|---|---|---|---|---|
| $196 > 42$, | $\text{gcm}(196, 42)$ | $=$ | $\text{gcm}(196 - 42, 42)$ | $=$ | $\text{gcm}(154, 42)$ |
| $154 > 42$, | $\text{gcm}(154, 42)$ | $=$ | $\text{gcm}(154 - 42, 42)$ | $=$ | $\text{gcm}(112, 42)$ |
| $112 > 42$, | $\text{gcm}(112, 42)$ | $=$ | $\text{gcm}(112 - 42, 42)$ | $=$ | $\text{gcm}(70, 42)$ |
| $70 > 42$, | $\text{gcm}(70, 42)$ | $=$ | $\text{gcm}(70 - 42, 42)$ | $=$ | $\text{gcm}(28, 42)$ |
| $28 < 42$, | $\text{gcm}(28, 42)$ | $=$ | $\text{gcm}(28, 42 - 28)$ | $=$ | $\text{gcm}(28, 14)$ |
| $28 > 14$, | $\text{gcm}(28, 14)$ | $=$ | $\text{gcm}(28 - 14, 14)$ | $=$ | $\text{gcm}(14, 14)$ |
| $14 = 14$, | $\text{gcm}(14, 14)$ | $=$ | $14$ | | |

따라서 gcm(196, 42) = 14이다.

물론 gcm(196, 42)라고 할 때는 길이가 196, 42인 선분의 최대공측도를 뜻하는 것이긴 하지만, 이 장의 예에서는 편의상 그냥 정수를 가지고 최대공약수를 구한다고 생각하자.

앞으로 몇 장에 걸쳐서 이 알고리즘을 다양하게 변형해서 사용할 것이므로 제대로 이해하고 어떻게 돌아가는지 잘 파악해 두도록 하자. 몇 가지 다른 예를 직접 손으로 계산해 보면 더 잘 알 수 있을 것이다.



## 3.6 공측도 개념의 치명적인 약점

그리스의 수학자들은 강력한 증명 기법을 이용하여 **자연수의 정렬성**(well-ordering principle)(어떤 자연수의 집합에든 가장 작은 원소가 존재한다는 원리)을 발견했다. 가장 작은 원소가 존재하지 않는다는 것을 증명하고 싶다면 가장 작은 원소가 존재한다고 가정한 다음 그것보다 더 작은 원소도 존재할 수 있음을 보이면 된다.

이런 논리를 이용하여 피타고라스학파에서는 그들의 공측도 개념을 송두리째 뒤흔들 만한 증명을 발견했다.* 여기에서는 19세기에 조지 크리스털(George Chrystal)이 재구성한 증명을 활용해 보자.

**정리 3.4** 정사각형의 변과 대각선을 동시에 측정할 수 있는 선분은 없다.

**| 증명** 이 명제의 역을 가정해 보자.** 즉, 어떤 정사각형의 변과 대각선을 동시에 측정할 수 있는 선분이 있다고 해 보자. 그러한 정사각형 중 가장 작은 정사각형을 생각해 보자.

* 피타고라스가 직접 증명했는지, 아니면 그의 초기 추종자들이 증명했는지는 분명하지 않다.

** 이런 증명 방법을 귀류법이라고 한다. 귀류법에 대해 자세히 알고 싶다면 부록 B.1을 참고하자.

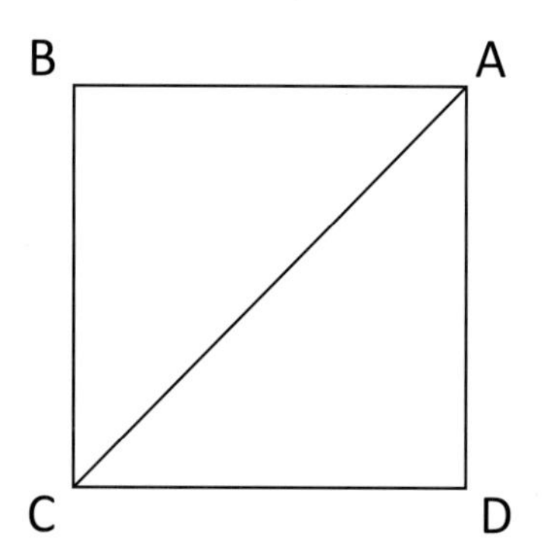


자와 컴퍼스만 가지고* $\overline{AB}$와 길이가 같은 선분 $\overline{AF}$를 만들고 $F$에서 시작해서 $\overline{AC}$에 수직인 선분을 만들 수 있다.

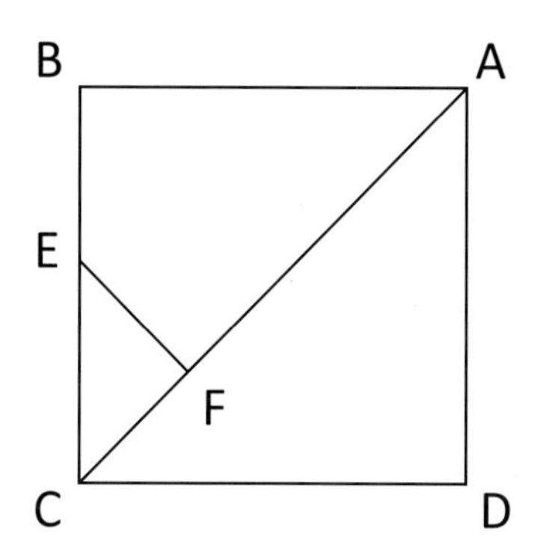


$$\overline{AB} = \overline{AF} \ \land \ \overline{AC} \perp \overline{EF}$$

이제 다음과 같이 수직인 선분 $\overline{CG}$와 $\overline{EG}$를 추가로 만들어 보자.

* 지금은 자라고 하면 길이를 잴 수 있는 것을 떠올리지만, 유클리드의 자는 직선을 긋는 도구에 불과했다. 이런 이유로 유클리드 기하학에서 얘기하는 자를 "직선 자"라고 부르기도 한다. 마찬가지로 요즘 쓰이는 컴퍼스는 각도를 고정시킨 다음 옮겨서 같은 길이를 측정할 수도 있지만, 유클리드의 컴퍼스는 정해진 반지름을 가지는 원을 그리는 용도로만 쓸 수 있었다. 종이에서 한 번 들어 올리면 각도가 흐트러져서 각도를 그대로 유지할 수 없는 도구라고 보면 된다.

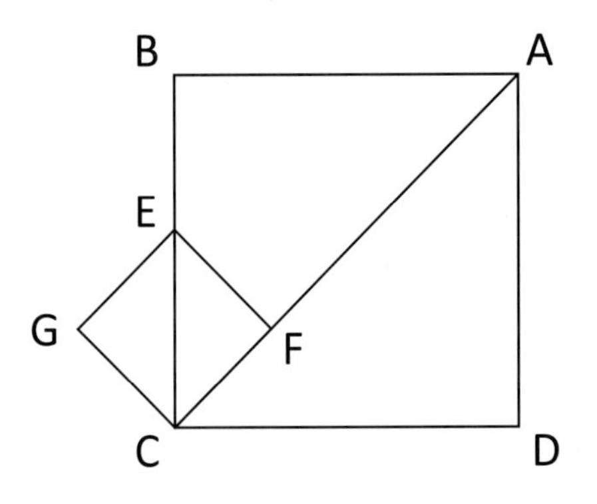


$$\overline{AC} \perp \overline{CG} \ \wedge \ \overline{EG} \perp \overline{EF}$$

$\angle CFE$ = 90°이고 $\angle ECF$ = 45°이며 ($\angle ECF$는 $\angle BCA$와 같은데 이 각은 정사각형의 대각선에 의해 만들어지는 각이므로 90°의 절반, 즉 45°이다) 삼각형의 내각의 합은 180°이므로 다음과 같이 계산할 수 있다.

$$\angle CEF = 180° - \angle CFE - \angle ECF = 180° - 90° - 45° = 45°$$

따라서 $\angle CEF$ = $\angle ECF$이므로 삼각형 CEF는 이등변 삼각형이다. 따라서 $\overline{CF} = \overline{EF}$이다. 마지막으로 선분 $\overline{BF}$를 추가해 보자.

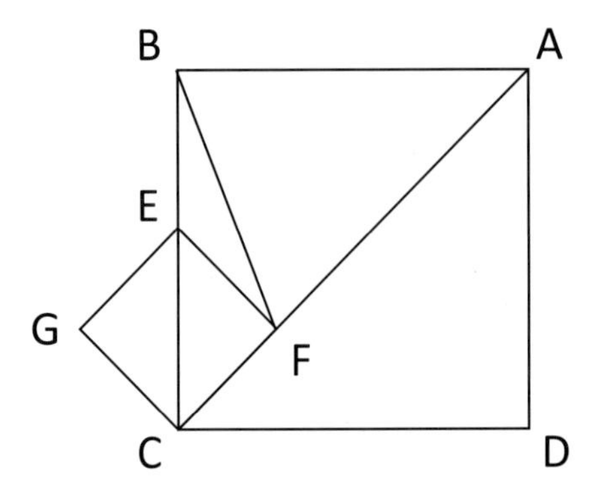


처음부터 $\overline{AB}$ = $\overline{AF}$로 만들었기 때문에 삼각형 ABF도 $\angle ABF$ = $\angle AFB$인 이등변 삼각형이다. 그리고 애초에 직각으로 그렸으므로 $\angle ABC$ = $\angle AFE$이다. 따라서 다음과 같은 식이 성립한다.

$$\angle ABC - \angle ABF = \angle AFE - \angle AFB$$
$$\angle EBF = \angle EFB$$
$$\Longrightarrow \overline{BE} = \overline{EF}$$

처음에 $\overline{AC}$가 측정 가능하다고 가정했고 $\overline{AF}$도 $\overline{AB}$와 같아서 처음에 가정한 대로 측정 가능함을 알 수 있다. 따라서 그 둘의 차이인 $\overline{CF} = \overline{AC} - \overline{AF}$도 측정 가능하다. 방금 $\triangle CEF$와 $\triangle BEF$가 모두 이등변 삼각형임을 보였으므로 다음과 같은 식이 성립한다.

$$\overline{CF} = \overline{EF} = \overline{BE}$$

$\overline{BC}$는 처음 가정한 대로 측정 가능하고 방금 보인 것처럼 $\overline{CF}$와 $\overline{BE}$도 모두 측정 가능하다. 결과적으로 $\overline{EC} = \overline{BC} - \overline{BE}$도 측정 가능하다.

이제 변($\overline{EF}$)과 대각선($\overline{EC}$)을 공통의 단위로 측정할 수 있는 더 작은 정사각형이 만들어졌다. 그런데 증명을 시작할 때 그 정사각형이 "변과 대각선을 동시에 측정할 수 있는 선분이 존재하는 가장 작은 정사각형"이라고 가정했기 때문에 같은 조건을 만족시키는 더 작은 정사각형이 있다는 것 자체가 모순이다. 따라서 애초에 가정이 틀렸고 결과적으로 정사각형의 변과 대각선을 둘 다 측정할 수 있는 선분은 존재하지 않는다는 결론을 얻을 수 있다. 그런 선분은 영원히 찾을 수 없다. 즉 이런 경우에 대해서는 `line_segment_gcm(a, b)`가 끝없이 돌아간다. ∎

바꿔 말하자면 정사각형의 대각선과 변의 비율은 유리수(두 정수 사이의 비율)로 표현할 수 없다. 요즘 같으면 피타고라스학파에서 위 증명으로 무리수를 발견했고 그중에서도 특히 $\sqrt{2}$가 무리수임을 증명했다고 얘기할 수 있겠다.

무리수의 발견은 절대 믿을 수 없는 충격적인 일이었다. 기하학이 정수를 바탕으로 세워질 수 없다는 것을 뜻하고 피타고라스학파의 가르침을 송두리째 뒤흔드는 일이었으니 말이다. 그들은 결국 어떤 조직에서 나쁜 일이 일어나면 종종 하게 되는 일을 저지르고 말았다. 구성원 모두가 비밀을 지키기로 약속한 것이다. 일설에 의하면 피타고라스학파에서는 이 사실을 발설하면 신이 그 사람이 탄 배를 침몰시키고 같은 때 배에 탄 다른 사람도 전부 죽인다고 믿었다고 한다.

• • •

나중에는 피타고라스의 추종자들도 새로운 전략을 쓰게 됐다. 수학을 정수라는 기반 위에서 통일시킬 수 없다면 정수 대신 기하학이라는 기반 위에서 통일시키는 방식을 택한 것이다. 오늘날까지도 기하학을 가르칠 때 사용하는 자와 컴퍼스만 사용하는 작도법이 바로 이렇게 태어났다. 수를 전혀 사용하지 않을 뿐 아니라 아예 사용할 필요도 없기 때문이다.

나중에는 위의 증명과는 다르게 정수론을 바탕으로 $\sqrt{2}$가 무리수임을 보이는 방법도 나왔다. 그중에는 유클리드 〈원론〉의 일부 판본에 10권 117번 명제로 실려 있는 증명법이 있다. 이 증명은 유클리드 시기 이전에 만들어졌지만, 〈원론〉이 처음 출판된 이후 시기에 〈원론〉에 추가되었다. 정확한 역사는 잘 모르겠지만, 중요한 증명이니 일단 알아보도록 하자.

**정리 3.5** $\sqrt{2}$는 무리수이다.

**| 증명** $\sqrt{2}$가 유리수라고 해 보자. 그러면 두 개의 정수 $m$과 $n$의 비로 표현할 수 있다($m/n$은 더 이상 약분할 수 없다).

$$\frac{m}{n} = \sqrt{2}$$
$$\left(\frac{m}{n}\right)^2 = 2$$
$$m^2 = 2n^2$$

즉 $m^2$은 짝수인데 그러면 $m$도 짝수*여야 하므로 $m$을 어떤 정수 $u$에 2를 곱한 값으로 쓸 수 있고 이를 위의 식에 다시 대입하여 다음과 같이 계산할 수 있다.

* $m$이 짝수임은 쉽게 보일 수 있다. 두 홀수를 곱하면 홀수만 나올 수 있으므로 $m$이 홀수가 아니라면 $m^2$은 짝수일 수 없다. 유클리드 〈원론〉에는 이 외에도 많은 짝수와 홀수에 관한 성질이 증명되어 있다.

$$
\begin{aligned}
m &= 2u \\
(2u)^2 &= 2n^2 \\
4u^2 &= 2n^2 \\
2u^2 &= n^2
\end{aligned}
$$

이러면 $n^2$이 짝수이므로 $n$도 짝수여야 한다. 하지만 $m$과 $n$이 둘 다 짝수이면 $m/n$은 더 이상 약분할 수 없다는 가정에 모순된다. 따라서 가정이 틀렸으므로 $\sqrt{2}$는 두 정수의 비로 표현할 수 없는 무리수이다. ∎

FROM MATHEMATICS TO GENERIC PROGRAMMING

## 3.7 마무리

고대 그리스인의 수의 "모양"이나 소수, 완전수 같은 특정 성질을 지니는 수에 대한 각별한 관심은 정수론이라는 수학 분야의 기초가 되었다. 에라토스테네스의 체 같은 그 시절에 만들어진 알고리즘은 지금 봐도 여전히 매우 우아하다. 물론 요즘 만들어진 최적화 기법을 이용하면 그 효율을 더 끌어올릴 수 있긴 하지만 말이다.

• • •

이 장의 뒷부분에서는 $\sqrt{2}$가 무리수임을 기하학적인 방법과 대수학적인 방법으로 증명해 보았다. 두 가지 전혀 다른 증명법으로 같은 결과를 낼 수 있다는 사실은 상당히 중요하다. 수학자 입장에서는 같은 수학적 사실을 여러 서로 다른 방법으로 증명할 수 있다는 것이 상당히 의미 있는 일이다. 그 결과를 더 확실하게 믿을 수 있기 때문이다. 예를 들어 가우스는 이차 상반법칙이라는 정리를 여러 다른 방법으로 증명하는 데 꽤 많은 공을 들였다.

피타고라스학파 사람들은 연속적인 실제 세계를 불연속적인 정수로 표시하려고 노력하는 과정에서 무리수를 발견했다. 얼핏 보면 실제 세계를 정수로 표시할 수 있다고 믿었다는 것이 너무 순진해 보일지 모르지만, 컴퓨터 분야에서는 요즘도 마찬가지 일을 하고 있다. 실제 세계를 이진수 정수만으로 근사하여 표시하기 때문이다. 연속과 불연속 사이의 갈등은 아직도 수학에서 핵심적인 주제로 남아 있으며 아마 앞으로도 영원히 그럴 것이다. 하지만 이런 갈등은 단순히 골칫거리에 그치는 게 아니라 위대한 발전과 혁신적인 직관의 원천 역할을 하고 있다.

# 4장

# 유클리드의 알고리즘

정수론의 전체 구조는 단 한 가지 기초,
즉 최대공약수를 찾는 알고리즘 위에 세워져 있다.

_ 디리클레, 정수론 강의

앞 장에서는 피타고라스라는 인물과 그를 중심으로 천문학, 기하학, 정수론 그리고 음악을 연구하는 비밀 결사 성격으로 만들어진 피타고라스학파에 대해 알아보았다. 피타고라스학파는 정사각형의 변과 대각선 사이의 공측도를 찾아낼 수 없었고 그 결과 이 세상 모든 것을 정수로 환원시키겠다는 꿈을 접을 수밖에 없었다. 하지만 수학에서 매우 중요한 개념인 공측도 개념을 만들어냈으며 프로그래밍에 있어서도 공측도 개념은 매우 중요하다. 이번 장에서는 고대 시기의 공측도를 구하기 위한 알고리즘을 소개해 보겠다. 공측도를 구하는 알고리즘은 이 책 전반에서 계속해서 알아볼 주제이기도 하다.



## 4.1 아테네와 알렉산드리아

이 알고리즘이 발견된 배경을 이해하려면 인류 역사에 있어서 매우 특별한 시간과 공간인 기원전 5세기 아테네를 들여다봐야 할 것 같다. 마라톤 전투, 살라미 해전과 플라타이아이 전투에서 페르시아군의 침공을 막아낸 후 150년에 걸쳐 아테네는 문화, 교육, 과학의 중심지로 서양 문명의 기초가 만들어진 곳이었다.

플라톤이 그 유명한 아카데메이아를 설립한 것도 바로 아테네 문화가 한참 전성기를 구가할 무렵이었다. 요즘은 플라톤을 철학자로만 생각하지만, 아카데메이아의 교육과정에서 가장 핵심적인 것이 바로 수학이었다. 모든 면이 합동인 정다각형으로 이루어지는 볼록 3차원 도형인 다섯 가지 플라톤 다면체(정다면체)를 발견한 것도 플라톤이다(정다면체는 이 다섯 가지뿐이다).

**플라톤(기원전 약 429년 – 347년)**

고대 아테네의 귀족 가문에서 태어났다. 젊은 나이에 철학의 창시자 중 하나인 소크라테스의 제자가 되었는데 소크라테스는 질문을 던지는 방식으로

가르치고 배우는 것으로 유명했으며 특히 자신의 삶과 가정(assumption) 자체에 대해서도 의문을 품었다고 한다.

소크라테스는 못 생기고 눈이 튀어나온 데다가, 옷도 허름하게 입었고, 나이도 많았고, 천한 석수 출신에 불과했지만, 혁명적인 사상을 탄생시켰다. 그 시기에는 스스로 자신을 지혜로운 사람이라고 부르는 소피스트들이 어떤 이상한 주장으로도 사람들을 자기편으로 만들 수 있는 궤변을 가르치는 게 유행했다. 소크라테스는 소피스트들이 가지고 있다고 주장하는 지혜에 대해 의문을 제기하고 그들의 멍청함을 부각함으로써 소피스트들을 타파했다. 소피스트들은 상당한 수업료를 받고 제자들을 가르쳤지만 소크라테스는 무료로 가르쳤다. 진리에 다다를 때까지 끊임없이 질문을 던지는 기법을 처음으로 도입했는데 이런 문답법을 소크라테스식 대화법(Socratic method)이라고 부른다. 소크라테스는 많은 사람으로부터 존경을 받았고 그의 제자 중에는 훗날 유명한 지도자가 된 사람도 많았지만, 대중으로부터는 문제를 일으키는 인물로 평가받았으며 아리스토파네스는 유명한 희극 "구름"에서 그를 공공연하게 조롱하기도 했다. 끝내 기원전 399년에는 도시의 젊은이들을 타락시켰다는 죄목으로 재판을 받고 독배를 받아 사형을 당했다.

플라톤은 소크라테스로부터 심대한 영향을 받았으며 그가 남긴 문헌은 대부분 소크라테스와 다양한 상대방과의 대화 형식으로 구성되어 있다. 플라톤은 소크라테스가 결국 처형된 사실 그리고 한 사회가 그 사회에서 가장 현명하고 정의로운 구성원을 파멸시킬 수 있다는 사실에 좌절했다. 실의에 빠진 플라톤은 아테네를 떠나 한동안 이집트의 사제들과 함께 공부했고 그 후에는 이탈리아 남부의 피타고라스학파로부터 수학을 배웠다. 10여 년 후 아테네로 돌아온 그는 고대의 영웅인 아카데무스의 이름을 따서 아카데메이아라는 곳에서 세계 최초의 대학을 설립했다. 피타고라스학파의 비밀스러운 가르침과는 달리 아카데메이아의 교육과정은 공개돼 있었으며 누구든 참여할 수 있었다. 그리스인이든 야만인이든 시민이든 노예든 남녀를 불문하고 아카데메이아에서 배울 수 있었다.

〈소크라테스의 변론〉, 〈파이돈〉, 〈향연〉을 비롯한 플라톤의 〈대화편〉은 시라고 할 수 있을 만큼 아름다운 문장으로 이루어져 있다. 플라톤의 저술 중에는 도덕과 철학에 관한 것이 널리 알려지긴 했지만, 아카데메이아의 교육과정에서는 수학도 중심적인 역할을 했다. 아카데메이아 입구에는 "기하학을 모르는 자는 이곳에 들어오지 말라"고 적혀 있을 정도였다. 플라톤은 당대 최고의 수학자들을 불러모아 아카데메이아에서 가르치고 표준 교육 과정을 개발하도록 했다. 플라톤이 직접 수학에서 어떤 업적을 이룬 것은 아니지만, 그가 남긴 〈대화편〉 전반에 다양한 수학적인 개념이 수록되어 있으며 그 가운데 하나인 메논(Meno)은 사람은 수학적인 사고가 인간의 타고난 본질이라는 것을 보여줄 수 있도록 구성되어 있다.

플라톤은 종종 시라쿠사를 방문하여 그 지역의 영주에게 공정한 사회를 주문하곤 했다. 하지만 그 노력이 결실을 보진 못했는데 한 번은 영주의 화를 너무 돋운 나머지 그 영주가 플라톤을 노예로 팔아버리려고 한 적도 있었다. 다행히도 플라톤을 존경하는 어떤 사람이 바로 몸값을 낸 덕에 풀려날 수 있었다.

플라톤은 서양의 사상에 지대한 영향을 끼쳤다. 영국의 저명한 철학자 화이트헤드는 "서양 철학은 모두 플라톤 철학의 각주에 불과하다"라는 말을 남기기도 했다.

아테네의 문화는 지중해 전역으로 퍼져나갔으며 알렉산드로스 대왕 시기가 최고의 전성기였다. 알렉산드로스 대왕은 이집트에 알렉산드리아라는 도시를 만들었는데 이 도시는 연구와 교육의 새로운 중심지가 되었다. 지금의 연구소에 해당하는 무세이온(무사(그리스 신화의 아홉 명의 여신. 영어로는 뮤즈(Muse))의 기관이라는 뜻)이라는 이름의 기관도 세웠는데 천 명이 넘는 학자들이 그곳에서 일했다. 무세이온은 박물관/미술관(museum)의 어원이기도 하다. 이집트의 그리스 출신 왕들이 이 학자들을 후원했는데 월급, 주거 및 생활비 등을 모두 지급했다고 한다. 알렉산드리아 도서관도 무세이온의 일부였는데 온 세상의 지식을 집대성하기 위한 곳이었다. 50만 개의 두루마리를 소장했다고 알려졌으며 수많은 필사가들이 쉴 새 없이 두루마리를 필사하고 번역하고 편집했다고 한다.

• • •

수학 역사에서 가장 중요한 책으로 꼽히는 유클리드의 〈원론〉도 유클리드가 무세이온의 학자로 활동하던 시기에 쓴 책이다. 〈원론〉에는 기하학과 정수론의 바탕을 이루는 내용이 담겨 있으며 자와 컴퍼스만을 이용하는 작도법은 요즘도 학교에서 배우고 있다.

**유클리드(주 활동 시기: 기원전 약 300년)**

정확하게 언제 살았는지도 모를 정도로 유클리드에 대해서는 알려진 바가 없다. 하지만 그가 기하학을 매우 깊이 있게 공부했다는 것은 확실하다. 플라톤의 후계자로 아카데메이아의 원장 자리를 계승한 철학자 프로클로스는 다음과 같은 일화를 남기기도 했다. "하루는 프톨레마이오스(이집트의 왕)가 유클리드에게 기하학을 배우는 데 〈원론〉을 공부하는 것보다 편한 방법이 없느냐고 물었다. 그 질문에 대해 유클리드는 기하학에는 왕도가 없다고 답했다." 유클리드는 플라톤이 죽은 후의 어느 시기에 아카데메이아에 와서 공부하고 그가 배운 수학 지식을 알렉산드리아에 전파했을 것으로 추정된다.

유클리드의 삶에 대해서는 거의 알려진 바가 없지만, 그가 남긴 작품은 잘 알려져 있다. 유클리드의 〈원론〉은 여러 기존 문헌에 실려있는 수학 관련 내용 및 증명 등이 정리되어 있다. 〈원론〉을 잘 읽어보면 그 흔적을 발견할 수 있는데 예를 들어 〈원론〉 5권에 있는 비율론은 플라톤의 제자인 에우독소스의 업적을 바탕으로 했다고 알려졌다. 기존에 알려졌던 내용이라고 하더라도, 그런 내용을 체계적으로 정리해서 묶은 것은 분명 유클리드의 업적이다. 〈원론〉 1권은 작도법을 이용한 기하학의 기본 도구에서 시작해서 피타고라스 정리(명제 I, 47)로 끝난다. 마지막 13권에서는 플라톤 다면체를 만드는 방법을 소개하면서 플라톤 다면체를 제외하면 볼록 정다면체(모든 면이 합동인 정다각형으로 이루어진 볼록 다면체)가 더 존재하지 않는다는 것을 증명한다.

유클리드의 〈원론〉은 수학의 역사에서 매우 독특한 위치를 차지하는 목적 지향성을 보여준다. 각각의 명제와 증명에는 나름의 이유가 있다. 불필요한 결과는 아예 담겨있지 않다. 아무리 아름답더라도 더 큰 이야기를 구성하기 위해 필요하지 않은 정리는 집어넣지 않았다. 또한, 유클리드는 최소한의 작도 단계로 최대한 다양하게 응용될 수 있는 결과를 이끌어낼 수 있는 증명을 선호했다. 유클리드의 접근법은 가장 간단하고 우아한 알고리즘을 추구하는 요즘 프로그래머들의 모습과도 통하는 면이 있다.

유클리드의 〈원론〉은 처음 출판된 기원전 300년경부터 20세기 초에 이르기까지 수학 교육의 기초서적으로 쓰였다. 유클리드의 기하학과 정수론은 과학자나 수학자를 위한 것만은 아니었다. 토머스 제퍼슨이나 에이브러햄 링컨 같은 위대한 정치 지도자들도 평생 유클리드의 〈원론〉을 공부했으며 그 가치를 높이 평가했다. 요즘도 많은 사람이 학생들에게 유클리드 〈원론〉을 가르치는 접근법이 도움 된다고 믿고 있다.

## 4.2 유클리드의 최대공약수 알고리즘

유클리드 〈원론〉 10권을 보면 통분 불가능한 양에 대한 내용이 간략하게 담겨있다.

**명제 2** 두 개의 서로 다른 양이 있을 때, 그중 더 작은 양을 더 큰 양에서 빼는 작업을 반복한 후에 남는 양이 그전 양을 측정할 수 없으면 그 두 양은 통분 불가능하다.

이 명제의 내용은 앞 장에서 살펴본 "최대공측도를 계산하는 절차가 영원히 종료되지 않는다면 그 두 수 사이에는 최대공측도가 존재하지 않는다"는 결과와 같다.

유클리드는 이어서 그 알고리즘을 설명하고 그 방법을 통해 최대공측도를 구할 수 있음을 증명한다. 다음 그림을 보고 증명으로 넘어가 보자.

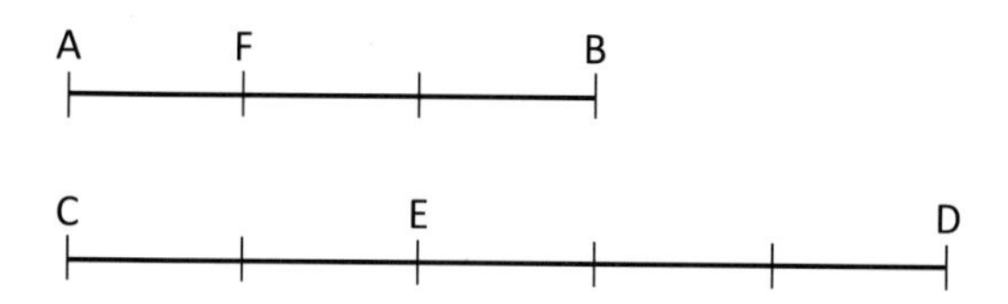


이 증명은 인류 역사상 최초의 알고리즘 완료에 관한 증명이므로 토머스 히스경의 영어 번역본에 있는 증명을 통째로 옮겨보겠다.

**명제 3** 두 개의 통분 가능한 양의 최대공측도를 구하는 방법

**| 증명**

두 개의 통분 가능한 양을 AB, CD라고 하고 이 둘 중 AB가 더 작다고 하자. 그리고 AB와 CD의 최대공측도를 구해 보자.

AB는 CD를 측정할 수도 있고 그렇지 않을 수도 있다.

AB가 CD를 측정할 수 있다면 AB가 AB 자신을 측정할 수도 있으므로 AB는 AB, CD의 공측도이다.

또한 AB가 최대공측도임은 자명하다. AB보다 큰 양으로는 AB를 측정할 수 없기 때문이다.

이제 AB가 CD를 측정할 수 없다고 해 보자.

**그러면 더 큰 쪽에서 작은 쪽을 빼고, 그렇게 만들어진 두 양 중 더 큰 쪽에서 작은 쪽을 빼고, 이 과정을 계속해서 반복하다 보면 언젠가는 더 작은 양으로 더 큰 양을 측정할 수 있게 된다.** AB, CD는 통분 불가능한 양이 아니기 때문이다. [명제 X, 2 참조] AB는 ED를 측정할 수 있는데 CD에서 ED를 빼면 AB보다 작은 EC가 남는다. EC는 FB를 측정할 수 있는데 AB에서 FB를 빼면 EC보다 작은 AF가 남는다. AF는 CE를 측정할 수 있다.

그러면 AF는 CE를 측정할 수 있는데 CE는 FB를 측정할 수 있으므로 AF로 FB도 측정할 수 있다.

하지만 AF는 AF 자신도 측정할 수 있으므로 AF는 AB 전체도 측정할 수 있다.

하지만 AB는 DE를 측정할 수 있으므로 AF로 ED도 측정할 수 있다.

그런데 AF로 CE도 측정할 수 있으므로 CD 전체도 측정할 수 있다.

따라서 AF는 AB, CD의 공측도이다.

다음으로는 AF가 최대공측도라는 것을 보이자.

만약 AF가 최대공측도가 아니라면 AB, CD를 모두 측정할 수 있으면서 AF보다 큰 어떤 양이 있어야 한다.

그 양을 G라고 해 보자.

G는 AB를 측정할 수 있는데 AB로 ED를 측정할 수 있으므로 G로 ED도 측정할 수 있다.

하지만 G는 CD 전체도 측정할 수 있으므로 G는 남아있는 CE도 측정할 수 있다.

하지만 CE는 FB를 측정할 수 있으므로 G로 FB도 측정할 수 있다.

하지만 G로 AB 전체도 측정할 수 있으므로 남아있는 AF도 측정할 수 있어야 하는데 더 큰 것으로 더 작은 것을 측정하는 것은 불가능하다.

즉 AF보다 크면서 AB와 CD를 측정할 수 있는 양은 없고 결과적으로 AF는 AB와 CD의 최대공측도이다.

따라서 통분 가능한 양 AB, CD의 최대공측도를 찾았다. ∎

이렇게 계속해서 큰 쪽에서 작은 쪽을 빼서 최대공측도(최대공약수)를 구하는 방법을 유클리드 호제법 또는 유클리드 알고리즘이라고 부른다. 3장에서 만들었던 gcm 함수를 순환문을 쓰는 방식으로 바꾼 버전이다. 앞에서 했던 것처럼 C++와 유사한 표기법으로 코드를 작성해 보겠다.

```
line_segment gcm0(line_segment a, line_segment b) {
    while (a != b) {
        if (b < a) a = a - b;
        else b = b - a;
    }
    return a;
}
```

유클리드의 세계에서는 길이가 0인 선분은 없으므로 $a$, $b$가 0보다 크다는 전제 조건은 필요하지 않다.

**연습문제 4.1** gcm0는 한 선분이 다른 한 선분보다 훨씬 길 때는 비효율적이다. 더 효율적으로 구현해 보자. 작도법으로 할 수 없는 작업은 쓸 수 없다는 점에 주의하자.

**연습문제 4.2** 한 선분이 다른 두 선분을 측정하면 그 선분으로 다른 두 선분의 최대공측도도 측정할 수 있음을 증명하라.

$b < a$인 조건을 확인하는 부분을 추가하여 더 효율적인 버전을 만들어 보자.

```
line_segment gcm1(line_segment a, line_segment b) {
    while (a != b) {
        while (b < a) a = a - b;
        std::swap(a, b);
    }
    return a;
}
```

$a = b$인 경우에는 두 수를 바꾸지 않아도 되겠지만 그걸 확인하려면 조건문을 하나 추가해야 하고 아직 더 최적화해야 할 부분이 있으므로 일단 그냥 두자. 대신 while 순환문 안에서 $a$와 $b$의 나머지를 계산하고 있음을 알 수 있다. 그 기능을 하는 부분만 따로 뽑아내 보자.

```
line_segment segment_remainder(line_segment a, line_segment b) {
    while (b < a) a = a - b;
    return a;
}
```

이 순환문이 끝날지 어떻게 알 수 있을까? 사실 생각보다는 단순하지 않다. 예를 들어 line_segment가 한 점에서 시작하여 무한히 뻗어 가는 반직선도 포함하도록 정의되어 있다면 이 코드는 끝나지 않을 수도 있다. 여기에 필요한 가정은 다음 공리에 내포되어 있다.

**아르키메데스의 공리:** 어떤 양 $a$와 $b$에 대해서도 $a \leq nb$를 만족하는 자연수 $n$이 존재한다.

즉, 이 공리를 따르자면 무한한 양은 없다.

• • •

이제 segment_remainder를 호출하는 형태로 최대공측도 함수를 고쳐보자.

```
line_segment gcm(line_segment a, line_segment b) {
    while (a != b) {
        a = segment_remainder(a, b);
        std::swap(a, b);
    }
    return a;
}
```

여기까지는 리팩토링만 했을 뿐 성능을 개선한 건 아니다. 거의 모든 일은 segment_remainder에서 일어난다. 이집트인의 곱셈에서 썼던 개념(양을 두 배로 만들거나 반으로 줄이는 방법)을 이용하면 더 빠르게 계산할 수 있다. 선분을 두 배로 늘리면 나머지는 어떻게 달라질지 알아보자.

**보조정리 4.1 (재귀적 나머지 보조정리):** $r = \text{segment_remainder}(a, 2b)$라고 하면 다음과 같은 관계가 성립한다.

$$\text{segment\_remainder}(a, b) = \begin{cases} r & r \leq b \text{ 인 경우} \\ r - b & r > b \text{ 인 경우} \end{cases}$$

예를 들어 어떤 수 $n$을 10으로 나눈 나머지를 구하는 경우를 생각해 보자. 먼저 $n$을 20으로 나눈 나머지를 구한다. 그 결과가 10 이하면 끝이다. 그 결과가 11 이상 20 이하라면 그 결과에서 다시 10을 빼 주면 원하는 나머지를 구할 수 있다.

이 방법을 적용하여 다음과 같이 더 빠른 함수를 만들 수 있다.

```
line_segment fast_segment_remainder(line_segment a,
                                    line_segment b) {
    if (a <= b) return a;
    if (a - b <= b) return a - b;
    a = fast_segment_remainder(a, b + b);
    if (a <= b) return a;
    return a - b;
}
```

재귀 함수이긴 한데 눈에 잘 안 띄긴 하지만 **올라가는** 재귀 함수다. 재귀 함수는 대부분 $n$에서 $n - 1$로 내려가는 방향으로 호출하는데 여기에서는 함수 인자가 매번 $n$에서 $2n$으로 늘어나는 식이다. 이래도 될까 하는 생각이 들 수 있지만, 실제 해 보면 잘 돌아간다.

한 번 예를 살펴보자. 길이가 45인 선분 $a$와 길이가 6인 선분 $b$가 있을 때 $a$를 $b$로 나눈 나머지를 구해 보자.

$a = 45, b = 6.$
$a \leq b?$ $(45 \leq 6?)$ 아니오
$a - b \leq b?$ $(39 \leq 6?)$ 아니오
재귀 호출:
　$a = 45, b = 12$
　$a \leq b?$ $(45 \leq 12?)$ 아니오
　$a - b \leq b?$ $(33 \leq 12?)$ 아니오
　재귀 호출:
　　$a = 45, b = 24$
　　$a \leq b?$ $(45 \leq 24?)$ 아니오
　　$a - b \leq b?$ $(21 \leq 24?)$ 예, $a - b = 21$ 리턴
　$a \leftarrow 21$
　$a \leq b?$ $(21 \leq 12?)$ 아니오
　$a - b = 9$ 리턴
$a \leftarrow 9$
$a \leq b?$ $(9 \leq 6?)$ 아니오
$a - b = 9 - 6 = 3$ 리턴

고대 그리스에서는 길이가 0인 선분은 취급하지 않았으므로 나머지는 1 이상 $n$ 이하라는 점에 주의하자.

아직 재귀 호출에 따르는 오버헤드가 있으므로 순환문 형태로 고쳐야 하겠지만, 그 작업은 잠시 뒤로 미뤄두자.

마지막으로, 이 코드를 최대공측도 함수에 집어넣어서 연습문제 4.1의 답을 완성할 수 있다.

```
line_segment fast_segment_gcm(line_segment a, line_segment b) {
    while (a != b) {
        a = fast_segment_remainder(a, b);
        std::swap(a, b);
    }
    return a;
}
```

물론 아무리 빨라도 $a$와 $b$의 최대공측도가 없다면 이 코드는 여전히 끊임없이 돌아갈 수밖에 없다.

FROM MATHEMATICS TO GENERIC PROGRAMMING

## 4.3 수학이 없는 밀레니엄

지금까지 보았듯이 고대 그리스에서는 몇 세기에 걸쳐서 수학이 엄청나게 발전했다. 기원전 3세기경에는 수학이 가장 융성한 학문 분야였으며 그중에서도 가장 두드러지는 인물은 아르키메데스였다(아르키메데스는 욕조에서 부력의 원리를 발견하고 유레카를 외친 이야기로 가장 널리 알려졌다). 안타깝게도 로마 제국이 강성해지면서 서양의 수학은 약 1500년에 이르는 길고 긴 침체기에 들어섰다. 로마인들은 건축, 토목 같은 공학에서는 대단한 업적을 남겼지만 그런 구조의 밑바탕이 되는 수학을 발전시키는 데는 별 관심이 없었다. 로마의 위대한 정치가 키케로는 그의 저서 〈투스쿨룸에서의 논쟁(Tusculan Disputation)〉에 다음과 같은 내용을 남겼다.

> 그리스인들은 기하학을 가장 고귀하게 여겼다.
> 수학보다 더 빛나는 것은 없었다.
> 하지만 우리는 수학을 측량과 계산에만 활용할 뿐이다.

로마 시대에도 그리스인 수학자들이 활약하긴 했지만, 그 시기에 고대 로마의 공식 언어인 라틴어로 기록된 수학에 관한 새로운 문헌은 거의 눈에 띄지 않는다.

그 뒤로 이어지는 역사는 이전의 위대한 유럽 사회와는 동떨어진 것이었다. 동로마 제국은 기존 로마 제국의 뒤를 잇는 그리스계 제국이었는데 그 시기에도 여전히 수학을 연구하긴 했으나 수학적 혁신은 계속해서 쇠퇴해 갔다. 6~7세기 무렵에도 학자들은 여전히 유클리드의 저서를 읽긴 했지만, 보통 〈원론〉 1권만 읽고 말았을 뿐이었다. 그나마도 라틴어 번역본에는 증명은 실려 있지 않았다. 첫 번째 밀레니엄이 끝날 무렵의 유럽에서 수학을 공부하고 싶은 서양인이라면 아랍권에 속하는 카이로, 바그다드, 코르도바 같은 도시에 가야만 했다.

### 다른 고대 문화에서의 수학

고대 시기, 수학은 세계 곳곳에서 발전했다. 문명사회라면 세금 징수와 (농작물 재배를 위한) 달력 제작이 필수적인데 이를 위해서는 수 체계가 필요했으므로 대부분 주요 문명권에서 각각의 수 체계를 만들어서 썼다.

또한, 피타고라스 수($a^2 + b^2 = c^2$을 만족하는 세 정수)와 같이 모든 주요 문명권에서 공통으로 개발한 수학 개념도 있다. 이를 근거로 신석기 시대에 이미 한 곳에서 수학 지식이 발전하여 퍼져 나갔다는 주장도 있으나, 이를 뒷받침할 근거는 딱히 없다. 지금은 생물학에서의 수렴 진화(서로 관계없는 종 사이에서 똑같은 특징이 독립적으로 진화하여 발전하는 과정)와 마찬가지 현상이 수학에서도 나타났다는 이론이 더 타당해 보인다. 똑같은 수학적인 개념이 독립적으로 재발견되었다는 것은 그런 개념이 그만큼 근본적이라는 것을 뜻한다.

여러 문명의 역사에서 중요한 전통 수학이 발전되는 시기를 발견할 수 있다. 예를 들어 중국에서는 3세기의 수학자이자 시인인 류후이가 이전에 쓰인 〈구장산술〉이라는 수학책에 주석을 붙이고 내용을 보강하여 〈구장산술주〉를 저술했다. 그는 원주율의 값이 3보다 크다는 것을 보였으며 그 값을 찾아내기 위한 여러 기하학적인 방법을 제시하기도 했다. 5세기 인도의 수학자이자 천문학자인 아리아바타는 〈아리아바티야〉라는 책을 썼는데 그 책에는 제곱근과 세제곱근을 구하기 위한 알고리즘과 각종 기하학 기법이 담겨 있다. 인도의 수학 개념은 훗날 아랍인, 페르시아인, 유대인 수학자들에 의해 발전되고 아랍어로 기록되었으며 13세기 초 서양 수학이 새로 태어나는 데 막대한 영향을 끼쳤다.

전산학은 이렇게 되살아난 서양 수학으로부터 태동했으며 우리도 여기에 초점을 맞추고자 한다. 프로그래머는 모두 이러한 수학적 전통의 계승자라고 할 수 있다.



## 4.4 영의 기묘한 역사

유클리드 호제법이 다음 단계로 넘어가기 위해서는 그리스에는 없었던 것, 바로 영(0)이 필요했다. 아마 고대 사회에는 영이라는 개념이 없었고 그 개념은 인도나 아랍에서 처음 만들어졌다는 얘기를 들어본 적이 있을 텐데 사실 반만 맞고 반은 틀린 이야기다. 바빌로니아 천문학자들은 기원전 1500년 무렵에도 이미 영과 위치 기수법을 쓰고 있었다. 하지만 천문학자들만 60진법을 썼을 뿐, 상인을 비롯한 다른 직종의 사람들은 10진법을 썼고 영이나 기수법을 쓰지 않았다. 놀랍게도 이런 상황은 수 세기 동안 계속됐다. 그리스 천문학자들도 결국에는 삼각측량용으로 바빌로니아의 (60진법 기반의) 천문학 체계를 배워서 썼지만 다른 용도로는 사용하지 않았고 천문학자를 제외한 다른 사람들에게는 알려지지 않았다(O자와 똑같이 생긴 그리스 문자인 오미크론을 영을 표기하는 데 사용하기 시작한 것도 그리스의 천문학자들이었다).

거의 모든 고대 문명에서 상인들이 주판을 잘 알고 있었는데도 천문학을 제외한 분야에서는 영이 쓰이지 않았다는 점은 상당히 충격적이다. 주판은 세로줄 방향으로 돌이나 구슬이 배열된 형태로 각 세로줄은 1의 자리, 10의 자리, 100

의 자리 등의 자리를 나타내며 각각의 구슬은 해당 자리의 숫자를 뜻한다. 즉, 고대 사회에서도 10진법 기반의 위치 기수법으로 수를 표현하는 도구를 사용했다. 하지만 수를 쓸 때 영을 표기하는 방식은 1000년 후까지 널리 쓰이지 않았다.

수를 적을 때 영을 적는 방법 그리고 십진법 위치 기수법이 통일된 것은 기원후 6세기경의 초창기 인도 수학자들 덕분이었다. 이 표기법은 6세기에서 9세기 사이에 페르시아로 퍼져갔다. 아랍 학자들도 이 기법을 배워서 동쪽의 바그다드에서 서쪽의 코르도바에 이르기까지 아랍 제국 전체에 전파했다. 아랍 제국이 아닌 유럽에서 영이 알려졌다는 근거는 발견되지 않았다. 심지어 아랍 제국과 가까운 스페인의 비아랍 지역도 마찬가지였다. 영이라는 혁신적인 개념이 아랍 문화권에서 서양 문화권으로 넘어가는 데만 300년도 넘는 시간이 필요했다.

피보나치라는 이름으로도 잘 알려진 피사의 레오나르도가 1203년에 〈산술교본(Liber Abaci)〉을 출간하면서부터 드디어 유럽에도 영의 개념이 알려지게 됐다. 영과 십진 위치 기수법 외에 요즘 초등학교에서 가르치는 여러 자릿수 덧셈, 뺄셈, 곱셈, 나눗셈 등의 계산 알고리즘을 유럽에 처음으로 소개한 것도 〈산술교본〉이었다. 레오나르도는 유럽에 수학을 다시금 소개하는 데 있어서 큰 획을 그은 인물이었다.

**피사의 레오나르도(1170–약 1240)**

이탈리아의 도시 피사는 지금은 내륙도시지만 12~13세기에는 큰 항구도시이자 막강한 해군력을 자랑하는 도시였다. 지중해의 교역 중심으로 베네치아와 경쟁 구도를 형성하기도 했다. 수천 명에 달하는 피사 상인들이 바닷길을 통해 중동, 비잔티움, 북아프리카, 스페인을 드나들었으며 피사 정부에서는 원활한 무역을 위해 주요 도시에 통상 대표를 파견하기도 했다. 통상 대표 중에 알제리에 파견된 굴리엘모 보나치라는 사람이 있었다. 그는 아들 레오나르도를 데리고 갔는데 그 덕에 수학의 역사가 송두리째 바뀔 수 있었다.

레오나르도는 아랍 사람들로부터 "힌두 숫자"를 배웠으며 이집트, 시리아, 시칠리아, 그리스, 프로방스 지역으로 출장을 다니면서도 꾸준히 공부했다. 그는 〈산술교본〉이라는 책을 통해(0을 포함하여) 그가 배운 혁신적인 수학을 유럽에 소개했다. 하지만 〈산술교본〉은 단순히 다른 사람들이 한 일을 번역하기만 한 책이 아니다. 여러 새로운 수학 개념을 새로 도입하기도 한 제대로 된 수학책이었다. 레오나르도는 이 외에도 몇 권의 수학책을 더 냈으며 그중에는 그 전후 수백 년에 걸쳐 가장 중요한 수학적인 발견이라고 할 만한 내용도 수록되어 있다.

19세기 이후로는 주로 보나치의 아들(이탈리아어로 filius Bonacci)을 줄여서 피보나치라고 불렀지만, 그는 자신을 스스로 피사의 레오나르도라고 불렀다.

레오나르도의 명성은 신성 로마 제국의 황제인 프리드리히 2세에게도 전해졌다. 프리드리히 2세는 시칠리아의 팔레르모 궁에서 살았는데 매우 지적인 인물로 여러 언어에 능통했으며 과학과 수학을 좋아했다. 그는 궁정 수학자들을 데리고 피사에 가서 레오나르도에게 어려운 문제를 냈다. 레오나르도는 대단한 실력을 발휘하여 피사에 방문한 고위 관리들에게 좋은 인상을 남겼다. 피사 시에서는 그의 업적을 기려 노년에 봉급을 지급했다.

피사의 레오나르도가 남긴 다른 책으로 1225년에 출판된 〈평방교본(Liber Quadratorum)〉이 있는데 이 책은 그 1000년 전인 디오판토스와 그 400년 후 프랑스의 대수학자 피에르 드 페르마 사이의 시기에 나온 정수론 분야의 최고 역작이라고 할 수 있다. 그 책에 나온 문제 중에 다음과 같은 것이 있다.

**연습문제 4.3 (난이도 하)** $\sqrt[3]{16} + \sqrt[3]{54} = \sqrt[3]{250}$ 임을 보여라.

그리스인에게는 왜 이런 문제가 어려웠을까? 세제곱근을 유한한 단계 안에 반드시 구할 수 있는 절차를 몰랐기 때문이다(사실 그런 절차가 존재하지 않는다는 것이 나중에 증명되었다). 그리스인이 보기에는 이 문제 맨 앞에 "우선 세제곱근을 무한한 단계 안에 구하는 절차를 수행하여…"가 생략된 것이나 마찬가지다.

레오나르도는 "$\sqrt[3]{2}$을 계산하는 방법은 모르지만 일단 그 값을 알고 있다고 치고 어떤 기호에 대입하겠다" 같은 식으로 시작하여 문제를 풀어냈다. 지금은 중학생만 돼도 이런 방식을 대수롭지 않게 느끼겠지만, 13세기에는 가히 혁명적인 일이었다.

레오나르도가 풀었던 문제의 예를 몇 개 더 들어보자.

**연습문제 4.4** 평방교본에 실린 다음 명제를 증명하라: 모든 홀수 제곱수 $x$에 대해 $x + y$가 제곱수가 되는 짝수 제곱수 $y$가 존재한다.

**연습문제 4.5 (난이도 상)** 〈평방교본〉에 실린 다음 명제를 증명하라: $x$와 $y$가 모두 두 제곱수를 더한 수라면 그 둘의 곱 $xy$도 두 제곱수를 더한 수이다(페르마도 활용했던 중요한 정리다).



## 4.5 나머지와 몫 알고리즘

수학에서 영의 개념이 널리 도입된 뒤로도 선분의 길이가 0이 될 수 있다는(즉 선분 $\overline{AA}$ 같은 게 있을 수 있다는) 생각을 하게 되기까지는 수백 년이 더 지나야 했다.

길이가 0인 선분이 있으면 최대공측도나 나머지를 구하는 절차를 다시 생각해봐야 한다. 아르키메데스의 공리가 더는 성립하지 않기 때문이다. 길이가 0인 선분을 무한히 더해도 길이가 0보다 긴 선분을 만들 수는 없다. 그러므로 첫 번째 인자 $a$는 0이 될 수 있도록 허용하되, 두 번째 인자 $b$는 0이 아니라는 전제 조건이 필요하다. 0이 있으므로 나머지도 1 이상 $n$ 이하가 아니라 0 이상 $n - 1$ 이하로 따져야 하며 이는 모듈 연산을 비롯한 여러 분야에서 매우 중요하다.

```
line_segment fast_segment_remainder1(line_segment a,
                                     line_segment b) {
    // 전제조건: b != 0
    if (a < b) return a;
    if (a - b < b) return a - b;
    a = fast_segment_remainder1(a, b + b);
    if (a < b) return a;
    return a - b;
}
```

전과 달라진 부분은 if 문 안의 조건밖에 없다. 전에는 a <= b인지 확인했지만 이제는 a < b인지 확인한다.

재귀 호출을 없앨 수 있을까? 재귀 호출을 할 때마다 $b$는 두 배로 늘어나는데 순환문을 쓰는 버전에서는 $b$가 최대 얼마까지 커지는지 미리 계산하는 게 좋다. $b$를 반복해서 두 배로 키울 때 언제 $a - b$보다 커지는지 알아내는 함수를 정의할 수 있다.

```
line_segment largest_doubling(line_segment a, line_segment b) {
    // 전제조건: b != 0
    while (a - b >= b) b = b + b;
    return b;
}
```

이제 재귀 호출로 하는 것과 똑같은 계산을 할 수 있는 반복형 함수를 만들어야 한다. 재귀 함수가 리턴되면 $b$의 값은 그 직전에 재귀 함수를 호출했을 때의 $b$ 값으로 돌아간다. 순환문 버전에서도 마찬가지로 두 배가 됐던 값을 되돌려야 하는데 여기에서는 반으로 줄이는 half라는 함수를 호출하자. 이때, 작도법을 가지고 “계산”을 하고 있다는 것을 염두에 두자. 다행히 유클리드 기하에서도 선분을 반으로 나눌 수 있으므로* `half` 함수를 써도 된다. 이제 순환문을 사용하는 버전의 나머지 함수를 다음과 같이 구현할 수 있다.

```
line_segment remainder(line_segment a, line_segment b) {
    // 전제조건: b != 0
    if (a < b) return a;
    line_segment c = largest_doubling(a, b);
    a = a - c;
    while (c != b) {
        c = half(c);
        if (c <= a) a = a - c;
    }
    return a;
}
```

이 함수의 앞부분에서는 $b$를 두 배로 키우는 재귀 호출에 해당하는 과정을, 뒷부분에서는 재귀 호출에서 빠져나오는 과정을 처리한다. 새로 만든 나머지 함수를 가지고 45를 6으로 나눈 나머지를 구하는 과정을 살펴보자.

$a = 45, b = 6$
$a < b?$ $(45 < 6?)$ 아니오.
$c \leftarrow$ largest_doubling$(45, 6) = 24$
$a \leftarrow a - c = 45 - 24 = 21$
순환문:
  $c \neq b?$ $(24 \neq 6)?$ 예. 계속 진행.
    $c \leftarrow$ half$(c) =$ half$(24) = 12$
    $c \leq a?$ $(12 \leq 21)?$ 예. $a \leftarrow a - c = 21 - 12 = 9$
  $c \neq b?$ $(12 \neq 6)?$ 예. 계속 진행.
    $c \leftarrow$ half$(c) =$ half$(12) = 6$
    $c \leq a?$ $(6 \leq 9)?$ 예. $a \leftarrow a - c = 9 - 6 = 3$
  $c \neq b?$ $(6 \neq 6)?$ 아니오. 순환문 끝.
$a = 3$ 리턴

* 선분의 한쪽 끝을 중심으로 반지름이 선분 길이와 같은 원을 하나 그리고, 반대쪽 끝을 중심으로 같은 작업을 반복한다. 자로 두 원이 만나는 두 점을 연결한다. 그러면 새로 그어진 직선이 원래 선분을 수직이등분 한다.

순환문으로 구현했을 때 연속으로 나오는 $c$의 값은 재귀 호출로 구현했을 때 각각의 재귀 호출에서 리턴됐을 때의 $b$의 값과 같다. 또한, 4.2절 끝부분에 있는 이전 버전 알고리즘에서 만들어지는 값과 비교해 보면 여기에서 앞부분이 실행된 결과($c = 24$, $a = 21$)는 이전 예제에서 맨 안쪽 재귀 호출이 끝났을 때의 결과와 똑같음을 알 수 있다.

이 알고리즘은 매우 효율이 높아서, 요즘 만들어지는 프로세서에서 하드웨어적으로 구현한 나머지 알고리즘 수준의 속도를 낼 수 있다.

• • •

나머지 말고 몫은 어떻게 구할 수 있을까? 거의 똑같은 코드로 구할 수 있다. 아래에서 굵은 글꼴로 표시한 부분만 바꾸면 된다.

```
integer quotient(line_segment a, line_segment b) {
    // 전제조건: b > 0
    if (a < b) return integer(0);
    line_segment c = largest_doubling(a, b);
    integer n(1);
    a = a - c;
    while (c != b) {
        c = half(c); n = n + n;
        if (c <= a) { a = a - c; n = n + 1; }
    }
    return n;
}
```

몫은 한 선분이 다른 선분 안에 들어가는 횟수를 뜻하기 때문에 정수를 나타내는 integer 유형으로 표현한다. 기본적으로 $b$의 배수 단위로 세야 하므로 $a < b$이면 $b$의 한 배가 안 되는 것이어서 0을 리턴한다. $a \geq b$이면 카운터를 1로 초기화한 다음 $c$를 절반으로 줄일 때마다 두 배씩 키운다. 다시 한번 예제를 돌려보자. 이번에는 45를 6으로 나눈 나머지가 아니라 몫을 구해보자.

$a = 45, b = 6$

$a < b?$ $(45 < 6?)$ 아니오.

$c \leftarrow$ `largest_doubling`$(45, 6) = 24$

$n \leftarrow 1$

$a \leftarrow a - c = 45 - 24 = 21$

순환문:

$c \neq b?$ $(24 \neq 6)?$ 예. 계속 진행.

$c \leftarrow$ `half`$(c) =$ `half`$(24) = 12;$ $n \leftarrow n + n = 1 + 1 = 2$

$c \leq a?$ $(12 \leq 21)?$ 예. $a \leftarrow a - c = 21 - 12 = 9;$

$n \leftarrow n + 1 = 2 + 1 = 3$

$c \neq b?$ $(12 \neq 6)?$ 예. 계속 진행.

$c \leftarrow$ `half`$(c) =$ `half`$(12) = 6;$ $n \leftarrow n + n = 3 + 3 = 6$

$c \leq a?$ $(6 \leq 9)?$ 예. $a \leftarrow a - c = 9 - 6 = 3;$

$n \leftarrow n + 1 = 6 + 1 = 7$

$c \neq b?$ $(6 \neq 6)?$ 아니오. 순환문 끝.

$n = 7$ 리턴

위 알고리즘은 이집트인의 곱셈 알고리즘을 반대로 돌린 것과 같다. 아메스도 이 사실을 알고 있었다. 이 알고리즘의 원시적인 형태라고 할 수 있는 알고리즘이 린드 파피루스에도 기록되어 있으며 그리스인들은 그 알고리즘을 이집트인의 나눗셈이라고 불렀다.



## 4.6 코드 공유

몫을 구하는 코드와 나머지를 구하는 코드가 상당 부분 겹치기 때문에 몫과 나머지를 둘 다 리턴하는 함수 하나로 합치는 게 좋아 보인다. 이렇게 합쳐도 복잡도는 몫과 나머지를 구하는 각각의 함수와 똑같다. C++11에서는 `{x, y}` 초기화 목록 구문으로 함수 리턴값의 쌍을 구축할 수 있다.

```
std::pair<integer, line_segment>
quotient_remainder(line_segment a, line_segment b) {
    // 전제조건: b > 0
    if (a < b) return {integer(0), a};
    line_segment c = largest_doubling(a, b);
    integer n(1);
    a = a - c;
    while (c != b) {
        c = half(c); n = n + n;
        if (c <= a) { a = a - c; n = n + 1; }
    }
    return {n, a};
}
```

사실 몫을 구하는 함수와 나머지를 구하는 함수는 어떤 식으로 구현하든 대부분 그 둘을 모두 계산하게 된다.

---

## 프로그래밍 원리: 유용한 결과 리턴의 법칙

quotient_remainder 함수에는 유용한 리턴의 법칙이라는 중요한 프로그래밍 원리를 보여주고 있다.

어떤 유용한 결과를 낼 수 있는 일을 했다면
그냥 버리지 말고 호출한 쪽에 리턴한다.

이 원리를 따르면 호출한 쪽에서는 (quotient_remainder 함수에서처럼) "공짜로" 더 많은 일을 처리할 수 있고 나중에 유용하게 써먹을 수 있는 데이터를 돌려줄 수도 있다.

안타깝게도 이 원리가 항상 지켜지는 건 아니다. 예를 들어 C와 C++ 언어에는 원래 몫을 구하는 연산자와 나머지를 구하는 연산자가 따로 있고 한 번에 둘 다 구할 수가 없다. 많은 프로세서에 두 값을 한 번에 계산하는 명령어가 있는데도 말이다. C++에서는 나중에 몫과 나머지를 모두 리턴하는 std::div() 함수가 추가되었다.

---

작도법에서 요즘 나오는 CPU에 이르기까지 대부분의 계산 아키텍처에는 주어진 값의 절반을 손쉽게 계산하는 방법이 있다. CPU에서는 1비트 오른쪽 시프트를 쓸 수 있다. 하지만 이런 기능을 제공하지 않는 아키텍처를 써야만 하는

상황이라면 로버트 플로이드와 도널드 커누스가 개발한, 반으로 나누지 않아도 되는 버전의 나머지 함수를 쓰면 된다. 이 함수는(피사의 레오나르도가 발명한) 피보나치 수열을 기반으로 하는데 피보나치 수열에 대해서는 7장에서 더 자세히 알아보기로 하자. 이 버전에서는 이전 수에 2를 곱한 값 대신 이전 수 두 개를 더한 값을 쓴다.*

```
line_segment remainder_fibonacci(line_segment a, line_segment b) {
    // 전제조건: b > 0
    if (a < b) return a;
    line_segment c = b;
    do {
        line_segment tmp = c; c = b + c; b = tmp;
    } while (a >= c);
    do {
        if (a >= b) a = a - b;
        line_segment tmp = c - b; c = b; b = tmp;
    } while (b < c);
    return a;
}
```

첫 번째 순환문은 이전 알고리즘에서 largest_doubling을 계산하는 부분에 해당한다. 두 번째 순환문은 그 코드에서 반으로 나누는 부분에 대응된다. 하지만 반으로 나누는 대신 뺄셈만으로 피보나치 수열의 이전 수를 계산한다. 이렇게 하기 위해서 이전 값을 임시 변수에 항상 저장해 둔다.

**연습문제 4.6** 4.5절에서 나머지 알고리즘 실행 과정을 적어본 것과 비슷하게 remainder_fibonacci 알고리즘으로 45를 6으로 나눈 나머지를 구하는 과정을 적어보라.

**연습문제 4.7** quotient_fibonacci, quotient_remainder_fibonacci를 설계하라.

이제 나머지 함수를 효율적으로 구현하는 방법을 알았으니 원래 문제인 최대공

* 이 수열은 *b*에서 시작하기 때문에 실제 수열은 전통적인 피보나치 수열(1, 1, 2, 3, 5, 8, …)과 다를 수 있다.

측도를 계산하는 문제로 돌아가 보자. 86쪽에 있는 새로운 나머지 함수를 이용하면 유클리드 호제법을 다음과 같이 고쳐 쓸 수 있다.

```
line_segment gcm_remainder(line_segment a, line_segment b) {
    while (b != line_segment(0)) {
        a = remainder(a, b);
        std::swap(a, b);
    }
    return a;
}
```

이제 remainder 함수에서 0을 리턴해도 괜찮으므로 주 순환문이 끝나는 조건을 전에 썼던 $a$와 $b$를 비교하는 대신 (이전 순환에서 구한 나머지인) $b$가 0인지 확인하는 식으로 고쳤다.

앞으로 여러 장에 걸쳐서 전체 골격은 그대로 유지한 채 여러 다른 유형에 적용해 가는 식으로 이 알고리즘을 사용할 것이다. 이제부터는 작도법보다는 디지털 컴퓨터를 염두에 두고 구현해 보자. 예를 들어 정수에 대해서는 최대공측도가 아닌 최대공약수(Greatest Common Divisor, GCD)를 구하면 된다.

```
integer gcd(integer a, integer b) {
    while (b != integer(0)) {
        a = a % b;
        std::swap(a, b);
    }
    return a;
}
```

line_segment를 integer로 바꾸고 % 연산자로 나머지를 구한 것을 제외하면 gcm_remainder 함수하고 똑같다. 컴퓨터에는 정수의 나머지 연산을 처리하는 명령어가 있으며 C++의 나머지 연산자에서도 그 명령어를 호출하기 때문에 두 배, 절반을 구하는 함수를 쓰는 것보다는 그냥 나머지 연산자를 이용하는 편이 낫다.

# 4.7 알고리즘 유효성 검증

정수의 최대공약수 알고리즘이 작동한다는 것을 어떻게 알 수 있을까? 두 가지를 확인해야 한다. 첫째로는 알고리즘이 끝날 수 있음을 보여야 하고, 둘째로는 최대공약수를 계산해낼 수 있음을 보여야 한다.

알고리즘이 완료된다는 것을 보이기 위해서는 다음과 같은 사실을 활용한다.

$$0 \leq (a \bmod b) < b$$

위와 같은 식이 성립하므로 순환문이 반복될 때마다 나머지는 작아진다. 감소하는 양의 정수의 수열은 유한하니까 이 알고리즘은 반드시 끝이 날 수밖에 없다.

이제 이 알고리즘으로 최대공약수를 계산할 수 있음을 보이자. 이 알고리즘에서는 순환문이 반복될 때마다 $a$와 $b$의 나머지를 계산하는데 그 나머지는 다음과 같은 식으로 주어진다.

$$r = a - bq$$

여기에서 $q$는 $a$를 $b$로 나눈 몫이다. $a$와 $b$(그리고 $bq$)는 모두 $gcd(a,b)$의 배수이므로 $r$도 $gcd(a,b)$의 배수이다. 위의 식은 다음과 같이 고쳐 쓸 수 있다.

$$a = bq + r$$

똑같은 식으로 따져보면 $b$(그리고 $bq$)와 $r$은 모두 $gcd(b,r)$의 배수이므로 $a$도 $gcd(b,r)$의 배수이다. $(a,b)$와 $(b,r)$ 쌍의 공약수가 모두 같으므로 최대공약수도 같다. 따라서 다음과 같은 명제가 성립한다.

$$a = bq + r \implies gcd(a, b) = gcd(b, r) \tag{4.1}$$

이 알고리즘에서는 순환문이 반복될 때마다 나머지를 구하고 두 인자를 맞바꿔서 $gcd(a,b)$를 $gcd(b,r)$로 교체한다. 함수에 처음 넘어온 인자인 $a_0$와 $b_0$에서 시작해서 나머지를 구해가는 과정은 다음과 같다.

$$
\begin{aligned}
r_1 &= \text{remainder}(a_0, b_0) \\
r_2 &= \text{remainder}(b_0, r_1) \\
r_3 &= \text{remainder}(r_1, r_2) \\
&\cdots \\
r_n &= \text{remainder}(r_{n-2}, r_{n-1})
\end{aligned}
$$

나머지의 정의를 이용하면 이 알고리즘에서 계산해내는 수열을 다음과 같이 고쳐 쓸 수 있다.

$$
\begin{aligned}
r_1 &= a_0 - b_0 q_1 \\
r_2 &= b_0 - r_1 q_2 \\
r_3 &= r_1 - r_2 q_3 \\
&\cdots \\
r_n &= r_{n-2} - r_{n-1} q_n
\end{aligned}
$$

식 4.1에 의해 순환문이 돌 때마다 항상 최대공약수는 같아야만 한다. 즉, 다음과 같은 식이 성립한다.

$$gcd(a_0, b_0) = gcd(b_0, r_1) = gcd(r_1, r_2) = \cdots = gcd(r_{n-1}, r_n)$$

하지만 $r_{n-1}$과 $r_n$의 나머지는 알고리즘 종료 조건에 따라 0이어야 한다. 그리고 $gcd(x, 0)$은 $x$이므로 알고리즘에서 리턴하는 값은 다음과 같이 계산된다.

$$gcd(a_0, b_0) = \cdots = gcd(r_{n-1}, r_n) = gcd(r_n, 0) = r_n$$

따라서 이 알고리즘에서 계산하는 값은 처음 넘겨받은 인자의 최대공약수이다.

## 4.8 마무리

지금까지 두 선분의 최대공측도를 계산하는 고대의 알고리즘을 정수의 최대공약수를 계산하는 현대적인 함수로 고쳐가는 과정을 살펴보았다. 여러 변형된 알고리즘을 만들면서 몫과 나머지를 구하는 함수와의 관계도 알아보았다. 최대공약수 알고리즘을 선분과 정수가 아닌 다른 대상에도 적용할 수 있을까? 이 알고리즘을 더 일반적으로 만드는 방법이 존재할까? 이 물음에 대해 앞으로 조금 더 고민해 보자.

# 5장

# 근대 정수론의 시초

지금껏 수많은 수학자들이 소수의 수열에서
규칙을 찾기 위해 부단한 노력을 기울였지만,
인간의 지성으로는 그 신비를 꿰뚫을 수 없다는 것을
이제 받아들여야 할 것 같다.

_ 레온하르트 오일러

앞 장에서는 고대 그리스인을 매료시켰던 정수론이 어떻게 중세 유럽에서 부활하여 다시 날개를 폈는지 알아보았다. 하지만 근대적 의미의 정수론이 제대로 등장한 것은 수백 년이 더 지난 17세기의 프랑스였다. 이번 장에서는 프로그래밍은 잠시 미뤄두고 17세기 프랑스 수학자들이 발견한 결과를 배워보자. 여기에 나오는 내용은 컴퓨터 분야에서도 매우 유용하게 쓰이는데 이 책에서도 나중에 그 활용법을 알아보겠다.

FROM MATHEMATICS TO GENERIC PROGRAMMING

## 5.1 메르센 소수와 페르마 소수

르네상스 시기의 수학자들도 고대 그리스인과 마찬가지로 소수에 큰 매력을 느꼈다. 그들은 소수에 예측 가능한 패턴이 있을지 궁금해했다. 특히 완전수(3.4절 참조)의 원천이라 할 수 있는 $2^n - 1$ 형태의 소수에 관심을 가졌다. 15-18세기 수학자들도 고대 그리스 수학자들과 마찬가지로 그런 소수에 뭔가 특별한 게 있다고 생각했다. 페르마, 메르센, 데카르트 같은 17세기 수학자들의 편지를 보면 완전수 그리고 완전수와 밀접하게 연관된 개념인 친화수(amicable number)가 자주 언급된다. 18세기의 위대한 수학자 레온하르트 오일러도 이 영역을 매우 중요한 주제로 여겼다.

3장에서 보았듯이 그리스 수학자들은 $2^n - 1$ 형태의 소수로부터 완전수를 만들 수 있다는 것을 알고 있었다. $n = 2, 3, 5, 7$ 그리고 어쩌면 13인 경우에 $2^n - 1$이 소수라는 것을 알았다. 1536년 후달리쿠스 레기우스는 $n = 11$인 경우에는 그 형태의 수가 다음과 같이 소수가 아님을 밝혔다.

$$2^{11} - 1 = 2047 = 23 \times 89$$

1603년 피에트로 카탈디가 $n$ 값을 몇 개(17, 19, (23), (29), 31, (37)) 추가로 확인했지만 그중 (괄호 안에 적어놓은) 세 개는 나중에 틀린 것으로 확인됐다. 피에르 드 페르마는 다음과 같은 식으로 소인수분해할 수 있다는 것을 알아냈다.

$$2^{23} - 1 = 8388607 = 47 \times 178481$$
$$2^{37} - 1 = 137438953471 = 223 \times 61631877$$

프랑스 수학자 메르센은 1644년 그가 쓴 책 〈Cogitata Physico Mathematica〉에서 $n \leq 257$에 대해서 다음과 같은 경우에만 $2^n - 1$이 소수라고 주장했다.

$$n = 2, 3, 5, 7, 13, 17, 19, 31, (67), 117, (257)$$

하지만 이 중 (괄호 안에 들어있는) 두 개는 틀렸고 89와 107이 추가되어야 한다. 메르센의 이러한 주장 덕에 이 형태의 소수를 메르센 소수라고 부르게 되었다. 아직 메르센 소수가 무한히 많이 있는지에 대해서는 밝혀지지 않았지만 요즘도 큰 소수를 찾을 때는 메르센 소수를 활용하곤 한다.

### 마랭 메르센(1588–1648)

1624년 리슐리외 추기경이 프랑스 수상 자리에 오를 무렵부터 프랑스는 군사, 정치, 문화, 과학 등의 분야에서 막강한 위력을 발휘하기 시작했다. 전통적인 대학교의 학자들은 여전히 아리스토텔레스의 고대 문헌을 번역하는 수준에 그쳤지만, 데카르트 같은 프랑스 철학자들은 대학교 체계와는 무관하게 연구하면서 세상을 바라보는 방법에 혁명을 불러오고 있었다. 리슐리외는 제대로 조직된 중앙 관료체제와 군대를 갖춘 최초의 근대 국가를 만들었다. 심지어 불어를 관장하는 공식 기관까지 만들었다. 1660년에 이르자 프랑스는 명실상부 유럽의 리더로 자리 잡았고 그 후로 250년에 걸쳐 불어가 대부분 서구 세계의 외교 및 학술 분야의 공식 언어로 쓰이게 되었다.

매우 엄격한 것으로 유명한 미님 수도회 소속의 신부이자 프랑스의 유명한 만물박사였던 마랭 메르센(Marin Mersenne)이 과학 전반에 걸쳐서 엄청난 영향력을 발휘했던 것도 바로 이 시기였다. 지성을 중시하는 예수회에서 교육을 받았고 일찍이 고전과 수학 분야에서 능력을 인정받았음에도 불구하고 메르센은 극단적인 수준의 금욕주의를 강조하는 미님 수도회를 선택했다. 미님 수도회에서는 (공공의 것이라고 하더라도) 재산을 소유하는 것을 금지했고 철저하게 채식만 할 수 있었고 술도 마실 수 없었다. 이렇게 겸허함을 추구하는 그의 태도는 학문적인 부분에서도 드러나는데 보통 과학자들이 자기가 한 일의 중요성을 알리는 데 열심이지만 그는 다른 사람들의 업적을 배우고 널리 알리는 데 더욱 열성적이었다. 메르센은 음향학을 비롯한 여러 분야에서 중요한 업적을 남기기도 했지만, 그의 가장 중요한 업적은 과학자들이 각자 한 일을 나눌 수 있는 커뮤니티를 만든 데서 찾을 수 있다.

메르센은 아직 과학 분야의 학술지라고 할 만한 것이 없던 시절에 친구들과 편지를 주고받으면서 다른 사람들이 한 일에 대해 널리 알려줌으로써 과학 학술지 역할을 했다. 그렇게 편지를 주고받은 친구 중에는 갈릴레오, 하위헌스, 토리첼리, 데카르트, 페르마, 파스칼 같은 과학자들이 있었다. 갈릴레오에 대한 가톨릭교회의 공식적인 비난에도 불구하고 메르센은 갈릴레오의 업적을 개신교 지역인 네덜란드에서 출판하는 일을 돕기도 했다. 나중에는 여러 학자가 메르센의 수도실에 모여서 일종의 주간회의 같은 모임을 하기도 했다. 메르센이 세상을 떠난 후에 그의 편지 모음집이 출판되었는데 이 출판물은 사실상 세계 최초의 과학 학회지라고 할 수 있다.

페르마는 메르센에게 1640년 6월에 보낸 편지에서 다음과 같은 세 가지 발견을 기반으로 $2^{37} - 1$을 소인수분해했다고 썼다.

1. $n$이 소수가 아니면 $2^n - 1$도 소수가 아니다.
2. $n$이 소수이면 $2^n - 2$는 $2n$의 배수이다.

3. $n$이 소수이고 $p$가 $2^n - 1$의 소인수이면 $p - 1$은 $n$의 배수이다.

1번 발견의 증명법을 잠시 후에 알아보겠지만, 일단은 이 세 발견이 모두 맞다고 가정해 보자.

페르마는 $2^{37} - 1$이 소수가 아니라면 어떤 소인수 $p$가 있어야 하고 그 수는 홀수여야 한다고 추론했다. 3번에 의하면 $p - 1$은 37의 배수이므로 다음과 같이 쓸 수 있다.

$$p = 37u + 1$$

그리고 $p$가 홀수이므로 $p - 1 = 37u$는 짝수여야 하고 따라서 $u$는 짝수여야 한다. 따라서 $u$를 $2v$로 쓸 수 있고 다음과 같이 쓸 수 있다.

$$p = 74v + 1$$

그러면 위 조건에 맞는 수만 가지고 소인수분해를 시도해 보면 되기 때문에 문제가 훨씬 간단해진다. 다음과 같은 식이다.

$v = 1$일 때는? 75가 소수가 아니니까 안 된다.

$v = 2$일 때는? 149는 소수이긴 하지만 $2^{37} - 1$의 약수는 아니다.

$v = 3$일 때는? 된다! 223은 소수이기도 하고 $2^{37} - 1$의 약수이기도 하다.

따라서 $2^{37} - 1$은 소수가 아니다.

• • •

이제 앞에 나온 1번 발견을 페르마가 증명한 방법에 대해서 알아볼 텐데 1번 발견의 대우명제*를 증명하는 방식이다.

**정리 5.1** $2^n - 1$이 소수이면 $n$도 소수다.

* 임의의 명제 $p \Longrightarrow q$는 그 대우명제인 $\neg q \Longrightarrow \neg q$와 논리적으로 동등하다. 자세한 내용은 부록 A의 "조건문과 대우" 참조

**| 증명** $n$이 소수가 아니라고 가정하자. 그러면 다음과 같은 식을 만족하는 인수 $u$와 $v$가 있어야 한다.

$$n = uv, \quad u > 1, \ v > 1$$

그러면 다음과 같이 쓸 수 있다.

$$\begin{aligned} 2^n - 1 &= 2^{uv} - 1 \\ &= (2^u)^v - 1 \\ &= (2^u - 1)((2^u)^{v-1} + (2^u)^{v-2} + \cdots + (2^u) + 1) \end{aligned} \tag{5.1}$$

마지막 줄에서는 식 3.1, 거듭제곱수의 차의 공식을 이용했다. $u$가 1보다 크기 때문에 아래 두 식은 모두 참이다.

$$\begin{aligned} &1 < 2^u - 1 \\ &1 < (2^u)^{v-1} + (2^u)^{v-2} + \cdots + (2^u) + 1 \end{aligned}$$

따라서 식 5.1로부터 $2^n - 1$을 각각 1보다 큰 수로 인수분해할 수 있음을 알 수 있다. 하지만 이는 $2^n - 1$이 소수라는 전제조건과 모순이다. 따라서 이 증명을 할 때 처음 세운 가정은 거짓이고 $n$은 소수여야만 한다. |

2번과 3번 발견에 대해서는 페르마가 증명을 남기지 않았다. 페르마는 그의 친구 프레니클에게 보낸 편지에 "증명이 너무 길어서 편지에 적어서 보내기가 힘들다"고 적어놓았다. 이 증명에 대해서는 잠시 후에 알아보도록 하자.

### 피에르 드 페르마(1601–1665)

피에르 드 페르마는 프랑스 남부에 있는 툴루즈에서 변호사 및 지방법원 판사로 활동했다. 그는 몽테뉴의 전통을 잇는 르네상스형 인물로 고전 문헌을 비롯한 다양한 분야에 관심을 보였으며 라틴어와 그리스어에 능통했다. 최후의 위대한 아마추어 수학자라고 할 수 있는 페르마는 바셰트가 번역한 디오판토스의 그리스 고전 문헌인 〈산학〉을 읽은 후로 정수론에 흥미를 느끼게 되었다. 그는 수학 분야에서 지대한 공을 세우긴 했지만 다른 수학자들과

개인적으로 교류를 한 일은 없었다. 메르센이 여러 차례 파리에 방문해 달라고 초청을 했음에도 불구하고 한 번도 방문하지 않은 것으로 알려져 있다.

페르마는 방법은 밝히지 않고 새로 발견한 결과를 자랑스럽게 내놓곤 했다. 종종 뭔가를 증명했다고 하면서도 적당한 핑곗거리를 만들어서 그 증명을 공개하지 않았다. 결과를 공개할 때도 그런 결과를 얻은 방법에 대해서는 될 수 있으면 숨기는 편이었다.

페르마는 살아있는 동안에는 전혀 연구업적을 출판하지 않았지만, 메르센 및 몇몇 친구들과는 편지로 소식을 주고받았다. 페르마가 죽은 후에 그의 아들이 디오판토스의 책 한편에 페르마가 적어놓았던 노트를 포함한 책을 출판했는데 여기에는 여러 가지 중요한 정리가 들어있었고 나중에 다른 수학자들이 그 정리들을 검증했다. 마지막으로 증명된 페르마의 마지막 정리는 $a^n + b^n = c^n$은 $n > 2$인 자연수에 대해서는 해가 존재하지 않는다는 정리였다. 이 정리는 1994년에야 앤드루 와일스가 증명했다.

페르마는 그의 마지막 정리 옆에 "이 책 빈 곳에 적기에는 증명이 너무 복잡하다"라고 적어놓은 것으로 유명하다. 앞에서 말한 것처럼 그는 이런 쪽지를 여러 번 남겼다. 이런 식으로 자신의 증명을 남들에게 알려주지 않으려고 여러 가지 핑계를 대곤 했다. 그의 추측은 하나를 제외하면 모두 맞는 것으로 밝혀졌지만, 어떤 것들은 증명 방법이 너무 복잡하고 방대해서 가우스를 비롯한 여러 후대의 수학자들이 페르마가 정말 그 증명법을 발견했을지에 대해서 비판적인 의견을 제시하기도 했다.

페르마는 정수론뿐 아니라 수학의 다른 분야에도 크게 기여했다. 곡선의 방정식에 대해 연구하는 해석기하학도 페르마가 데카르트보다 먼저 만들어냈지만, 그 결과를 기록한 원고를 출간하지 않았다. 블레즈 파스칼과 오랫동안 편지를 주 고받으면서 확률이론을 함께 만들어낸 것도 페르마였다.

페르마는 수많은 추측을 제안하면서 증명을 남기지 않았는데 그중 다음 한 가지 추측을 제외하고는 모두 맞는 것으로 판명되었다.

$$2^n + 1\text{이 소수} \iff n = 2^i$$

(양쪽 화살표는 왼쪽과 오른쪽이 동등하다는 것을 의미한다. 자세한 내용은 부록 A에서 찾아보도록 하자.) $2^{2^i} + 1$ 형태의 소수를 페르마 소수라고 부른다. 이 추측의 반쪽은 쉽게 증명할 수 있다.

**정리 5.2** $2^n + 1$이 소수 $\Longrightarrow n = 2^i$.

**| 증명** $n \neq 2^i$라고 가정하자. 그러면 $n$의 인수 중에는 반드시 홀수가 있어야 하는데 이를 $2q + 1$이라고 하자. 이 인수는 1보다 크기 때문에 $n$을 다음과 같이 쓸 수 있다.

$$n = m(2q + 1)$$

$n$을 $m(2q + 1)$로 치환하고 홀수 거듭제곱의 합 공식(식 3.4)을 적용하면 $2^n + 1$을 다음과 같이 인수분해할 수 있다.

$$\begin{aligned}
2^n + 1 &= 2^{m(2q+1)} + 1 \\
&= 2^{m(2q+1)} + 1^{m(2q+1)} \\
&= (2^m)^{2q+1} + 1^{2q+1} \\
&= (2^m + 1)((2^m)^{2q} - (2^m)^{2q-1} + \cdots + 1)
\end{aligned}$$

하지만 $2^n + 1$을 인수분해할 수 있다는 것은 $2^n + 1$이 소수라는 기본 전제조건과 모순된다. 따라서 이 증명을 할 때 전제한 가정은 거짓이며 $n = 2^i$이다. |

$2^{2^i} + 1$ 형태의 다른 소수는 어떨까? 페르마는 3, 5, 17, 257, 65537, 4294967297, 18446744073709551617이 소수이므로 이런 형태의 다른 모든 수도 소수라고 주장했다. 하지만 그가 예로 든 수 중 두 개는 소수가 아닌 것으로 확인되었다. (첫 다섯 개만 소수이다.) 1732년, 오일러는 다음과 같이 인수분해할 수 있다는 걸 보였다.

$$2^{32} + 1 = 4294967297 = 641 \times 6700417$$

그리고 지금까지 알려진 바로는 $5 < i \leq 32$인 경우에 $2^{2^i} + 1$은 합성수이다. 위에 있는 다섯 개 외에 또 다른 페르마 소수가 있을까? 지금 이 책을 쓰는 시점을 기준으로는 아무도 모른다.

## 5.2 페르마의 작은 정리

FROM MATHEMATICS TO GENERIC PROGRAMMING

이제 정수론에서 가장 중요한 결과 가운데 하나인 페르마의 작은 정리에 대해 알아보자.

**정리 5.3 (페르마의 작은 정리):**

> $p$가 소수이면 $0 < a < p$인 임의의 $a$에 대해 $a^{p-1} - 1$은 $p$로 나누어떨어진다.

페르마는 1640년에 이 정리를 증명했다고 주장했지만, 실제 증명을 발표하진 않았다. 라이프니츠도 1676년과 1680년 사이에 증명을 발견하긴 했지만 출판하진 않았다. 마지막으로 오일러는 1742년과 1750년, 두 가지 증명법을 발표했다. 이 책에서도 증명법을 알아보긴 할 텐데 그 전에 몇 가지 다른 정리에 대해 알아보도록 하겠다. 얼핏 보면 서로 상관없는 것으로 보이지만, 나중에 서로 연결지어질 수 있다.

### 레온하르트 오일러(1707–1783)

레온하르트 오일러는 스위스의 교육 수준이 높은 중산층 가정에서 태어났다. 뛰어난 재능을 갖췄으며 여러 분야에서 두루두루 좋은 성적을 냈고 기억력이 비상했던 오일러는 그 시기에 가장 훌륭한 수학자이면서 아버지의 친구였던 요한 베르누이와 함께 연구했다(베르누이는 미적분학을 창시한

라이프니츠의 학생이기도 했다).

18세기 전반에 걸쳐서 표트르 대제와 그 후계자들은 러시아의 사회와 문화를 유럽화하는 극적인 개혁을 이끌었다. 그중 대표적인 것으로 상트페테르부르크에 세운 러시아 제국 과학 아카데미를 들 수 있는데 유럽 전역의 학자들을 불러 모은 곳이었다. 오일러도 스무 살 때부터 러시아 제국 과학 아카데미에서 수학을 연구하기 시작했다. 10년이 지나지 않아 그는 수학, 역학은 물론 조선공학에 이르는 다양한 분야에서 업적을 이뤄내 유럽 최고의 과학자로 인정받게 되었다. 1741년 프리드리히 2세가 베를린으로 스카우트할 무렵에는 세계적인 슈퍼스타였다. 그 시절에는 왕이나 왕비들이 과학자 및 지식인들과의 친분을 품격의 척도로 삼았기 때문이다. 오일러가 베를린에서 연구하는 동안 프랑스와 러시아의 왕가가 그를 끌어오기 위해 치열한 경쟁을 벌였다. 결국, 1766년 그는 상트페테르부르크로 돌아가서 여생을 보냈다.

오일러는 수학 및 물리학 분야에서 지대한 공을 세웠다. 여러 분야를 연구했는데 근대 그래프 이론을 창시했으며 정수론 분야에서도 여러 중요한 발견을 했다. 하지만 그가 세운 가장 큰 업적을 꼽으라고 한다면 뉴턴과 라이프니츠가 발명한 각각의 기법을 하나의 체계적인 분야로 정리하여 근대적인 해석학(미적분과 미분방정식)을 만들어낸 점을 들 수 있다. 그가 쓴 미적분학에 관한 세 권의 책(<무한 분석 입문>, <미분학>, <적분학>)은 거의 한 세기에 걸쳐서 최고의 교과서로 쓰였으며 지금까지도 연구할 만한 가치가 있는 책으로 남아있다.

오일러는 일반인을 대상으로 한 과학책을 처음으로 쓴 사람이기도 한데 뉴턴 역학을 기반으로 하는 세계관을 일반인에게 설명하는 내용으로 <독일 공주님께 보내는 편지>라는 책을 냈다. 수학자가 아닌 사람들을 대상으로 하는 기초 대수학 교과서도 썼는데 이 책은 지금까지도 출판되고 있다.

오일러는 엄청나게 다작하는 수학자, 과학자였는데 그가 죽은 뒤에 러시아 과학 아카데미에서 그가 남긴 업적을 출판하는 데만 60년이 걸렸다. 오일러는 당대 최고의 수학자로 꼽힐 만한 인물이며 200년이 지난 지금도 라플라스가 남긴 "그는 우리 모두의 주인님이시지"라는 말에 많은 수학자들이 공감하고 있다.

우선 유클리드의 정리 중 하나를 살펴보자.

**정리 5.4 (유클리드 VII, 30):** 어떤 소수 $p$보다 작은 두 정수의 곱은 $p$로 나누어떨어지지 않는다(즉, $p$가 소수이고 $a$, $b$가 $p$보다 작으면 $ab$는 $p$로 나누어떨어지지 않는다). $x$라는 수가 다른 $y$라는 수로 나누어떨어지면 $x$는 $y$의 배수이다($x = my$). $x$가 $y$로 나누어떨어지지 않으면 $x$를 $y$로 나눴을 때 $r$이라는 나머지가 남는다($x = my + r$). 따라서 위의 정리는 다음과 같이 바꿔 쓸 수 있다.

$$p\text{가 소수} \ \wedge \ 0 < a, b < p \implies ab = mp + r \ \wedge \ 0 < r < p$$

**| 증명** 반대로 $ab$가 $p$의 배수라고 가정해 보자. 그리고 주어진 $a$에 대해서 $b$가 $ab = mp$를 만족시키는 가장 작은 정수라고 해 보자. 그러면 $p$는 소수이므로 $p$를 $b$로 나누면 나머지가 남게 되는데 그 나머지를 $v$라 하자($v < b$). 그러면

$$p = bu + v \ \wedge \ 0 < v < b$$

인데 위 식의 양변에 $a$를 곱한 다음 $ab = mp$로 치환하면 다음과 같이 된다.

$$\begin{aligned} ap &= abu + av \\ ap - abu &= av \\ ap - mpu &= av \\ av &= (a - mu)p \quad \wedge \ 0 < v < b \end{aligned}$$

하지만 이렇게 되면 $v$는 $b$보다 작은 정수이면서 동시에 $av$가 $p$의 배수여야만

한다. 그런데 그런 조건을 만족시키는 가장 작은 수를 $b$로 잡았기 때문에 이는 모순이다. 따라서 가정이 거짓이므로 $ab$는 $p$로 나누어떨어지지 않는다. ∎

고대 그리스 수학에서는 이렇게 어떤 조건을 만족시키는 가장 작은 수를 고른 다음 어떤 가정을 하면 그보다 더 작은 수가 나온다는 것을 보이는 식의 증명 방법을 매우 많이 사용했다.

• • •

이제 나머지에 관한 결과를 증명해 보자.

**보조정리 5.1 (나머지 순열 보조정리):** $p$가 소수이면 임의의 $0 < a < p$에 대해

$$a \cdot \{1, \ldots, p-1\} =$$
$$\{a, \ldots, a(p-1)\} = \{q_1 p + r_1, \ldots, q_{p-1} p + r_{p-1}\}$$

이때

$$0 < r_i < p \ \wedge \ i \neq j \implies r_i \neq r_j$$

이다. 즉, $1a$부터 $(p-1)a$까지 $a$의 모든 배수를 $qp + r$ 형태로 표현하면 모든 나머지 $r$이 다 다르고 그 나머지의 집합은 $\{1, \cdots, p-1\}$의 순열이다(모든 나머지는 분명히 $p$보다 작다. 따라서 $[1, p-1]$ 범위에 들어있는 서로 다른 $p-1$개의 나머지가 있다는 뜻이다).

**예:** $p = 7$이고 $a = 4$이면 위 정리에 의해

$$\{4, 8, 12, 16, 20, 24\} = \{0 \cdot 7 + 4,\ 1 \cdot 7 + 1,\ 1 \cdot 7 + 5,\ 2 \cdot 7 + 2,\ 2 \cdot 7 + 6,\ 3 \cdot 7 + 3\}$$

이고 나머지는

$$\{4, 1, 5, 2, 6, 3\}$$

인데 이는 $\{1, \cdots, 7-1\}$의 순열이다.

**| 증명** $r_i = r_j$이고 $i < j$라고 가정해 보자. 즉 나머지 중에 두 개가 같다고 해 보자. 그러면 집합에서 그 나머지에 해당하는 두 수의 차에 대해서 나머지 $r_i$와 $r_j$는 서로 상쇄되므로 다음과 같이 쓸 수 있다.

$$\begin{aligned}(q_j p + r_j) - (q_i p + r_i) &= q_j p - q_i p \\ &= (q_j - q_i)p\end{aligned}$$

그 집합의 $i$ 번째 원소와 $j$ 번째 원소는 $ai$와 $aj$이므로 두 수의 차는 $aj - ai$로 쓸 수 있다. 따라서 다음과 같은 식이 성립한다.

$$\begin{aligned}aj - ai &= (q_j - q_i)p \\ a(j - i) &= (q_j - q_i)p\end{aligned}$$

하지만 위 식은 $ab = mp$ 형태의 식이고 $p$보다 작은 두 정수를 곱한 값이 $p$로 나누어떨어진다는 뜻이 된다. 이는 조금 전에 증명한 유클리드 VII, 30과 모순되므로 처음에 한 가정이 거짓이다. 따라서 모든 나머지는 서로 달라야만 한다. **|**

## 5.3 상쇄

FROM MATHEMATICS TO GENERIC PROGRAMMING

지금부터는 상쇄와 관련된 내용을 알아보자. $x$와 $y$라는 두 수를 곱할 때 하나가 다른 하나의 곱셈에 대한 역수이면 그 둘은 상쇄된다(즉 곱이 1이 된다).

### 상쇄와 모듈러 산술

모듈러 산술에서도 상쇄를 생각해볼 수 있다. 모듈러 산술은 카를 가우스가 처음 도입했는데 가우스에 대해서는 8장에서 알아보기로 하자. 오일러가 페르마의 작은 정리를 증명할 때 모듈러 산술을 활용한 건 아니지만 모듈러 산술을 알면 그 증명의 논리를 더 잘 이해할 수 있다.

12시간 단위로 돌아가는 시계에 빗대어 모듈러 산술을 설명해 보겠다. 지금 시각이 10시인데 어떤 일을 하는 데 다섯 시간이 걸린다면 그 일은 3시에 끝난 것이다. 그런 맥락에서 10 + 5 = 3이라고 쓸 수 있다. 조금 더 정확하게 말하자면 (10 + 5) mod 12 = 3이다. (수학자 입장에서는 정오가 0인 셈이다) 물론 모듈러 산술은 12가 아닌 다른 밑에도 적용할 수 있다. 7을 밑으로 하는 예를 몇 가지 살펴보자.

$$(6 + 4) \bmod 7 = \mathbf{3}$$

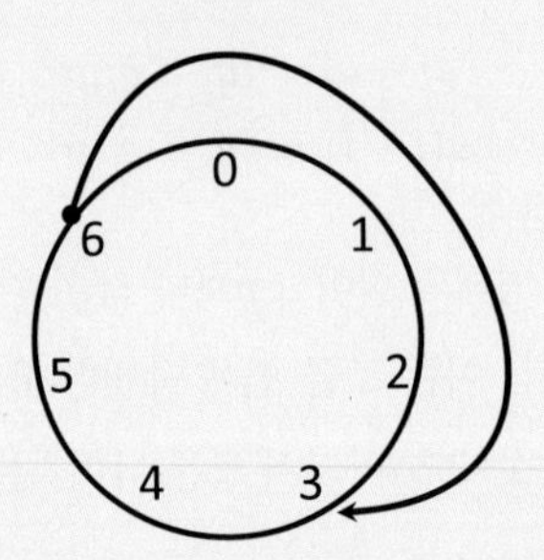


$$(3 \times 3) \bmod 7 = (3 + 3 + 3) \bmod 7 = \mathbf{2}$$

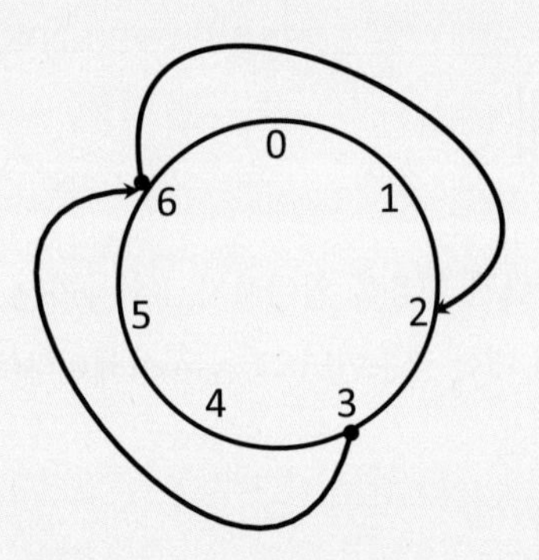


두 번째 예의 경우에 곱은 그냥 곱셈 방식대로 한 다음 그 값을 7로 나눈 몫과 나머지 형태로 표현하는 식으로 모듈러 계산을 할 수도 있다.

$$(3 \times 3) = 9 = (1 \times 7) + \mathbf{2}$$

즉 어떤 값의 $n$에 대한 모듈로는 $n$으로 나눈 나머지와 같다.

(예를 들어 유리수의 사칙연산 같은) 기본적인 수학에서는 어떤 두 항 $x$와 $y$의 곱이 1이면 그 두 수는 서로 상쇄된다고 하며 $x$와 $y$는 서로 상대방의 역수라고 부른다. 모듈러 산술에서도 마찬가지지만 역수가 모두 정수라는 점이 다르다. 예를 들면 다음과 같은 식이다.

$$(2 \times 4) \bmod 7 = 1$$

따라서 2와 4는 서로 상쇄되며 각기 상대방의 역수이다.

어떤 음수 $-x$의 $n$에 대한 모듈로는 양수 $n - x$이다. 시계를 $x$ 시간 거꾸로 돌렸을 때 나오는 위치를 생각하면 된다. 예를 들어 $-1 \bmod n = n - 1$이다.

기본적인 사칙연산에서와 마찬가지로 모듈러 산술에 대해서도 곱셈 표를 만들 수 있다. 임의의 정수에 대한 모듈로 7의 곱셈 표는 다음과 같다.

| × | 1 | 2 | 3 | 4 | 5 | 6 |
|---|---|---|---|---|---|---|
| 1 | 1 | 2 | 3 | 4 | 5 | 6 |
| 2 | 2 | 4 | 6 | 1 | 3 | 5 |
| 3 | 3 | 6 | 2 | 5 | 1 | 4 |
| 4 | 4 | 1 | 5 | 2 | 6 | 3 |
| 5 | 5 | 3 | 1 | 6 | 4 | 2 |
| 6 | 6 | 5 | 4 | 3 | 2 | 1 |

두 수를 곱하고 7로 나눴을 때의 나머지가 바로 모듈러 곱이다. 예를 들어 $5 \times 4 = 20 = (2 \times 7) + 6 = 6 \bmod 7$이다. 그래서 위 표에서 5가 있는 행과 4가 있는 열이 만나는 곳에 6이 적혀 있다. 이 표를 보면 각 행은 다른 행의 순열이며 모든 행에 1이 들어있다는 것을 알 수 있다. 앞에서 설명했듯이 두 수의 곱이 1이면 그 두 수는 서로 역수이다. 위 표에서 예를 찾아

보자면 2와 4는 서로 역수이다. $2 \times 4 = 1 \bmod 7$이다. 위 표의 각 행의 오른쪽 끝에 역수를 적어보면 아래와 같다.

| × | 1 | 2 | 3 | 4 | 5 | 6 | |
|---|---|---|---|---|---|---|---|
| 1 | 1 | 2 | 3 | 4 | 5 | 6 | 1 |
| 2 | 2 | 4 | 6 | 1 | 3 | 5 | 4 |
| 3 | 3 | 6 | 2 | 5 | 1 | 4 | 5 |
| 4 | 4 | 1 | 5 | 2 | 6 | 3 | 2 |
| 5 | 5 | 3 | 1 | 6 | 4 | 2 | 3 |
| 6 | 6 | 5 | 4 | 3 | 2 | 1 | 6 |

엄밀하게 말하자면 1보다 큰 정수 $n$과 0보다 큰 정수 $u$에 대해서 $uv = 1 + qn$을 만족시키는 정수 $q$가 있으면 $v$는 $u$의 모듈로 $n$ 곱셈 역수라고 부른다. 즉, $u$와 $v$의 곱을 $n$으로 나눈 나머지가 1이면 그 둘은 서로 모듈로 $n$ 곱셈에 대한 역수가 된다. 다음의 정리들을 증명할 때 이 성질을 많이 사용한다.

• • •

이 정리에서는 위에서 일반화시킨 상쇄 개념을 사용한다.

**보조정리 5.2 (상쇄 법칙):** $p$가 소수이면 임의의 $a(0 < a < p)$에 대해 $ab = mp + 1$을 만족시키는 $b(0 < b < p)$가 존재한다.

즉, $a$와 $b$는 모듈로 $p$에서 서로를 상쇄시킨다.

**예:** $p = 7$, $a = 4$라고 해 보자. $ab = mp + 1$을 만족시키는 $b$가 존재할까? 답이 나올 때까지 가능한 모든 $b$ 값을 대입해서 확인해 보자.

$b = 1 \quad 4 \cdot 1 = 7m + 1?$ 안 된다.
$b = 2 \quad 4 \cdot 2 = 7m + 1?$ 된다. $m = 1$인 경우

**| 증명** 나머지 순열 보조정리에 따르면 다음 집합에 있는 곱 가운데 하나는 나머

지가 1이어야 한다.

$$a \cdot \{1, \ \ldots, \ p-1\}$$

0보다 크고 $p$보다 작으며 값이 모두 서로 다른 $p - 1$ 개의 나머지가 있어야 하기 때문에 그중 한 개는 반드시 1이어야만 한다. 따라서 $a$를 상쇄시키는 다른 원소 $b$가 반드시 존재할 수밖에 없다. ∎

1과 $p - 1$은 자가 상쇄 원소이다. 즉, 그 원소를 두 번 곱하면 그 값은 1 mod $p$이다(그 값을 $mp + 1$ 형태로 쓸 수 있다). $1 \cdot 1$은 $0p + 1$이므로 당연히 1 mod $p$이다. $p - 1$의 경우에는 어떨까?

$$(p-1)^2 = p^2 - 2p + 1 = (p-2)p + 1 = mp + 1$$

1과 $p - 1$을 제외한 다른 원소는 자가 상쇄 원소가 아니다. 증명해 보자.

**보조정리 5.3 (자가 상쇄의 법칙):**

$$\text{임의의 } a(0 < a < p)\text{에 대해 } a^2 = mp + 1 \implies a = 1 \ \vee \ a = p - 1$$

**❙ 증명** 1도 아니고 $p - 1$도 아닌 자가 상쇄 원소 $a$가 있다고 가정해 보자. 그러면 다음과 같은 조건이 성립된다.

$$a \neq 1 \ \wedge \ a \neq p-1 \implies 1 < a < p-1$$

증명해야 할 명제의 조건은 다음과 같이 고쳐 쓸 수 있다.

$$a^2 - 1 = mp$$

이 식의 왼쪽 부분을 인수분해하면 다음과 같이 쓸 수 있다.

$$(a-1)(a+1) = mp$$

그런데 앞에서 가정한 바에 따르면 $0 < a - 1, a + 1 < p$인데 이렇게 되면 $p$보다 작은 두 정수의 곱이 $p$로 나누어떨어지는 셈이 되어 유클리드 VII, 30(105

쪽 참조)과 모순이다. 따라서 앞에서 가정한 것이 거짓이고 자가 상쇄 원소는 1과 $p - 1$뿐이다. ∎

이제 페르마의 작은 정리를 증명할 준비가 거의 끝났다. 윌슨의 정리만 더 있으면 되는데 이 정리는 1770년에 에드워드 웨어링(Edward Waring)이 발표한 정리로 웨어링은 존 윌슨이라는 학생이 이 정리를 발견했다고 밝혔다. 발표 당시에 웨어링은 적당한 표기법이 없어서 이 정리를 증명할 수 없다고 얘기했는데 이에 대해 가우스는 나중에 "적당한 표기법이 없는 게 아니라 생각이 없는 거겠지"라는 말을 남겼다고 한다.

**정리 5.5 (윌슨의 정리):** $p$가 소수이면 다음과 같은 조건을 만족하는 정수 $m$이 존재한다.

$$(p-1)! = mp + (p-1)$$

즉, 다음과 같은 식이 성립한다.

$$(p-1)! = (p-1) \bmod p$$

**| 증명** $(p - 1)!$은 다음과 같이 정의된다.

$$(p-1)! = 1 \cdot 2 \cdot 3 \ldots (p-1)$$

상쇄 법칙에 의해 1과 $p - 1$ 사이의 모든 수 a에 대해 그 역수 $b$가 존재하며 $b$도 1과 $p - 1$ 사이의 정수이다. 자가 상쇄 법칙에 의해 자기 자신이 역수인 수는 1과 $p - 1$뿐이다. 따라서 1과 $p - 1$을 제외한 다른 모든 수에 의해 상쇄된다. 즉, 다른 수와의 곱의 나머지가 1이다. 바꿔 말하자면 (1과 $p - 1$ 사이의) 상쇄되는 모든 항을 다 묶어서 어떤 $n$에 대해 $np + 1$ 형태로 표현할 수 있다. 1하고 $p - 1$은 아직 상쇄되지 않았으므로 다음과 같이 쓸 수 있다.

$$\begin{aligned}(p-1)! &= 1 \cdot (np+1) \cdot (p-1) \\ &= np \cdot p - np + p - 1 \\ &= (np-n)p + (p-1)\end{aligned}$$

따라서 $m = np - n$이라고 하면 이 명제가 만족된다. ∎

**연습문제 5.1** 4보다 큰 어떤 정수 $n$이 합성수이면 $(n - 1)!$은 n의 배수임을 증명하라.

FROM MATHEMATICS TO GENERIC PROGRAMMING

## 5.4 페르마의 작은 정리 증명

앞에서 유도한 결과들을 이용하면 페르마의 작은 정리를 증명할 수 있다.

$p$가 소수이면 $0 < a < p$인 임의의 $a$에 대해 $a^{p-1} - 1$은 $p$로 나누어떨어진다.

**| 증명** $\prod_{i=1}^{p-1} ai$라는 식을 생각해 보자. $a$는 곱 밖으로 빼낼 수 있으므로 다음과 같이 쓸 수 있다.

$$\prod_{i=1}^{p-1} ai = a^{p-1} \prod_{i=1}^{p-1} i \tag{5.2}$$

윌슨의 정리에 의하면 다음과 같이 쓸 수 있다.

$$\prod_{i=1}^{p-1} i = (p - 1) + mp$$

위 식을 식 5.2에 대입하면 다음과 같이 쓸 수 있다.

$$\begin{aligned}\prod_{i=1}^{p-1} ai &= a^{p-1}((p - 1) + mp) \\ &= a^{p-1}p - a^{p-1} + a^{p-1}mp \\ &= (a^{p-1} + a^{p-1}m)p - a^{p-1}\end{aligned} \tag{5.3}$$

이제 $\prod_{i=1}^{p-1} ai$로 돌아가 보자. 여기에는 $\{a, 2a, 3a, \cdots, (p - 1)a\}$의 모든 원소가

들어있으며 나머지 순열 보조정리(106쪽)에 따르면 이 집합은 $\{q_1p + r_1, \cdots, q_{p-1}p + r_{p-1}\}$과 같다. 따라서 다음과 같이 쓸 수 있다.

$$\prod_{i=1}^{p-1} ai = \prod_{i=1}^{p-1}(q_ip + r_i)$$

우변의 곱을 전개하면 $p$의 배수인 수많은 항과 $r_i$를 전부 곱한 항 하나가 나온다. $p$의 배수인 항을 하나로 묶어서 $up$라고 쓰면 다음과 같이 $r_i$를 전부 곱한 항이 남는다.

$$\prod_{i=1}^{p-1} ai = up + \prod_{i=1}^{p-1} r_i$$

오른쪽에 있는 곱에 윌슨의 정리를 다시 한번 적용하고 $p$의 배수인 항을 다시 묶어주면 다음과 같이 쓸 수 있다.

$$\begin{aligned}\prod_{i=1}^{p-1} ai &= up + vp + (p-1) \\ &= wp - 1 \end{aligned} \tag{5.4}$$

여기에서 $w = u + v + 1$이다. 식 5.3과 식 5.4는 같으므로 두 식의 우변을 같다고 놓고 식을 다음과 같이 고쳐 쓸 수 있다.

$$\begin{aligned} wp - 1 &= (a^{p-1} + a^{p-1}m)p - a^{p-1} \\ a^{p-1} + wp - 1 &= (a^{p-1} + a^{p-1}m)p \\ a^{p-1} - 1 &= (a^{p-1} + a^{p-1}m)p - wp \end{aligned}$$

다시 한번 우변에서 $p$의 배수를 묶어주면 다음과 같은 식이 나온다.

$$a^{p-1} - 1 = np$$

따라서 $a^{p-1} - 1$은 $p$로 나누어떨어진다. ∎

$a^{p-2}$은 $a$의 역수이다. $a^{p-2} \cdot a = a^{p-1}$인데 페르마의 작은 정리에 의하면 $p + 1$이

기 때문이다(mod $p$에 대해 역수라는 것은 $p$로 나눈 나머지가 1이라는 뜻이므로 $a^{p-2}$는 $a$의 역수가 된다).

• • •

페르마의 작은 정리의 역은 어떻게 증명할까? 이를 증명하려면 한 가지 보조정리가 더 필요하다.

**보조정리 5.4 (역수 없음 보조정리):** $n = uv \wedge u,v > 1$이면 $u$는 mod $n$에서 역수가 존재하지 않는다.

**| 증명** $n = uv$이고 $w$라는 $u$의 역수가 존재한다고 가정하자(즉 $wu = mn + 1$). 그러면 다음과 같은 식이 성립한다.

$$\begin{aligned} wn &= wuv \\ &= (mn+1)v \\ &= mvn + v \\ wn - mvn &= v \end{aligned}$$

따라서 $z = (w - mv)$라고 정의하면 다음과 같이 쓸 수 있다.

$$(w - mv)n = zn = v$$

$n > v$이므로 $zn > v$인데 이는 $zn = v$와 모순된다. 따라서 $u$의 역수는 존재하지 않는다. |

**정의 5.1** $gcd(m,n) = 1$이면 $m$과 $n$은 서로 소이다. 즉 1보다 큰 공약수가 없으면 두 수는 서로 소이다.

역수 없음 보조정리에 의하면 $n$이 소수가 아닌 경우에 모듈로 $n$ 중에는 역수가 있는 원소도 있고 역수가 없는 원소도 있다. $n$과 서로 소가 아닌 원소에는 역수가 없다.

**정리 5.6 (페르마의 작은 정리의 역명제):** $0 < a < n$인 모든 $a$에 대해

$$a^{n-1} = 1 + q_a n$$

이 성립하면 $n$은 소수이다.

**| 증명** $n$이 소수가 아니라고 가정해 보자. 즉 $n = uv$라고 해 보자. 그러면 역수 없음 보조정리에 의해 $u$에는 역수가 없다. 하지만 정리 5.6의 조건에 의하면 $u^{n-1} = u^{n-2}u = 1 + q_u n$이다. 따라서 $u^{n-2}$가 $u$의 역수인데 이는 모순이다. 따라서 $n$은 소수여야 한다. |

FROM MATHEMATICS TO GENERIC PROGRAMMING

## 5.5 오일러의 정리

위대한 수학자답게 오일러는 페르마의 작은 정리를 증명하는 데 만족하지 않고 일반화할 수 있는지를 알고 싶어 했다. 페르마의 작은 정리는 소수에 대해서만 적용되는 것이기 때문에 오일러는 합성수에도 적용되는 비슷한 뭔가가 있지 않을까 하는 생각을 했다. 하지만 합성수는 모듈러 산술에서 조금 복잡한 성질을 보인다. 아래에 있는 모듈로 10의 곱셈 표를 살펴보자. 왼쪽에 있는 인자의 역수를 표 오른쪽에 적어 놓았다.

| × | 1 | 2 | 3 | 4 | 5 | 6 | 7 | 8 | 9 | |
|---|---|---|---|---|---|---|---|---|---|---|
| 1 | 1 | 2 | 3 | 4 | 5 | 6 | 7 | 8 | 9 | 1 |
| 2 | 2 | 4 | 6 | 8 | 0 | 2 | 4 | 6 | 8 | |
| 3 | 3 | 6 | 9 | 2 | 5 | 8 | 1 | 4 | 7 | 7 |
| 4 | 4 | 8 | 2 | 6 | 0 | 4 | 8 | 2 | 6 | |
| 5 | 5 | 0 | 5 | 0 | 5 | 0 | 5 | 0 | 5 | |
| 6 | 6 | 2 | 8 | 4 | 0 | 6 | 2 | 8 | 4 | |
| 7 | 7 | 4 | 1 | 8 | 5 | 2 | 9 | 6 | 3 | 3 |
| 8 | 8 | 6 | 4 | 2 | 0 | 8 | 6 | 4 | 2 | |
| 9 | 9 | 8 | 7 | 6 | 5 | 4 | 3 | 2 | 1 | 9 |

그냥 10 × 10 곱셈 표하고 똑같은데 일의 자리 숫자만 적어놓은 것이라고 보면 된다. 예를 들어 7 × 9 = 63인데 이 값은 3 mod 10이다. 이 표를 보면 앞에서 본 소수인 7을 기준으로 만든 곱셈 표(109쪽 참조)와 몇 가지 차이점이 있다. 우선 각 행이 다른 행의 순열이 아니다. 그리고 어떤 행에는 0도 들어있다. 모듈로 곱셈을 얘기할 때는 0이 아닌 두 값을 곱했는데 0이 나오는 셈이니 문제가 생긴다. 거기에 다른 어떤 값을 곱해도 0이 나올 것이기 때문에 0을 벗어날 수가 없게 된다.

소수에서 볼 수 있는 자가 상쇄 성질(1과 −1만 자가 상쇄하는 성질)은 10에 대해서는 어쩌다 보니 성립이 되는데 모든 합성수에 대해 성립하는 것은 아니다(예를 들어 8에는 자가 상쇄 원소가 네 개(1, 3, 5, 7) 있다).

10의 곱셈 표를 다시 한번 자세히 들여다보자.

| × | 1 | 2 | 3 | 4 | 5 | 6 | 7 | 8 | 9 | |
|---|---|---|---|---|---|---|---|---|---|---|
| [1] | **1** | 2 | **3** | 4 | 5 | 6 | **7** | 8 | **9** | **1** |
| 2 | 2 | 4 | 6 | 8 | 0 | 2 | 4 | 6 | 8 | |
| [3] | **3** | 6 | **9** | 2 | 5 | 8 | **1** | 4 | **7** | 7 |
| 4 | 4 | 8 | 2 | 6 | 0 | 4 | 8 | 2 | 6 | |
| 5 | 5 | 0 | 5 | 0 | 5 | 0 | 5 | 0 | 5 | |
| 6 | 6 | 2 | 8 | 4 | 0 | 6 | 2 | 8 | 4 | |
| [7] | **7** | 4 | **1** | 8 | 5 | 2 | **9** | 6 | **3** | 3 |
| 8 | 8 | 6 | 4 | 2 | 0 | 8 | 6 | 4 | 2 | |
| [9] | **9** | 8 | **7** | 6 | 5 | 4 | **3** | 2 | **1** | 9 |

괜찮은 행(0이 없는 행)은 왼쪽에 있는 약수에 네모를 쳐서 표시했는데 이 행들은 역수가 있는 행이기도 하다. 이 행의 공통점은 뭘까? 1, 3, 7, 9는 10과 서로 소이다(앞에서 정의했듯이 1보다 큰 공약수가 없는 관계를 서로 소라고 부른다).

그러면 괜찮은 행들만 쓰고 나머지는 빼 버리는 건 어떨까? 그래 봤자 별 소용이 없다. 괜찮은 행에 들어있는 수를 가지고 다시 곱셈했을 때 어차피 다시 안 괜찮은 행으로 갈 수 있기 때문이다(예를 들어 3은 괜찮은 행이지만$(3 \times 5) \times 2 = 0$이다). 오일러는 대신 괜찮은 행과 괜찮은 열에 들어가는 수(위 표에서 회색 칸에 있는 수)만 쓰는 방법을 생각해냈다. 이 수들은 소수에서 볼 수 있었던 좋은 특성들을 모두 가지고 있다. 각 행의 회색 칸에 있는 수들은 다른 행에 있는 수들의 순열이고 모두 1이 들어가 있는 등의 특징이 있다.

• • •

페르마의 작은 정리를 합성수까지 확장하기 위해 오일러는 앞의 표에서 굵은 글꼴로 표시된 수만 사용한다. 우선 서로 소인 수의 집합의 크기를 정의하는 것부터 시작한다.

**정의 5.2** 어떤 양의 정수 $n$의 오일러 파이 함수(Euler totient function, Euler function)는 $n$보다 작으면서 $n$과 서로 소인 양의 정수의 개수이다. 다음과 같은 식으로 표현할 수 있다.

$$\phi(n) = |\{0 < i < n \wedge i\text{와 } n\text{은 서로 소}\}|$$

$\phi(n)$은 모듈로 $n$의 곱셈 표에서 회색으로 칠한 칸이 들어있는 행 수를 뜻한다. 예를 들어 앞에서 만들어 본 모듈러 곱셈 표를 보면 $\phi(10) = 4$이고 $\phi(7) = 6$이다.

소수는 그보다 작은 모든 수에 대해서 공약수가 없기 때문에 소수의 오일러 파이 함수는 다음과 같다.

$$\phi(p) = p - 1$$

즉, 소수는 그보다 작은 모든 수와 서로 소이다.

오일러는 페르마의 정리에 있는 $p - 1$이 특별한 경우에 해당할 뿐이라는 것을 깨달았다. 소수의 파이 함수가 $p - 1$이기 때문에 그런 식이 나온 것이다. 오일러는 페르마의 작은 정리를 다음과 같이 확장했다.

**정리 5.7 (오일러의 정리):** $a$와 $n$이 서로 소 $\Longleftrightarrow$ $a^{\phi(n)} - 1$은 $n$으로 나누어떨어진다.

**연습문제 5.2** 페르마의 작은 정리를 다음과 같은 단계를 거쳐서 수정하여 오일러의 정리를 증명하라.

- 나머지 순열 보조정리를 서로 소인 수에 대한 나머지 순열 보조정리로 바꾼다(똑같은 식으로 증명하되 "괜찮은" 수만 고려한다).
- 모든 서로 소인 나머지에 대해 곱셈 역수가 있음을 증명한다(나머지들이 전부 순열을 이룬다는 것을 증명한 상태이므로 1이 반드시 그 순열 안에 들어있어야 한다).
- 페르마의 작은 정리를 증명할 때는 0이 아닌 모든 나머지의 곱을 이용했지만 오일러의 정리를 증명할 때는 서로 소인 나머지의 곱을 이용한다.

• • •

오일러 파이 함수를 임의의 정수에 대해 구하는 방법을 알아보자. 모든 정수는 소수의 거듭제곱을 곱한 형태로 표현할 수 있으므로 어떤 소수 $p$의 거듭제곱의 파이 함수를 구하는 방법을 먼저 알아보자. $p^m$과 서로 소이고 $p^m$보다 작은 자연수의 개수를 구하면 된다. $p^m$보다 작은 자연수의 개수가 $p^m - 1$이므로 그 값은 $p^m - 1$ 이하일 것이다. 그런데 $p$로 나누어떨어지는 수(즉 $p$의 배수)는 분명 서로 소가 아닐 것이므로 그 개수는 빼야 한다.

$$\begin{aligned}
\phi(p^m) &= (p^m - 1) - |\{p, 2p, \ldots, p^m - p\}| \\
&= (p^m - 1) - |\{1, 2, \ldots, p^{m-1} - 1\}| \\
&= (p^m - 1) - (p^{m-1} - 1) \\
&= p^m - p^{m-1} \\
&= p^m \left(1 - \frac{1}{p}\right)
\end{aligned}$$

$p$와 $q$가 모두 소수인 경우에 $\phi(p^u q^v)$ 값은 어떻게 될까? 이번에도 가능한 최댓값에서 서로 소가 아닌 수의 개수를 빼는 방법을 써 보자. $p$의 배수의 개수를 빼고 $q$의 배수의 개수도 빼야 하는데 $p$와 $q$의 공배수 개수는 두 번 뺐기 때문에 다시 한번 더해줘야 한다(이런 기법을 포함-제외 원리라고 부르는데 조합론에

서 많이 쓴다). $n = p^u q^v$라고 가정하자.

$$\begin{aligned}\phi(n) &= (n-1) - \left(\frac{n}{p} - 1\right) - \left(\frac{n}{q} - 1\right) + \left(\frac{n}{pq} - 1\right) \\ &= n - \frac{n}{p} - \frac{n}{q} + \frac{n}{pq} \\ &= n\left(1 - \frac{1}{p} - \frac{1}{q} + \frac{1}{pq}\right) \\ &= n\left[\left(1 - \frac{1}{p}\right) - \frac{1}{q}\left(1 - \frac{1}{p}\right)\right] \\ &= n\left(1 - \frac{1}{p}\right)\left(1 - \frac{1}{q}\right) \\ &= p^u\left(1 - \frac{1}{p}\right) q^v\left(1 - \frac{1}{q}\right) \\ &= \phi(p^u)\phi(q^v)\end{aligned}$$

특이하게 단순하게 두 소수를 곱한 정수인 경우에는 다음과 같은 관계가 성립한다(두 소수를 각각 $p_1$, $p_2$라고 할 때).

$$\phi(p_1 p_2) = \phi(p_1)\phi(p_2) \tag{5.5}$$

예를 들면 $10 = 5 \times 2$이므로 다음과 같은 식이 성립한다.

$$\phi(10) = \phi(5)\phi(2) = 4$$

우리가 주로 다루는 건 이런 경우이지만, 이 공식을 일반화시켜서 임의의 개수의 소수의 거듭제곱을 곱한 값에 대한 오일러 파이 함수를 구하는 공식도 만들 수 있다. 예를 들어 소인수가 $p$, $q$, $r$, 이렇게 세 개 있다면 각각의 배수의 개수를 전부 뺀 다음 $pq$, $pr$, $qr$ 같이 두 번씩 빠진 공배수를 다시 더해주고 $pqr$의 배수를 전부 다시 빼 주면 된다. 이런 계산 방법을 소인수가 $m$개인 경우까지 확대하면 $n = \prod_{i=1}^{m} p_i^{k_i}$일 때 다음과 같은 식으로 오일러 파이 함수를 구할 수 있다.

$$\begin{aligned}\phi(n) &= \phi\left(\prod_{i=1}^{m} p_i^{k_i}\right)\\ &= n\prod_{i=1}^{m}\left(1-\frac{1}{p_i}\right)\\ &= \prod_{i=1}^{m}\phi\left(p_i^{k_i}\right)\end{aligned}$$

오일러는 자신이 발견한 정리를 증명하기 위해서 서로 소인 수의 개수를 구하고 싶어 했다. 그렇게 만들어낸 오일러 파이 함수는 소인수분해가 이미 되어 있는 수의 경우에 서로 소인 수의 개수를 쉽게 구할 수 있는 도구로 쓰이고 있다.

FROM MATHEMATICS TO GENERIC PROGRAMMING

## 5.6 모듈러 산술 응용

5.3절에서 모듈러 산술이 나머지와 어떤 식으로 연관되는지 알아보았다. 이제 앞에서 새로 배운 중요한 결과들을 살펴보고 모듈로 7을 적용하면 어떻게 되는지 확인해 보자. 윌슨의 정리에 의하면 어떤 소수 $p$가 주어졌을 때 다음 식을 만족하는 $m$이 존재한다.

$$(p-1)! = (p-1) + mp$$

위 식은 다음과 같이 바꿔쓸 수 있다.

$$(p-1)! = (p-1) \bmod p$$

$p$가 7인 경우에 어떤 결과가 나오는지 보자. $p-1$은 6이니까 우선 6!의 인수를 전개한 다음 재배치하고 모듈러 곱셈 표를 가지고 역수를 상쇄시키자.

$$\begin{aligned}
\mathbf{6!} &= 1 \times 2 \times 3 \times 4 \times 5 \times 6 \\
&= 1 \times (2 \times 4) \times (3 \times 5) \times 6 \\
&= (1 \times 1 \times 1 \times 6) \bmod 7 \\
&= 6 \bmod 7
\end{aligned}$$

이렇게 윌슨의 정리에서 예측한 것과 같은 결과가 나왔다.

비슷한 방식으로 페르마의 작은 정리에 모듈러 곱을 적용해 보자. 페르마의 작은 정리는 원래 다음과 같다.

$p$가 소수이면 $0 < a < p$를 만족하는 임의의 $a$에 대해 $a^{p-1} - 1$은 $p$로 나누어떨어진다.

하지만 모듈러 산술을 이용하면 다음과 같이

$p$가 소수이면 $0 < a < p$를 만족하는 임의의 $a$에 대해 $a^{p-1} - 1 = 0 \bmod p$이다.

또는 다음과 같이 쓸 수 있다.

$p$가 소수이면 $0 < a < p$를 만족하는 임의의 $a$에 대해 $a^{p-1} = 1 \bmod p$이다.

이번에도 $p = 7$인 경우에 대해 $a = 2$일 때 어떻게 되는지 확인해 보자. 식을 전개한 다음 양변에 6!을 곱하고 모듈러 곱을 이용하여 항을 상쇄하면 된다.

$$\begin{aligned}
2^6 &= (2 \times 2 \times 2 \times 2 \times 2 \times 2) \\
2^6 \times 6! &= (2 \times 2 \times 2 \times 2 \times 2 \times 2) \times (1 \times 2 \times 3 \times 4 \times 5 \times 6) \\
&= (2 \times 1) \times (2 \times 2) \times (2 \times 3) \times (2 \times 4) \times (2 \times 5) \times (2 \times 6) \\
&= (2 \times 4 \times 6 \times 1 \times 3 \times 5) \bmod 7 \\
&= (1 \times 2 \times 3 \times 4 \times 5 \times 6) \bmod 7 \\
&= 6! \bmod 7 \\
2^6 &= 1 \bmod 7
\end{aligned}$$

위에서 볼 수 있듯이 페르마의 작은 정리의 결과를 손쉽게 확인할 수 있다.

## 5.7 마무리

앞에서 고대 그리스인들이 어떻게 완전수에 관심을 가졌는지 보았다. 완전수의 연구는 실생활에서는 아무 쓸 데가 없는 일이었다. 그냥 어떤 종류의 수의 특성을 재미로 공부했을 뿐이다. 하지만 이번 장에서 볼 수 있었듯이 시간이 지나면서 이렇게 "아무 데도 쓸모없는" 완전수에 대한 연구가 페르마의 작은 정리의 발견으로 이어졌다. 페르마의 작은 정리는 수학 전 분야에서 가장 실생활에 유용한 것 중 하나로 볼 수 있다. 이 정리가 왜 유용한지는 13장에서 알아보도록 하자.

이번 장에서는 수학에서의 추상화 과정도 살펴볼 수 있었다. 오일러는 페르마의 작은 정리를 보면서 어떤 특별한 경우(소수)를 더 일반적인 경우(정수)로 확장할 수 있다는 것을 깨달았다. 페르마의 정리에 있는 지수가 더 일반적인 개념인 서로 소인 수의 개수의 한 특별 케이스라는 것을 알아낸 것이다. 제네릭 프로그래밍에서도 똑같은 추상화 과정을 거치게 된다. 코드를 일반화하는 일은 정리나 정리의 증명을 일반화하는 것과 마찬가지다. 오일러가 페르마가 얻은 결과를 한 가지 수학적인 대상으로부터 다른 수학적인 대상으로 확장한 것과 마찬가지로 프로그래머들도 특정 계산 대상(예를 들면 벡터 등)을 기준으로 만들어진 함수를 확장하여 (연결 리스트 같은) 다른 대상에 대해서도 똑같이 돌아가도록 만들 수 있다.

# 6장

# 수학에서의 추상화

수학자들이 연구하는 것은 어떤 특정 대상이 아니라
대상 사이의 관계다.
특정 대상을 다른 것으로 바꿔도 관계만 바뀌지 않는다면
별문제가 되지 않는다.
수학자들은 물질에는 관심을 기울이지 않는다.
다만 그 형식에만 관심을 가질 뿐이다.

_ 푸앵카레, 〈과학과 가설〉

수학의 역사는 새로운 추상화(abstraction) 방법, 즉 더 일반적인 문제를 해결할 수 있는 방법의 발견으로 가득하다. 예를 들어 5장에서 본 것처럼 오일러는 페르마의 작은 정리를 일반화시켜서 소수뿐 아니라 합성수에 대해서도 적용되는 정리를 만들어냈다. 수학자들은 수를 뛰어넘는 수준까지 일반화의 범위를 확장하여, 대수구조라는 추상적인 대상까지 포괄할 수 있도록 만들었다. 대수구조(algebraic structure)란 특정한 규칙을 따르는 대상의 모음을 가리키는 말이다. 그 결과로 추상대수학(abstract algebra)이라는 완전히 새로운 분야가 만들어졌다. 이번 장에서는 이러한 추상적인 대상의 예를 몇 가지 알아보고 몇몇 성질을 증명해 보도록 하겠다. 앞 장에서와 마찬가지로 7장에서 제네릭 알고리즘을 도출하는 데 필요한 기초를 마련하기 전까지는 프로그래밍은 잠시 제쳐두자.



## 6.1 군

대수구조 가운데 가장 처음으로 만들어졌고 가장 중요한 것으로 군(group)을 들 수 있다. 군은 1832년 프랑스 수학자 에바리스트 갈루아(Évariste Galois)가 발견했다.

**정의 6.1** 다음과 같은 연산과 상수가 정의되어 있고,

$$\text{연산:} \quad x \circ y, \ x^{-1}$$
$$\text{상수:} \quad e \ (\text{항등원})$$

다음 공리가 성립하는 집합을 군이라고 부른다.

$$\begin{aligned} x \circ (y \circ z) &= (x \circ y) \circ z && \text{결합성} \\ x \circ e = e \circ x &= x && \text{동치} \\ x \circ x^{-1} = x^{-1} \circ x &= e && \text{상쇄} \end{aligned}$$

상수 $e$는 항등원 또는 단위원(identity element)이라고 부르는데 $id$로 표기하기도 한다. 곱셈과 같은 맥락으로 쓰이는 경우에는 1이라고 쓰기도 한다. $x^{-1}$ 연산은 역연산이라고 부르는데 어떤 항목과 그 역수에 대해 연산을 적용하면 세 번째 공리에서와 같이 항등원이 나온다. 군 연산은 이항연산(binary operation)인데 이항연산이란 항이 두 개인 연산을 뜻한다. ∘ 기호는 *로 표기하기도 하는데 위에 적어놓은 세 개의 공리만 만족시킨다면 어떤 이항연산이든 상관없다.

군 연산을 곱셈처럼 취급하는 경우가 많고 군에 속하는 두 원소를 "곱한다" 같은 표현도 많이 쓰는데 이때도 실제로는 곱셈이든 다른 어떤 연산이든 그 군 연산을 적용한다는 것으로 이해하면 된다. 그리고 곱셈의 경우와 마찬가지로 연산 기호를 생략할 때가 많다. 예를 들어 $x \circ y$를 $xy$로 쓸 수도 있고 $x \circ x = xx = x^2$ 같은 식으로 써도 된다.

군 연산에 대해 반드시 교환법칙이 성립해야 하는 것은 아니다(교환법칙이 성립한다는 얘기는 $\forall x,y$: $x \circ y = y \circ x$라는 뜻이다). 교환법칙이 성립하는 군은 따로 있다.

**정의 6.2** 연산의 교환법칙이 성립하는 군을 아벨군(abelian group) 또는 가환군이라고 한다.

아벨군의 예로 덧셈군(additive group)을 들 수 있다.

**정의 6.3** 군 연산이 덧셈인 아벨군을 덧셈군이라고 한다.

덧셈군에 대해서는 아까 곱셈과 관련해서 언급한 내용이 적용되지 않는다. 덧셈군에서는 연산을 +로 표기하고 항등원은 0이다. "덧셈군"이라는 이름에는 교환법칙에 대한 내용은 전혀 들어있지 않지만, 교환법칙이 성립한다고 가정하는 것이 일반적이다.

군은 해당 군의 연산에 대해 닫혀있다. 즉 군에 속하는 임의의 두 원소에 대해 군 연산을 적용하면 그 결과도 그 군의 원소여야만 한다. 마찬가지로 모든 군은 역함수에 대해서도 닫혀 있다. 군에 속하는 모든 원소의 역원도 그 군의 원소이다.

군의 예로는 다음과 같은 것을 들 수 있다.

- 정수에 대한 덧셈군: 원소는 정수, 연산은 덧셈으로 구성된 군
- 7로 나눈 나머지(0 제외)의 곱셈군: 1부터 6까지의 정수가 원소이고 곱셈에 대한 모듈로 7이 연산인 군
- 카드 한 벌에 대한 재배열 군: 카드 한 벌을 늘어놓은 순열이 원소이며 그러한 순열을 만드는 것이 연산인 군
- 계수가 실수인 가역행렬(행렬식이 0이 아닌 행렬)의 곱셈 군: 행렬이 원소이고 행렬의 곱셈이 연산인 군
- 평면의 회전 군: 원점에 대한 다양한 회전이 원소이며 회전을 구성하는 것이 연산인 군

정수는 대부분 곱셈에 대한 역수가 정수가 아니기 때문에 정수로는 곱셈 군을 만들 수 없다. 즉, 정수는 곱셈의 역함수에 대해서는 닫혀 있지 않다.

**연습문제 6.1** 정수 가운데 곱셈에 대한 역수가 정수인 정수는 몇 개인지 답하고 그 정수를 구하라.

한 가지 예를 조금 더 자세히 살펴보자. 5장에서 아래와 같이 정수의 모듈로 7에 대한 곱셈 표를 만들어 보았다.

| × | 1 | 2 | 3 | 4 | 5 | 6 |
|---|---|---|---|---|---|---|
| 1 | 1 | 2 | 3 | 4 | 5 | 6 |
| 2 | 2 | 4 | 6 | 1 | 3 | 5 |
| 3 | 3 | 6 | 2 | 5 | 1 | 4 |
| 4 | 4 | 1 | 5 | 2 | 6 | 3 |
| 5 | 5 | 3 | 1 | 6 | 4 | 2 |
| 6 | 6 | 5 | 4 | 3 | 2 | 1 |

표에 있는 각 수( {1, 2, 3, 4, 5, 6} 집합)는 "모듈로 7에 대한 0이 아닌 나머지"이며 앞에서 보았듯이 이 여섯 개의 정수는 곱셈 군을 이룬다. 그 의미를 풀어 보자면 이렇다. 우선 곱셈 군이라고 했기 때문에 군 연산은 곱셈이고 그 항등원은 1이다. 위 표의 첫 번째 열과 행을 보면 어떤 원소 $x$에 1을 곱하면 항상 $x$가 나오기 때문에 1이 항등원이라는 것을 알 수 있다.

군은 해당 군 연산에 대해 닫혀 있기 때문에 군에 들어있는 어떤 두 원소를 곱하면 반드시 그 군에 들어있는 뭔가가 나와야만 한다. 예를 들면 다음과 같다.

$$2 \circ 5 = (2 \times 5) \bmod 7 = 3$$
$$4 \circ 3 = (4 \times 3) \bmod 7 = 5$$
$$5 \circ 2 = (5 \times 2) \bmod 7 = 3$$

정수의 곱셈 연산에 대해 결합법칙과 교환법칙이 성립하기 때문에 자연스럽게 모듈러 곱셈에 대해서도 결합법칙과 교환법칙이 성립한다. 교환법칙, 또는 아벨군의 특성은 곱셈 표가 대각선에 대해 대칭이라는 성질에서 분명히 확인할 수 있다.

군은 역연산에 대해 닫혀 있기 때문에 군에 속하는 어떤 원소의 역원을 취하든 그 값도 해당 군에 속하게 되어 있다. (앞에서 배운 것처럼 어떤 원소 $x$의 역수는 $x$에 곱했을 때 1이 나오는 수이다. 곱셈 표를 보면 1이 들어있는 칸의 행과 열로부터 역수 관계에 있는 수의 쌍을 확인할 수 있다.) 예를 들면 다음과 같다.

$$2^{-1} = 4 \bmod 7$$
$$4^{-1} = 2 \bmod 7$$
$$5^{-1} = 3 \bmod 7$$

### 에바리스트 갈루아(1811–1832)

군 개념은 프랑스의 젊은 대학 중퇴생인 에바리스트 갈루아(Évariste Galois)에 의해 시작되었다. 그는 급진적인 공화주의 운동에 적극적으로

참여했으며 수학사에서 가장 낭만적인 삶을 살았던 인물이기도 하다.

19세기 초는 유럽 전역에 낭만주의가 퍼져나가던 시기였다. 젊은이들은 그리스 독립을 위해 싸우다 죽은 영국의 시인 바이런을 비롯한 대의명분을 위해 목숨을 기꺼이 바친 이들을 영웅으로 추앙했다. 그들에게 나폴레옹은 폭군이면서도 동시에 유럽 전역의 봉건주의를 종식한 영웅이었다.

1830년대 초의 파리는 혁명의 기운으로 가득했다. 자유분방하면서 성급하기도 했던 갈루아도 혁명 운동에 동참했다. 낭만적인 반란군이었던 갈루아는 대학 교육을 통한 일반적인 길을 따르지 않았다. 한 대학은 입시에 실패하고 다른 대학에서는 퇴학을 당했지만, 그는 계속해서 스스로 수학을 공부했고 라그랑주의 다항식 이론의 전문가로 성장했다. 그는 금지된 국가방위군 군복을 입은 채로 장전된 총기 여러 자루를 들고 거리를 활보하는 등의 저항 운동을 벌이다가 감옥에 갇히기도 했는데 감옥 안에서도 수학 연구는 계속했다.

갈루아는 스무 살 때 그리 잘 알지도 못하는 한 여성의 명예를 지키기 위해 결투를 벌이게 되었다. 결투 전날 그는 자신이 죽을 것임을 거의 확신하고 친구에게 그가 연구하던 수학 아이디어를 설명하는 장문의 편지를 썼다. 이 원고에는 군, 체 그리고 군과 체의 자기 동형사상(자기에 대한 사상)에 관한 이론의 씨앗이라고 할 수 있는 내용이 담겨 있었다. 이런 아이디어는 추상대수학이라는 새로운 수학 분야의 기초를 이루게 된다. 수학자 헤르만 바일은 이 편지에 대해 이렇게 평했다. “아이디어의 새로움과 심오함만 놓고 보자면 이 편지는 인류 역사상 쓰인 글 중에 가장 중요한 글이라고 할 수 있다.”

다음 날 갈루아는 결투에 임했고 심한 상처를 입고 사망했다. 정치 혁명을 위해 큰 힘을 쏟았던 갈루아였지만, 그는 수학 분야에서 진정한 혁명을 불러온 인물이었다.

## 6.2 단항과 반군

때때로 군보다 제약조건이 느슨한 대수구조가 필요할 수 있다. (어디에 써먹는지는 잠시 후에 알아보자.) 예를 들어 역연산을 제외한 군의 다른 성질을 그대로 가지고 있는 뭔가가 필요할 수 있는데 이를 단항(monoid)이라고 부른다. 조금 더 엄밀하게는 다음과 같이 정의할 수 있다.

**정의 6.4** 다음과 같은 연산과 상수가 정의되어 있고,

연산: $x \circ y$
상수: $e$ (항등원)

다음 공리가 성립하는 집합을 단항이라고 부른다.

$$x \circ (y \circ z) = (x \circ y) \circ z \qquad \text{결합성}$$
$$x \circ e = e \circ x = x \qquad \text{동치}$$

정의를 보면 알겠지만, 역연산과 상쇄 공리가 빠져있는 점을 제외하면 군의 정의와 똑같다. 군의 경우와 마찬가지로 특정 연산을 지정하여 덧셈 단항(연산이 덧셈인 경우), 곱셈 단항(연산이 곱셈인 경우) 같은 식으로 단항의 유형을 정할 수도 있다.

단항의 예로 다음과 같은 것을 들 수 있다.

- 유한한 문자열의 단항 (자유 단항): 원소는 문자열, 연산은 문자열 결합 연산, 항등원은 빈 문자열인 단항
- 정수의 곱셈 단항: 원소는 정수, 연산은 곱셈, 항등원은 1인 단항

항등원까지 빼 버린 것도 있는데 이를 반군(semigroup)이라고 부른다.

**정의 6.5** 다음과 같은 연산이 정의되어 있고,

$$\text{연산:} \quad x \circ y$$

다음 공리가 성립하는 집합을 반군(semigroup)이라고 부른다.

$$x \circ (y \circ z) = (x \circ y) \circ z \qquad \text{결합성}$$

이번에는 앞에 있는 정의에서 항등원이 있어야 한다는 조건과 동치 공리가 성립해야 한다는 조건을 제외했다. 반군의 경우에도 군 및 단항과 마찬가지로 덧셈 연산과 곱셈 연산을 이용하는 반군을 각각 덧셈 반군, 곱셈 반군으로 정의할 수 있다.

반군의 예로 다음과 같은 것을 들 수 있다.

- 양의 정수의 덧셈 반군: 원소는 양의 정수, 연산은 덧셈인 반군
- 짝수 정수의 곱셈 반군: 원소는 짝수 정수, 연산은 곱셈인 반군

앞에서 얘기한 것처럼 반군, 단항, 군에서 연산을 여러 번 반복하는 것도 곱셈을 여러 번 반복하는 것과 마찬가지로 표기하곤 한다. 예를 들면 다음 같은 식이다.

$$x \circ x \circ x = xxx = x^3$$

조금 더 엄밀하게 반군의 거듭제곱은 다음과 같은 식으로 정의한다.

$$x^n = \begin{cases} x & n = 1\text{인 경우} \\ xx^{n-1} & \text{나머지 경우} \end{cases} \tag{6.1}$$

**연습문제 6.2** 반군의 거듭제곱을 $n = 0$인 경우에 대해 정의할 수 없는 이유를 설명하라.

식 6.1을 보면 반군 연산은 거듭제곱의 왼쪽에 곱하는 형태로 정의되어 있다(즉 $x^{n-1}x$가 아니라 $xx^{n-1}$이다). 만약 반대쪽으로 전개하면 어떻게 될까? 그것도 가능하다. 증명해 보자.

**보조정리 6.1** $n \geq 2$에 대해 $xx^{n-1} = x^{n-1}x$이다.

**| 증명** 수학적 귀납법*으로 증명해 보자.

$n = 2$인 경우:

$$xx^1 = xx = x^1x$$

이므로 당연히 성립한다.

귀납 가설로 $n = k - 1$인 경우에 성립한다고 가정해 보자. 그러면 다음과 같은 식이 성립한다.

$$xx^{(k-1)-1} = xx^{k-2} = x^{k-2}x = x^{(k-1)-1}x$$

이제 $n = k$인 경우의 결과를 유도해 보자.

$$\begin{aligned} xx^{k-1} &= x(xx^{k-2}) && \text{거듭제곱의 정의} \\ &= x(x^{k-2}x) && \text{귀납 가설} \\ &= (xx^{k-2})x && \text{반군 연산의 결합법칙} \\ &= (x^{k-1})x && \text{거듭제곱의 정의} \end{aligned}$$

|

반군에서는 결합법칙은 성립하지만, 교환법칙이 성립한다는 보장은 없다. 그러나 주어진 반군 원소의 거듭제곱에 대해서는 교환법칙이 성립하는데 위 결과를 일반화시켜서 증명할 수 있다. 이 결과는 반군에서 가장 중요한 정리 가운데 하나라고 할 수 있겠다.

**정리 6.1 (거듭제곱의 교환법칙):** $x^n x^m = x^m x^n = x^{n+m}$

**| 증명** $m$에 대해 수학적 귀납법으로 증명하면 된다.

$m = 1$인 경우:

---

* 수학적 귀납법에 대해서는 부록 B.2 참조

$$x^n x = xx^n \quad \text{보조정리 6.1}$$
$$= x^{n+1} \quad \text{거듭제곱의 정의}$$

귀납법 적용: $m = k$인 경우에 참이라고 가정하고 $m = k + 1$일 때도 식이 성립함을 보이면 된다.

$$x^n x^{k+1} = x^n(xx^k) \quad \text{거듭제곱의 정의}$$
$$= (x^n x)x^k \quad \text{반군 연산의 결합법칙}$$
$$= x^{n+1}x^k \quad \text{보조정리 6.1 및 거듭제곱의 정의}$$
$$= x^{n+1+k} \quad \text{귀납 가설}$$
$$= x^{n+k+1} \quad \text{정수 덧셈의 교환법칙}$$

이와 같이 $x^n x^m = x^{n+m}$임을 증명하였다. 따라서 $x^m x^n = x^{m+n}$도 성립한다. 정수의 덧셈에 대해서 교환법칙이 성립하므로 $x^{n+m} = x^{m+n}$이고 그 결과로 $x^n x^m = x^m x^n$도 성립한다.

반군은 널리 쓰이는 것 중에서는 가장 약한 대수구조이다. 여기에서 더 뺄 수 있는 건 결합법칙 공리 정도밖에 없다. 실제로 결합법칙 공리까지 빼 버린 마그마(magma)라는 대수구조가 있는데 그다지 써먹을 데가 없다. 공리가 없다 보니 증명할 만한 정리도 없다.

## 6.3 군에 관한 정리 몇 가지



이제 눈을 다시 군으로 돌려 군의 성질을 몇 가지 살펴보도록 하자.

중요한 특징으로 모든 군은 변환군(transformation group)이라는 점을 들 수 있다. 즉, $G$라는 군이 있을 때 $G$에 속하는 모든 원소 $a$에 대해 $G$에서 $G$로 가는 변환이 정의된다.

$$x \to ax$$

예를 들어 정수의 덧셈군의 경우 $a$를 5로 잡는다고 할 때 "+5" 연산이 되어 $x$라는 원소의 집합을 $x + 5$라는 원소의 집합으로 변환하게 된다. 다음 식이 성립하기 때문에 이런 변환은 일대일 변환이다.

$$a^{-1}(ax) \to x$$

방금 든 예의 경우에는 +5 연산의 역연산인 −5를 적용하면 변환을 되돌릴 수 있다.

**정리 6.2** 군 변환은 일대일 대응이다.*

위 정리는 $G$라는 어떤 군의 원소로 이루어진 임의의 유한집합 $S$와 $G$의 한 원소 $a$가 있을 때 $aS$를 원소로 하는 집합의 원소 개수가 $S$의 원소 개수와 같다는 것과 똑같은 의미를 가진다.

**| 증명** $S = \{s_1, \cdots, s_n\}$이면 $aS = \{as_1, \cdots, as_n\}$이다. 집합 $aS$의 원소 개수가 집합 $S$의 원소 개수보다 많을 수 없다는 것은 분명한데 더 적을 수 있을지는 따져볼 필요가 있다. (만약 $S$의 서로 다른 두 원소가 $aS$의 같은 원소에 대응되면 이럴 수 있다.) $aS$에 있는 두 원소가 같은 값을 가진다고 가정해 보자. $(as_i = as_j)$ 그러면 다음과 같은 식이 성립한다.

$$\begin{aligned} a^{-1}(as_i) &= a^{-1}(as_j) & \\ (a^{-1}a)s_i &= (a^{-1}a)s_j & \text{결합법칙} \\ es_i &= es_j & \text{상쇄} \\ s_i &= s_j & \text{항등원} \end{aligned}$$

따라서 두 변환 결과가 $as_k$로 같다면 그 변환에 입력된 값 $s_k$도 같아야 한다. 바꿔 말하자면, 혹은 위 명제의 대우명제에 따르면, 두 입력이 서로 다르다면 그

* 두 집합 사이의 일대일 대응은 일대일 사상이자 동시에 전사 사상인 사상을 뜻한다.

변환 결과도 같을 수 없다. $n$ 개의 서로 다른 인자에서 시작했으므로 변환 결과도 $n$ 개의 서로 다른 값이어야만 한다. 즉, 집합 $aS$의 원소 개수는 집합 $S$의 원소 개수와 똑같다. ∎

군에서 파생된 결과를 몇 가지 더 알아보자.

**정리 6.3** 모든 원소에 대해 유일한 역원이 존재한다.

$$ab = e \implies b = a^{-1}$$

**| 증명** $ab = e$라고 가정하자. 이 양변의 왼쪽에 $a^{-1}$을 곱하면 다음과 같은 식으로 쓸 수 있다.

$$\begin{aligned} ab &= e \\ a^{-1}(ab) &= a^{-1}e \\ (a^{-1}a)b &= a^{-1} \\ eb &= a^{-1} \\ b &= a^{-1} \end{aligned}$$

∎

**정리 6.4** 곱의 역수는 역수를 역순으로 곱한 것과 같다.

$$(ab)^{-1} = b^{-1}a^{-1}$$

**| 증명** 한 식을 다른 식의 역수와 곱했을 때 항등원이 나오면 그 둘은 같다. $(ab)^{-1}$의 역수, 즉 $(ab)$를 $b^{-1}a^{-1}$에 곱하면 다음과 같이 된다.

$$\begin{aligned} (ab)(b^{-1}a^{-1}) &= a(bb^{-1})a^{-1} \\ &= aa^{-1} \\ &= e \end{aligned}$$

∎

**정리 6.5** 역수의 거듭제곱은 거듭제곱의 역수와 같다.

$$(x^{-1})^n = (x^n)^{-1}$$

**| 증명** (수학적 귀납법) $n = 1$인 경우

$$(x^{-1})^1 = x^{-1} = (x^1)^{-1}$$

$n = k - 1$일 때 성립한다고 가정하면 $(x^{-1})^{k-1} = (x^{k-1})^{-1}$인데 $n = k$인 경우에도 성립하는지 확인해 보자.

$(x^{-1})^k = (x^k)^{-1}$임을 증명하면 되는데 $x^k$의 역수가 $(x^{-1})^k$임을 보이면 되는 일이다. 만약 이게 참이라면 이 둘을 곱했을 때 항등원이 나와야 한다. 거듭제곱의 정의와 거듭제곱의 교환법칙 정리에 따라 $x^k$은 $x^{k-1}x$라고 쓸 수 있고 $(x^{-1})^k$은 $x^{-1}\ (x^{-1})^{k-1}$으로 쓸 수 있다. 항을 다시 묶고 조금 전에 $n = k - 1$인 경우에 참이라고 가정한 부분을 활용하면 다음과 같이 식을 정리할 수 있다.

$$\begin{aligned}
x^k(x^{-1})^k &= (xx^{k-1})(x^{-1}(x^{-1})^{k-1}) \\
&= (x^{k-1}x)(x^{-1}(x^{-1})^{k-1}) \\
&= x^{k-1}(xx^{-1})(x^{-1})^{k-1} \\
&= x^{k-1}(x^{-1})^{k-1} \\
&= x^{k-1}(x^{k-1})^{-1} \\
&= e
\end{aligned}$$

따라서 $(x^n)^{-1} = (x^{-1})^n$이다. |

**연습문제 6.3 (매우 쉬움)** 어떤 군에든 최소 한 개의 원소는 있음을 증명하라.

**정의 6.6** 어떤 군에 $n$개의 원소가 있다면($n > 0$) $n$을 그 군의 **차수**(order)라고 부른다. 군의 원소가 무한히 많으면 그 군의 차수는 무한대이다.

군에 있는 원소에 대해서도 차수를 정의할 수 있다.

**정의 6.7** $a^n = e$이고 $0 < k < n$인 모든 $k$에 대해 $a^k \neq e$이면 그 원소 $a$의 차수는 $n$이다($n > 0$). 이 조건을 만족하는 $n$이 없는 원소의 차수는 무한대이다.

**연습문제 6.4 (매우 쉬움)** 항등원 $e$의 차수는? $e$를 제외하면 그런 차수를 가지는

원소는 존재하지 않음을 증명하시오.

• • •

이제 군에 관한 중요한 정리를 알아보자.

**정리 6.6** 유한군의 모든 원소의 차수는 유한하다.

**| 증명** 군의 차수가 $n$이라면 임의의 원소 $a$에 대해 $\{a, a^2, a^3, \cdots, a^{n+1}\}$ 안에는 반드시 똑같은 값이 둘 이상 있어야 하는데 이를 $a^i, a^j$라 하자. $1 \leq i \leq j \leq n+1$이라고 하고 $a^i$는 같은 값이 처음으로 등장한 수이며 $a^j$는 그 값이 두 번째로 등장한 수라고 하자. 그러면 다음과 같이 된다.

$$
\begin{aligned}
a^j &= a^i \\
a^j a^{-i} &= a^i a^{-i} = e \\
a^{j-i} &= e
\end{aligned}
$$

그러면 이 $j - i$가 $a$의 차수가 된다(이때 $j - i > 0$이다). |

위 증명에서는 비둘기집 원리를 사용한다(비둘기집 원리 및 그 활용법에 대해서는 부록 B.3 참조). 위 증명에 제시된 원소의 차수를 구하는 알고리즘은 반드시 완료될 수밖에 없다. 항등원 $e$가 나올 때까지 스스로를 계속 곱해주면 되기 때문이다.

**연습문제 6.5** $a$가 $n$ 차인 원소라면 $a^{-1} = a^{n-1}$임을 증명하라.

FROM MATHEMATICS TO GENERIC PROGRAMMING

## 6.4 부분군과 순환군

**정의 6.8** 어떤 군 $G$의 부분집합 $H$가 있을 때, 다음과 같은 조건이 만족되면 $H$는 $G$의 부분군(subgroup)이다.

$$e \in H$$
$$a \in H \implies a^{-1} \in H$$
$$a, b \in H \implies a \circ b \in H$$

즉, 부분집합이면서 군이면 부분군이다. $G$에서 결합법칙이 성립해야 하기 때문에 정의에 따로 결합법칙이 성립해야 한다는 조건을 집어넣진 않았다. 마찬가지로 항등원이나 상쇄 공리도 따로 명기하지 않는다.

예를 들어 짝수의 덧셈군은 정수의 덧셈군의 부분군이고 5로 나누어떨어지는 수의 덧셈군도 정수의 덧셈군이다.

부분군이 아주 많은 군도 있는데 거의 모든 군에는 적어도 두 개의 부분군(하나는 자기 자신, 다른 하나는 항등원만으로 이루어진 군)이 있다. 이 두 부분군을 자명한 부분군(trivial subgroup)이라고 부른다. (부분군이 두 개가 안 되는 군은 항등원만 있는 군 하나뿐이다.)

0이 아닌 모듈로 7의 곱셈군 {1,2,3,4,5,6}과 곱셈 표로 돌아가 보자.

| × | 1 | 2 | 3 | 4 | 5 | 6 |
|---|---|---|---|---|---|---|
| 1 | 1 | 2 | 3 | 4 | 5 | 6 |
| 2 | 2 | 4 | 6 | 1 | 3 | 5 |
| 3 | 3 | 6 | 2 | 5 | 1 | 4 |
| 4 | 4 | 1 | 5 | 2 | 6 | 3 |
| 5 | 5 | 3 | 1 | 6 | 4 | 2 |
| 6 | 6 | 5 | 4 | 3 | 2 | 1 |

이 군에는 곱셈 부분군이 네 개 있다.

$$\{1\}, \{1, 6\}, \{1, 2, 4\}, \{1, 2, 3, 4, 5, 6\}$$

이건 어떻게 알 수 있을까? 부분군이 되려면 우선 원래 군의 부분집합이어야만 한다. 이 네 집합은 모든 원소가 원래 군을 이루는 집합에 들어있기 때문에 당연히 {1,2,3,4,5,6}의 부분집합이다. 그리고 모든 부분집합에는 1(항등원)이 들어있어야 하고 연산(곱셈 모듈로 7)과 역연산에 대해 닫혀 있어야 한다.

예를 들어 {1,2,4}를 보면 그 원소들을 어떤 조합으로 몇 번을 곱하든 모듈로가 집합 {1,2,4}의 원소 가운데 하나가 된다.

**연습문제 6.6** 다음 군의 모든 원소의 차수를 구하라.

- mod 7 나머지의 곱셈군
- mod 11 나머지의 곱셈군

• • •

군 중에서 가장 단순한 군은 순환군(cyclic group)이다.

**정의 6.9** 어떤 유한군에 어떤 원소 $a$가 있고 그 군에 있는 임의의 원소 $b$에 대해 다음 식을 만족하는 $n$이 존재한다면 그 군을 순환군이라고 부른다.

$$b = a^n$$

즉, 어떤 원소의 거듭제곱으로 군에 속하는 모든 원소를 만들어낼 수 있다면 그 군은 순환군이다. 이러한 원소를 그 군의 생성원(generator)이라고 부르는데 한 군에 생성원이 여러 개 있을 수도 있다. 순환군의 한 예로 모듈로 $n$의 나머지에 대한 덧셈군을 들 수 있다.

앞에서 살펴본 모듈로 7의 예를 보면 원래 군의 자명하지 않은 부분군에 3과 5는 들어가지 않기 때문에 이 둘이 생성원이라는 것을 알 수 있다.

**연습문제 6.7** 순환군의 부분군도 모두 순환군임을 증명하라.

**연습문제 6.8** 순환군은 아벨군임을 증명하라.

**보조정리 6.2** 어떤 유한군에 있는 한 원소의 거듭제곱은 부분군을 형성한다.

즉, 어떤 유한군의 모든 원소는 이 원소에 의해 생성되는 순환 부분군에 포함되어 있다.

**| 증명** 어떤 집합이 부분군이 되려면 공집합이 아닌 부분집합이어야 하며 군이

어야만 한다. 부분집합이 군이 되려면 군 연산에 대해 닫혀 있어야 한다. 두 거듭제곱을 곱한 결과도 거듭제곱 형태가 되므로 연산에 대해 닫혀있다는 점은 분명하다. 군이 되려면 연산의 결합법칙이 성립해야 하며 항등원이 있어야 하고 역연산이 존재해야만 한다. 원래의 군과 연산은 같기 때문에 결합법칙은 당연히 성립한다. 앞에서(정리 6.6) 유한군의 모든 원소는 차수가 유한하다는 점을 증명했는데 이로부터 어떤 원소의 거듭제곱의 집합에는 항등원이 반드시 존재한다는 것을 알 수 있다.* 그리고 $a$의 차수가 $n$이라고 하면 모든 거듭제곱 $a^k$에 대해 $a^{n-k}$이 역원으로 존재하기 때문에 역연산도 반드시 존재한다. ∎

## 6.5 라그랑주 정리

FROM MATHEMATICS TO GENERIC PROGRAMMING

추상대수학에서 가장 주목할 만한 것 중 하나가 특정 원소나 연산에 대한 구체적인 내용을 전혀 모르는 상황에서도 군 같은 대수구조의 성질을 증명할 수 있다는 점이다. 예제 삼아 잉여류(coset)에 관한 몇 가지 성질을 살펴보자.

**정의 6.10** $G$라는 군이 있고 $G$의 부분집합 $H$가 $G$의 부분군이라면 임의의 $a$에 대해 $H$에 의한 $a$의 (좌)잉여류는 다음과 같은 집합으로 정의된다.

$$aH = \{g \in G \mid \exists h \in H : g = ah\}$$

즉, 잉여류 $aH$는 $H$의 원소에 $a$를 곱해서 얻을 수 있는 $G$의 모든 원소로 이루어진 집합이다.

한 예로 정수 $\mathbb{Z}$의 덧셈군**과 4로 나누어떨어지는 정수로 이루어진 부분군, $4\mathbb{Z}$를 생각해 보자(정수를 $\mathbb{Z}$로 표기하는 관행은 "정수"를 뜻하는 독일어 Zahlen에

* 어떤 원소 a의 차수가 유한하다는 것은 $a^n = e$를 만족하는 $n$이 존재한다는 것으로 정의되기 때문이다.

** 앞에서도 얘기했듯이 덧셈군에서는 "곱한다"는 것을 덧셈으로 이해해야 한다. 따라서 잉여류 $aH$는 $H$의 원소에 $a$를 더하여 얻을 수 있는 $G$의 원소로 구성된다.

서 기인한다). 여기에는 $4n$, $4n + 1$, $4n + 2$, $4n + 3$ 이렇게 네 개의 서로 다른 잉여류가 있다. 다른 정수는 더해봤자 이 네 가지 중 하나랑 똑같기 때문에 무의미하다. 예를 들어 $4n + 5$는 $4n + 1$하고 똑같은 원소로 구성되는 식이다(정수 덧셈에서는 교환법칙이 성립하기 때문에 좌잉여류와 우잉여류가 똑같다).

**보조정리 6.3 (잉여류의 크기):** $G$라는 유한군이 있을 때 $G$의 어떤 부분군 $H$에 대해서든 잉여류 $aH$의 원소 개수는 부분군 $H$의 원소 개수와 똑같다.

**| 증명** $S$가 $G$의 부분집합일 때 $aS$ 변환이 일대일 대응이라는 점은 앞에서 증명했다. 부분군은 정의상 부분집합이기 때문에 $H$에서 $aH$로의 대응도 일대일 대응이다. 두 유한군 사이에 일대일 대응 관계가 있다면 두 유한군은 크기가 같다. |

**보조정리 6.4 (잉여류에 의한 완비 포함 범위):** 어떤 군 $G$의 모든 원소는 $G$의 부분군 $H$의 어떤 잉여류에 포함된다.

**| 증명** $a \in aH$이다. 즉, 모든 원소 $a$는 $a$ 자체에 의해 생성되는 잉여류 $aH$에 포함된다. $H$는 부분군이므로 항등원을 포함하고 있기 때문이다. |

**보조정리 6.5 (잉여류는 서로 소이거나 동일함):** 어떤 군 $G$의 두 잉여류 $aH$와 $bH$에 공통원소 $c$가 있다면 $aH = bH$이다.

**| 증명** 공통 원소 $c$가 한 잉여류에서는 $ah_a$이고 다른 잉여류에서는 $bh_b$라고 하자.

$$ah_a = bh_b$$

양변에 $h_a^{-1}$을 곱하면 다음과 같이 쓸 수 있다.

$$\begin{aligned} ah_ah_a^{-1} &= bh_bh_a^{-1} \\ a &= bh_bh_a^{-1} \\ a &= b(h_bh_a^{-1}) \end{aligned}$$

오른쪽에 있는 항은 $b$에 $H$에 들어있는 어떤 원소를 곱한 값이다. ($h_b$도 $H$에 들어있고 $H$가 부분군이고 곱셈에 대해 닫혀 있다는 점을 생각하면 $h_a^{-1}$도 $H$에 들어있기 때문이다.) 이제 양변의 오른쪽에 $H$에 있는 임의의 원소 $x$를 곱해보자.

$$ax = b(h_b h_a^{-1})x$$

정의에 의해 $ax$는 잉여류 $aH$에 포함된다. 또한 우변은 $b$에다가 $H$의 어떤 원소를 곱한 값이기 때문에 잉여류 $bH$에 포함됨을 알 수 있다. $H$에 있는 임의의 $x$에 대해 이와 같은 결론을 내릴 수 있으므로 $aH \subseteq bH$이다. 이 전체 과정을 처음부터 $h_a^{-1}$ 대신 $h_b^{-1}$을 써서 반복하면 $bH \subseteq aH$임을 보일 수 있다. 따라서 $bH = aH$이다. ∎

이 결과들을 바탕으로 군론에서 매우 중요한 정리 가운데 하나를 도출해 보자. 여기에서 추상적인 추론의 위력을 실감할 수 있다. 이 정리는 군론에서 제일 중요한 정리로 꼽을 만할 정도로 중요하다. 아주 단순하지만 유한군 이론의 초석이 되는 정리다.

**정리 6.7 (라그랑주 정리):** 어떤 유한군 $G$의 차수는 $G$의 부분군 $H$의 차수로 나누어떨어진다.

**| 증명**

- 군 $G$는 $H$의 잉여류에 의해 포함된다(보조정리 6.4).
- 서로 다른 잉여류는 서로 소이다(보조정리 6.5).
- $H$의 차수가 $n$이라고 할 때, 여러 잉여류의 크기는 모두 $n$으로 동일하다(보조정리 6.3 임의의 $a$에 대해 $|aH| = |H|$이므로 모든 잉여류의 크기는 |H|로 똑같다).

따라서 서로 다른 잉여류의 개수가 $m$이라고 할 때 $G$의 차수는 $nm$이고 이는 $G$의 차수가 $H$의 차수의 배수임을 뜻한다. 즉, $G$의 차수는 $H$의 차수로 나누어떨어진다. ∎

예를 들어 어떤 군 $G$가 있고 그 부분군 $H$의 서로 다른 잉여류가 두 개 있다고 해 보자. 그러면 $G$의 모든 원소는 그 두 잉여류에 포함되어 있어야 하므로 $H$의 차수는 $|G|/2$여야만 한다.

흥미롭게도 라그랑주 정리의 역은 참이 아니다. 차수가 $n$인 군에서 $n$의 모든 약수에 대해 그 수를 차수로 가지는 부분군이 존재하는 것은 아니다.

### 조제프-루이 라그랑주(1736-1813)

18세기 말에 유럽을 선도한 수학자는 조제프-루이 라그랑주였다. 그는 지적인 리더십 면에서나 베를린에 있는 프로이센 과학원의 수학 학과장 자리를 맡고 있었다는 점에서 레온하르트 오일러의 후계자라고 할 수 있다.

라그랑주는 이탈리아 북부의 피드몬트에 있는 투린에서 주제페 루이지 라그란치아라는 이름으로 태어났다. 그의 가족이 항상 프랑스 혈통임을 강조하긴 했지만, 원래 이름에서 알 수 있듯이 어렸을 때는 이탈리아어를 주로 사용했다. 수학은 대부분 투린에 있던 학생 시절에 혼자서 공부했으며 몇 년 후에는 강사 자리를 잡으면서 자기 논문을 출판하기 시작했다.

스무 살 무렵부터는 당시 베를린에 있던 오일러와 연락을 주고받기 시작했다. 라그랑주의 업적을 눈여겨본 오일러는 젊은 라그랑주의 스승 역할을 맡아서 그에게 힘을 불어넣고 그가 발견한 내용을 널리 알리는 데 힘썼다. 오일러는 라그랑주를 베를린에 데려오기 위해 다방면으로 노력했지만, 막상 그 노력이 열매를 맺은 1766년에는 이미 러시아로 돌아가 있었다. 오일러가 이미 떠난 곳에서 라그랑주는 그의 스승이 맡았던 자리를 물려받았으며 오래 지나지 않아 유럽에서 두 번째로 뛰어난 수학자로 자리 잡을 수 있었다.

라그랑주는 그 후로 20년간 베를린에서 살았으며 그 시기가 수학 및 물리학의 여러 분야에 큰 업적을 남긴 가장 중요한 일을 해낸 시기였다. 수학 역사상 가장 중요한 10대 서적 가운데 하나로 꼽힐 만한 라그랑주의 저서 〈해석역학〉은 뉴턴 역학을 사용하는 것보다 더 일반화된 역학 문제 풀이 방법에 대한 하향식 접근법을 기술한 책이다. 근대 물리학은 라그랑주의 연구 결과에 큰 영향을 받았다. 그는 다항 방정식 분야에도 큰 업적을 남겼는데 계수를 어떤 다항식의 근의 함수로 표현할 수 있다는 것을 밝혔으며 이는 나중에 갈루아가 완성한 연구 결과의 밑바탕을 이루게 된다. 정수론에서는 오일러의 연구 내용을 보완하여 연분수가 주기적이 되는 조건을 발견하기도 했다.

그의 후원자이자 친구였던 프로이센의 프리드리히 2세가 세상을 떠나자 (루이 16세의 명을 받은) 프랑스 대사가 위대한 수학자라면 프랑스로 돌아와야 한다며 라그랑주에게 접근한다. 라그랑주는 그 의견을 받아들여 1786년부터 세상을 떠날 때까지 파리에서 살았다.

라그랑주는 매우 유명한 수학자였음에도 불구하고 성격이 내성적이고 소박했으며 친구도 거의 없고 사회 활동도 활발하지 않았다. 종종 우울증에 시달려서 몇 년 동안 연구 결과를 전혀 못 내기도 했는데 프랑스로 옮긴 초기에도 그런 시기가 있었다. 하지만 프랑스 대혁명 이후로 일에 대한 흥미가 급증했다고 한다(프랑스 대혁명 이후 외국인들을 축출하는 움직임이 있자 프랑스를 떠나야 할지도 모른다는 생각에 불안해했다고 한다). 그는 새로운 도량형 체계를 만드는 일에도 참여했는데 지금 널리 쓰이고 있는 미터법을 승인하기 위해 모인 다섯 명의 저명한 과학자 가운데 한 명이었다. 강의도 다시 시작했는데 설명을 어렵게 하는 데다가 이탈리아 억양이 강해서 수업을 알아듣기가 힘들었고 학생들에게는 별로 인기가 없었다고 한다.

말년에는 새로 황제로 등극한 나폴레옹 보나파르트의 총애를 받았다(나폴레옹은 본인의 수학 실력도 상당한 수준이었다). 나폴레옹은 라그랑주의 천재성을 높이 사 제국 백작 작위도 수여했다.

• • •

이제 라그랑주 정리에서 바로 유도되는 따름정리를 몇 개 증명해 보자.

**따름정리 6.7.1** 유한군의 차수는 그 군의 임의의 원소의 차수로 나누어떨어진다.

**| 증명** 군 $G$의 원소의 거듭제곱으로 $G$의 부분군을 만들 수 있다. 원소의 차수가 그 부분군의 차수이고 군의 차수는 부분군의 차수로 나누어떨어지므로 군의 차수는 그 원소의 차수로 나누어떨어진다. |

(앞에서 배웠듯이 어떤 원소의 차수와 그 거듭제곱으로 만들어지는 순환군의 차수는 같다.)

**따름정리 6.7.2** 차수가 $n$인 $G$라는 군이 있을 때 $a$가 $G$의 원소이면 $a^n = e$이다.

**| 증명** $a$의 차수가 $m$이라고 하면 $n$은 $m$으로 나누어떨어진다. (따름정리 6.7.1) 따라서 $n = qm$으로 쓸 수 있다. 차수의 정의에 의해 $a^m = e$이다. 따라서 $(a^m)^q = e$이고 $a^n = e$이다. |

물론 $a^n = e$라고 해서 $a$의 차수가 $n$인 것은 아니다. 더 작을 수 있다.

라그랑주 정리를 이용하면 5장에서 배운 내용을 훨씬 더 쉽게 증명할 수 있다.

**페르마의 작은 정리:** $p$가 소수이면 임의의 $a$ $(0 < a < p)$에 대해 $a^{p-1} - 1$은 $p$로 나누어떨어진다.

**| 증명** 모듈로 $p$의 나머지에 대한 곱셈군을 생각해 보자. 여기에는 0이 아닌 나머지가 $p - 1$개 있다. 이 군의 차수는 $p - 1$이므로 따름정리 6.7.2로부터

$$a^{p-1} = e$$

임을 알 수 있다. 곱셈군의 항등원은 1(더 정확하게 말하자면 이 나머지의 군의 경우 1 mod $p$)이므로 다음과 같이 쓸 수 있다.

$$a^{p-1} = 1 \bmod p$$

$$a^{p-1} - 1 = 0 \bmod p$$

따라서 $a^{p-1} - 1$은 $p$로 나누어떨어진다. ∎

**오일러의 정리:** $0 < a < n$을 만족하는 $a$에 대해 $a$와 $n$이 서로 소이면 $a^{\phi(n)} - 1$은 $n$으로 나누어떨어진다.

**| 증명** 모듈로 $n$에 대한 역연산이 가능한 나머지의 곱셈군을 생각해 보자. $\phi(n)$은 서로 소인 수의 개수로 정의되며 서로 소인 수는 모두 역연산이 가능하므로 $\phi(n)$은 이 군의 차수가 된다. 따름정리 6.7.2에 의하면

$$a^{\phi(n)} = e$$

$$a^{\phi(n)} = 1 \bmod n$$

이므로

$$a^{\phi(n)} - 1 = 0 \bmod n$$

이 성립한다. ∎

증명하는 방법 자체는 바로 앞에 나온 증명과 똑같다.

**연습문제 6.9 (매우 쉬움)** 차수가 101인 군의 부분군은?

**연습문제 6.10** 차수가 소수인 군은 모두 순환군임을 증명하라.

FROM MATHEMATICS TO GENERIC PROGRAMMING

## 6.6 이론과 모형

군, 단항, 반군은 수학자들이 이론(theory)이라고 부르는 것에 속한다. “이론”이

라는 단어는 여러 의미로 쓰이며 종종 증명되지 않은 "추측"을 이론이라고 부를 때도 있긴 하다. 하지만 수학에서는 "이론"이라는 용어에 매우 정확한 의미가 부여되어 있고 증명되지 않은 추측 같은 것은 이론이라고 부르지 않는다.

**정의 6.11** 참인 명제의 집합을 이론이라고 부른다.

지금부터는 "이론"이라고 하면 이와 같이 수학적으로 정해진 뜻을 가지는 용어로 간주하자. 이론에 대한 몇 가지 중요한 사실을 정리해 보면 다음과 같다.

- 이론은 일련의 공리에 추론 법칙을 더해 만들 수 있다.
- 유한한 수의 공리의 집합으로부터 생성될 수 있는 이론을 유한 공리화가 가능한(finitely axiomatizable) 이론이라고 부른다.
- 공리의 집합에서 공리를 하나 제거했을 때 참인 명제의 집합이 작아지면 그 공리 집합은 독립적(independent)이라고 부른다.
- 어떤 명제에 대해서든 그 명제 또는 부정 명제가 이론에 포함되어 있으면 그 이론은 완전(complete)한 이론이라고 부른다.
- 어떤 명제에 대해서도 그 명제와 부정 명제가 동시에 들어가 있지 않으면 그 이론은 일관성 있는(consistent) 이론이라고 부른다.

이번 장에서 계속 다룬 군을 예로 들어 한 번 살펴보자. 방금 정의한 바에 따르면 군도 이론인데 $x \circ y$와 $x^{-1}$이라는 연산, 항등원 $e$ 그리고 다음과 같은 공리를 가지고 있다.

$$x \circ (y \circ z) = (x \circ y) \circ z$$
$$x \circ e = e \circ x = x$$
$$x \circ x^{-1} = x^{-1} \circ x = e$$

이러한 공리로부터 시작하여 참인 명제(정리)를 마음대로 만들어낼 수 있다. 몇 가지 예를 들면 다음과 같다.

$$x \circ y = x \implies y = e$$
$$(x \circ y)^{-1} = y^{-1} \circ x^{-1}$$

군 이론을 이루는 모든 참인 명제를 다 열거할 수는 없다. 하지만 공리와 기존에 증명된 명제로부터 새로운 명제를 유도할 수 있다. 예를 들어 위에 있는 첫 번째 정리는 방정식의 좌변과 우변에 모두 $x^{-1}$을 곱하면 증명할 수 있다. 선형대수학에서의 기저 벡터와 마찬가지로 공리는 이론의 기저를 이룬다. 또한, 같은 이론을 구축하는데 서로 다른 기저를 채택할 수 있는 것도 선형대수학의 경우와 비슷하다.

• • •

이론이라는 개념과 밀접하게 관련되어 있는 것으로 모형(model)이 있다. 모형이라는 용어도 수학 분야에서는 일상생활에서와는 사뭇 다른 의미로 쓰인다.

**정의 6.12** 이론에 있는 모든 연산이 정의되어 있고 이론의 모든 명제가 참인 원소들의 집합을 모형이라고 부른다.

어떤 면에서 보자면 모형은 어떤 이론의 특정한 구현이라고 할 수 있다. 이론과 달리 모형에서는 특정한 원소의 집합이 주어진다. 같은 알고리즘도 여러 방식으로 구현할 수 있는 것처럼, 한 이론에 대해서도 여러 모형이 있을 수 있다. 예를 들어 정수의 덧셈군이나 0을 제외한 모듈로 7의 나머지의 곱셈군은 둘 다 아벨군의 이론의 모형이다.

이론에 포함된 명제가 많을수록* 서로 다른 모형의 개수는 줄어든다. 공리 및 추론 규칙으로부터 명제를 만들어낸다면 공리가 적다는 것은 명제가 적다는 것을 뜻하고 결과적으로 모형은 많아진다. 직관적으로도 수긍할 만한 결론인데 공리와 명제는 이론에 대한 제약조건이므로 많아질수록 모두를 만족시키기가 어려워진다. 따라서 그런 조건을 만족시킬 수 있는 모형은 더 적을 수밖에 없다.

* 여기에서 "많다"는 단어는 "추가적인" 개념에서 많다는 뜻으로 사용했다. A라는 이론의 명제의 집합에 B라는 이론에 있는 모든 명제가 들어있고 그 외에 추가로 다른 명제가 더 들어있다면 A와 B의 명제의 수가 가산무한이라고 하더라도 A의 명제가 더 많다고 말할 수 있다.

역으로 어떤 이론에 대한 모형이 많을수록 명제는 더 적어진다. 뭔가를 할 수 있는 방법이 많으려면 그것을 하는 데 있어서 제약조건이 더 적어야 하기 때문이다.

**정의 6.13** 두 모형 사이에 연산이 그대로 보존되는 일대일 대응이 존재하면 그 두 모형은 서로 동형(isomorphic)이다. 이는 사상 또는 그 역을 연산 전에 하든 후에 하든 똑같은 결과가 나온다는 것을 뜻한다.

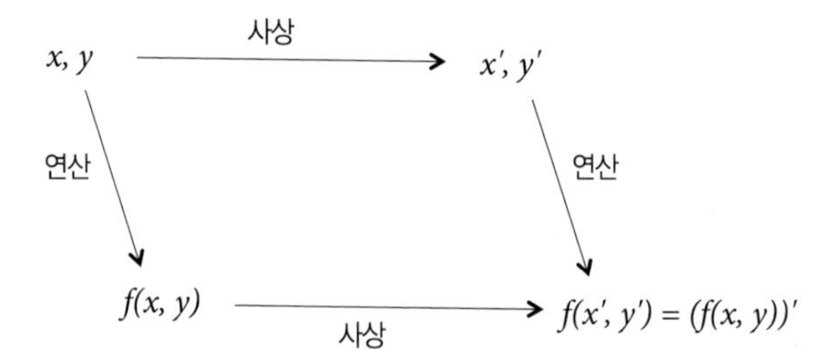


예를 들어 "2로 곱하는" 사상으로 자연수를 짝수인 자연수로 보내는 사상이 있고 덧셈 연산이 있다고 해 보자. 두 자연수를 더한 후에 사상을 적용하면(2를 곱하면) 먼저 2를 곱한 다음에 두 수를 더한 것과 똑같은 결과가 나온다.

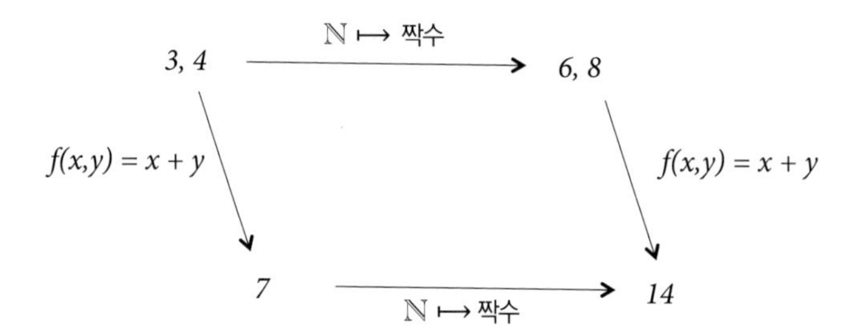


어떤 모형이 자기 자신에 대해서 동형성을 가지는 것을 자가동형성이라고 부른다.

**정의 6.14** 어떤 (일관성 있는) 이론의 모든 모형이 동형이면 그 이론은 범주 이론(categorical theory) 또는 단엽 이론(univalent theory)이라고 부른다.*

* 오즈월드 베블런(Oswald Veblen)이 처음에 이렇게 정의했다. 요즘 논리학자들은 κ–범주 이론이라는 것을 사용하는데 집합의 크기가 κ인 모든 모형은 동형이다. 근대의 모형 이론에 대한 자세한 내용은 이 책에서 다룰 만한 내용은 아니므로 넘어가기로 하자.

일관성이 없는 이론에는 모형이 없다. 모순 없이 모든 명제를 만족시킬 수가 없기 때문이다.

### 범주 이론과 STL

오랫동안 많은 사람이 프로그래밍용으로는 범주이론만 쓸 수 있다고 생각했다. C++ 표준 템플릿 라이브러리(Standard Template Library, STL)가 처음 제안됐을 때, 반복자를 비롯한 여러 근본 개념이 제대로 정해지지 않았다는 이유로 반대하는 전산학자들이 많았다. 하지만 STL의 일반성은 바로 이렇게 제대로 정해지지 않은 개념 덕분이다. 연결 리스트와 배열은 계산 면에서 동형이 아니지만 많은 STL 알고리즘이 입력 반복자에 의해 정의되며 두 자료구조를 잘 처리할 수 있다. 공리가 더 적으면 그만큼 더 다양한 방식으로 구현할 수 있다.



## 6.7 범주 이론과 비범주 이론의 예

동형 모형이 두 개 있고 차수가 4인 순환군의 예를 통해 범주 이론을 살펴보자. 첫 번째 모형은 모듈로 4의 나머지의 덧셈군({0,1,2,3}로 구성됨)인 $\mathbb{Z}_4$이고 두 번째 모형은 모듈로 5에 대한 0이 아닌 나머지의 곱셈군({1,2,3,4}로 구성됨)인 $(\mathbb{Z}'_5, \times)$이다. 이 두 군의 "곱셈" 표는 다음과 같다.

| | **0** | **1** | **2** | **3** |
|---|---|---|---|---|
| **0** | 0 | 1 | 2 | 3 |
| **1** | 1 | 2 | 3 | 0 |
| **2** | 2 | 3 | 0 | 1 |
| **3** | 3 | 0 | 1 | 2 |

$\mathbb{Z}_4$

| | **1** | **2** | **3** | **4** |
|---|---|---|---|---|
| **1** | 1 | 2 | 3 | 4 |
| **2** | 2 | 4 | 1 | 3 |
| **3** | 3 | 1 | 4 | 2 |
| **4** | 4 | 3 | 2 | 1 |

$(\mathbb{Z}_5', \times)$

숫자가 다르긴 하지만 이 두 모형은 동형이다. 한쪽의 원소를 다른 쪽에 사상시킬 수 있다. 이론적으로는 $4! = 24$가지 사상이 있을 수 있다(첫 번째 모형의 0은 두 번째 모형의 1, 2, 3, 또는 4에, 1은 나머지 셋 중 하나에,⋯ 이런 식으로 사상시키면 된다). 하지만 이 경우에는 실제 가능한 경우의 수가 훨씬 작다.

첫 번째 모형을 보면 1과 3이 그 군의 생성자임을 알 수 있다. 둘 중 하나에서 시작하여 군 연산을 계속해서 반복하면 (거듭제곱을 하면) 모든 원소가 나온다. 두 번째 모형에서는 2와 3이 생성자이다. 이렇게 하면 선택의 폭을 좁힐 수 있다. 한 군의 생성자를 다른 군의 생성자에 사상시키면 두 가지 서로 다른 사상을 생각할 수 있다. 예를 들어 "첫 번째 모형에서 1의 역할을 두 번째 모형의 2가 맡고 첫 번째 모형에서 3의 역할을 두 번째 모형에서 3이 맡도록 하자" 같은 식이다.

나머지 두 값은 어떨까? 곱셈 표를 보면 첫 번째 모형의 0은 항등원인데 두 번째 모형에서는 1이 그 역할을 한다. 마지막으로, 첫 번째 모형에서 2에 해당하는 역할을 두 번째 모형에서는 4가 맡고 있음을 알 수 있다. 항등원이 아닌데 제곱했을 때 (첫 번째 모형에서는 스스로 한 번 더했을 때) 항등원이 나오는 유일한 원소이기 때문이다.

따라서 다음과 같은 두 가지 사상이 가능하다.

| $\mathbb{Z}_4$의 값 | $(\mathbb{Z}_5', \times)$의 값 | $\mathbb{Z}_4$의 값 | $(\mathbb{Z}_5', \times)$의 값 |
|---|---|---|---|
| 0 | 1 | 0 | 1 |
| 1 | 2 | 1 | 3 |
| 2 | 4 | 2 | 4 |
| 3 | 3 | 3 | 2 |

이러한 사상을 통해 두 번째 모형이 만들어진다는 것을 어떻게 알 수 있을까? 한 가지 방법은 이런 사상을 통해 $\mathbb{Z}_4$ 곱셈 표를 $(\mathbb{Z}_5', \times)$ 곱셈 표로 변환할 수 있는지 확인해 보는 것이다. 두 번째 사상을 가지고 직접 해 보자.

우선 $\mathbb{Z}_4$ 표에 있는 값을 사상된 값으로 바꾸면 다음과 같이 된다.

|  | **1** | **3** | **4** | **2** |
|---|---|---|---|---|
| **1** | 1 | 3 | 4 | 2 |
| **3** | 3 | 4 | 2 | 1 |
| **4** | 4 | 2 | 1 | 3 |
| **2** | 2 | 1 | 3 | 4 |

그러고 나서 헤더의 순서에 맞게 행과 열을 바꾼다. 우선 마지막 두 열과 마지막 두 행을 맞바꿔보자(앞 표에서 회색으로 표시한 부분).

|  | **1** | **3** | **2** | **4** |
|---|---|---|---|---|
| **1** | 1 | 3 | 2 | 4 |
| **3** | 3 | 4 | 1 | 2 |
| **2** | 2 | 1 | 4 | 3 |
| **4** | 4 | 2 | 3 | 1 |

마지막으로 중간에 있는 두 열과 행을 맞바꾸자.

|  | **1** | **2** | **3** | **4** |
|---|---|---|---|---|
| **1** | 1 | 2 | 3 | 4 |
| **2** | 2 | 4 | 1 | 3 |
| **3** | 3 | 1 | 4 | 2 |
| **4** | 4 | 3 | 2 | 1 |

이는 아까 본 $(\mathbb{Z}'_5, \times)$의 곱셈 표와 똑같다. 따라서 이 사상을 통해 두 번째 모형을 만들 수 있다는 것을 확인할 수 있다.

• • •

이제 비범주 이론의 예로 차수가 4인 모든 군을 생각해 보자. 차수가 1, 2, 또는 3인 동형이 아닌 군은 하나뿐이지만 차수가 4인 군 중에는 동형이 아닌 군이 두 개 있다. 방금 살펴봤던 순환군인 $\mathbb{Z}_4$와 클라인군(Kelin group)이라고 부르는 군이다. 클라인군에는 두 가지 중요한 모형이 있는데 하나는 ({1,3,5,7}로 이루어지는) 모듈로 8의 서로 소인 나머지의 곱셈군이고 다른 하나는 어떤 직사각형을 스스로 변환하는 등거리사상의 군(항등 변환, 수직 대칭, 수평 대칭, 180도 회전)이다.

이 두 유형의 군에서 다음과 같은 곱셈 표를 만들 수 있다. 이론의 각각의 원소는 모르기 때문에 여기에서는 항등원은 $e$로 나머지 원소는 각각 $a,b,c$로 표기하자.

| | **e** | **a** | **b** | **c** |
|---|---|---|---|---|
| **e** | e | a | b | c |
| **a** | a | b | c | e |
| **b** | b | c | e | a |
| **c** | c | e | a | b |

**$\mathbb{Z}_4$ 순환군**

| | **e** | **a** | **b** | **c** |
|---|---|---|---|---|
| **e** | e | a | b | c |
| **a** | a | e | c | b |
| **b** | b | c | e | a |
| **c** | c | b | a | e |

**클라인군**

왼쪽 표의 연산은 덧셈이고 "$e$"는 (덧셈의 항등원인) 0, $a$, $b$, $c$는 각각 정수 1, 2, 3을 나타낸다. 예를 들어 $a \circ b = 1 + 2 = 3 = c$이다. 따라서 $a$ 열 $b$ 행의 값은 $c$이다.

이 두 군은 정말 다를까(즉 동형이 아닐까)? 아니면 앞에서 본 것처럼 한 군을 다른 군으로 변환할 수 있는 방법이 있을까? 바꿔 말하자면 차수가 4인 군에서만 참인 명제가 있을까? 실제로 그런 명제가 존재한다.

$$\forall x \in G : x^2 = e$$

이 명제는 클라인군에서는 참이지만 $\mathbb{Z}_4$에서는 거짓이다. 곱셈 표의 대각선 위에 있는 값들을 보면 알 수 있다. 또한, 순환군에는 생성원이 두 개 있지만 클라인군에는 생성원이 없다는 점에서도 두 군은 차이를 보인다.

## 6.8 마무리

이번 장에서는 어떤 성질을 따르는 원소의 추상집합인 대수구조라는 개념을 알아보았다. 대수구조 중에서 가장 중요한 군과 제약조건이 조금 약한 사촌쯤 되는 단항과 반군에 대해서도 공부했다. 지금까지 배운 내용을 표로 정리하면 다음과 같다(나중에 이 표에 몇 가지를 더 추가할 예정이다).

| 대수구조 | 연산 | 원소 | 공리 |
|---|---|---|---|
| 반군 | $x \circ y$ | | $x \circ (y \circ z) = (x \circ y) \circ z$ |
| 예: 양의 정수와 덧셈 | | | |
| 단항 | $x \circ y$ | $e$ | $x \circ (y \circ z) = (x \circ y) \circ z$<br>$x \circ e = e \circ x = x$ |
| 예: 문자열과 문자열 연결 | | | |
| 군 | $x \circ y$<br>$x^{-1}$ | $e$ | $x \circ (y \circ z) = (x \circ y) \circ z$<br>$x \circ e = e \circ x = x$<br>$x \circ x^{-1} = x^{-1} \circ x = e$ |
| 예: 가역 행렬과 곱셈 | | | |
| 아벨군 | $x \circ y$<br>$x^{-1}$ | $e$ | $x \circ (y \circ z) = (x \circ y) \circ z$<br>$x \circ e = e \circ x = x$<br>$x \circ x^{-1} = x^{-1} \circ x = e$<br>$x \circ y = y \circ x$ |
| 예: 2차원 벡터와 덧셈 | | | |

위 표의 각 행에는 바로 앞 행의 속성이 전부 들어가 있고 거기에 새로운 속성이 한 개 이상 추가되어 있다. 위 대수구조 사이의 관계는 다음과 같이 볼 수 있다.

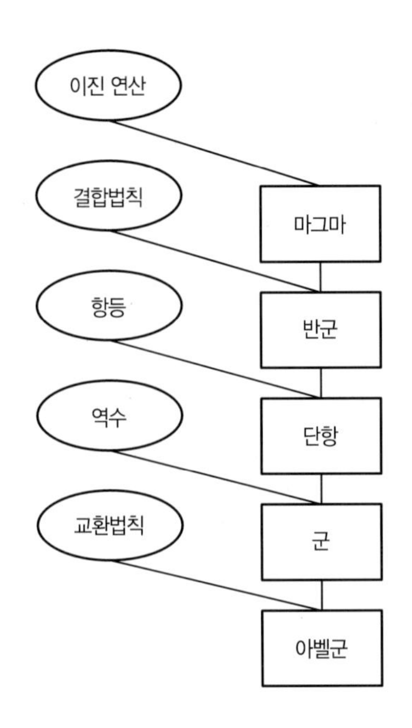


예를 들어 이 다이어그램을 보면 단항은 항등원 및 항등 공리가 더해진 반군임을 알 수 있다.

여기서 배운 다른 대수구조도 다른 대수구조와의 관계를 바탕으로 따져보면 쉽게 이해할 수 있다.

| 대수구조 | 정의 |
|---|---|
| 덧셈 반군 | 연산은 덧셈이고 (관행상) 교환법칙이 성립하는 반군 |
| 덧셈 단항 | 항등원 0이 추가되어 있는 덧셈 반군 |
| 부분군 | 다른 군의 부분집합인 군 |
| 순환군 | (최소) 한 원소를 여러 번 거듭제곱하여 모든 원소를 구할 수 있는 군 |

조작할 개별 원소에 대해 전혀 몰라도 군의 속성을 (라그랑주 정리에서 볼 수 있었던 것처럼) 유도할 수 있는 방법에 대해서도 알아보았다. 바꿔 말하자면 특정 모형을 지정하지 않아도 이론에 대한 결과를 유도하는 방법을 알아보았다. 이제 이렇게 배운 대수구조를 실질적으로 활용해보자.

# 7장

# 제네릭 알고리즘 유도 방법

뭔가를 일반화한다는 것은
그것에 대해 생각한다는 것이다.

_ 헤겔, 〈법철학 강요〉

이번 장에서는 이전 몇 장에 걸쳐서 배운 수학적인 추상화를 활용해 보겠다. 2장에서 다뤘던 이집트인의 곱셈 알고리즘을 일반화하고 단순한 계산을 넘어서는 다양한 문제에 적용해 보겠다.

## 7.1 알고리즘 요구조건 매듭 풀기

FROM MATHEMATICS TO GENERIC PROGRAMMING

좋은 코드를 만들기 위해서는 두 가지 단계가 필요하다. 첫 단계는 제대로 된 알고리즘을 찾아내는 것이다. 두 번째 단계는 그 알고리즘이 어떤 유형에 적용되는지 파악하는 것이다. 아마 코드를 만들 무렵이면 이미 그 형을(int 또는 float 같은 식으로) 알고 있다는 생각이 들 것이다. 하지만 항상 그런 건 아니다. 세상은 자꾸 바뀐다. 내년에 누군가가 갑자기 이 코드를 unsigned int나 double에 대해서도 쓸 수 있도록 고쳐달라고 할지도 모른다. 이렇게 상황이 바뀌어도 재사용할 수 있는 코드를 설계하면 좋지 않을까?

2장에서 만들었던 이집트인의 곱셈 알고리즘, 그중에서 곱셈 누적(multiply-accumulate) 버전을 살펴보자. $n$을 $a$에 곱하는데 그 결과를 $r$에 계속 누적시킨다. $n$과 $a$가 모두 0이 아니라는 사전조건이 있었다는 점도 상기시켜보자.

```
int mult_acc4(int r, int n, int a) {
    while (true) {
        if (odd(n)) {
            r = r + a;
            if (n == 1) return r;
        }
        n = half(n);
        a = a + a;
    }
}
```

이번에는 코드 중 일부는 *기울인* 글꼴로 일부는 **굵은** 글꼴로 표시했다. 기울인 부분과 굵은 부분은 서로 분리되어 있다. "기울인 변수"는 어떤 식으로도 "굵은 변수"하고 합쳐지거나 만나지 않는다. 이는 기울인 변수의 요구조건과 굵은 변수의 요구조건이 같을 필요가 없다는 것을 뜻한다. 프로그래밍 언어에서 쓰이는 용어로 쓰자면 유형이 달라도 된다.

그러면 각 변수 종류별로 어떤 요구조건이 있을까? 지금까지는 변수를 int로 선언했지만 이 알고리즘은 다른 유사한 유형에 대해서도 돌아갈 것 같다. 기울어진 변수 *r*과 *a*는 덧셈을 할 수 있는 유형이어야 한다. 굵은 변수 *n*은 홀짝을 판정할 수 있는 유형이어야 하므로 1과 비교할 수 있어야 하고 2로 나누는 연산이 가능해야 한다. 2로 나누는 데는 일반적인 나눗셈보다 훨씬 더 제약조건이 많이 붙는다. 예를 들어 자와 컴파스만 가지고 작도법으로 각을 2등분할 수는 있지만 3등분은 불가능하다.

*r*과 *a*는 같은 유형이니 **A**라는 템플릿 유형 이름으로 지칭하겠다. 마찬가지로 *n*은 다른 유형이니 **N**이라는 유형 이름으로 지칭하겠다. 이제 모든 유형을 int로 지정하는 대신, 다음과 같이 더 일반화된 형식으로 프로그램을 고칠 수 있다.

```
template <typename A, typename N>
A multiply_accumulate(A r, N n, A a) {
    while (true) {
        if (odd(n)) {
            r = r + a;
            if (n == 1) return r;
        }
        n = half(n);
        a = a + a;
    }
}
```

이렇게 하면 문제가 더 쉬워진다. **A**의 요구조건과 **N**의 요구조건을 분리해서 생각할 수 있다. 이제 각 유형을 조금 더 깊게 파보자. 우선 간단한 것부터 시작해 보자.

## 7.2 A에 대한 요구조건

A의 문법적인 요구조건(syntactic requirement)은 무엇일까? 즉, A 유형에 속하는 것에 대해 어떤 연산을 할 수 있을까? 코드 내에서 이 유형에 속하는 변수들을 어떻게 썼는지 살펴보면 세 가지 연산이 있음을 알 수 있다.

- 덧셈(C++의 경우에는 operator+가 있어야 함)
- 값으로 전달(C++의 경우에는 복사 생성자가 있어야 함)
- 대입(C++의 경우에는 operator=가 있어야 함)

의미론적인 요구조건(semantic requirement)도 정해줘야 한다. 즉, 그 연산의 의미를 알아야 한다. 여기에서는 + 연산에 대해 결합법칙이 성립해야 하는데 다음과 같은 식으로 쓸 수 있다.

$$A(T) \implies \forall a, b, c \in T : a + (b + c) = (a + b) + c$$

(말로 풀어보자면 T라는 유형이 A이면 T에 속하는 임의의 값 $a,b,c$에 대해 오른쪽에 있는 식이 성립한다는 얘기다.)

+는 원칙적으로 (그리고 수학 전반에 있어서) 결합법칙이 성립하는 연산이지만, 컴퓨터에서는 그게 그리 간단하지 않다. 덧셈의 결합법칙이 실제로 성립하지 않는 경우도 있다. 예를 들어 다음과 같은 코드를 생각해 보자.

```
w = (x + y) + z;

w = x + (y + z);
```

$x,y,z$가 int 유형이고 $z$가 음수라고 해 보자. 그러면 값이 아주 크면 $x + y$의 값이 int 범위를 벗어나는 일이 생길 수도 있다. 그런데 $y + z$를 먼저 하면 범위 안에서 모든 게 해결될 수도 있다. 이는 모든 int 유형의 값에 대해 덧셈이

제대로 정의되어 있지 않기 때문에 일어나는 문제다. 그래서 +는 **부분**(partial) 함수라고 부른다.

이 문제를 해결하려면 요구조건을 더 분명하게 잡아야 한다. 주어진 공리는 정의역 안에서만(즉 함수가 정의될 수 있는 값들에 대해서만) 성립한다는 요구조건이 있어야 한다.*

• • •

사실 앞에서 빼먹은 문법적 요구조건이 몇 개 더 있다. 복사 생성자와 대입 자체에 포함된 부분이라고 할 수 있는데 예를 들면 복사 생성자는 원본과 같은 복사본을 만든다는 것을 뜻한다. 이를 위해서는 `A`에 속하는 것이 같은지 시험할 수 있어야 한다.

- 같은지 비교할 수 있어야 함(C++에서는 `operator==`가 있어야 함)
- 다른지 비교할 수 있어야 함(C++에서는 `operator!=`가 있어야 함)

이런 문법적 요구조건에는 **등식 추론**(equational reasoning)이라고 부르는 의미론적 요구조건이 뒤따른다. T 유형에서의 등식이 기대한 대로 작동하는가에 대한 부분이다.

- 부등식은 등식의 부정이다.

$$(a \neq b) \iff \neg(a = b)$$

- 등식은 반사적이고 대칭적이고 전이적이다.

$$\begin{aligned} a &= a \\ a = b &\implies b = a \\ a = b \land b = c &\implies a = c \end{aligned}$$

- 등식은 대체 가능하다는 것을 뜻한다.

---

* 이와 관련된 자세한 내용은 스테파노프와 맥존스가 쓴 〈프로그래밍의 이해(Elements of Programming)〉(Addison-Wesley Professional, 2009)의 2.1절에서 찾아볼 수 있다.

$$\text{T에 관한 임의의 함수 } f\text{에 대해} \quad a = b \implies f(a) = f(b)$$

중간에 있는 세 공리(반사성, 대칭성, 전이성)만 해도 동치성(equivalence)은 만족되지만 등식 추론에 대한 요구조건은 이보다 훨씬 더 강하기 때문에 맨 밑에 있는 대체 가능성 요구조건을 추가해야 한다.

이렇게 "일반적인 방식"으로 행동하는 유형은 **정칙유형**(regular type)이라고 부른다.

**정의 7.1** 어떤 유형 T의 생성, 대입, 등식 사이의 관계가 `int` 같은 내장 유형과 동일하면 그 유형은 **정칙유형**이라고 부른다.

예를 들면 다음과 같다.

- `T a(b); assert(a == b); unchanged(b);`
- `a = b; assert(a == b); unchanged(b);`
- `T a(b);` 와 `T a; a = b;` 가 동치

정칙유형에 관한 자세한 내용은 프로그래밍의 이해 1장에서 찾아볼 수 있다. 이 책에서 사용하는 모든 유형은 정칙유형이다.

• • •

이제 A에 대한 요구조건을 엄격하게 잡아보자.

- 정칙유형
- 결합법칙이 성립하는 +연산 제공

6장에서 보았듯이 결합법칙이 성립하는 이항 연산이 있는 대수구조를 반군이라고 부른다(정의 6.5 참조). 또한 정칙유형이라면 두 값이 같은지 등식으로 비교할 수 있는데 이는 결합성 공리를 위해 필요한 조건이다. 따라서 A는 반군이라고 할 수 있다. 연산이 덧셈인 점을 생각하면 덧셈 반군이라고 부를 만도 하다. 하지만 통상적으로 덧셈 반군에는 교환법칙이 성립한다는 가정이 더해진

다. 우리 알고리즘에서는 교환법칙은 필요하지 않기 때문에, A는 교환적이지 않은 덧셈 반군(noncommutative additive semigroup)이라고 부를 수 있겠다. "교환적이지 않은"이라고 쓴 이유는 교환법칙이 성립하지 않아야 한다는 것이 아니라 교환법칙이 필요하지 않기 때문이다. 즉, (교환법칙이 성립하는) 일반 덧셈 반군 또한 여기에 포함된다.

정의 7.2 교환법칙이 성립하는 이항 연산이 +인 반군을 **교환적이지 않은 덧셈 반군**으로 정의한다.

교환적이지 않은 덧셈 반군의 예로는 양의 짝수, 음의 정수, 실수, 다항식, 평면 벡터, 불 함수, 선분 등을 들 수 있다. 여기에서 든 예는 전부 덧셈 반군이기도 한데 꼭 덧셈 반군만 가능한 건 아니다. +는 여러 서로 다른 유형에 대해서 다른 방식으로 해석될 수 있지만, 결합법칙은 항상 성립해야 한다. 이에 관해서는 나중에 다시 다루기로 하겠다.

지난 몇 세기에 걸쳐서 "+"는 통상적으로 결합법칙과 교환법칙이 모두 성립하는 연산을 나타내는 기호로 쓰였다. 하지만 C++, 자바, 파이썬을 비롯한 수많은 프로그래밍 언어에서 교환적이지 않은 연산인 문자열 연결 연산을 +기호로 쓴다. 이는 수학에서 통상적으로 사용하는 관례에 어긋나기 때문에 사실 바람직하지 않다. 수학에서는 보통 다음과 같은 관례가 적용된다.

- 어떤 집합에 결합법칙과 교환법칙이 모두 적용되는 이항연산이 한 개 있다면 그 연산을 +라고 부른다.
- 어떤 집합에 결합법칙은 성립하지만 교환법칙은 성립하지 않는 이항연산이 있다면 $*$라고 부른다.

20세기 논리학자 스티븐 클레이니(Stephen Kleene)는 문자열 연결 연산을 $ab$라고 표기하는 방법을 도입하기도 했다. (수학에서는 $*$ 연산자를 생략해버리는 경우가 많다.)

### 명명 원칙

뭔가의 이름을 새로 짓거나 기존에 있던 이름을 오버로드하는 경우에는 다음 세 가지 가이드라인을 따르자.

1. 이미 널리 쓰이는 용어가 있다면 그 용어를 사용한다.
2. 이미 널리 쓰이는 용어를 원래 의미와 다른 용도로 쓰지 않는다. 특히 원래의 의미가 그대로 유지되는 경우에만 연산자나 함수를 오버로드한다.
3. 한 용어가 여러 용도로 쓰인다면 대다수가 사용하는 의미를 따른다.

STL의 **벡터**라는 이름은 스킴(Scheme)이나 커먼 리스프(Common Lisp) 같은 기존의 프로그래밍 언어에서 따왔다. 하지만 이는 수학에서 훨씬 오래전부터 쓰고 있던 용어와 다른 뜻으로 쓰이기 때문에 위의 3번 규칙에 어긋난다. 사실 이 자료구조는 배열이라고 불렀어야 한다. 슬프게도 이렇게 위의 원칙을 어기는 실수를 저질렀을 때, 그 결과는 한참 동안 후대에 영향을 끼치곤 한다.

FROM MATHEMATICS TO GENERIC PROGRAMMING

## 7.3 N에 대한 요구조건

A가 교환적이지 않은 덧셈 반군이라는 것을 알고 있는 상황이니 템플릿에서 그냥 typename 대신 NoncommutativeAdditiveSemigroup이라고 쓰자.

```
template <NoncommutativeAdditiveSemigroup A, typename N>
A multiply_accumulate(A r, N n, A a) {
    while (true) {
        if (odd(n)) {
            r = r + a;
            if (n == 1) return r;
        }
        n = half(n);
        a = a + a;
    }
}
```

여기에서 `NoncommutativeAdditiveSemigroup`은 C++의 **개념**(concept)인데 개념은 유형에 대한 일련의 요구조건을 지칭하는 것으로 10장에서 알아볼 예정이다. 그냥 `typename`이라고 하는 대신 우리가 사용할 개념에 이름을 붙여서 유형 이름으로 사용하면 된다. 하지만 이 책을 쓰고 있는 현시점에서는 아직 개념 기능이 C++에 포함되어 있지 않기 때문에 여기에서는 전처리기에서 살짝 꼼수를 써야 한다.

```
#define NonCommutativeAdditiveSemigroup typename
```

이렇게 하면 컴파일러가 보기에는 `A`는 그냥 `typename`이지만 우리가 보기에는 `NoncommutativeAdditiveSemigroup`이다. 앞으로 템플릿에서 유형 요구조건을 지정할 때는 이 꼼수를 사용하기로 하겠다.

추상수학과 달리 프로그래밍에서는 변수가 생성 가능하고 대입 가능해야 하는데 정칙유형이라면 이 성질도 자연히 보장된다. 지금부터는 대수구조를 개념으로 지정할 때 모든 정칙유형의 요구조건을 그대로 이어받는다고 가정하기로 하자.

다른 인자 `N`의 요구조건은 어떻게 될까? 우선 문법적 요구조건부터 시작해 보자. `N`은 다음을 구현하는 정칙유형이어야 한다.

- `half`
- `odd`
- `== 0`
- `== 1`

`N`에 대한 의미론적 요구조건으로는 다음과 같은 것이 있다.

- $\text{even}(n) \implies \text{half}(n) + \text{half}(n) = n$
- $\text{odd}(n) \implies \text{even}(n - 1)$
- $\text{odd}(n) \implies \text{half}(n - 1) = \text{half}(n)$
- 공리: $n \leq 1 \;\vee\; \text{half}(n) = 1 \;\vee\; \text{half}(\text{half}(n)) = 1 \vee \ldots$

C++ 유형 중에 위 조건을 만족시키는 것으로 무엇이 있을까? uint8_t, int8_t, uint64_t 등을 비롯하여 몇 가지가 있다. 이 유형들이 만족하는 개념을 **Integer**라고 부르자.

• • •

이제 마지막으로 각 유형에 대한 요구조건을 지정한 형태로 완전히 포괄적인(제네릭한) 버전의 곱셈 누적 함수를 만들어 보자.

```
template <NoncommutativeAdditiveSemigroup A, Integer N>
A multiply_accumulate_semigroup(A r, N n, A a) {
    // 전제조건: n >= 0
    if (n == 0) return r;
    while (true) {
        if (odd(n)) {
            r = r + a;
            if (n == 1) return r;
        }
        n = half(n);
        a = a + a;
    }
}
```

$n$이 0이면 $r$을 리턴하는 코드를 추가했다. $n$이 0이면 아무것도 할 필요가 없기 때문이다. 하지만 곱셈의 경우에는 그렇지 않다. 이에 대해서는 잠시 후에 살펴보자.

앞에 있는 코드를 호출하는 곱셈 함수는 다음과 같다.

```
template <NoncommutativeAdditiveSemigroup A, Integer N>
A multiply_semigroup(N n, A a) {
    // 전제조건: n > 0
    while (!odd(n)) {
        a = a + a;
        n = half(n);
    }
```

```
    if (n == 1) return a;
    return multiply_accumulate_semigroup(a, half(n - 1), a + a);
}
```

보조 함수 odd와 half도 임의의 정수 유형 **Integer**에 대해 작동할 수 있도록 다음과 같이 고칠 수 있다.

```
template <Integer N>
bool odd(N n) { return bool(n & 0x1); }

template <Integer N>
N half(N n) { return n >> 1; }
```

FROM MATHEMATICS TO GENERIC PROGRAMMING

## 7.4 새로운 요구조건

multiply 함수에는 $n$이 0 이상이 아니라 0보다 커야 한다는 전제조건이 붙어있다. (그리스인들은 0보다 큰 자연수만 알고 있었기 때문에 당연한 가정이었다. 하지만 이번에는 좀 더 분명하게 따져보자.) 덧셈 반군 곱셈 함수에서 $n$이 0일 때는 어떤 값을 리턴해야 할까? 반군 연산자(덧셈 연산자)를 적용했을 때 결과가 달라지지 않을 값을 리턴해야 할 것이다. 즉, 덧셈의 항등원을 리턴해야 한다. 하지만 덧셈 반군에는 항등원이 없어도 되기 때문에 이런 속성에 의존할 수가 없다. 즉, 0에 상응하는 뭔가가 있을 거라고 생각할 수 없는 것이다(앞에서 논의한 것처럼 $a$는 더 이상 정수일 필요가 없다. **NoncommutativeAdditiveSemigroup**이기만 하면 되므로 양의 정수나 길이가 1 이상인 문자열이어도 된다). 그래서 $n$은 0이면 안 된다.

하지만 괜찮은 대안이 있다. 데이터에 $n > 0$이라는 요구조건을 거는 대신 우리가 사용하는 모든 유형에 0을 처리하는 방법을 마련하는 조건을 추가하는 방식이다. $n$의 개념에 대한 요구조건을 덧셈 반군에서 단항으로 바꾸면 된다. 6장에서 배웠듯이 단항(monoid)이란 결합법칙이 성립하는 이항연산, 항등원 $e$, 다음을 만족하는 항등 공리가 들어있는 대수구조다.

$$x \circ e = e \circ x = x$$

특히 여기에서는 항등원을 "0"으로 표기하는 **교환적이지 않은 덧셈 단항**을 사용하자.

$$x + 0 = 0 + x = x$$

단항을 쓰는 곱셈 함수는 다음과 같이 만들 수 있다.

```
template <NoncommutativeAdditiveMonoid A, Integer N>
A multiply_monoid(N n, A a) {
    // 전제조건: n >= 0
    if (n == 0) return A(0);
    return multiply_semigroup(n, a);
}
```

음수도 곱할 수 있으려면 어떻게 해야 할까? 우선 우리가 처리할 만한 모든 유형에 대해 음수를 곱한다는 게 합당한지 따져보자. 음수를 곱할 수 있다는 것은 역연산을 할 수 있다는 것과 마찬가지다. 하지만 지금 우리가 사용하고 있는 요구조건(교환적이지 않은 덧셈 단항)으로는 역연산을 할 수 없다. 역연산을 위해서는 군이 필요하다. 6장에서도 배웠듯이 군에는 단항의 모든 연산 및 공리에 다음과 같은 상쇄 공리를 따르는 역연산이 추가된다.

$$x \circ x^{-1} = x^{-1} \circ x = e$$

지금 우리에게 필요한 것은 역연산이 단항 마이너스 연산이고 상쇄 공리는 다음과 같은 식으로 주어지는 교환적이지 않은 덧셈군이다.

$$x + -x = -x + x = 0$$

이렇게 유형에 대한 요구조건을 강화한 대신, $n$은 음수여도 되기 때문에 $n$에 대한 전제조건은 없애버려도 된다. 이번에도 아까 만든 버전을 감싸는 래퍼 함수 형태로 새 함수를 만들어 보자.

```
template <NoncommutativeAdditiveGroup A, Integer N>
A multiply_group(N n, A a) {
    if (n < 0) {
        n = -n;
        a = -a;
    }
    return multiply_monoid(n, a);
}
```

## 7.5 곱셈에서 거듭제곱으로

FROM MATHEMATICS TO GENERIC PROGRAMMING

지금까지 이집트인의 곱셈 코드를 어떤 덧셈 반군(또는 단항이나 군)에 대해서도 사용할 수 있도록 일반화해 보았다. 그런데 이 코드에서 더하기를 곱하기로 바꾸면 어떻게 될까?

+를 * 로 바꾸면
(그리하여 두 배의 값을 구하는 과정을 제곱을 구하는 과정으로 바꾸면)
기존 알고리즘을 가지고 $n \cdot a$ 대신 $a^n$을 구할 수 있다.

multiply_accumulate_semigroup 코드를 위에서 제시한 방식으로 수정하여 곱셈 반군(**MultiplicativeSemigroup**)에 대해 사용할 수 있도록 다음과 같은 코드를 만들었다.

```
template <MultiplicativeSemigroup A, Integer N>
A power_accumulate_semigroup(A r, A a, N n) {
    // 전제조건: n >= 0
    if (n == 0) return r;
    while (true) {
```

```
        if (odd(n)) {
            r = r * a;
            if (n == 1) return r;
        }
        n = half(n);
        a = a * a;
    }
}
```

이 함수에서는 $ra^n$을 계산한다. 바뀐 부분은 굵은 글꼴로 표시한 부분밖에 없다. 함수 인자의 순서도 바뀌었는데 전에는 $n \cdot a$를 구했기 때문에 $n$이 앞에, $a$가 뒤에 있었지만, 이번에는 $a^n$을 구하는 것이기 때문에 $a$를 앞으로 보냈다.

거듭제곱을 구하는 함수는 다음과 같다.

```
template <MultiplicativeSemigroup A, Integer N>
A power_semigroup(A a, N n) {
    // 전제조건: n > 0
    while (!odd(n)) {
        a = a * a;
        n = half(n);
    }
    if (n == 1) return a;
    return power_accumulate_semigroup(a, a * a, half(n-1));
}
```

곱셈 단항 및 곱셈 군에 대한 래퍼 형태의 함수는 다음과 같이 구현할 수 있다.

```
template <MultiplicativeMonoid A, Integer N>
A power_monoid(A a, N n) {
    // 전제조건: n >= 0
    if (n == 0) return A(1);
    return power_semigroup(a, n);
}

template <MultiplicativeGroup A, Integer N>
A power_group(A a, N n) {
```

```
    if (n < 0) {
        n = -n;
        a = multiplicative_inverse(a);
    }
    return power_monoid(a, n);
}
```

단항 곱셈을 할 때 덧셈 항등원(0)이 필요했던 것처럼 단항의 거듭제곱 함수에서도 곱셈 항등원(1)이 필요하다. 그리고 군에 대한 곱셈을 계산하기 위해 덧셈 역연산(단항 마이너스)이 필요했던 것처럼 군에 대한 거듭제곱을 계산하기 위해 곱셈 역원이 필요하다. C++에 곱셈 역원을 계산하는(역수를 구하는) 연산자가 내장되어 있진 않지만 다음과 같은 식으로 간단하게 구현할 수 있다.

```
template <MultiplicativeGroup A>
A multiplicative_inverse(A a) {
    return A(1) / a;
}
```

FROM MATHEMATICS TO GENERIC PROGRAMMING

## 7.6 연산 일반화

지금까지 +와 * 연산을 사용하는 덧셈 반군 및 곱셈 반군의 예를 살펴보았다. 양쪽에서 똑같은 알고리즘을 쓸 수 있다는 건 좋지만, 경우별로 똑같은 코드를 살짝 다른 버전으로 만들어야 하는 건 불편하다. 실생활에서는 똑같은 유형 T에 대해 적용되면서 결합법칙을 만족시킬 수 있는 여러 다른 연산(예를 들자면 곱셈의 mod 7 등)을 사용하는 반군이 여러 가지 있을 수 있다. 연산마다 서로 다른 버전을 만드는 대신, 앞에서 인자의 유형을 일반화시켰던 것처럼 연산 자체를 일반화시키는 것도 가능하다. 알고리즘에 연산을 전달해야 하는 경우는 의외로 많은 편이다. 아마 STL에서 그런 경우를 많이 보았을 것이다.

다음은 임의의 반군에 대해 사용할 수 있는 누적 버전의 거듭제곱 함수를 구현한 코드이다. 이 함수에서 계산하는 함수는 편의상 거듭제곱이라고 부르도록 하자. 물론 연산(**SemigroupOperation**)이 반드시 거듭제곱의 경우처럼 곱셈인 것은 아니다.

```
template <Regular A, Integer N, SemigroupOperation Op>
// 전제조건: A가 Op 연산의 정의역
A power_accumulate_semigroup(A r, A a, N n, Op op) {
    // 전제조건: n >= 0
    if (n == 0) return r;
    while (true) {
        if (odd(n)) {
            r = op(r, a);
            if (n == 1) return r;
        }
        n = half(n);
        a = op(a, a);
    }
}
```

둘째 줄을 보면 **A**가 Op의 정의역이어야 한다는 전제조건이 추가됐다. C++에서 나중에 개념을 지원하게 되면 이 주석을 풀어서 선언문으로 사용할 수 있을 텐데 그러면 컴파일러에서 주어진 유형 사이에 올바른 관계가 성립하는지 점검해주게 된다. 지금 C++ 규격에서는 이 함수를 호출할 때 이 조건을 만족시키는 템플릿 인자를 사용하도록 프로그래머가 직접 챙겨줘야 한다.

또한 어떤 반군을 **A**로 지정할지 모르기 때문에(덧셈 반군일 수도 있고 곱셈 반군일 수도 있고 또 다른 반군일 수도 있다) **A**가 정칙유형이라는 것만 요구조건으로 지정했다. (**Regular A**) 반군이라는 성질은 Op가 반군 연산자라는 조건(SemigroupOperation Op)을 통해 지정했다.

이 함수로 임의의 반군에 대해 사용할 수 있는 버전의 power 함수를 만들 수 있다.

```
template <Regular A, Integer N, SemigroupOperation Op>
```

```
// 전제조건: A가 Op 연산의 정의역
A power_semigroup(A a, N n, Op op) {
    // 전제조건: n > 0
    while (!odd(n)) {
        a = op(a, a);
        n = half(n);
    }
    if (n == 1) return a;
    return power_accumulate_semigroup(a, op(a, a),
                                      half(n - 1), op);
}
```

앞에서와 마찬가지로 항등원을 추가하여 이 함수를 단항으로 확장시킬 수 있다. 하지만 어떤 연산이 들어올지 모르는 상황이기 때문에 항등원은 연산으로부터 받아와야 한다.

```
template <Regular A, Integer N, MonoidOperation Op>
// 전제조건: A가 Op 연산의 정의역
A power_monoid(A a, N n, Op op) {
    // 전제조건: n >= 0
    if (n == 0) return identity_element(op);
    return power_semigroup(a, n, op);
}
```

+와 *의 identity_element 함수는 다음과 같은 식으로 만들 수 있다.

```
template <NoncommutativeAdditiveMonoid T>
T identity_element(std::plus<T>) { return T(0); }

template <MultiplicativeMonoid T>
T identity_element(std::multiplies<T>) { return T(1); }
```

위 두 함수에서는 그 함수를 호출할 때 사용할 객체의 유형을 지정하고 있긴 하지만 객체를 사용하는 것은 아니기 때문에 이름을 붙이지 않았다. 첫 번째 함수에서는 "덧셈 항등원은 0"이라고 알려준다. 단항에 따라 항등원은 달라질 수 있다. 예를 들어 둘 중 더 작은 값을 리턴하는 min 연산이라면 그 항등원은 T 가운데 최댓값일 것이다.

• • •

power 함수를 군으로까지 확장하고 싶다면 역연산이 필요한데 역연산도 주어진 군 연산(**GroupOperation**)의 한 함수이다.

```
template <Regular A, Integer N, GroupOperation Op>
// 전제조건: A가 Op 연산의 정의역
A power_group(A a, N n, Op op) {
    if (n < 0) {
        n = -n;
        a = inverse_operation(op)(a);
    }
    return power_monoid(a, n, op);
}
```

inverse_operation은 다음과 같이 만들 수 있다.

```
template <AdditiveGroup T>
std::negate<T> inverse_operation(std::plus<T>) {
    return std::negate<T>();
}

template <MultiplicativeGroup T>
reciprocal<T> inverse_operation(std::multiplies<T>) {
    return reciprocal<T>();
}
```

부호가 반대인 값을 리턴하는 negate라는 함수는 STL에 기본으로 들어있지만 곱셈의 역수를 리턴하는 함수(reciprocal)는 STL에 기본으로 들어있지 않다. 따라서 직접 만들어야 한다. 함수 객체를 쓰면 되는데 함수 객체(function object)는 C++의 객체로, operator()에 의해 선언되며 객체 이름을 함수 이름으로 하여 함수 호출과 마찬가지 방식으로 호출할 수 있는 함수를 제공한다.

```
template <MultiplicativeGroup T>
struct reciprocal {
    T operator()(const T& x) const {
        return T(1) / x;
    }
};
```

이 코드는 앞 절에서 만들었던 `multiplicative_inverse` 함수를 일반화한 코드이다.*

### 축소

반군에서 정의되는 알고리즘 중에 거듭제곱 말고도 중요한 게 또 있다. 바로 축소(reduction) 알고리즘인데 주어진 수열의 각 원소와 그 이전 결과에 대해 이항 연산자를 계속해서 적용하는 것이다.

수학에서 쓰이는 축소의 대표적인 예로 덧셈 반군을 위한 합(Σ) 함수와 곱셈 반군을 위한 곱(Π) 함수를 들 수 있다. 이 함수는 임의의 반군으로 확장시킬 수 있다.

축소를 일반화시킨 버전은 1962년 케네스 아이버슨(Kenneth Iverson)이라는 전산학자가 자신이 만든 APL이라는 언어에서 처음으로 만들었다. APL에서는 /를 축소 연산자로 사용했다. 예를 들어 수열의 합은 다음과 같은 식으로 표현할 수 있다.

```
+ / 1 2 3
```

그 뒤로 축소 개념은 다양한 맥락에서 등장했다. 고수준 프로그래밍 언어를 처음으로 만든 존 배커스(John Backus)는 1977년 FP라는 언어를 만들면서 APL의 /와 유사한 **insert**라는 연산자를 집어넣었다(배커스는 이 연산자

* 이번에는 $x$가 0이 아닌지 확인하는 부분을 빼도 된다. **MultiplicativeGroup**에는 역원이 없는 0이 포함되지 않기 때문이다. 실제로는 0을 빼면 **MultiplicativeGroup**의 요구조건을 만족할 수 있는 double 같은 유형을 쓸 때 0의 역원을 구하게 되는 상황에 대비해 전제조건 관련 코드를 추가할 수도 있을 것이다.

를 "범함수 형식(functional forms)"이라고 불렀다). 1981년에 나온 카푸르, 무세르, 스테파노프가 쓴 제네릭 프로그래밍에 대한 초창기 논문인 "연산자와 대수구조(Operators and Algebraic Structures)"에서는 이 개념을 확장하고 결합법칙이 성립하는 연산과의 관계를 분명히 했다. 1980년대에 인공지능 연구용으로 많이 쓰였던 커먼 리스프에는 `reduce`라는 함수가 있었다. 구글의 맵리듀스(MapReduce) 시스템 및 그 오픈 소스 변종인 하둡(Hadoop)도 이런 개념을 응용한 것이다.



## 7.7 피보나치 수 계산

**참고** 이번 절의 내용을 이해하려면 선형대수학을 어느 정도 알아야 한다. 이 내용이 이 책의 나머지 내용을 공부하는 데 꼭 필요한 것은 아니므로 혹시 잘 모르면 건너뛰어도 무방하다.

4장에서 13세기 초기의 수학자인 피사의 레오나르도, 즉 피보나치에 대해 알아보았다. 피보나치가 낸 유명한 문제 중에 "토끼 한 쌍이 있을 때 몇 달이 지난 후에 토끼가 몇 쌍 있을까?"라는 게 있다. 레오나르도는 문제를 단순화시키기 위해 몇 가지 가정을 덧붙였다. 처음에 토끼 한 쌍이 있으며 모든 쌍은 항상 한 배에 암수 한 쌍을 낳는다. 토끼 암컷은 태어난 지 한 달이면 새끼를 낳을 수 있으며 그 후로 계속해서 한 달에 암수 한 쌍씩 낳는다. 그리고 토끼는 죽지 않는다.

처음에는 토끼가 한 쌍 있다. 두 번째 달이 시작될 때 그 토끼들이 짝짓기를 하지만 아직 토끼는 한 쌍뿐이다. 세 번째 달이 시작되면 암컷이 새끼들을 낳아서 토끼가 두 쌍이 된다. 네 번째 달이 시작될 때 처음부터 있던 암컷이 또 암수 한 쌍의 새끼를 낳아서 토끼는 총 세 쌍이 된다. 다섯 번째 달이 시작되면 처음부터 있던 암컷이 새끼 한 쌍을 더 낳는 것 외에 세 번째 달에 태어난 암컷도 새끼 한 쌍을 낳는다. 따라서 토끼는 총 다섯 쌍이 된다. 0번째 달(실험이 시작되기 전 달)에 토끼가 0쌍 있다고 한다면 매달 초 토끼가 몇 쌍 있는지를 적어보면 다음과 같은 수열이 만들어진다.

$$0, 1, 1, 2, 3, 5, 8, 13, 21, 34...$$

토끼 숫자를 쌍 단위로 적었을 때, 이전 두 달의 숫자를 합하면 다음 달의 숫자가 나온다. 이런 수열의 원소를 피보나치 수라고 부르는데 좀 더 형식을 갖춰 적자면 다음과 같이 쓸 수 있다.

$$\begin{aligned} F_0 &= 0 \\ F_1 &= 1 \\ F_i &= F_{i-1} + F_{i-2} \end{aligned}$$

$n$ 번째 피보나치 수를 구하려면 시간이 얼마나 걸릴까? 얼핏 보면 그냥 $n - 2$일 것 같지만 실제로는 그렇지 않다.

C++에서 피보나치 수를 구하는 함수를 만든다면 가장 단순하게는 다음과 같은 식으로 만들 수 있을 것이다.

```
int fib0(int n) {
    if (n == 0) return 0;
    if (n == 1) return 1;
    return fib0(n - 1) + fib0(n - 2);
}
```

하지만 이 코드에서는 똑같은 작업을 정말 많이 반복해야 한다. `fib0(5)`는 다음과 같은 식으로 계산해야 한다.

$$\begin{aligned} F_5 &= F_4 + F_3 \\ &= (F_3 + F_2) + (F_2 + F_1) \\ &= ((F_2 + F_1) + (F_1 + F_0)) + ((F_1 + F_0) + F_1) \\ &= (((F_1 + F_0) + F_1) + (F_1 + F_0)) + ((F_1 + F_0) + F_1) \end{aligned}$$

이렇게 작은 값을 구하는데도 덧셈을 총 17번 해야 하고 $F_1 + F_0$는 무려 세 번이나 다시 계산해야 한다.

**연습문제 7.1** `fib0(n)`을 계산하려면 덧셈을 총 몇 번 해야 할까?

똑같은 걸 계속 다시 계산하는 건 용납할 수 없는 일이므로 위와 같은 코드는 절대 쓰면 안 된다. 다행히도 이전 두 결과를 지속해서 저장하는 방식으로 문제를 해결할 수 있다.

```
int fibonacci_iterative(int n) {
    if (n == 0) return 0;
    std::pair<int, int> v = {0, 1};
    for (int i = 1; i < n; ++i) {
        v = {v.second, v.first + v.second};
    }
    return v.second;
}
```

이 정도면 연산 횟수가 $O(n)$이니 그래도 쓸만하다. 어떤 수열의 $n$ 번째 원소를 찾는다는 점을 생각해 보면 이게 최적의 방법일 것 같기도 하다. 하지만 놀랍게도 $n$ 번째 피보나치 수를 $O(\log n)$ 번의 연산만으로 구할 수도 있다. 이러면 웬만한 수에 대해서는 64번 미만의 연산만으로 답을 구할 수 있다.

이전 두 수가 주어져 있을 때 다음 피보나치 수를 구하는 계산을 다음과 같은 행렬식으로 표현해 보자.*

$$\begin{bmatrix} v_{i+1} \\ v_i \end{bmatrix} = \begin{bmatrix} 1 & 1 \\ 1 & 0 \end{bmatrix} \begin{bmatrix} v_i \\ v_{i-1} \end{bmatrix}$$

그러면 $n$ 번째 피보나치 수는 다음과 같이 구할 수 있다.

$$\begin{bmatrix} v_n \\ v_{n-1} \end{bmatrix} = \begin{bmatrix} 1 & 1 \\ 1 & 0 \end{bmatrix}^{n-1} \begin{bmatrix} 1 \\ 0 \end{bmatrix}$$

* 행렬의 곱셈이 잘 기억나지 않는다면 8.5절 시작 부분을 들여다보자.

즉 $n$ 번째 피보나치 수는 특정 행렬을 거듭제곱하여 구할 수 있다. 실제로 행렬의 곱셈은 여러 문제를 푸는 데 활용할 수 있다. 행렬은 곱셈 단항이고 곱셈 단항에 대해서는 이미 $O(\log n)$ 알고리즘이 있다. 7.6절에서 다뤘던 power 알고리즘을 이용하면 된다.

**연습문제 7.2** power를 이용하여 피보나치 수를 구현하라.

power 알고리즘을 응용한 좋은 예라고 할 수 있지만, 이 알고리즘으로 피보나치 수만 계산할 수 있는 것은 아니다. +를 다른 임의의 선형 재귀 함수로 바꾸기만 하면 똑같은 기법으로 임의의 선형 재귀식을 계산할 수 있다.

**정의 7.3** 다음과 같은 식을 만족시키는 함수 $f$를 $k$차 선형 재귀 함수(linear recurrence function)라고 부른다.

$$f(y_0, \ldots, y_{k-1}) = \sum_{i=0}^{k-1} a_i y_i$$

**정의 7.4** 최초의 $k$ 개의 값으로부터 선형 재귀식(점화식)으로 만들어지는 수열을 선형 재귀 수열(linear recurrence sequence)이라고 부른다.

피보나치 수열은 2차 선형 재귀 수열이다.

앞에서 다룬 거듭제곱 알고리즘으로 행렬 곱을 계산하면 임의의 선형 재귀 수열의 $n$ 번째 값을 구할 수 있다.

$$\begin{bmatrix} x_n \\ x_{n-1} \\ x_{n-2} \\ \vdots \\ x_{n-k+1} \end{bmatrix} = \begin{bmatrix} a_0 & a_1 & a_2 & \ldots & a_{k-2} & a_{k-1} \\ 1 & 0 & 0 & \ldots & 0 & 0 \\ 0 & 1 & 0 & \ldots & 0 & 0 \\ \vdots & \vdots & \vdots & & \vdots & \vdots \\ 0 & 0 & 0 & \ldots & 1 & 0 \end{bmatrix}^{n-k+1} \begin{bmatrix} x_{k-1} \\ x_{k-2} \\ x_{k-3} \\ \vdots \\ x_0 \end{bmatrix}$$

대각 원소 바로 아래에 있는 1때문에 수열의 각 값이 이전 $k$에 의해 결정되는 "이동" 특성이 나타난다.

## 7.8 마무리

이번 장을 시작하면서 2장에서 만든 코드의 요구조건을 분석하고 임의의 유형에 대해 결합 연산을 사용하기 위해 알고리즘을 추상화하는 일을 했다. 그렇게 반군, 단항, 군 같은 대수구조에서 정의될 수 있도록 코드를 고쳐 쓸 수 있었다.

다음으로는 우선 곱셈에서 거듭제곱으로 그리고 대수구조에 대한 임의의 연산으로 알고리즘을 일반화하는 과정을 살펴보았다. 이렇게 일반화시킨 거듭제곱 알고리즘은 나중에 또 다르게 활용해 볼 것이다.

이번 장에서 본 것 같이 어떤 효율적인 알고리즘을(효율성은 잃지 않으면서) 일반화하여 추상적인 수학적 개념에도 적용할 수 있게 만들고 다양한 상황에 적용하는 과정이 바로 제네릭 프로그래밍의 핵심이다.

# 8장

# 기타 대수구조

에미 뇌터는 수, 함수, 연산을 특정 객체로부터
분리하고 일반화된 개념적인 관계로 환원시켰다.
이렇게 함으로써 수, 함수, 연산 사이의
관계는 투명해지고 일반화시킬 수 있게
되었으며 생산적으로 바뀔 수 있었다.

_ B. L. 판데르바르던(Bartel Leendert van der Waerden)

4장에서 처음 도입한 유클리드 알고리즘은 선분들 사이의 최대공측도를 구하기 위한 것이었다. 그리고 그 알고리즘을 정수 사이에서 최대공약수를 구할 수 있도록 확장했다. 이 알고리즘을 다른 수학적 대상에도 적용할 수 있을까? 이번 장에서는 바로 이 물음에 답해 보고자 한다. 계속 읽다 보면 알겠지만, 이 물음에 답하는 과정에서 추상대수학 분야의 여러 중대한 발견이 이루어졌다. 이런 새로운 대수구조가 프로그래밍에 응용되는 방법에 대해서도 알아보도록 하겠다.



## 8.1 스테빈, 다항식 그리고 최대공약수

이 분야에서 가장 크게 기여한 인물은 16세기 플랑드르 출신 수학자인 시몬 스테빈(Simon Stevin)이다. 스테빈은 공학, 물리학, 음악 등 다양한 분야에서 업적을 세웠을 뿐 아니라 우리가 수에 대해 생각하고 수를 다루는 방식을 혁명적으로 바꾼 사람이기도 하다. 바르털 판데르바르던은 "대수학의 역사"에 다음과 같이 적었다.

> "수"에는 정수나 유리수만 있다는 고전적인 제약조건이 한 방에 사라져 버렸다. 스테빈이 제시한 실수 개념을 그 후로는 모든 과학자가 받아들이게 되었다.

스테빈은 1585년에 낸 소책자 〈10분의 1에 관하여(원제는 De Thiende이며 영어판 제목은 Disme: The Art of Tenths, or, Decimall Arithmetike)〉를 통해 소수점을 사용하는 방법을 소개하고 그 사용법을 설명했다. 유럽에서 소수점 표기법을 처음으로 제안한 문건이었는데 그 전까지는 소수점 이하 수를 십 분의 몇, 백 분의 몇 같은 식으로 표기했다. 이 책은 수학 역사상 가장 많이 읽힌 책 가운데 하나로 꼽힌다. 토머스 제퍼슨도 이 책을 매우 좋아했는데 그 덕분에 미국 화폐 단위는 영국에서 사용하던 파운드, 실링, 펜스*와 다르게 십진법에 맞춰서 만들어졌으며 다임(dime)이라는 이름의 10센트 주화도 영어판 제목인 Disme("다임"이라고 읽는다)에서 따왔다.

### 시몬 스테빈(1548–1620)

시몬 스테빈은 플랑드르의 브뤼헤(지금은 벨기에)에서 태어났고 나중에 홀란트(Holland)의 레이던(Leiden)으로 옮겼다. 그 시기 이전에는 (플랑드르와 홀란트를 모두 포함하는) 네덜란드 지역이 스페인 제국의 영토였으며 당시 스페인은 합스부르크 왕가가 이끄는 막강한 군사력을 자랑하는 제국이었다. 1568년, 같은 문화적 언어적 배경으로 뭉친 네덜란드인들이 독립전쟁을 시작했으며 공화국을 설립했다가 자기만의 제국을 설립했다. 군사기술자이자 네덜란드를 사랑한 애국자였던 스테빈도 반란군에 합류했으며 지도자인 오라녜 공작 마우리츠(Prince Maurice of Orange)와도 친분을 쌓게 되었다. 스테빈은 요새를 설계하고 수문 시스템을 활용하여 쳐들어오고 있는 스페인군을 수몰시키는 등의 활약을 통해 네덜란드 공화국이 세워지는 데도 큰 공을 세웠다. 이 이후로 황금기를 맞은 네덜란드는 문화, 과학, 경제 전 분야에서 두각을 나타냈고 렘브란트나 페르메이르 같은 화가의 걸작들로도 잘 알려져 있다.

스테빈은 진정한 르네상스형 인간으로 군사 기술 외에도 다양한 방면에서 대단한 업적을 남겼다. 그가 맡은 직책은 네덜란드 육군 병참감이었지만 실제로는 마우리츠 공작의 과학 자문으로 활약했다. 소수점 표기법, 다항식을 비롯한 수학 분야의 업적뿐 아니라 물리학에서도 다양한 분야에 공

* 역주 당시 영국에서는 12펜스가 1실링, 20실링이 1파운드였다.

헌했다. 정역학을 연구하면서는 평행사변형을 이용하여 힘을 더하는 방법을 고안해내서 뉴턴을 비롯한 과학자들의 연구 근간을 닦았다. 12음 음계에서 인접한 음 사이의 주파수 관계를 발견한 것도 스테빈이었다. 자유낙하하는 물체가 일정한 가속도로 가속된다는 것도 갈릴레오보다 몇 년 앞서 발견했다.

스테빈은 이전까지 독일어의 이류 방언 정도로 여겨졌던 네덜란드어를 정리하는 일에도 열성적이었다. 마우리츠 공작을 도와 네덜란드어로 가르치는 공학 학교를 설립했으며 네덜란드어로 교과서도 만들었다. 단어의 사용 빈도 및 길이에 대한 분석을 통해 네덜란드어가 과학을 하는 데 있어서 가장 좋은(가장 효율적인) 언어라는 것을 "증명"하기도 했다. 스테빈은 고집스럽게도 그가 발견한 내용을 라틴어가 아닌 네덜란드어로만 발표했는데 이 때문에 네덜란드 밖에서는 그 유명세가 조금 덜한 편이다.

스테빈은 〈10분의 1에 관하여〉에서 수를 표기하는 방법을 정수와 분수에서 "각 사물의 양을 표현할 수 있는" 방법까지로 확장했다. 사실상 스테빈은 실수와 수직선의 개념을 발명해낸 것이다. 수직선 위에는 음수, 무리수, "설명할 수 없는" 수(초월수를 이렇게 불렀던 것으로 보인다)를 포함하여 어떤 양이든 올라갈 수 있었다. 물론 스테빈의 소수점 표기법에도 단점은 있었는데 예를 들어 다음과 같이 간단한 값도 무한히 긴 수로 표시해야 한다.

$$\frac{1}{7} = 0.142857142857142857142857142857...$$

스테빈의 표기법이 등장하면서 전에는 풀 수 없는 문제도 풀 수 있게 되었다. 예를 들어 스테빈은 그리스인들에게 난제로 유명했던 세제곱근을 계산하는 방법도 보였다. 그가 제안한 방법은 지금은 중간값 정리(10.8절에 있는 "이진 검색의 기원" 참조)로 알려져 있는 내용(어떤 연속함수가 한 점에서는 음수이고 다른 한 점에서는 양수이면 중간 어딘가에 값이 0인 점이 있다는 정리)과 비슷하다. 스테빈의 아이디어는 함수가 음에서 양으로 가는 수(처음에는 정수)를 찾은 뒤, 그 수와 다음 수 사이를 열 칸으로 가르고 이 작업을 10분의 1, 100분의 1 등에 대해서 계속 반복하는 방식이다. 그는 이렇게 "확대"해서 들어감으로써 어떤 문제든 원하는 정확도로 풀 수 있다는 점을 알아냈다. 그는 "소수점 아래로 원하는 만큼 진짜 값에 가까이 들어갈 수 있으며 실제 값에 한없이 가까운 값을 구할 수 있다"고 적었다.

스테빈은 모든 수를 직선 위의 한 점으로 표현하는 방법을 찾아내긴 했지만 한 쌍의 수를 평면 위에 점으로 표현하는 단계까지 넘어가지는 못했다. 그 방법은 프랑스의 위대한 수학자이자 철학자인 르네 데카르트(라틴어로는 레나투스 카르테시우스)가 처음으로 발명했으며 지금은 데카르트 좌표(Cartesian coordinates)라고 부른다.

• • •

스테빈의 또 다른 업적으로 (단변수*) 다항식을 들 수 있는데 이것도 마찬가지로 1585년에 발표되었으며 〈산술(L'Arithmétique)〉이라는 책에서 처음으로 소개되었다. 다음과 같은 식을 생각해 보자.

$$4x^4 + 7x^3 - x^2 + 27x - 3$$

스테빈이 다항식 개념을 발명하기 전에는 이런 수를 만들어내기 위해서는 알고리즘을 수행해야만 했다. 어떤 수의 4승을 구해서 4를 곱하고 3승을 구해서 7을 곱해서 더하고 하는 식으로 말이다. 사실 모든 서로 다른 다항식에 대해 다른 알고리즘을 만들어야 하는 것이었다. 스테빈은 다항식이 단순히 숫자들로 이루어진 유한 수열이라는 점을 깨달았다. 위 다항식의 경우에는 {4, 7, −1, 27, −3}이다. 현대의 전산학 용어로 말하자면 스테빈이 "코드를 데이터로 다룰 수 있음"을 처음으로 발견한 사람이라고 할 수 있겠다.

---

* 변수가 하나인 다항식을 단변수(univariate) 다항식이라고 부른다. 이 장의 나머지 부분에서는 "다항식"이라고 하면 모두 단변수 다항식을 뜻하는 것으로 생각하자.

스테빈의 통찰을 활용하여, 포괄적인 평가 함수에 다항식을 데이터로 전달하는 것도 가능하다. 결합법칙을 이용하여 $x$를 두 번 이상 거듭해서 곱하지 않아도 되는 호너의 원리를 활용하는 코드를 만들어 보자.

$$4x^4 + 7x^3 - x^2 + 27x - 3 = (((4x + 7)x - 1)x + 27)x - 3$$

$n$차 다항식을 계산하려면 곱셈은 $n$ 번, 덧셈은 $n - m$ 번 필요하다. 여기에서 $m$은 계수가 0인 항의 개수다. 하지만 보통은 덧셈을 할지 안 할지 판단하는 비용이 더 크기 때문에 그냥 덧셈을 $n$ 번 하는 경우가 많다. 이 원리를 이용하여 다음과 같이 다항식 평가 함수를 구현할 수 있다. 여기에서 `first`와 `last`는 다항식의 계수 수열의 경계를 가리킨다.

```
template <InputIterator I, Semiring R>
R polynomial_value(I first, I last, R x) {
    if (first == last) return R(0);
    R sum(*first);
    while (++first != last) {
        sum *= x;
        sum += *first;
    }
    return sum;
}
```

**I**와 **R**을 만족시키는 유형에 대해 어떤 제약조건이 따를지 생각해 보자. **I**는 계수의 수열에 대해 반복을 해야 하기 때문에 반복자(iterator)이다.* 하지만 반복자의 값 유형(다항식의 계수의 유형)은 반드시 반환** **R**(다항식에 있는 변수 $x$의 유형)과 같아야 하는 것은 아니다. 예를 들어 $ax^2 + b$ 같은 다항식이 있고 계수가 실수일 때 $x$도 실수여야만 하는 것은 아니다. 행렬같이 전혀 다른 유형일 수도 있다.

* 반복자에 대해서는 10장에서 제대로 알아보기로 하자. 일단은 일반화된 포인터 정도로 생각하면 된다.

** 반환(semiring)은 원소를 더하고 곱할 수 있으며 분배성(distributivity)이 있는 대수구조이다. 반환은 8.5절에서 정식으로 정의해 보기로 하겠다.

**연습문제 8.1** R과 반복자의 값 유형에 필요한 제약조건은 무엇인가? 즉, 다항식의 계수와 그 값에 대한 제약조건은 무엇인가?

스테빈의 업적 덕분에 다항식을 수로 취급할 수 있게 되었으며 보통 산술 연산에 다항식을 집어넣을 수도 있게 되었다. 다항식을 더하거나 뺄 때는 단순히 그 계수들을 더하거나 빼기만 하면 된다. 곱할 때는 양쪽 다항식에서 하나씩, 모든 계수 쌍의 곱을 계산한다. 즉 곱할 다항식의 $i$ 번째 계수를 각각 $a_i$, $b_i$라고 할 때 그 결과로 만들어지는 다항식의 $i$ 번째 계수인 $c_i$는 다음과 같은 식으로 계산할 수 있다.

$$
\begin{aligned}
c_0 &= a_0 b_0 \\
c_1 &= a_0 b_1 + a_1 b_0 \\
c_2 &= a_0 b_2 + a_1 b_1 + a_2 b_0 \\
&\vdots \\
c_k &= \sum_{k=i+j} a_i b_j \\
&\vdots
\end{aligned}
$$

다항식 나눗셈에서는 차수 개념이 필요하다.

**정의 8.1** 0이 아닌 가장 높은 계수의 인수(즉 그 다항식의 가장 높은 승수)를 그 다항식의 차수(degree) deg($p$)라고 정의한다.

예를 들면 다음과 같다.

$$
\begin{aligned}
\deg(5) &= 0 \\
\deg(x+3) &= 1 \\
\deg(x^3+x-7) &= 3
\end{aligned}
$$

이제 나머지가 있는 나눗셈을 정의해 보자.

**정의 8.2** 다음을 만족하는 다항식 $q$와 $r$이 존재하면 다항식 $a$는 나머지 $r$로 다항식 $b$로 나눌 수 있다.

$$a = bq + r \ \wedge \ \deg(r) < \deg(b)$$

(이 식에서 $q$는 $a \div b$의 몫을 나타낸다.)

나머지가 있는 다항식의 나눗셈은 일반 수의 나눗셈과 마찬가지로 계산할 수 있다.

$$\begin{array}{r|l}
 & 3x^2 \ +2x \ \ -2 \\
\cline{2-2}
x-2 & 3x^3 \ -4x^2 \ -6x +10 \\
 & 3x^3 \ -6x^2 \\
\cline{2-2}
 & \quad\ \ 2x^2 \ -6x \\
 & \quad\ \ 2x^2 \ -4x \\
\cline{2-2}
 & \qquad\quad -2x +10 \\
 & \qquad\quad -2x \ +4 \\
\cline{2-2}
 & \qquad\qquad\quad 6
\end{array}$$

**연습문제 8.2** 임의의 다항식 $p$와 임의의 값 $a$에 대해 다음을 만족하는 다항식 $q$가 존재함을 증명하라.

1. $p = q \cdot (x-a) + p(a)$
2. $p(a) = 0 \Longrightarrow p = q \cdot (x-a)$

• • •

스테빈은 두 다항식의 GCD를 계산할 때도 유클리드 알고리즘(4.6절 끝에서 본 알고리즘)을 그대로 쓸 수 있다는 것을 알아냈다. 유형만 바꿔주면 된다.

```
polynomial<real> gcd(polynomial<real> a, polynomial<real> b) {
    while (b != polynomial<real>(0)) {
        a = remainder(a, b);
        std::swap(a, b);
    }
    return a;
}
```

여기서 사용하는 `remainder` 함수는 다항식 나눗셈을 구현하여 나머지를 구하는 함수인데 몫은 사용하지 않는다. 다항식 GCD는 기호 적분과 같은 작업에 쓰이는 컴퓨터 대수에서 아주 많이 사용한다.

스테빈의 업적은 제네릭 프로그래밍의 핵심이라고 할 수 있다. 한 영역에서 만든 알고리즘을 다른 유사한 영역에서 사용할 수 있기 때문이다.

4.7절에서 했던 것과 마찬가지로 이 알고리즘이 잘 돌아가는지, 즉 이 알고리즘이 완료될 수 있고 GCD를 제대로 계산해낼 수 있는지 확인해 보자.

알고리즘이 완료될 수 있다는 것을 보이려면 유한 단계 내에 GCD를 계산할 수 있다는 것을 보여야 한다. 다항식 나머지 함수를 반복해서 수행하는데 정의 8.2에 따라 다음 조건이 만족된다.

$$\deg(r) < \deg(b)$$

따라서 각 단계마다 $r$의 차수가 줄어들 수밖에 없다. 차수는 0보다 큰 정수이므로 이 감소 수열은 반드시 유한하다.

이 알고리즘에서 GCD를 제대로 계산할 수 있음을 보일 때도 4.7절에서와 같은 논지를 전개하면 되는데 정수에서는 물론 다항식에 대해서도 똑같이 적용할 수 있다.

**연습문제 8.3** 다음 다항식의 GCD를 구하시오(크리스털의 대수학 교과서에서 인용).

1. $16x^4 - 56x^3 - 88x^2 + 278x + 105,$
   $16x^4 - 64x^3 - 44x^2 + 232x + 70$

2. $7x^4 + 6x^3 - 8x^2 - 6x + 1,$
   $11x^4 + 15x^3 - 2x^2 - 5x + 1$

3. $nx^{n+1} - (n+1)x^n + 1,$
   $x^n - nx + (n-1)$

## 8.2 괴팅겐과 독일의 수학자들

18세기와 19세기, 독일이 통일된 국가로 자리 잡기 오래전부터 독일의 문화가 번창하기 시작했다. 바흐, 모차르트, 베토벤 같은 작곡가, 괴테나 실러 같은 시인, 칸트, 헤겔, 마르크스 같은 철학자들이 심오하고도 아름다운 역작들을 만들어내던 시기였다. 독일의 대학들은 진리를 추구하는 사명을 띤 공복으로서의 독일 대학교수들의 역할을 정립해가고 있었다. 이러한 시스템은 그 시대 최고의 수학자와 물리학자들을 배출할 수 있었는데 그중 많은 이들이 괴팅겐 대학에서 가르치거나 공부했다.

### 괴팅겐 대학교

독일 수학은 괴팅겐 대학이라는 이상한 장소를 중심으로 하고 있었다. 수백 년 전 중세 시대에 만들어진 다른 유럽의 명문 대학들과 달리 괴팅겐 대학교는 1734년에 만들어진 비교적 젊은 대학교였다. 게다가 괴팅겐시 자체도 그리 큰 도시가 아니었다. 그런데도 불구하고 괴팅겐 대학교는 가우스, 리만, 디리클레, 데데킨트, 클라인, 민코프스키, 힐베르트를 비롯한 정상급 수학자들이 자리 잡은 곳이었다. 20세기 초에는 양자 이론을 정립한 막스 보른이나 베르너 하이젠베르크 같은 물리학자들이 연구한 곳이기도 했다.

괴팅겐의 전성기는 1933년 나치가 유대인 교수와 학생(이 중에는 정상급 물리학자와 수학자가 여럿 있었다)을 전부 추방하면서 끝나고 말았다. 몇 년 뒤, 나치의 교육부 장관이 독일 수학자인 다비트 힐베르트에게 "유대인들을 다 쫓아내고 난 뒤에 괴팅겐 대학교 수학과는 어떻게 되었습니까?" 하고 물었을 때, 힐베르트는 "괴팅겐 대학교 수학과요? 이제 그런 건 없어요."라고 대답했다고 한다.

괴팅겐 출신의 가장 중요한 수학자 중 하나로 독일의 근대 수학을 정립했다고 할 수 있는 카를 프리드리히 가우스를 꼽을 수 있다. 그의 수많은 업적 중에는 정수론에 대한 기념비적인 연구를 꼽을 수 있는데 이 내용은 1801년에 그가 쓴 〈산술 연구(Disquisitiones Arithmeticae)〉에 실려 있다. 가우스의 〈산술 연구〉는 마치 유클리드의 〈기하학 원론〉 같은 책이라고 할 수 있다. 정수론의 거의 모든 연구 결과가 이 책에 있는 내용을 바탕으로 하기 때문이다. 그중에서도 가장 중요한 결과로 산술의 기본 정리가 있는데 이는 모든 정수는 유일한 소인수분해를 갖는다는 정리이다.

### 카를 프리드리히 가우스(1777-1855)

카를 프리드리히 가우스(Carl Friedrich Gauss)는 독일의 브라운슈바이크에서 자랐으며 어렸을 때부터 신동으로 유명했다. 유명한 일화에 따르면 초등학교 때 선생님이 학생들에게 1부터 100까지 모든 정수를 더하라는 문제를 냈을 때, 9살 먹은 가우스가 몇 초 만에 그 답을 알아냈다고 한다. 그는 첫 번째 수와 마지막 수를 더하면 101인데 두 번째 수와 마지막에서 두 번째 수, 그다음 쌍도 모두 합이 101이기 때문에 101에 50을 곱하기만 하면 답을 구할 수 있다는 것을 깨달았다고 한다.

가우스의 재능에 주목한 브라운슈바이크 공작은 14세 때부터 가우스의 학비를 모두 부담했는데 처음에는 그 지역에 있는 학교에 다니다가 나중에는 괴팅겐 대학교로 진학을 했다. 가우스는 처음에는 수학이 아니라 그 당시에 괴팅겐 대학교가 매우 강했던 분야인 고전을 공부할 생각을 했다고 한다. 하지만 스스로 수학 공부를 계속했고 1796년에는 유클리드 이후로 수많은 수학자를 괴롭혀온 문제인 정17각형 작도법을 발견했다. 그뿐 아니라 가우스는 변의 개수가 페르마 소수($2^{2^k}+1$ 형태의 소수)인 정다각형은 모두 작도할 수 있다는 것까지 증명했다. 이런 업적을 낸 이후로 가우스는 수학자가 되어야겠다는 확신을 가지게 되었다. 그는 정17각형의 작도법을 발견한 것을 스스로 매우 자랑스럽게 여겨서 나중에 묘비에 정17각형을 새길 계획까지 세웠다고 한다.

가우스는 박사 학위 논문에서 계수가 복소수인 상수가 아닌 다항식은 모두 복소수 근을 가진다는 것을 증명했는데 이는 나중에 대수학의 기본 정리로 널리 알려졌다.

정수론에 대한 위대한 논문, 〈산술 연구〉는 그가 아직 학생이었던 시기에 썼는데 불과 24살이었던 1801년에 출판되었다. 인류의 오랜 역사에 걸쳐 유클리드, 페르마, 오일러 같은 위대한 수학자들이 정수론을 연구했지만, 정수론이라는 분야를 집대성하고 모듈러 산술을 도입하여 정식으로 틀을 갖춘 것은 가우스가 처음이었다. 〈산술 연구〉는 오늘날에도 계속 연구되고 있으며 실제로 20세기 수학의 중요한 업적 중에도 가우스의 책을 심도 있게 연구한 결과로 나온 것이 있다.

가우스는 1801년에 그가 개발한 최소자승법으로 소행성 세레스의 위치를 예측해내면서 세계적으로 유명해졌다. 이 결과로 그는 나중에 괴팅겐 천문학 관측소의 소장으로 임명되었다. 그의 생애 전반에 걸쳐서 이렇게 실질적인 문제를 해결함으로써 수학적인 결과를 도출해내는 사례를 여러 번 볼 수 있다. 가우스는 지구를 측정하는 학문인 측지학에서도 업적을 남겼는데 그는 측지학을 연구하면서 미분기하학이라는 새로운 분야를 만들어냈다. 또한 데이터의 오차를 관찰한 결과로부터 통계학의 가우스 분포 개념을 도출해냈다.

가우스는 그가 한 일 중에서도 스스로 최고의 결과라고 생각하는 것만 출판했기 때문에 그가 실제로 한 일 중에서 출판된 것은 소수에 불과하다. 때로는 어떤 결과를 완벽하게 증명하는 방법을 찾을 때까지 논문을 발표하지 않고 미뤄두기도 했다. 그는 양이 적더라도 정말 제대로 된 것만을 발표하는 것을 신조로 삼았다.

다양한 분야에 걸쳐서 깊이 있는 연구 성과를 낸 가우스는 수학의 왕자라는 별명을 얻었다.

가우스가 만들어낸 것 중에 복소수 표기법도 있다. 수학자들은 허수($xi$, 이때 $i^2 = -1$)를 200년 넘게 쓰고 있었지만, 허수를 잘 이해하진 못하고 있었으며 웬만하면 쓰지 않는 쪽을 선호했다. 가우스도 수학자로서 첫 30년 동안은 그랬다. 그의 공책을 보면 일부 결과를 유도하는 데 허수를 사용하기도 했지만 증명을 정리하여 나중에 논문으로 낼 때는 $i$에 대해 언급을 하지 않는 경우가 많았다(그는 한 편지에서 "$i$의 형이상학은 아주 복잡하다."고 언급하기도 했다).

하지만 1831년, 가우스는 매우 심오한 깨달음을 얻었다. $z = x + yi$ 형태의 수를 데카르트 평면 위의 한 점 $(x,y)$로 볼 수 있다는 것이었다. 그는 이런 "복소수"가 다른 모든 수와 마찬가지로 정형적이면서 자기 부합적이라는 것을 알아냈다.

복소수에 관해 사용할 몇 가지 정의와 속성을 정리해 보면 다음과 같다.

$$
\begin{aligned}
\text{복소수: } & z = x + yi \\
\text{켤레복소수: } & \bar{z} = x - yi \\
\text{실수부: } & \mathrm{Re}(z) = \tfrac{1}{2}(z + \bar{z}) = x \\
\text{허수부: } & \mathrm{Im}(z) = \tfrac{1}{2i}(z - \bar{z}) = y \\
\text{노름(norm): } & \|z\| = z\bar{z} = x^2 + y^2 \\
\text{절댓값: } & |z| = \sqrt{\|z\|} = \sqrt{x^2 + y^2}
\end{aligned}
$$

$$
\begin{aligned}
\text{편각: } & \arg(z) = \phi \text{ 이때} \\
& 0 \le \phi < 2\pi \text{ 그리고 } \tfrac{z}{|z|} = \cos(\phi) + i\sin(\phi)
\end{aligned}
$$

복소수 $z$의 절댓값은 복소평면에서 벡터 $z$의 길이이며 편각은 실수축과 벡터 $z$ 사이의 각도이다. 예를 들어 $|i|=1$이며 $\arg(i) = 90°$이다.

스테빈이 다항식을 가지고 모든 산술 연산을 처리할 수 있음을 보였던 것과 마찬가지로 가우스는 복소수도 모든 산술 연산이 가능한 제대로 된 수라는 것을 보였다.

덧셈: $z_1 + z_2 = (x_1 + x_2) + (y_1 + y_2)i$
뺄셈: $z_1 - z_2 = (x_1 - x_2) + (y_1 - y_2)i$
곱셈: $z_1 z_2 = (x_1 x_2 - y_1 y_2) + (x_2 y_1 + x_1 y_2)i$
역수: $\frac{1}{z} = \frac{\bar{z}}{\|z\|} = \frac{x}{x^2+y^2} - \frac{y}{x^2+y^2}i$

두 복소수의 곱은 편각을 더하고 절댓값을 곱하는 식으로도 구할 수 있다. 예를 들어 $\sqrt{i}$를 구할 때, ($1 \cdot 1 = 1$, $45 + 45 = 90$이므로) 그 복소수의 절댓값은 1이고 편각은 45°임을 알 수 있다.

• • •

가우스는 계수가 정수인 복소수도 발견했는데 이를 가우스 정수라고 부른다. 가우스 정수에는 특별한 성질이 있다. 예를 들어 가우스 정수 2는 두 개의 다른 가우스 정수 $1 + i$, $1 - i$의 곱으로 표현할 수 있기 때문에 소수가 아니다.

가우스 정수의 나눗셈은 완벽하게 구현할 수 없지만 나머지가 있는 나눗셈은 가능하다. $z_1$, $z_2$의 나머지를 구하는 방법으로 가우스는 다음과 같은 방법을 제안했다.

1. 복소평면 위에 $z_2, iz_2, -iz_2, -z_2$로 격자를 만든다.
2. 격자 위에서 $z_1$이 들어가는 정사각형을 찾는다.
3. 그 정사각형에서 $z_1$에 제일 가까운 꼭짓점 $w$를 찾는다.
4. 나머지는 $z_1 - w$이다.

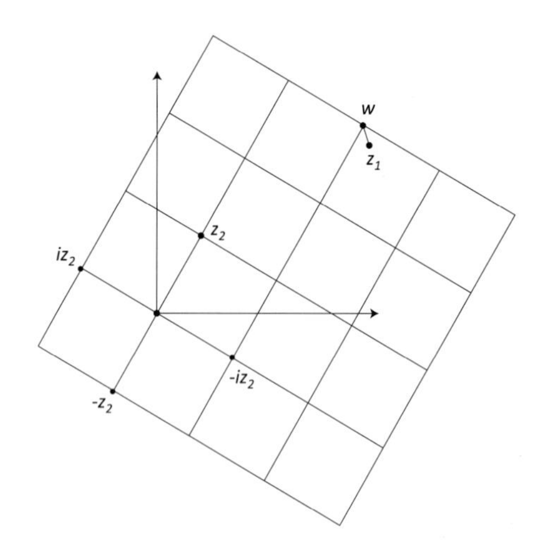

가우스는 이런 나머지 함수를 이용하여 복소수에도 다음과 같은 식으로 유클리드의 GCD 알고리즘을 적용할 수 있다는 것을 깨달았다.

```
complex<integer> gcd(complex<integer> a, complex<integer> b) {
    while (b != complex<integer>(0)) {
        a = remainder(a, b);
        std::swap(a, b);
    }
    return a;
}
```

위 코드에서 바뀐 부분은 유형밖에 없다.

• • •

가우스의 업적은 또 다른 괴팅겐 대학교의 교수인 페터 구스타프 르죈 디리클레(Peter Gustav Lejeune Dirichlet)에 의해 확장되었다. 가우스의 복소수는 (디리클레가 사용한 용어에 따르자면) $t+n\sqrt{-1}$ 같은 형식으로 표기되었지만, 디리클레는 이것이 $t+n\sqrt{-a}$ ($a$가 1이 아니어도 됨)의 특별한 경우라는 것을 깨달았고 다른 값을 사용하면 다른 특성이 나올 수 있음을 발견했다. 예를 들어 표준적인 GCD 알고리즘은 $a = 1$일 때는 이런 형식의 수에 적용할 수 있지만, $a = 5$일 때는 소인수분해가 유일하지 않기 때문에 제대로 작동하지 않는다. 예를 들면 이렇다.

$$21 = 3 \cdot 7 = (1 + 2\sqrt{-5}) \cdot (1 - 2\sqrt{-5})$$

유클리드의 알고리즘이 제대로 돌아간다면 소인수분해는 유일해야만 한다. 하지만 이 경우에는 유일한 소인수분해가 없기 때문에 유클리드의 알고리즘도 제대로 작동하지 않는다.

디리클레의 가장 큰 업적으로 $a$와 $b$가 서로 소이면 (즉, $\gcd(a,b) = 1$이면) $ak + b$ 형태의 소수가 무한히 많다는 것을 증명한 것을 들 수 있다.

디리클레의 업적은 대부분 정수론에서 두 번째로 위대한 책이라고 할 수 있는

〈정수론 강의(Vorlesungen über Zahlentheorie)〉에 실려 있다. 이 책에는 다음과 같은 중요한 통찰이 들어있는데 이는 4장 맨 앞에 인용한 구절이기도 하다.

> 정수론의 전체 구조는 단 한 가지 기초, 즉 두 수 사이의 최대공약수를 찾는 알고리즘 위에 세워져 있다.
>
> 다른 모든 정리는… 고작 이 알고리즘에서 간단하게 도출할 수 있는 결과에 지나지 않는다…

이 책은 사실 디리클레가 사망한 후 괴팅겐의 후배 동료인 리하르트 데데킨트가 써서 출판했는데 디리클레의 강의를 데데킨트가 기록한 강의록을 바탕으로 만든 책이다. 매우 겸손한 성격의 데데킨트는 디리클레의 이름으로 이 책을 출간했는데 나중에는 자신이 직접 도출한 결과를 많이 추가했음에도 여전히 디리클레의 이름으로만 책을 냈다. 안타깝게도 데데킨트는 너무 겸손해서 큰 손해를 보기도 했는데 괴팅겐 대학교에서 종신교수직을 받지 못해서 덜 유명한 기술 대학교의 교수 자리에 머물러야 했다.

데데킨트는 가우스 정수와 디리클레가 확장한 가우스 정수가 실제로는 더 일반적인 개념인 대수적 정수(algebraic integer)의 특별한 경우라는 것을 발견했다. 대수적 정수는 모든 계수가 정수인 일계수 다항식(monic polynomial)(최고차항의 계수가 1인 다항식)의 해의 선형 정수 조합이다. 이런 다항식들이 이러한 대수적 정수의 집합을 생성(generate)한다고 지칭한다. 예를 들면 다음과 같다.

> $x^2 + 1$은 가우스 정수 $a + b\sqrt{-1}$을 생성한다.
>
> $x^3 - 1$은 아이젠슈타인 정수 $a + b\frac{-1+i\sqrt{3}}{2}$을 생성한다.
>
> $x^2 + 5$는 정수 $a + b\sqrt{-5}$를 생성한다.

데데킨트의 대수적 정수에 관한 연구 결과에는 근대적인 추상대수학의 거의 모든 구성요소가 담겨 있다. 하지만 완전한 추상화를 이뤄낸 것은 또 다른 괴팅겐 대학의 수학자 에미 뇌터였다.

# 8.3 뇌터와 추상대수학의 탄생

에미 뇌터는 "어떤 수학적 실체에 대해 전혀 몰라도 특정 유형의 수학적 실체에 관한 결과를 유도하는 것이 가능하다"는 혁명적인 통찰을 제시했다. 프로그래밍 용어로 풀어보자면 알고리즘과 자료구조에서 어떤 유형이 실제로 쓰이는지 전혀 알지 못하는 상황에서도 개념(concept)을 사용할 수 있다는 것을 깨달은 것이다. 매우 실질적인 면에서 보자면 뇌터는 우리가 지금 제네릭 프로그래밍이라고 부르는 것에 대한 이론을 제공한 셈이다. 뇌터는 수학자들에게 어떤 정리든 최대한 일반화된 틀에서 봐야 한다는 점을 가르쳐줬다. 마찬가지로 제네릭 프로그래밍에서는 알고리즘을 최대한 일반화된 개념으로 정의한다.

### 에미 뇌터(1882-1935)

에미 뇌터(Emmy Noether)는 유태계 독일인 학자 집안에서 태어났다. 아버지는 에를랑겐 대학교의 저명한 수학 교수였다. 그 당시 여성으로서는 지극히 드문 일이었지만, 뇌터는 대학교에서 수학을 공부했으며 1907년에 박사 학위를 받았다. 그 후로 몇 년 동안 에를랑겐에서 머물면서 아버지를 도와 수학을 가르쳤지만 공식적인 자리나 월급은 없었다.

여성들은 학술 분야에서 수백 년 동안 배제되어 있었다. 1884년에 스톡홀름에서 교수가 된 러시아 수학자 소피아 코발레프스카야를 제외하면 그 시절 대학교에서 수학과 교수 중에는 여성이 전혀 없었다.

당시 최고의 수학자로 꼽혔던 펠릭스 클라인과 다비트 힐베르트는 뇌터의 재능을 알아보고 교수가 될 충분한 자격이 있다고 생각했다. 또한 여성을 수학계에서 배제하면 안 된다고 생각했다. 그래서 그들은 1915년, 괴팅겐에 뇌터를 데리고 오기 위해 준비했다.

하지만 뇌터는 여전히 공식적으로 강의를 할 수가 없었다. 다른 교수들이 뇌터의 임용을 반대했기 때문이었다. 4년 동안 뇌터의 강의는 힐베르트의 이름으로 등록되었으며 뇌터는 일종의 비공식 대체 강사 같은 취급을 받았다. 1919년에 자기 이름으로 강의를 할 수 있게 된 후에도 뇌터는 일종의 비상근 교수라고 할 수 있는 객원 강사(Privatdozent)로 일해야 했으며 월급도 받지 못했다.

뇌터는 괴팅겐에 있는 동안 물리학과 수학에서 엄청난 업적을 세웠다. 물리학에서는 대칭성과 (각운동량 보존 같은) 물리적인 보존법칙 사이의 관계를 규정짓는 뇌터의 정리를 만들어냈다. 알베르트 아인슈타인도 이론물리학에서 가장 근본적인 정리 가운데 하나인 뇌터의 정리에 깊은 영감을 받았다. 뇌터의 업적은 양자역학에서 블랙홀에 관한 이론에 이르기까지 현대 물리학 전반에 큰 영향력을 미치고 있다.

수학에서는 추상대수학을 정립했다. 군이나 환을 비롯한 다양한 대수적 객체는 코시나 갈루아같이 더 이른 시기의 수학자들도 다루긴 했지만, 그들은 항상 특정한 "인스턴스"를 사용했다. 뇌터는 특정한 구현이 없다고 하더라도 그런 대수구조를 추상적으로 다룰 수 있다는 것을 처음으로 발견하는 공적을 세웠다.

뇌터는 교육자로서도 매우 뛰어나서 세계 각지에서 학생들이 몰려왔다. 그녀의 지도 하에 이 젊은 수학자들은 새로운 수학을 만들어냈다. 그 제자들은 "뇌터의 아이들"이라고도 부른다.

1933년, 나치가 유대인을 대학교에서 쫓아내면서 뇌터는 미국으로 옮겼다. 하지만 세계 최고의 수학자임에도 불구하고 여성이라는 이유로, 그녀는 주요 연구 중심 대학에서 교수 자리를 얻지 못했다. 결국은 학부 과정만 있는 조그만 여대인 브린 마(Bryn Mawr) 대학교에 방문 교수로 일할 수밖에 없었다.

안타깝게도 에미 뇌터는 53세였던 1935년에 난소 낭종 제거 수술 며칠 후에 사망하고 말았다. 그 후로 그녀가 수학 분야에 남긴 발자취는 근본적이면서도 혁명적인 것으로 중요성을 인정받고 있다.

뇌터는 학생들을 매우 열심히 도운 것으로 유명했으며 자기 아이디어를 학생들에게 아낌없이 나눠주고 논문을 내는 것을 장려한 것으로도 잘 알려졌다. 하지만 정작 본인은 논문을 그다지 많이 내지 않았다. 다행스럽게도 당시의 젊은 네덜란드 수학자인 바르털 판데르바르던(Bartel van der Waerden)이 뇌터의 수업을 청강하면서 그 강의를 바탕으로 한 책을 썼다. 〈현대 대수학〉이라는 제목의 책으로 뇌터가 개발한 추상적인 접근법을 기술한 첫 번째 책이었다.

〈현대 대수학〉은 현대 수학자들의 수학에 대한 생각을 근본적으로 바꿔주는 책이었다. 그 책에 담긴 혁명적인 접근법(최대한 추상적인 용어로 정리를 표현한다는 개념)은 뇌터가 만들어낸 것이었다. 그 후로 대수학자뿐 아니라 거의 모든 수학자들이 바뀌게 되었다. 뇌터는 사람들에게 다르게 생각하는 법을 가르쳐준 것이다.



## 8.4 환

뇌터의 가장 중요한 업적 가운데 하나로 환(ring)* 이라는 대수구조에 대한 이론을 만들어낸 것을 들 수 있다.

**정의 8.3** 다음과 같은 연산, 상수와 공리가 정의된 집합을 환(ring)이라고 한다.

* 환(ring)이라는 용어는 힐베르트가 만들어냈는데 범죄단체(criminal ring)처럼 공통의 사업에 관여하고 있는 여러 사람에 대한 은유적인 표현에 빗대어 쓰기 시작했다. 귀금속이 박힌 반지하고는 아무 상관이 없다.

$$\text{연산: } x + y, -x, xy$$
$$\text{상수: } 0_R, 1_R$$

환에 적용되는 공리는 다음과 같다.

$$x + (y + z) = (x + y) + z$$
$$x + 0 = 0 + x = x$$
$$x + -x = -x + x = 0$$
$$x + y = y + x$$
$$x(yz) = (xy)z$$
$$1 \neq 0$$
$$1x = x1 = x$$
$$0x = x0 = 0$$
$$x(y + z) = xy + xz \qquad (y + z)x = yx + zx$$

환*에는 정수 산술과 유사한 속성이 포함되어 있다(덧셈, 곱셈과 같은 연산이 있고 덧셈은 교환법칙이 성립하며 덧셈에 대한 곱셈 분배법칙이 적용된다). 실제로 환은 정수를 추상화한 것으로 생각할 수 있고 환의 가장 대표적인 예가 바로 정수의 집합 $\mathbb{Z}$이다. 그리고 모든 환은 덧셈군이고 따라서 아벨군이기도 하다. "덧셈" 연산에는 역수가 있어야 하지만 "곱셈" 연산에는 역수가 없어도 된다.

실제로 수학자들이 0을 적을 때는 위의 공리에서 한 것처럼 아래 첨자를 쓰지 않는 편이다. 예를 들어 행렬의 환을 다루는 경우라면 "0"이라고 했을 때 그냥 정수 0이 아니라 덧셈에 대한 항등 항렬을 뜻하는 것으로 해석해야 한다.

정수 외에 다른 환의 예로는 다음과 같은 것이 있다.

- 실수 계수의 $n \times n$ 행렬
- 가우스 정수
- 정수 계수 다항식

* 곱셈 항등원 1 및 항등 공리가 없이 환을 정의하고 항등원과 항등 공리가 포함된 환은 따로 유니타리 환(unitary ring)이라고 부르는 사람도 있다. 여기에서는 그렇게 하지 않는다.

$xy = yx$이면 그 환은 교환법칙이 성립하는 환(가환환)이다. 행렬의 곱셈에서는 교환법칙이 성립하지 않기 때문에 선형대수학에서는 교환법칙이 성립하지 않는 환(비가환환)을 흔하게 볼 수 있다. 이와 대조적으로 다항식 환이나 대수적 정수의 환에서는 교환법칙이 성립한다. 이런 두 유형의 환 때문에 추상대수학은 크게 가환대수(commutative algebra)와 비가환대수(noncommutative algebra)로 나뉜다. 환에 대해서는 "가환" "비가환"이라는 수식어를 직접 붙이지 않는 경우가 많다. 대신 가환대수나 비가환대수를 시작할 때 처음부터 어떤 유형의 환을 사용하는지 약속을 하고 시작하는 편이다. 8.5절과 8.6절을 제외한 이 책의 나머지 부분에서는(데데킨트, 힐베르트, 뇌터 등이 연구한) 가환대수만을 다루기 때문에 교환법칙이 성립하는 환만 생각하기로 하자.

**정의 8.4** 환의 한 원소 $x$에 대해 다음을 만족하는 $x^{-1}$이 존재하면 그 원소는 가역(invertible)이다.

$$xx^{-1} = x^{-1}x = 1$$

어떤 환에든 가역 원소가(1) 적어도 한 개 존재한다. 하나 이상이 있을 수도 있는데 예를 들어 정수환 $\mathbb{Z}$에서는 1과 $-1$이 가역이다.

**정의 8.5** 환에 있는 가역 원소를 그 환의 단위(unit)라고 부른다.

**연습문제 8.4 (매우 쉬움)** 가역 원소가 딱 하나뿐인 환의 예를 들어보시오. 가우스 정수 $\mathbb{Z}[\sqrt{-1}]$의 단위를 구하시오.

**정리 8.1** 단위는 곱셈에 대해 닫혀 있다(즉, 단위의 곱은 단위이다).

**| 증명** $a$와 $b$가 단위라고 가정하자. 그러면 (단위의 정의에 따라) $aa^{-1} = 1$이고 $bb^{-1} = 1$이다. 따라서 다음 식이 성립한다.

$$1 = aa^{-1} = a \cdot 1 \cdot a^{-1} = a(bb^{-1})a^{-1} = (ab)(b^{-1}a^{-1})$$

마찬가지로 $a^{-1}a = 1$이고 $b^{-1}b = 1$이므로 다음 식도 성립한다.

$$1 = b^{-1}b = b^{-1} \cdot 1 \cdot b = b^{-1}(a^{-1}a)b = (b^{-1}a^{-1})(ab)$$

이제 어느 쪽에서 $ab$를 곱하든 항상 1이 나오는 항이 있으며 이 항은 $ab$의 역이다.

$$(ab)^{-1} = b^{-1}a^{-1}$$

따라서 $ab$는 단위이다. ∎

**연습문제 8.5** 다음을 증명하시오.

- 1은 단위이다.
- 단위의 역도 단위이다.

**정의 8.6** 다음 두 조건을 만족하는 환의 원소 $x$를 영인자(zero divisor)라고 부른다.

1. $x \neq 0$
2. $y \neq 0$이면서 $xy=0$을 만족하는 $y$가 존재한다.

예를 들어 모듈로 6의 나머지의 환 $\mathbb{Z}_6$에서는 2와 3이 영인자다.

**정의 8.7** 영인자가 없는 가환환을 정역(integral domain)이라고 부른다.

여기에서 "정"역이라고 부르는 것은 원소들이 정수와 비슷하게 0이 아닌 것 두 개를 곱했을 때 0이 나오지 않는 특성을 보이기 때문이다. 정역의 몇 가지 예를 들면 다음과 같다.

- 정수
- 가우스 정수
- 정수에 대한 다항식
- $\frac{x^2+1}{x^3-1}$ 같은 정수에 대한 유리 함수(두 다항식의 비를 유리 함수라고 부른다)

모듈로 6에 대한 나머지의 환은 정역이 아니다(나머지의 환이 정역이 되는지 여부는 법(modulus)이 소수인지 여부에 따라 결정된다).

**연습문제 8.6 (매우 쉬움)** 영인자는 단위가 아님을 증명하시오.

FROM MATHEMATICS TO GENERIC PROGRAMMING

## 8.5 행렬 곱과 반환

**참고** 이 절과 다음 절을 이해하려면 선형대수를 어느 정도 알고 있어야 한다. 이 두 절에서 다루는 내용이 이 책의 나머지 부분을 이해하는 데 필수적이진 않으므로 선형대수를 모르는 독자라면 건너뛰어도 무방하다.

앞 장에서는 거듭제곱과 행렬 곱을 결합하여 선형 재귀 함수를 계산하는 방법을 알아보았다. 행렬 곱을 더 일반적으로 활용하면 다른 많은 알고리즘에도 같은 기법을 사용할 수 있다.

### 선형대수 리뷰

벡터 및 행렬 연산이 어떻게 정의되는지 빠르게 훑고 지나가 보자.

두 벡터의 내적:

$$\vec{x} \cdot \vec{y} = \sum_{i=1}^{n} x_i y_i$$

바꿔 말하자면 내적은 모든 원소를 곱한 값들을 더한 값이다. 내적의 결과는 항상 스칼라(하나의 수)이다.

행렬-벡터 곱:

$$\vec{w} = \left[x_{ij}\right] \vec{v}$$

$$w_i = \sum_{j=1}^{n} x_{ij} v_j$$

$n \times m$ 행렬을 길이 $m$인 벡터와 곱하면 길이가 $n$인 벡터가 만들어진다. 결

과 벡터의 $i$ 번째 원소가 행렬의 i 번째 행과 원래 벡터의 곱이라고 생각하면 된다.

행렬–행렬 곱:

$$[z_{ij}] = [x_{ij}]\,[y_{ij}]$$
$$z_{ij} = \sum_{k=1}^{n} x_{ik}y_{kj}$$

행렬 곱 $AB = C$에서 $A$가 $k \times m$ 행렬이고 $B$가 $m \times n$ 행렬이면 $C$는 $k \times n$ 행렬이 된다. $C$의 $i$ 행, $j$ 열 원소는 $A$의 $i$ 번째 행과 $B$의 $j$ 번째 열의 내적이다. 행렬의 곱셈에서는 교환법칙이 성립하지 않는다는 점에 주의하자. $AB = BA$가 성립하지 않을 수도 있다. 실은 $AB$나 $BA$ 중에 하나만 정의 가능한 경우도 흔하다. 행렬을 곱할 때는 첫 번째 행렬의 열 수와 두 번째 행렬의 행 수가 같아야 하기 때문이다. 두 곱이 모두 정의 가능한 경우에도 결과는 거의 항상 다르다.

거듭제곱 함수를 어떤 연산에든 쓸 수 있도록 일반화시켰던 것과 마찬가지로 행렬 곱도 일반화할 수 있다. 보통 앞의 식에서 본 것처럼, 행렬의 곱은 일련의 곱의 합으로 구성되는 것으로 생각한다. 하지만 수학적으로 정말 중요한 점은 결합법칙과 교환법칙이 성립하는 "덧셈 비슷한" 연산 하나(⊕로 표기)와 결합법칙이 성립하는 "곱셈 비슷한" 연산 하나(⊗로 표기), 이렇게 두 연산이 있다는 것이다. 그리고 곱셈 비슷한 연산이 덧셈 비슷한 연산에 분배되는 방식으로 분배법칙이 성립한다.

$$a \otimes (b \oplus c) = a \otimes b \oplus a \otimes c$$
$$(b \oplus c) \otimes a = b \otimes a \oplus c \otimes a$$

좀 전에 새로 배운 환이 바로 이런 연산이 있는 대수구조이다. 하지만 환에는 덧셈에 대한 역연산같이 불필요한 제약조건이 몇 개 더 있다. 여기에서 지금 필요한 건 마이너스가 빠진 환, 반환이다.

**정의 8.8** 다음과 같은 연산, 상수와 공리가 정의된 집합을 반환(semiring)이라고 한다.

$$\text{연산: } x+y, xy$$
$$\text{상수: } 0_R, 1_R$$

반환에 적용되는 공리는 다음과 같다.

$$x+(y+z)=(x+y)+z$$
$$x+0=0+x=x$$
$$x+y=y+x$$
$$x(yz)=(xy)z$$

$$1 \neq 0$$
$$1x=x1=x$$
$$0x=x0=0$$
$$x(y+z)=xy+xz \qquad (y+z)x=yx+zx$$

여기 있는 반환의 정의에서는 연산자로 ⊕나 ⊗가 아니라 +와 ×를 쓴다. 하지만 지금까지 논의한 모든 대수구조에서와 마찬가지로 공리를 만족시킬 수 있는 연산이라면 어떤 연산자를 쓰든 상관없다.

반환의 대표적인 예로 자연수 ℕ을 들 수 있다. 자연수에는 덧셈에 대한 역수는 없지만 음수가 아닌 정수 계수를 지니는 행렬에 대한 행렬 곱셈은 쉽게 계산할 수 있다(사실 덧셈 항등원 0과 곱셈 항등원 1을 제외하고 항등성 관련 공리까지 없앤 더 단순한 대수구조를 가정할 수도 있다. 그래도 행렬 곱셈*은 여전히 잘 작동한다. 이렇게 0과 1이 빠진 반환을 약한 반환(weak semiring)이라고 부른다).

* 앞의 식을 직관적으로 바로 적용하여 행렬 곱을 계산하는 알고리즘을 사용할 때만 그렇다. 더 빠른 행렬 곱셈 알고리즘을 이용하려면 좀 더 강한 이론이 필요하다.

## 8.6 응용: 소셜 네트워크와 최단 경로

반환을 이용하여 풀 수 있는 문제는 수없이 많다. 예를 들어 소셜 네트워크와 같이 친구들의 그래프가 있는데 어떤 경로를 통해서든 연결된 사람들을 전부 찾는다고 해 보자. 바꿔서 표현하자면 친구, 친구의 친구, 친구의 친구의 친구 등을 모두 알고 싶다고 해 보자.

그러한 모든 경로를 찾는 것을 그래프의 전이적 폐포(transitive closure)를 찾는다고 부른다. 전이적 폐포는 원소 $x_{ij}$가 $i$와 $j$ 사이에 관계가 있으면(즉 $i$라는 사람과 $j$라는 사람이 친구이면) 1, 그렇지 않으면 0인 $n \times n$ 불 행렬을 이용하여 계산할 수 있다. 또한 자기 자신과는 기본으로 친구 관계인 것으로 가정하겠다. 예를 들면 다음과 같다.

| | Ari | Bev | Cal | Don | Eva | Fay | Gia |
|---|---|---|---|---|---|---|---|
| Ari | 1 | 1 | 0 | 1 | 0 | 0 | 0 |
| Bev | 1 | 1 | 0 | 0 | 0 | 1 | 0 |
| Cal | 0 | 0 | 1 | 1 | 0 | 0 | 0 |
| Don | 1 | 0 | 1 | 1 | 0 | 1 | 0 |
| Eva | 0 | 0 | 0 | 0 | 1 | 0 | 1 |
| Fay | 0 | 1 | 0 | 1 | 0 | 1 | 0 |
| Gia | 0 | 0 | 0 | 0 | 1 | 0 | 1 |

위 행렬을 보면 각 사람이 누구와 친구인지 알 수 있다. 여기에서 $\oplus$는 불 OR 연산($\vee$), $\otimes$는 불 AND 연산($\wedge$)으로 바꿔서 일반화된 행렬 곱셈을 적용할 수 있다. 이를 불 반환, 또는 $\{\vee, \wedge\}$−반환으로 생성되는 행렬 곱셈이라고 부를 수 있다. 이 연산을 써서 행렬을 자기 자신과 곱하면 누가 친구 관계로 이어지는지 알 수 있다. 이 곱셈을 $n - 1$ 번 하면 각자의 친구 네트워크에 누가 속해있는지

알 수 있다. 행렬을 자기 자신에 여러 번 곱하는 것은 거듭제곱과 같기 때문에 기존 `power` 알고리즘을 이용하여 효율적으로 계산을 할 수 있다. 물론 이 개념을 활용하면 어떤 관계에 대해서든 전이적 폐포를 계산할 수 있다.

**연습문제 8.7** 7장에서 만들었던 `power` 알고리즘을 불 반환에 대한 행렬 곱셈에 적용하여 그래프의 전이적 폐포를 찾아내는 프로그램을 만드시오. 이 함수를 적용하여 위 표에 있는 각 개인에 대한 소셜 네트워크를 찾으시오.

다음과 같은 유향 그래프(directed graph)의 임의의 두 노드(node) 사이의 최단 거리를 찾는 문제도 이와 같은 방법으로 풀 수 있는 대표적인 예라고 할 수 있다.

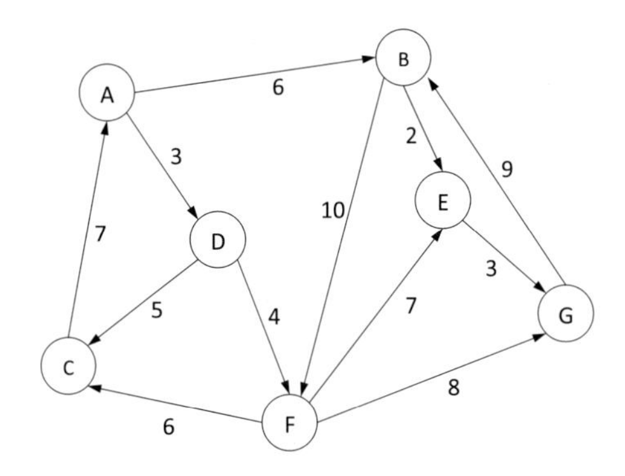


전과 마찬가지로 이 그래프를 $n \times n$ 행렬로 표현할 수 있다. 이번에는 각 원소 $a_{ij}$가 노드 $i$에서 노드 $j$까지의 거리를 나타낸다. 한 노드에서 다른 노드로 가는 모서리(edge)가 없으면 그 거리는 무한대로 표시한다.

| | A | B | C | D | E | F | G |
|---|---|---|---|---|---|---|---|
| A | 0 | 6 | ∞ | 3 | ∞ | ∞ | ∞ |
| B | ∞ | 0 | ∞ | ∞ | 2 | 10 | ∞ |
| C | 7 | ∞ | 0 | ∞ | ∞ | ∞ | ∞ |
| D | ∞ | ∞ | 5 | 0 | ∞ | 4 | ∞ |
| E | ∞ | ∞ | ∞ | ∞ | 0 | ∞ | 3 |
| F | ∞ | ∞ | 6 | ∞ | 7 | 0 | 8 |
| G | ∞ | 9 | ∞ | ∞ | ∞ | ∞ | 0 |

이번에는 열대 반환(tropical semiring) 또는 {min, +}-반환에 의해 생성되는 행렬 곱셈을 이용하자.

$$b_{ij} = \min_{k=1}^{n}(a_{ik} + a_{kj})$$

즉, ⊕연산은 min 연산(둘 중 더 작은 값)이고 ⊗연산은 +이다. 여기에서도 행렬의 $n - 1$ 거듭제곱을 계산한다. 그렇게 얻은 행렬로부터 $n - 1$ 단계까지 거쳤을 때 최단 경로를 구할 수 있다.

**연습문제 8.8** 7장에서 만들었던 `power` 알고리즘을 열대 반환에 대한 행렬 곱셈에 적용하여 그래프에서 최단 경로의 길이를 구하는 프로그램을 작성하시오.

**연습문제 8.9** 연습문제 8.8의 프로그램을 수정하여 최단 경로의 거리뿐 아니라 최단 경로(모서리의 수열)까지 리턴하는 프로그램을 작성하시오.

## 8.7 유클리드 영역

FROM MATHEMATICS TO GENERIC PROGRAMMING

이번 장에서는 유클리드의 GCD 알고리즘을 정수에서 다항식, 복소수 등으로 일반화시켜 보았다. 어디까지 이렇게 일반화할 수 있을까? GCD 알고리즘을 적용할 수 있는 가장 일반적인 수학적인 실체는 무엇일까? (또는 그 알고리즘을 적용할 수 있는 가장 넓은 영역이나 설정은 어디까지일까?) 뇌터는 추상화 개념을 이용하여 이 물음에 대한 답을 내놓을 수 있었다. 뇌터는 GCD 알고리즘의 영역을 유클리드 영역(Euclidean domain)이라고 불렀는데 이를 유클리드 환이라고 부르기도 한다.

**정의 8.9** 어떤 영역 $E$가 다음 조건을 만족하면 $E$를 유클리드 영역이라고 부른다.

- $E$는 정역이다.

- $E$에는 다음을 만족하는 몫(quotient) 연산과 나머지(remainder) 연산이 있다.

$$b \neq 0 \implies a = \text{quotient}(a, b) \cdot b + \text{remainder}(a, b)$$

- $E$에는 음이 아닌 노름 $\| x \| : E \to \mathbb{N}$이 존재하며 이 노름은 다음 조건을 만족한다.

$$\begin{aligned} \|a\| = 0 &\iff a = 0 \\ b \neq 0 &\implies \|ab\| \geq \|a\| \\ \|\text{remainder}(a, b)\| &< \|b\| \end{aligned}$$

여기에서 "노름(norm)"은 어떤 양을 가늠하는 척도이긴 하지만, 선형대수에서 배우는 유클리드 노름과 혼동하지 않도록 주의하자. 정수에서는 절댓값, 다항식에서는 차수, 가우스 정수에서는 복소수 노름이 노름이 된다. 중요한 것은 나머지를 계산할 때 노름이 줄어들고 자연수로 대응이 되기 때문에 결국에는 노름이 0이 된다는 것이다. 유클리드 알고리즘이 완료될 수 있으려면 이 속성이 반드시 보장되어야만 한다.

• • •

이제 완전히 보편적인 버전의 GCD 알고리즘을 작성해 보자.

```
template <EuclideanDomain E>
E gcd(E a, E b) {
    while (b != E(0)) {
        a = remainder(a, b);
        std::swap(a, b);
    }
    return a;
}
```

선분에 대해서만 쓸 수 있었던 GCD 알고리즘을 전혀 다른 유형에도 적용할 수 있도록 일반화하는 과정을 돌이켜 보면 다음과 같은 중요한 원칙을 깨달을 수 있다.

뭔가를 보편적으로 만드는 것은
새로운 메커니즘을 추가함으로써 할 수 있는 것이 아니다.
반대로 제약조건을 없애고 알고리즘의 핵심만 남겨내는 과정이 필요하다.



## 8.8 체와 기타 대수구조

추상화와 관련하여 또 다른 중요한 것으로 체(field)*를 들 수 있다.

**정의 8.10** 모든 0이 아닌 원소에 역수가 있는 정역을 체(field)라고 부른다.

정수가 환의 대표적인 예인 것처럼, 체의 대표적인 예로 유리수($\mathbb{Q}$)를 들 수 있다. 체의 다른 예로 다음과 같은 것을 들 수 있다.

- 실수 $\mathbb{R}$
- 소수 나머지 체 $\mathbb{Z}_p$
- 복소수 $\mathbb{C}$

진부분체(proper subfield)(자신과 다른 부분체(subfield))가 없는 체를 소체(prime field)라고 부른다. 모든 체는 $\mathbb{Q}$나 $\mathbb{Z}_p$ 중 한 유형의 소인 부분체(prime subfield)를 가진다. 어떤 체의 소인 부분체가 $\mathbb{Z}_p$(모듈로 $p$에 대한 정수 나머지의 체)이면 그 체의 지표(characteristic)는 $p$이고 소인 부분체가 $\mathbb{Q}$이면 0이다.

• • •

소체에서 시작해서 체 속성을 만족시키는 원소들을 추가하는 식으로 모든 체를 만들 수 있다. 이 과정을 체의 확장이라고 부른다.

---

* 여기에서 체(field)는 마당이나 밭 같은 걸 뜻하는 field가 아니라 연구 분야(field of study) 같은 표현에서의 field와 더 가깝다.

특히 다항식의 근인 추가 원소를 더함으로써 대수적으로 체를 확장하는 방법이 있다. 예를 들어 $\mathbb{Q}$에 $\sqrt{2}$를 덧붙여 확장할 수 있는데 $\sqrt{2}$는 다항식 $x^2 - 2$의 근이므로 유리수가 아니다.

"구멍을 메꿔서" 위상적으로 체를 확장할 수도 있다. 유리수는 수직선 위에 빈틈을 남기지만 실수는 빈틈을 남기지 않는다. 따라서 실수의 체는 유리수의 체를 위상적으로 확장한 것이다. 복소수를 쓰면 체를 2차원으로 확장할 수도 있다. 놀랍게도 실수를 포함하는 체 중에는 다른 유한 차원 체는 없다.*

지금까지 이 책에서 소개한 대수구조에서는 반드시 하나의 값의 집합에 대해서만 연산을 수행했다. 하지만 두 개 이상의 집합에 의해 정의되는 구조도 있다. 예를 들어 모듈(module)이라는 구조에는 일차집합(덧셈군 $G$)과 이차집합(계수 $R$의 환) 그리고 다음과 같은 공리를 따르는 추가적인 곱셈 연산 $R \times G \rightarrow G$가 있다.

$$\begin{aligned} a, b \in R \ \wedge \ x, y \in G :& \\ (a + b)x &= ax + bx \\ a(x + y) &= ax + ay \end{aligned}$$

환 $R$도 체이면 그 구조는 벡터 공간이라고 부른다.

벡터 공간의 좋은 예로 2차원 유클리드 공간을 들 수 있다. 여기에서 벡터는 덧셈군이고 실수 계수가 체이다.

## 8.9 마무리

FROM MATHEMATICS TO GENERIC PROGRAMMING

이번 장에서는 역사적으로 "수"의 개념이 어떻게 일반화되었는지 그리고 그에 따라 GCD 알고리즘을 어떻게 일반화할 수 있는지에 대해 알아보았다. 몇 가지

* 사원수(quaternion)나 팔원수(octonion)라는, 4차원과 8차원의 체와 유사한 구조가 있긴 하다. 하지만 몇 가지 공리가 빠져 있기 때문에 체라고 할 수는 없다. 사원수와 팔원수 모두 곱셈에서 교환법칙이 성립하지 않으며 팔원수에서는 곱셈의 결합법칙도 성립하지 않는다. 실수의 유한 차원 확장은 2차원까지뿐이다.

새로운 대수구조에 대해 배웠으며 그중 어떤 것을 사용하여 행렬 곱셈을 일반화할 수 있는지 살펴보았다. 그리고 그 방법을 전산학에서 중요한 몇 가지 그래프 문제에 적용해 보았다.

이번 장에서 배운 새로운 구초를 추가하여 6.8절에서 만들었던 표를 더 키워 보자. 표에서 각 행마다 이전 행의 공리는 기본으로 포함되어 있는 것으로 하였다(반환과 환에서는 "곱하기" 연산은 단항의 모든 공리를, "더하기" 연산은 아벨군의 공리를 물려받는다). 표에서 전에 나왔던 연산, 원소, 공리는 회색으로 표시했다.

| 대수구조 | 연산 | 원소 | 공리 |
|---|---|---|---|
| 반군 | $x \circ y$ | | $x \circ (y \circ z) = (x \circ y) \circ z$ |
| 예: 양의 정수와 덧셈 연산 | | | |
| 단항 | $x \circ y$ | $e$ | $x \circ (y \circ z) = (x \circ y) \circ z$<br>$x \circ e = e \circ x = x$ |
| 예: 문자열과 문자열 연결 | | | |
| 군 | $x \circ y$<br>$x^{-1}$ | $e$ | $x \circ (y \circ z) = (x \circ y) \circ z$<br>$x \circ e = e \circ x = x$<br>$x \circ x^{-1} = x^{-1} \circ x = e$ |
| 예: 역행렬이 존재하는 행렬과 행렬 곱 | | | |
| 아벨군 | $x \circ y$<br>$x^{-1}$ | $e$ | $x \circ (y \circ z) = (x \circ y) \circ z$<br>$x \circ e = e \circ x = x$<br>$x \circ x^{-1} = x^{-1} \circ x = e$<br>$x \circ y = y \circ x$ |
| 예: 2차원 벡터와 덧셈 연산 | | | |
| 반환 | $x + y$<br>$xy$ | $0_R$<br>$1_R$ | $x + (y + z) = (x + y) + z$<br>$x + 0 = 0 + x = x$<br>$x + y = y + x$<br>$x(yz) = (xy)z$<br>$1 \neq 0$<br>$1x = x1 = x$<br>$0x = x0 = 0$<br>$x(y + z) = xy + xz$<br>$(y + z)x = yx + zx$ |
| 예: 자연수 | | | |

| 환 | $x+y$<br>$-x$<br>$xy$ | $0_R$<br>$1_R$ | $x+(y+z)=(x+y)+z$<br>$x+0=0+x=x$<br>$x+-x=-x+x=0$<br>$x+y=y+x$<br>$x(yz)=(xy)z$<br>$1 \neq 0$<br>$1x=x1=x$<br>$0x=x0=0$<br>$x(y+z)=xy+xz$<br>$(y+z)x=yx+zx$ |
|---|---|---|---|
| 예: 정수 | | | |

전과 마찬가지로 다른 대수구조를 바탕으로 또 다른 대수구조를 간략하게 정의할 수 있다.

| 대수구조 | 정의 |
|---|---|
| 정역 | 영인자(0을 제외하고 곱이 0인 원소)가 없는 가환환(교환법칙이 성립하는 환) |
| 유클리드 영역 | 몫과 나머지 연산이 있고 나머지를 계산했을 때 노름이 작아지는 정역 |
| 체 | 0이 아닌 모든 원소에 역수가 존재하는 정역(예: 유리수) |
| 소체 | 진부분체가 없는 체 |
| 모듈 | 덧셈군 G를 일차집합으로 하고 환 R에 속하는 계수를 이차집합으로 하며 G의 원소에 대해 분배법칙이 작용하는 계수의 곱셈이 성립하는 대수구조 |
| 벡터 공간 | 환 R이 체인 모듈 |

이번 장에서 다룬 주요 대수구조 사이의 관계를 정리하면 다음과 같다.

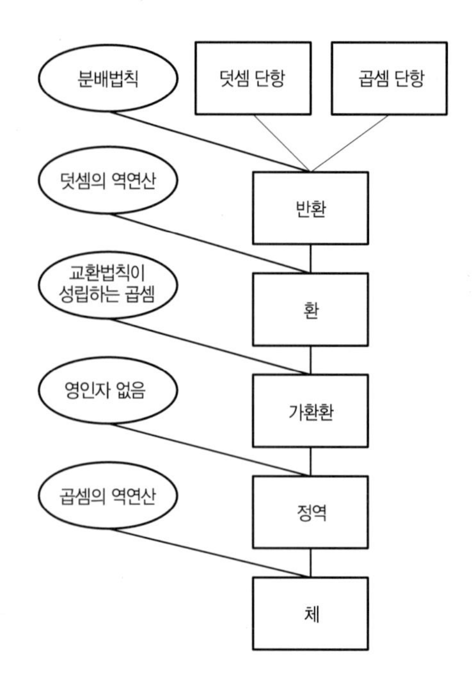


대수구조를 처음 접하면 변종이 너무 많아서 각각의 특성을 전부 따라잡기 어려워 보일 수도 있다. 하지만 분류법에 적응이 되면 각각의 관계를 어렵지 않게 파악할 수 있다. 이런 분류법 덕분에 지난 수백 년 동안 수학이 크게 발전할 수 있었다.

9장

# 수학 지식 체계화 과정

수학의 모든 진리는 서로 연결되어 있다.
그리고 진리는 어떤 방법으로 발견해도 괜찮다.

_ 르장드르

이제 지식, 그중에서도 특히 수학 지식을 체계화하는 기본 구성요소를 살펴보도록 하자. 이번 장은 증명의 개념과 정리의 개념을 파악하는 것으로 시작한다. 그리고 공리로부터 지식을 체계화하는 몇 가지 중요한 예를 분석해 보겠다.

수학자들은 수천 년 전부터 지식을 체계화하는 방법에 대해 고민했다. 이렇게 구축된 수학자들의 체계화 원리는 알고리즘과 자료구조 영역에도 적용할 수 있다.



## 9.1 증명

사람들은 예전부터 수학적인 결과를 증명하기 전부터 그 결과를 사용하곤 했다. 하지만 수학적인 증명은 놀랄 만큼 오래전부터 시작되었다. 수 세기에 걸쳐서 수학자들은 시각적인 증명에만 의존했다. 고대 그리스인들은 우리가 타고난 공간적인 추론 능력을 이용하여 기하학적인 사실을 증명할 수 있다는 것을 깨달았다.

시각적인 증명의 예로는 다음과 같은 것을 들 수 있다.

덧셈의 교환법칙: $a + b = b + a$

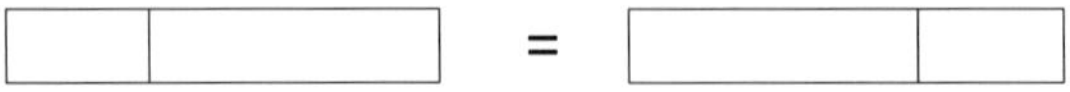

=

종이 두 조각을 이어 붙여서 한 조각으로 만들면 어느 조각을 왼쪽에 붙이든 상관없이 이어 붙인 조각의 길이는 똑같다. 위 그림을 보면 오른쪽에 있는 그림은 왼쪽에 있는 그림의 거울상이기 때문에 길이가 같음을 알 수 있다.

덧셈의 결합법칙: $(a + b) + c = a + (b + c)$

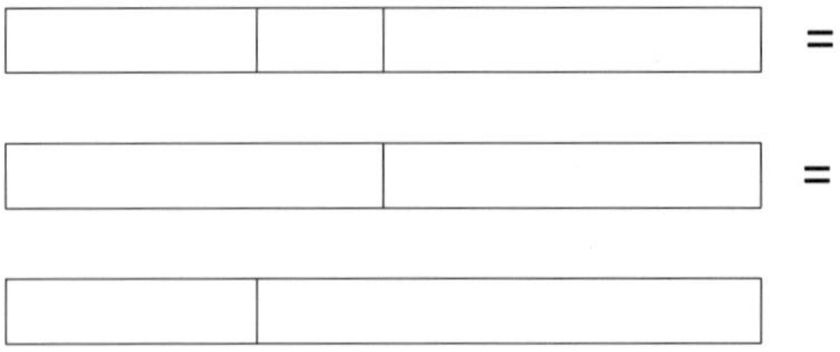

=

=

종잇조각 세 개를 이어 붙여서 긴 조각 하나로 만들 때, 첫 번째 두 번째 조각을 먼저 이어 붙인 다음 세 번째 조각을 이어 붙이든 두 번째 세 번째 조각을 먼저 이어 붙인 다음 첫 번째 조각 뒤에 이어 붙이든 상관없다. 어떤 순서로 붙여도 최종적으로 만들어지는 종잇조각의 길이는 똑같다.

곱셈의 교환법칙: $ab = ba$

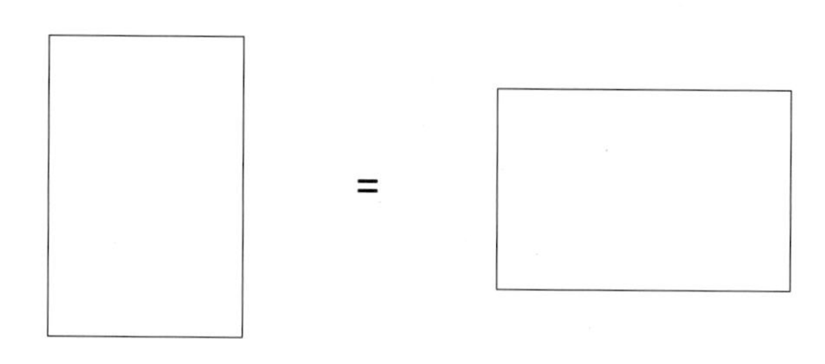


직사각형에는 길이와 너비가 있다. 직사각형을 옆으로 돌리면 길이는 너비가 되고 너비는 길이가 된다. 하지만 그 직사각형의 넓이는 똑같다. 실제로 이 논리는 디리클레가 19세기에 쓴 책에도 등장하는데 그 책에서는 군인들을 행과 열을 맞춰서 세웠을 때 행과 열을 반대로 바꿔도 군인의 수는 같다는 식으로 설명했다.

곱셈의 결합법칙: $(ab)c = a(bc)$

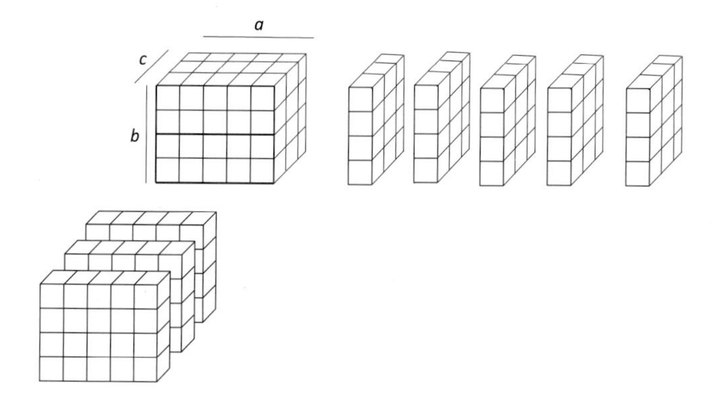


그림 속의 직각 프리즘을 어느 축 방향으로 잘라도 그 조각들을 다시 합쳤을 때 전체 부피는 똑같다.

$(a + b)^2 = a^2 + 2ab + b^2$:

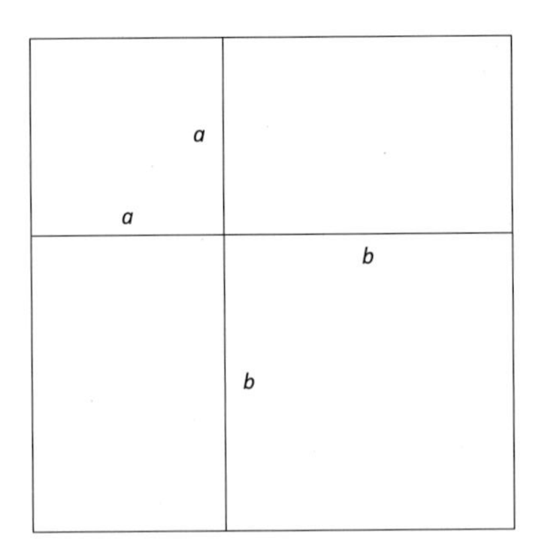


그냥 그림만 봐도 왼쪽 아래에 있는 직사각형과 오른쪽 위에 있는 직사각형의 넓이가 같다는 것을 알 수 있다. 둘 다 넓이가 $ab$일 뿐 아니라 한쪽을 잘라서 돌린 다음 겹쳐보면 완전히 겹친다.

$\pi > 3$:

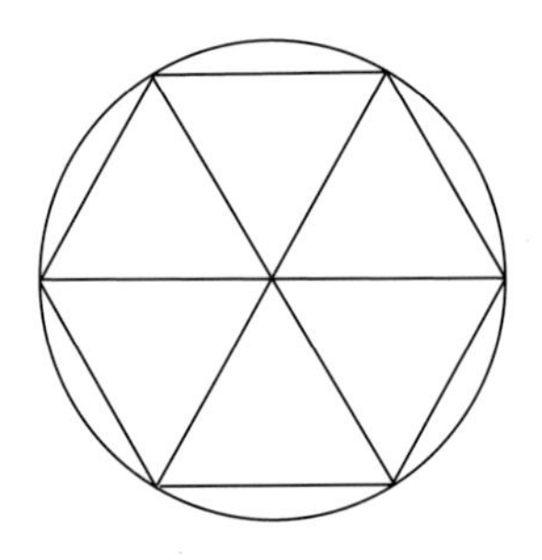

이 그림은 단위원(지름이 1인 원) 안에 접하는 단위 정육각형(각 변의 길이가 모두 1인 정육각형)의 그림이다. 육각형의 둘레는 분명 원의 둘레보다 작다. 어떤 꼭짓점에서든 옆에 있는 꼭짓점으로 가는 가장 짧은 경로는 원의 둘레를 따라가는 길이 아니라 육각형의 변을 따라가는 길이기 때문이다. 육각형을 이루는 여섯 개의 삼각형들은 모두 변의 길이가 1인 정삼각형이므로 원의 지름은 2임을 알 수 있다. 따라서 원의 둘레와 지름 사이의 비율(즉 원주율 π)은 육각형의 둘레의 길이(6)와 지름(2)의 비율보다 커야 한다.

**연습문제 9.1** 다음을 시각적인 방법으로 증명하라.

$$(a-b)^2 = a^2 - 2ab + b^2$$
$$a^2 - b^2 = (a+b)(a-b)$$
$$(a+b)^3 = a^3 + 3a^2b + 3ab^2 + b^3$$
$$(a-b)^3 = a^3 - 3a^2b + 3ab^2 - b^3$$

**연습문제 9.2** 시각적인 증명법을 이용하여 $\pi$의 상한을 구하라.

• • •

시각적 증명이 매우 쓸모 있긴 하지만 수학의 모든 명제를 시각적으로 증명할 수 있는 것은 아니며 시각적으로 증명된 명제 중에 이제는 완전하지 않은 것으로 판명된 것도 있다. 근대 수학자들은 다양한 증명 기법을 사용하는데 그중에 이 책에서 많이 사용하는 방법은 부록 B에 정리해 놓았다. 증명은 여러 다른 진리가 어떤 식으로 연결되는지를 보여준다. 증명은 정확하게 어떤 식으로 구성될까? 현재 증명은 다음과 같은 식으로 정의된다.

**정의 9.1** 명제의 증명은

- 어떤 명제가 유효함을 밝히기 위한 것으로
- 수학계에서 인정된
- 논거이다.

두 번째 포인트를 종종 간과하곤 하는데 증명은 그 밑바탕 자체가 사회적인 절차이며 시간이 흐름에 따라 달라질 수 있다. 어떤 증명에 대한 확신은 더 많은 사람이 그 증명을 이해하고 그 증명에 동의할수록 더욱 강해진다. 동시에, 지금 유효하다고 여겨지고 있음에도 불구하고 300년 후에는 유효하지 않은 것으로 밝혀지는 증명도 있을 수 있다. 18세기의 위대한 수학자 오일러가 유효하다고 생각했지만 지금은 그렇지 않은 것으로 여겨지는 증명들이 있는 것처럼 말이다.

이제 수학적 지식의 또 다른 구성요소인 정리로 넘어가 보자.



## 9.2 첫 번째 정리

2장에서 언급했듯이 고대 지중해 문명에서는 이집트인들이 수학적 지식의 원천이라고 믿었다. 그리스 문명이 막 시작됐을 무렵 이집트 문명은 이미 시작한 지 수천 년이 지나 있었다. 고대 그리스를 이끄는 사상가들이 이집트로 유학을 가서 이집트의 사제들과 공부하면서 그들의 지혜를 배우는 건 어찌 보면 당연한 일이었다. 가장 먼저 이런 식으로 유학을 갔던 것으로 알려진 이는 밀레토스의 탈레스였다. 탈레스는 이집트인들에게서 기하학을 배우긴 했지만, 그들을 뛰어넘었다. 이집트인들에게 알고리즘이 있다면 탈레스에게는 정리가 있다. 다른 명제로부터 유도해낼 수 있는 명제를 정리라고 부르는데 탈레스는 정리라는 것 자체를 처음으로 만들어낸 사람이다. 지금은 탈레스를 서양 철학의 창시자이자 최초의 수학자로 인정하고 있다.

### 밀레토스의 탈레스(기원전 6세기 초)

기원전 750년 무렵, 지중해의 여러 해안 지방에서 시작하여 북쪽으로는 흑해에 이르기까지 새로운 문명이 나타나기 시작했다. 그 사람들을 그리스인 또는 헬라스 사람이라고 부른다. 그들은 조그만 산악 지역 출신이었는데 지리적인 특성 때문에 다른 지역에서처럼 큰 통일왕국이 나타나기가 어려웠다. 그리스인들은 조그맣고 독립적인 도시 국가에 살았다. 이 도시 국가들은 어떤 중앙정부가 아닌 문화와 언어를 매개로 통합되어 있었다. 도시 인구가 너무 많아지면 시민 일부를 다른 곳으로 보내서 새로운 정착지를 만들었다. 이런 식으로 바다가 안으로 들어온 만 지역의 강가에 독립된 도시들이 새로 만들어졌다. 약 200년에 걸쳐서 그리스인들은 지중해 지역에 자리를 잡았고 플라톤은 이 과정이 "연못 주변에 개구리가 퍼지는 것 같았다"라고 말했다.

기원전 600년경에 이르자 소아시아(지금의 터키 지역)의 그리스인 정착지는 상당한 부를 쌓았다. 그들 중에는 호화 사치품을 사들이는 것뿐만 아니라 지적인 탐구를 지원하기 시작한 이들도 있었다. 역사상 처음으로 그들은 사물이 무엇으로 만들어졌는지 같은 궁극적인 물음에 대해 신화가 아닌 방법을 찾았다. 이런 일을 처음으로 한 사람이 바로 밀레토스의 탈레스였다. 탈레스는 고대 그리스인들이 철학이라고 불렀고 지금 우리는 과학이라고 부르는 것을 처음 시작한 사람이었다. 그는 신화를 끌어들이지 않고 실체를 자연의 원리로 설명하고 싶어 했다. 그는 우리가 볼 수 있는 모든 실체가 물이라는 한 가지 물질로 만들어졌다는 개념을 제안했다. 따라서 우리가 볼 수 있는 실체는 세 가지 상태(기체, 액체, 고체) 중 하나로 존재하며 각 상태 사이에서 바뀔 수 있다고 주장했다.

탈레스는 이집트에 있는 동안 여러 기하학적 알고리즘을 수집하고 바빌로니아의 천문학 지식도 배운 것으로 보인다. 헤로도토스는 탈레스가 개기일식을 1년 전에 예측할 수 있었다는 기록을 남겼다. 아리스토텔레스가 남긴 기록에 따르면(아리스토텔레스의 얘기는 보통 신뢰할 만하다) 탈레스가 기후 패턴을 연구하여 올리브가 평년보다 많이 수확될 것으로 예측하고 그 지역의 모든 올리브 압착기 사용권을 사들여서 큰돈을 벌어들인 적도 있다고 한다. 탈레스는 정전기의 발견과 같은 여러 다른 업적으로도 유명하다. 그중 어떤 것이 진실인지는 잘 모르지만, 한 가지 분명한 것은 탈레스가 상당한 과학 지식을 축적했으며 그러한 지식을 실질적인 문제에 적용할 수 있었다는 점이다. 그리고 그의 지식은 그가 사망한 후에도 제자들에 의해 계속 계승될 수 있었다. 하지만 그가 발견한 각각의 지식보다 더 중요한 것은 세상을 이해하기 위한 그의 접근법이었으며 이는 아직도 모든 과학의 바탕을 이루고 있다.

**정리 9.1 (탈레스의 정리):** 어떤 원의 지름($AC$)의 양 끝과 원 위에 있는 임의의 다른 한 점 $B$를 이어서 만들 수 있는 임의의 삼각형 $ABC$에서 $\angle ABC = 90°$이다.

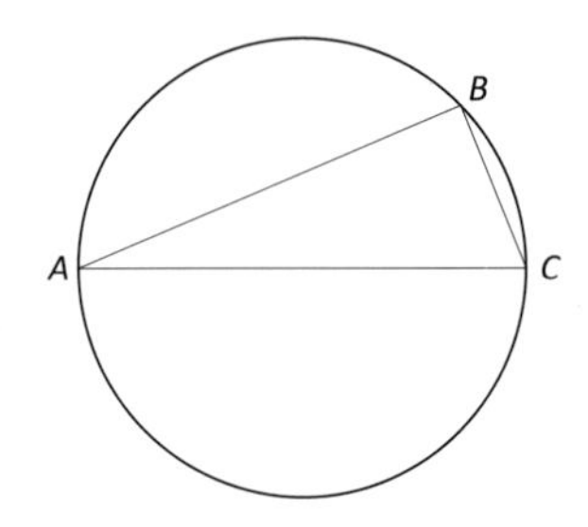


**| 증명** 점 $B$와 원의 중심 $D$를 이었을 때 만들어지는 삼각형을 생각해 보자.

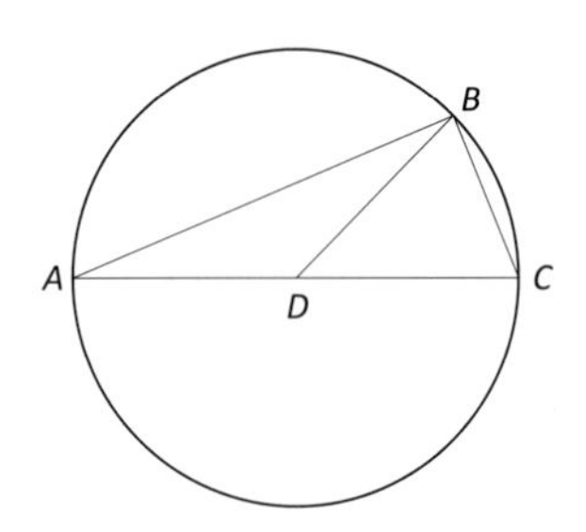


$DA$와 $DB$는 모두 원의 반지름으로 길이가 같으므로 삼각형 $ADB$는 이등변 삼각형이다. $DB$, $DC$도 길이가 같으므로 삼각형 $BDC$도 이등변 삼각형이다. 따라서

$$\angle DAB = \angle DBA$$
$$\angle DCB = \angle DBC$$
$$\angle DAB + \angle DCB = \angle DBA + \angle DBC$$

여기에서 세 번째 등식은 그 앞의 두 식을 더하여 얻은 것이다. 삼각형의 내각의 합은 180° 이고 $\angle CBA$는 $\angle DBA$와 $\angle DBC$를 합한 각이므로 다음과 같은 식이 성립한다.

$$\angle DAB + \angle DCB + \angle DBA + \angle DBC = 180°$$

앞에서 구한 식을 대입해 보면 다음과 같이 쓸 수 있다.

$$\begin{aligned}(\angle DBA + \angle DBC) + (\angle DBA + \angle DBC) &= 180° \\ 2 \cdot (\angle DBA + \angle DBC) &= 180° \\ \angle DBA + \angle DBC &= 90° \\ \angle CBA &= 90°\end{aligned}$$

∎

탈레스의 이 발견이 왜 그리 중요한 걸까? 그는 여러 진실이 서로 연결되어 있다는 것을 알아냈다. 한 가지 지식이 있으면 그걸 가지고 다른 지식을 찾아낼 수 있음을 알았다. 게다가 정리는 추상화라는 개념에 필수적이다. 정리의 가치는 특정한 속성을 지닌 모든 대상에 적용할 수 있는 데 있기 때문이다.



## 9.3 유클리드와 공리적 방법

어떤 지식 체계를 세우려면 증명과 정리가 필수적이다. 하지만 체계의 밑바탕으로 처음 시작할 때의 가정인 공리도 필요하다.

공리적 방법에서는 모든 수학적인 체계가 몇 가지 형식적인 원리를 바탕으로 세워진다. 공리적 방법은 유클리드의 〈원론〉에서 처음으로 등장했다. 사실 수백 년 동안 공리는 유클리드의 〈원론〉에서만 볼 수 있었고 기하학에만 적용되었을 뿐이다.

유클리드는 그의 원리를 정의, 공준(postulate), 공통 개념(common notion), 이렇게 세 그룹으로 나눴다. 우선 그는 23개의 정의에서 시작했는데 이는 기하학적인 도형과 연관되어 있다. 그 정의에는 다음과 같은 것들이 있다.*

**1.** 점에는 부분이 없다.

**2.** 선은 폭이 없는 길이이다.

⋮

**23.** 평행한 직선은 같은 평면에 있으면서 양쪽으로 무한히 이어지며 어느 쪽에서도 만나지 않는 직선이다.

그러고 나서 다음과 같은 다섯 개의 공통 개념을 제시한다.

**1.** 동일한 것과 같은 것은 서로 같다.

**2.** 동일한 것에 같은 것을 더하면 그 전체는 같다.

**3.** 동일한 것에서 같은 것을 빼면 그 나머지는 같다.

**4.** 서로 일치하는 것은 서로 같다.

**5.** 전체는 부분보다 크다.

위의 공통 개념을 지금은 다음과 같은 식으로 표현한다.

**1.** $a = c \wedge b = c \Longrightarrow a = b$

**2.** $a = b \wedge c = \mathrm{d} \Longrightarrow a + \mathrm{c} = b + d$

**3.** $a = b \wedge c = d \Longrightarrow a - c = b - d$

**4.** $a \cong b \Longrightarrow a = b$

**5.** $a \langle a + b$

여기서 흥미로운 점은 23개의 정리와는 달리 이 공통 개념들은 기하학에 국한되는 것이 아니라 양의 정수에도 그대로 적용된다는 것이다. 사실 동치의 추이

* 전과 마찬가지로 토마스 히스 경이 번역한 유클리드의 〈원론〉 번역본을 사용했다.

성을 비롯한 이 공통 개념들은 프로그래밍에서도 반드시 필요하다.*

마지막으로 유클리드는 유명한 다섯 개의 공준을 도입했다. 이 공준은 유클리드 기하학 체계 내의 "계산 기계"에서 허용된 연산을 바탕으로 서술된다. 첫 번째부터 세 번째까지의 공준은 어떤 도형을 그릴 수 있음을 뜻하는 공준이다.

1. 임의의 점과 다른 임의의 점을 연결하는 직선은 하나뿐이다.
2. 임의의 선분은 양끝으로 무한히 연장할 수 있다.
3. 임의의 중심으로부터 임의의 거리만큼 떨어진 원을 그릴 수 있다.
4. 직각은 모두 서로 같다.
5. 어떤 직선이 다른 두 직선과 만날 때, 같은 쪽에 있는 내각의 합이 두 직각보다 작으면 그 두 직선을 무한히 연장했을 때 내각의 합이 두 직각보다 작은 쪽에서 만난다.

오늘날 유클리드 체계를 새로 쓴다면 "공통 개념"과 "공준"을 모두 "공리(axiom)"로 간주할 것이다. 증명이 불가능한 가정들을 바탕으로 나머지 체계를 세우기 때문이다.

유클리드의 다섯 번째 공준은 평행선에 대한 논증의 밑바탕에 해당하는 것으로 수학 역사에서 가장 중요한 공준이다. 이 공준을 평행선 공준이라고 부르는데 다음 그림과 같은 관계를 설명하는 공준이다.

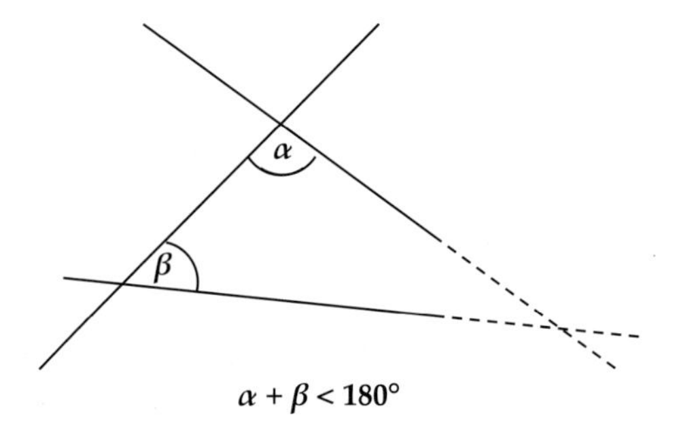


$\alpha + \beta < 180°$

* 7장에 나온 정칙유형의 정의도 유클리드의 공리로부터 유도된 것이다.

이 공준은 다음과 같은 식으로도 쓸 수 있다.

- 어떤 직선과 그 직선 위에 있지 않은 한 점이 있을 때, 그 점을 지나면서 주어진 직선과 평행한 직선은 최대 한 개 그릴 수 있다.*
- 내각의 합이 180°인 삼각형이 존재한다.
- 합동이 아니면서 닮은 두 삼각형이 존재한다.



## 9.4 비유클리드 기하학

유클리드가 그의 5대 공준을 발표한 바로 그 무렵부터 수학자들은 다섯 번째 공준은 뭔가 다르다는 것을 느꼈다. 제1 공준부터 제4 공준까지는 직관적으로 더 근본적인 느낌이 들기 때문이다. 다섯 번째 공준은 나머지 공준으로부터 증명이 가능할 수 있고 따라서 공리가 아닐 수도 있어 보였다. 이렇게 2000년에 걸친 다섯 번째 공준의 증명이 시작되었다. 천문학자이자 수학자였던 프톨레마이오스(90–168), 시인이자 수학자였던 오마르 하이얌(1050–1153), 이탈리아의 예수회 신부이자 수학자였던 조반니 지롤라모 사케리(1667–1733)를 비롯한 유명한 수학자들이 이 증명에 매달렸다. 사케리는 〈유클리드 옹호(Euclidus Vindicatus)〉라는 책을 썼다. 그는 그 책에서 다섯 번째 공준이 거짓이라는 가정을 바탕으로 하는 기하학 체계를 구축하고 그 결과가 너무 이상하기 때문에 다섯 번째 공준은 참이어야 한다고 주장했다.

18세기 수학자들은 대부분 공리에 신경을 쓰지 않았지만 19세기부터 그런 분위기가 바뀌기 시작했다. 수학자들은 수학의 기초에 초점을 맞추기 시작했다. 유클리드 기하학을 당연하게 여기지 않고 그의 가정들을 재검토하면서 기하학

* 중고등학교 기하학에서는 이것을 "평행선 공준"이라고 배우기도 한다. 이 공준은 스코틀랜드 수학자 존 플레이페어가 1795년에 발표한 것으로 플레이페어의 공리라고 부른다.

을 다시 연구하기 시작했다.

1824년 무렵, 니콜라이 로바쳅스키라는 러시아 수학자가 이 문제를 풀고 있었다. 그는 평행선 공준은 여러 가능한 가정 가운데 하나에 불과하며 이와 모순되는 가정도 똑같이 유효할 수 있다는 것을 깨달았다. 로바쳅스키는 "어떤 직선에 평행하면서 직선 위에 있지 않은 한 점을 지나가는 직선은 최대 한 개다" 대신 "그러한 조건을 만족하는 직선이 여러 개 있다"라는 공준을 채택해 보았다. 로바쳅스키는 사케리와 달리 이처럼 가정했을 때도 일관성 있는 기하학 체계가 만들어진다는 것을 발견했다. 즉, 그는 완전히 새로운 비유클리드 기하학을 발명했는데 이를 쌍곡기하학이라고 부른다.

로바쳅스키의 기하학에서는 합동이 아니면서 닮은 삼각형은 존재하지 않는다. 예를 들어 구 표면에 있는 삼각형을 생각해 보자. 삼각형이 작을 때는 표면이 거의 평평하기 때문에 내각의 총합이 거의 180°에 가깝다. 하지만 삼각형이 커질수록 표면의 곡률 때문에 내각의 합이 더 커진다. 로바쳅스키의 모형도 비슷하지만, 공간이 반대 방향으로 휘어 있기 때문에 삼각형이 커질수록 내각의 합은 작아진다.

로바쳅스키가 끌어낸 결론은 1826년에 처음으로 발표되었는데 러시아 수학계에서 무시당하고 경멸당했으며 로바쳅스키는 보잘것없는 사람 취급을 받았다. 하지만 로바쳅스키의 연구 결과를 인정한 이가 있었으니 바로 가우스였다. 가우스는 로바쳅스키가 낸 책을 읽기 위해 러시아어를 배우기까지 했다. 하지만 로바쳅스키의 연구 결과가 수학 분야에서 제대로 받아들여지기까지 꽤 오랜 시간이 걸렸다. 요즘은 로바쳅스키의 발견이 수학 역사에서 기념비적인 전환점으로 인식되고 있다.

### 니콜라이 이바노비치 로바쳅스키(1792–1856)

19세기 초 러시아는 (오일러가 상트페테르부르크에서 꽤 오랜 기간 머물렀음에도 불구하고) 수학의 중심지는 아니었다. 딱히 위대한 수학자도 없

었다. 하지만 20세기 중반에 이를 무렵, 러시아는 수학 최강국이 되었다. 이런 변화는 최초의 위대한 러시아 수학자인 니콜라이 이바노비치 로바쳅스키로부터 시작되었다.

로바쳅스키는 대도시 출신도 아니고 당대 최고의 명문대(모스크바 대학교와 상트페테르부르크 대학교) 출신도 아니었다. 유학을 가서 유럽 선진국의 대가로부터 배운 것도 아니었다. 귀족 출신은커녕 상위 중산층 출신도 아니었다. 그와 그의 형제는 장학금을 받아서 그 지역 학교에 다녔다. 그는 볼가 강가에 있는 지방 도시인 카잔에서 자랐는데 카잔에는 1805년이 되어서야 처음으로 대학이 세워졌다. 로바쳅스키는 1807년, 생긴지 얼마 되지 않은 카잔 대학교에 입학했다. (카잔 대학교는 수십 년 후 톨스토이와 레닌을 배출한 학교이기도 하다.)

로바쳅스키가 처음 카잔 대학교에 입학했을 당시에는 수학을 가르칠 교수도 없었기 때문에 학생들은 스스로 공부해야 했다. 다행히도 얼마 지나지 않아 가우스를 지도한 교수 가운데 하나인 마르틴 바르텔스가 교수로 부임해 왔다. 바르텔스 밑에서 석사 학위를 받고 연구를 계속하던 로바쳅스키는 1814년 겸임교수로 임용되었다. 그는 계속해서 카잔 대학교에서 활동했으며 1827년에는 총장으로 선출되었다.

로바쳅스키는 출신은 별 볼 일 없었지만, 기존의 관습에 도전하는 것을 두려워하지 않았다. 그는 1826년 비유클리드 기하학에 관한 획기적인 논문을 제출했지만, 1832년 책으로 출판되기 전까지는 그 연구내용이 널리 알려지지 않았다. 코시와 함께 연구했던 저명한 러시아 수학자인 오스트로그라드스키는 서평을 통해 공공연하게 그 책을 조롱했다.

로바쳅스키는 그 후로도 평생 계속해서 비유클리드 기하학을 연구하여 더 다듬고 여러 다른 언어로 책을 출판했다. 1840년 무렵, 가우스가 그의 연구의 중요성을 깨달았는데 심지어 가우스는 그의 책을 러시아어 원전으로 읽기까지 했다. 가우스는 그를 괴팅겐 과학원 정회원으로 추천했는데 이는 그 당시에 대단히 영예로운 일이었다. 하지만 러시아 수학계에서는 그가 은퇴할 때까지도 그의 업적을 외면했다.

로바쳅스키의 말년은 비참했다. 대학에서도 쫓겨났고 집도 재산도 거의 모두 잃었다. 여러 아이들을 먼저 저 세상으로 보내야 했으며 시각장애까지 얻고 말았다. 그는 이런 상황에서도 연구를 계속했는데 1856년 사망 직전에는 〈Pangeometry〉라는 새 책을 구술해서 쓰기도 했다.

수학이나 과학에서 새로운 개념이 등장할 때는 비슷한 시기에 여러 사람에 의해 동시에 발견되는 일이 종종 있다. 비유클리드 기하학에서도 비슷한 일이 일어났다. 로바쳅스키가 카잔에서 일하고 있을 때와 거의 비슷한 시기에 보여이 야노시(Bolyai János)라는 젊은 헝가리 수학자도 비슷한 것을 발견했다. 몇 년 후, 유명한 수학 교수이자 가우스의 친구이기도 했던 보여이 야노시의 아버지 보여이 퍼르커시(Bolyai Farkas)는 그의 아들의 연구 결과를 그가 쓴 책의 부록에 실었다. 퍼르커시는 그 책을 가우스한테 보냈다. 가우스는 개인적으로는 젊은 보여이가 천재라는 평을 하기도 했지만, 퍼르커시에게 보낸 편지에는 다음과 같이 맥 빠지는 내용을 적어서 보냈다.

> 이 연구 결과가 대단하다고 평가할 수 없다고 하면 분명 놀랄 것 같군요. 하지만 그렇게밖에는 얘기할 수가 없겠어요. 이 연구 결과를 대단하다고 얘기한다면 나 스스로가 대단하다고 추켜세우는 셈이 될 테니까요. 사실 여기에 나와 있는 모든 내용, 보여이 야노시가 문제를 푼 과정, 그가 내린 결론은 전부 제가 생각했던 것과 똑같습니다. 지난 30년에서 35년 동안 줄곧 생각해왔던 내용이거든요.

다른 사람의 업적을 인정하지 않는다는 점 그리고 자신이 생각한 적이 있긴 하지만 제대로 발표하지 않은 내용에 대해서도 자기가 먼저 한 일이라고 주장한다는 점에서 매우 가우스다운 편지라고 할 수 있다. (실제로 가우스가 똑같은 개념을 발견하긴 했지만 수학계의 반응을 두려워한 나머지 발표하지 않았다는 것이 지금은 잘 알려져 있다.) 가우스가 왜 로바쳅스키의 연구 결과는 인정하면서도 보야이의 연구 결과는 인정하지 않았는지는 알 수 없다. 그 이유는 모르지만 그 결과는 비극으로 끝났다. 보야이는 가우스의 반응에 좌절해서 그 뒤로는 수학 연구 결과를 전혀 발표하려고 하지 않았다. 더 안타까운 점은 그가 정신적으로 불안해졌다는 것이다. 훗날 보야이가 로바쳅스키의 책을 접했을 때 그는 "로바쳅스키"가 실은 가우스이고 그가 자기 아이디어를 훔쳤다고 확신했다.

• • •

비유클리드 기하학이 발견된 뒤로 많은 수학자가 유클리드 기하학과 로바쳅스키의 기하학 중 어떤 것이 실제로 맞을까 하는 질문에 매달렸다. 가우스도 이 문제를 꽤 깊이 파고들었으며 이론을 검증하기 위한 정교한 실험을 제안했다.

첫째, 서로 어느 정도 멀리 떨어져 있지만 각각의 정상에 서 있는 사람끼리 서로 망원경으로 볼 수 있을 정도로 가까우면서 삼각형을 이루는 세 개의 산을 고른다. 그리고 각각의 정상에 삼각형의 내각을 정확하게 측정할 수 있는 계측 장비를 설치한다. 세 각의 합이 180°이면 유클리드가 맞고 180°보다 작으면 로바쳅스키가 맞다.

이 실험이 실제로 이루어진 적은 없었다. 하지만 시간이 지날수록 이 물음은 그 실효성이 퇴색되고 말았다. 다른 수학자가 결국은 다섯 번째 공준이 독립적이라는 것을 증명하면서 유클리드 기하학이 일관성이 있다면 로바쳅스키 기하학도 마찬가지로 일관성이 있다는 것을 보였기 때문이다. 수학자들은 현실 세계가 어느 기하학을 따르는가에 대한 질문을 중요하지 않게 여기게 되었다. 수학은 우리가 살고 있는 세계를 이해하기 위해 만들어졌지만, 19세기 말에 이르면서 순수하게 형식적인 것으로 자리 잡기 시작했다.

# 9.5 힐베르트의 형식주의 접근법

> 우리는 언제든 "점, 선, 평면" 대신 "탁자, 의자, 맥주잔"이라고 얘기할 수 있어야 한다.
>
> **_다비트 힐베르트**

20세기 초 최고의 수학자라고 할 수 있을 다비트 힐베르트는 형식주의 접근법의 선구자였다. 그는 어떤 이론에 일관성이 있다면 그 이론은 참이라고 주장했는데 이런 관점은 수학 전반에 걸쳐서 표준으로 자리 잡았다.

유클리드의 모든 이론과 증명이 옳긴 했지만, 근대적인 기준으로 보자면 유클리드의 공리는 좀 빈약하다고 할 수 있었다. 기하학의 기반을 더 탄탄하게 바로 잡으려는 시도가 이루어지기까지 2400년이나 걸렸다. 힐베르트는 10년에 걸쳐 유클리드 기하학에 대해서 다시금 생각해 보고 기하학을 위한 자기만의 공리 체계를 세웠다. 위에서 인용한 문장에서 볼 수 있듯이, 힐베르트는 그의 공리 체계의 유효성은 기하학에 대한 직관에 의존해서는 안 된다고 믿었다. 힐베르트의 체계에는 유클리드 기하학보다 훨씬 많은 공리가 들어있는데 유클리드가 당연하게 여겼던 여러 가지를 명시적으로 기술했기 때문이다. 힐베르트가 세운 공리는 다음과 같다.

- 연결에 관한 7개의 공리(예: 두 점이 한 평면 위에 놓여있다면 이 두 점을 지나는 직선 위에 있는 모든 점은 그 평면 위에 있다)
- 순서에 관한 4개의 공리(예: 한 직선 위에 있는 임의의 두 점 사이에 어떤 점이 존재한다)
- 평행에 관한 1개의 공리
- 합동에 관한 1개의 공리(예: 두 변의 길이가 같고 그 사잇각이 같은 두 삼각형은 합동이다)

- 아르키메데스의 공리 1개
- 완비성 공리 1개

힐베르트의 기하학 체계는 꽤 복잡하며 그가 가르친 몇몇 수업의 주제이기도 했다. 안타깝게도 자신의 공리를 모두 세웠을 무렵에는 워낙 쇠약해졌기 때문에, 기하학의 여러 정리를 증명할 만한 기력이 남아있질 않았다. 유클리드 기하학의 공리에 관한 연구가 해당 분야의 마지막 주요 업적이었다.

### 다비트 힐베르트(1862-1943)

다비트 힐베르트는 독일의 쾨니히스베르크(지금은 러시아의 칼리닌그라드)라는 도시에서 태어났다. 그는 쾨니히스베르크 대학교에서 수학을 공부했고 박사학위까지 마친 후에 같은 학교에서 교수가 되었다.

33세부터 괴팅겐 대학교 교수로 일하기 시작했으며 은퇴할 때까지 괴팅겐 대학교에 몸담았다. 8.2절에서 봤듯이 괴팅겐은 수학계의 중심지였고 힐베르트는 괴팅겐 대학교 수학과의 최고 전성기에 수학계의 리더가 되었다.

다양한 기초 수학 분야에 걸친 힐베르트의 업적과 수학 전반에 걸친 그의 심오한 영향력은 이루 말하기 힘들 정도다.

불변량 이론에 관한 첫 연구 결과를 발표하면서 힐베르트는 비구성적 증명(nonconstructive proof)의 사용을 적극적으로 옹호했는데 비구성적 증명은 당시로써는 매우 급진적인 개념이었다. 사실 그 결과보다도 접근법 때문에 유명해질 정도였다. 요즘은 비구성적 증명도 흔하게 쓰인다.

대수적 수론(데데킨트가 연구하고 있던 분야) 연구를 요약해 달라는 요청을 받은 힐베르트는 600페이지에 이르는 〈수론 보고서(독어 제목: Zahlbericht, 영어 제목: Report on Numbers)〉라는 책을 썼다. 이 책에는 대수적 수론 분야의 모든 주요 성과가 설명되어 있다. 이 책은 대부분 다른 사람들의 연구 성과를 정리하는 (물론 각 연구 성과를 낸 사람들에 대해서는 분명하게 기재되어 있다) 내용으로 구성되어 있지만, 힐베르트가 이렇게 통합해 놓은 덕에 대수적 수론이 크게 발전할 수 있었고 나중에 뇌터의 추상대수에 대한 연구가 탄생할 수도 있었다.

힐베르트는 그 후로 10년에 걸쳐 기하학을 연구하면서 로바첵스키의 이론을 뛰어넘어 유클리드의 모든 공리를 재점검했다. 힐베르트는 〈기하학의 기초(Foundations of Geometry)〉에서 자신이 세운 새 공리들을 소개했을 뿐 아니라 공리 체계에 대해 생각하는 법, 공리 체계를 엄격하게 분석하는 법을 처음으로 도입했다.

힐베르트는 또한 물리학에서도 중요한 업적들을 남겼는데 일반상대론을 아인슈타인과 거의 비슷한 시기에, 상당 부분 독립적으로 만들어내기도 했다. 그가 만들어낸 힐베르트 공간(벡터 공간을 무한차원으로 확대한 것)은 양자역학의 중요한 수학적 기반 가운데 하나이기도 하다.

1900년, 힐베르트는 파리에 있는 소르본 대학교에서 강의할 때 수학의 10대 미해결 문제를 정리하면서 많은 수학자의 도전을 독려했다. 그 후에 13개의 문제를 더 추가해서 총 23개의 미해결 문제를 공식적으로 발표했다. 이 문제들은 힐베르트의 문제라는 이름으로 널리 알려졌으며 20세기 수학 상당 부분이 이 문제들에서 출발하였다. 힐베르트는 또한 그 후로 25년에 걸쳐 수학의 근간을 닦는 일에 매진했는데 이런 업적들은 "힐베르트의 프로그램"으로 알려져 있다. 훗날 쿠르트 괴델과 앨런 튜링이 힐베르트의 프로그램에 허점이 있다는 것을 밝혀내긴 했지만, 근대 계산 이론의 발달을 끌어낸 것도 힐베르트의 프로그램이었다.

힐베르트는 위대한 수학자였을 뿐 아니라 젊은 수학자들의 멘토이자 후원자이기도 했다. 절친한 친구였던 헤르만 민코프스키가 죽은 후, 힐베르트는 몇 년에 걸쳐 민코프스키의 연구 결과를 편집하여 출판했다. 에미 뇌터

(8.3절)를 지원한 것도 힐베르트였다. 그는 다양한 분야의 여러 연구자와 공동연구를 많이 했는데 그의 물리학에 대한 강의는 리하르트 쿠란트와 공저한 고전적인 교과서의 밑바탕이 되었다.

독일 문화에 대한 교만함은 힐베르트의 약점이었다. 그렇게 생각할 만도 했지만, 힐베르트는 독일 수학을 200년간의 발전의 총결산이라고 여겼다. 그는 세계 각국의 사람들이 독일 수학계로 들어오는 것을 장려했다. 하지만 그는 독일에서 진행된 연구만 가치 있는 것으로 인정했다. 이탈리아의 주세페 페아노의 업적을 전혀 인용하지 않고 그가 발표한 연구 결과의 중요성을 전혀 인정하지 않은 일은 가장 대표적인 만행으로 꼽을 수 있다. 힐베르트는 나치의 시각과 정반대의 견해를 가졌는데(나치가 정권을 잡은 것은 1930년 그가 은퇴한 후의 일이었다) 민코프스키나 뇌터와 같은 절친한 친구를 비롯하여 수많은 유대인 동료들의 업적을 널리 알리는 데 꽤 많은 공을 들였다.

안타깝게도 힐베르트는 그가 아끼던 것들이 모조리 망가지는 것을 지켜봐야만 했다. 친구들은 망명길에 올라야 했고 한때 세계 최고였던 독일 수학계는 그저 그런 수준으로 전락했으며 그가 사랑했던 조국은 경멸의 대상으로 무너져 버렸다. 하지만 그의 수학적인 유산은 그의 제자들을 통해 세계 각국으로 퍼져나가서 지금까지도 살아 숨 쉬고 있다.



## 9.6 페아노와 그의 공리

물론 누구든 원하는 대로 가설을 세우고 그 가설로부터 논리적인 결론을 도출해낼 수 있다. 하지만 이런 연구 결과가 기하학으로 인정받기 위해서는, 그러한 가설이나 공준이 물리적인 도형의 더 간단하고 원론적인 결과를 표현하는 것이어야만 한다.

_주세페 페아노

힐베르트가 수학을 형식화하는 힐베르트의 프로그램을 공표하기 전에도 수학 체계를 형식화하자는 개념을 연구하기 시작한 사람들이 있었다. 그런 사람 중 하나가 바로 이탈리아의 수학자 주세페 페아노(Giuseppe Peano)였다. 위에 인용한 문구에서도 알 수 있듯이, 페아노는 여전히 수학과 실체 사이의 연관성에 관심이 있었다. 1891년, 그는 〈수학적 공식(이탈리아어 제목: Formulario Mathematico, 영어 제목: Mathematical Formulas)〉이라는 책을 쓰기 시작했는데 이 책에는 수학의 모든 핵심적인 정리들이 페아노가 고안한 기호 표기법으로 집대성되어 있었다. 한정기호나 집합 연산을 나타내는 기호들을 비롯하여 페아노의 표기법 중 상당수가 지금까지도 쓰이고 있다.

1889년, 페아노는 산술(arithmetic)의 형식적 근간을 제공하는 일련의 공리를 발표했다. 유클리드의 공리와 마찬가지로 페아노의 공리도 다섯 개로 구성되었다.

다음과 같은 조건을 만족시키는 자연수라는 집합 $\mathbb{N}$이 존재한다.

**1.** $\exists 0 \in \mathbb{N}$

**2.** $\forall n \in \mathbb{N} : \exists n' \in \mathbb{N} - n'$은 $n$ 바로 뒤의 원소(successor)

**3.** $\forall \mathbb{S} \subset \mathbb{N} : (0 \in \mathbb{S} \land \forall n : n \in \mathbb{S} \Longrightarrow n' \in \mathbb{S}) \Longrightarrow \mathbb{S} = \mathbb{N}$

**4.** $\forall n, m \in \mathbb{N} : n' = m' \Longrightarrow n = m$

**5.** $\forall n \in \mathbb{N} : n' \neq 0$

일상생활의 언어로 옮기자면 다음과 같이 쓸 수 있다.

**1.** 0은 자연수이다.

**2.** 모든 자연수에는 바로 뒤의 원소가 있다.

**3.** 자연수의 어떤 부분집합에 0이 있고 그 부분집합에 있는 모든 원소에 그

부분집합에 들어있는 바로 뒤의 원소가 존재한다면 그 부분집합에는 모든 자연수가 포함된다.

**4.** 두 자연수의 바로 뒤의 원소가 같다면 그 둘은 같다.

**5.** 0은 어떤 자연수의 바로 뒤의 원소도 아니다.

세 번째 공리는 귀납 공리라고도 부르는데 가장 중요한 공리다. ℕ의 임의의 부분집합 𝕊에 대해, 0이 그 부분집합에 들어있고 𝕊에 있는 모든 원소의 바로 뒤의 원소가 𝕊의 원소라면 𝕊는 ℕ과 같다는 공리이다. 이 공리는 "다다를 수 없는 자연수는 없다"라고 고쳐 쓸 수 있다. 0에서 시작해서 바로 뒤의 원소를 계속 따라가다 보면 모든 자연수에 다다를 수 있다는 뜻이다. 요즘 나오는 교과서에서는 대부분 세 번째 공리를 마지막에 적지만, 여기에서는 페아노가 적었던 순서를 그대로 따랐다.*

페아노의 공리는 산술을 완전히 바꿔놓았다. 사실 페아노도 리하르트 데데킨트나 헤르만 그라스만 같은 사람의 뒤를 이었다고 할 수 있는데 그 둘은 모두 산술의 기본 원칙을 유도하는 방법을 보여주었다. 하지만 페아노는 그들보다 한 발 더 나갈 수 있었고 그의 업적이 워낙 중요했기 때문에 훗날 수학자들은 그냥 산술이 아닌 페아노 산술을 주로 연구하게 되었다.

### 주세페 페아노(1858-1932)

주세페 페아노는 이탈리아가 통일될 무렵 이탈리아 북부의 토리노 근처의 소작 농가에서 태어났다. 그는 토리노 대학교를 졸업했으며 같은 학교에서 교수가 되었다. 나중에는 왕립 군사학교에서 학생들을 가르치기도 했다. 가장 유명한 업적으로는 페아노 곡선이라고도 알려진 공간 채움 곡선(space-filling curve)

* 또한 근대적인 교과서에서는 자연수가 0이 아니라 1에서 시작한다.

의 발견을 들 수 있는데 공간 채움 곡선은 1차원 선분을 2차원 정사각형 위의 모든 점으로 연속사상시켜준다.

페아노는 1890년대에는 수학의 기초에 관해 주로 연구했으며 〈수학적 공식〉이라는 명저를 냈다. 〈수학적 공식〉은 수학의 모든 내용을 형식적으로 적어놓은 요약본 같은 책이다. 그 책은 수학의 기초를 제공할 뿐 아니라 다양한 주제를 다루면서 각각의 원어 출처에 대한 참조까지도 정리한 걸작이었다. 페아노는 영국의 철학자 버트런드 러셀에게 이 책을 한 부 보냈는데 러셀이 화이트헤드와 함께 낸 〈수학의 원리(Principia Mathematica)〉는 페아노의 영향을 강하게 받은 책이었다. 〈수학의 원리〉는 훗날 계산 이론의 발달에 큰 영향을 끼쳤다.

페아노는 〈수학적 공식〉을 처음에는 불어로 발간했지만, 인간이 쓰는 언어에 필연적으로 존재하는 애매모호함 때문에 상당한 좌절감을 느꼈다. 결국 1900년 무렵, 그는 과학, 수학용으로 모호성이 없는 범용 언어를 만드는 것 외에는 별수가 없고 그런 언어를 만들어서 책을 써야겠다는 결론을 내렸다.

페아노가 만든 언어는 "어형 변화가 없는 라틴어"라고 불렸는데 나중에는 그 이름이 인테르링구아(Interlingua)로 바뀌었다. 일단 라틴어에서 시작하여, 어형 변화나 동사의 활용형, 불규칙 단어같이 혼란의 여지가 있는 부분은 없애고 단순하고 논리적인 규칙들만 남겨서 만든 새로운 언어였다.

페아노는 수학적 공식을 그렇게 새로 만든 언어로 고쳐 썼으며 이렇게 수정된 판은 1908년에 출간되었다. 그의 다섯 가지 공리를 인테르링구아로 쓰면 다음과 같다.

**0.** $N_0$ es classe, vel "numero" es nomen commune.

**1.** Zero es numero.

**2.** Si a es numero, tunc suo successivo es numero.

3. $N_0$ es classe minimo, que satisfac ad conditione 0, 1, 2; [···]

4. Duo numero, que habe successivo aequale, es aequale inter se.

5. 0 non seque ullo numero.

페아노는 그의 형식적 표기법을 강의에서도 쓰기 시작했는데 학생들에게는 정말 인기가 없었을 것으로 보인다. 게다가 자기가 가르쳐야 할 수업을 전부 수학의 기본에 관한 논의로 바꿨는데 결국 이것 때문에 왕립 군사학교 교수 자리에서 물러나게 되었다.

페아노는 다른 과학자들이 모두 연구 결과를 인테르링구아로 발표하는 세상을 꿈꿨지만, 그런 날은 오지 않았다. 사실 페아노의 책을 읽으려고 한 사람도 거의 없었고 그의 업적은 무관심 속에 사라져 갔다. 말년에는 인테르링구아를 전파하는 데 거의 모든 시간을 바쳤지만 수학계에서는 거의 잊혀지고 있었다. 사람들은 괴팅겐에 있는 힐베르트를 비롯한 수학자들에게 더 관심이 있었다.

요즘도 페아노의 산술의 기본 공리는 널리 받아들여지고 있지만, 그의 기념비적인 역작을 한 페이지라도 읽어보는 수학자들은 거의 없다. 절판된 지도 이미 오래된 데다가, 영어판은 아예 번역되지도 않았다.

모든 공리가 필요하다는 것을 증명하기 위해서는 각 공리를 하나씩 뺀 다음 나머지 공리만으로는 제대로 된 결과가 나오지 않는다는 것(즉 우리가 자연수라고 하는 게 만들어지지 않는다는 것)을 보이면 된다.

**0의 존재 공리를 없애면** 0을 지칭하는 다른 모든 공리도 쓸 수가 없게 된다. 시작할 원소가 없기 때문에 다른 공리들도 적용할 수가 없고 공집합만 가지고도 나머지 공리들을 만족시킬 수 있다. 이는 자연수의 집합이라고 할 수 없다.

**바로 뒤의 원소의 완전성에 대한 공리를 없애면,** 즉 모든 값에 바로 뒤의 원소가 있어야 한다는 조건을 빼면 {0}이나 {0, 1, 2} 같은 유한집합도 가능하게 된다. 하지만 유한집합 중에는 우리가 자연수라고 생각하는 것을 만족시키는 게 없다(물론 컴퓨터에서는 이 공리를 포기해야만 한다. 모든 데이터형이 유한하기 때문이다. 예를 들어 `uint64`는 $2^{64}$개의 정수만 표현할 수 있다).

**귀납 공리를 없애면** 정수보다 더 많은 "정수 비슷한 것"이 만들어지는 상황이 발생하고 만다. 이런 "다다를 수 없는" 수를 초한 순서수(transfinite ordinals)라고 부르며 ω라고 쓴다. 따라서 $\{0,1,2,3,\cdots,\omega,\omega+1,\omega+2,\cdots\}$, $\{0,1,2,3,\cdots,\omega_1,\omega_1+1,\omega_1+2,\cdots,\omega_2,\omega_2+1,\omega_2+2,\cdots\}$과 같은 집합이 만들어질 수 있다.

**바로 뒤의 원소의 가역성에 대한 공리를 없애면,** 즉 같은 바로 뒤의 원소 앞에는 같은 바로 앞의 원소가 있어야 한다는 조건을 없애면 $\{0,1,1,1,\cdots\}$, $\{0,1,2,1,2,\cdots\}$, $\{0,1,2,3,4,5,3,4,5,\cdots\}$ 같은 식으로 한 항목에 여러 개의 바로 앞의 원소가 있을 수 있고 그중에는 앞에 있는 것도 있고 뒤에 있는 것도 있을 수 있는, "ρ 모양" 구조가 만들어질 수 있다.

**"바로 뒤의 원소가 0인 원소는 없다"는 공리를 없애면** $\{0,0,\cdots\}$, $\{0,1,0,1,\cdots\}$ 같이 다시 0으로 이어지는 집합도 있을 수 있다. 그리고 이런 집합은 유한한 집합일 수도 있기 때문에 자연수의 집합과는 일치하지 않을 수 있다.

## 9.7 산술 구축하는 법

FROM MATHEMATICS TO GENERIC PROGRAMMING

페아노의 공리가 모두 서로 독립적이고 자연수를 만드는 데 꼭 필요하다는 것을 확인했으니 기본 원칙들로부터 산술을 구축할 수 있다. 이제 두 개의 자연수를 더하고 곱하는 것을 정의하는 데서 시작해 보자.

**덧셈의 정의:**

$$a + 0 = a \tag{9.1}$$
$$a + b' = (a + b)' \tag{9.2}$$

덧셈을 위와 같이 정의하기 때문에 위 두 선언은 증명할 필요가 없다. 자연수의 덧셈의 속성은 모두 이 정의로부터 유도할 수 있다. 예를 들어 0이 왼쪽 덧셈의 항등원이라는 것을 다음과 같이 증명할 수 있다.

$$
\begin{aligned}
& 0 + a = a \\
\text{시작 단계:}\quad & 0 + 0 = 0 \\
\text{귀납 단계:}\quad & 0 + a = a \implies 0 + a' = (0 + a)' = a'
\end{aligned}
\tag{9.3}
$$

시작 단계에서는 $a$가 0일 때 그 식이 성립한다는 것을 확인한다. 덧셈의 정의 중 식 9.1로부터 식이 성립함을 알 수 있다. 귀납 단계에서는 임의의 a에 대해서 그 식이 참이라고 가정한다. 식 9.2에 의해 $0 + a' = (0 + a)'$임을 알 수 있다. 하지만 귀납 단계의 가정에 따라 $a$ 대신 $0 + a$를 집어넣을 수 있기 때문에 그 결과는 $a'$이 되므로 $0 + a' = a'$이 성립한다.

**곱셈의 정의:**

$$a \cdot 0 = 0 \tag{9.4}$$

$$a \cdot b' = (a \cdot b) + a \tag{9.5}$$

이제 덧셈의 경우와 마찬가지 방법으로 $0 \cdot a = 0$을 증명할 수 있다.

$$
\begin{aligned}
\text{시작 단계:}\quad & 0 \cdot 0 = 0 \\
\text{귀납 단계:}\quad & 0 \cdot a = 0 \implies 0 \cdot a' = 0 \cdot a + 0 = 0
\end{aligned}
$$

**1의 정의** 1은 0의 바로 다음 원소로 정의한다.

$$1 = 0' \tag{9.6}$$

이제 1은 다음과 같이 더할 수 있다.

$$a + 1 = a + 0' = (a + 0)' = a' \tag{9.7}$$

1을 곱하는 방법은 다음과 같다.

$$a \cdot 1 = a \cdot 0' = a \cdot 0 + a = 0 + a = a$$

덧셈의 기본 원리도 공리에서 출발해서 다음과 같이 유도할 수 있다.

**덧셈의 결합법칙:** $(a + b) + c = a + (b + c)$

시작 단계:

$$\begin{aligned} (a+b)+0 &= a+b && \text{9.1에 의해} \\ &= a+(b+0) && \text{9.1에 의해} \end{aligned}$$

귀납 단계:

$$(a+b)+c = a+(b+c) \implies$$

$$\begin{aligned} (a+b)+c' &= ((a+b)+c)' && \text{9.2에 의해} \\ &= (a+(b+c))' && \text{귀납 가정에 의해} \\ &= a+(b+c)' && \text{9.2에 의해} \\ &= a+(b+c') && \text{9.2에 의해} \end{aligned}$$

교환법칙은 우선 다음의 특별 케이스부터 시작하자:

$$a+1 = 1+a \tag{9.8}$$

시작 단계:

$$\begin{aligned} 0+1 &= 1 && \text{9.3에 의해} \\ &= 1+0 && \text{9.1에 의해} \end{aligned}$$

귀납 단계:

$$a+1 = 1+a \implies$$

$$\begin{aligned} a'+1 &= a'+0' && \text{9.6에 의해} \\ &= (a'+0)' && \text{9.2에 의해} \\ &= ((a+1)+0)' && \text{9.7에 의해} \\ &= (a+1)' && \text{9.1에 의해} \\ &= (1+a)' && \text{귀납 가정에 의해} \\ &= 1+a' && \text{9.2에 의해} \end{aligned}$$

**덧셈의 교환법칙:** $a + b = b + a$

시작 단계:

$$\begin{aligned} a+0 &= a && \text{9.1에 의해} \\ &= 0+a && \text{9.3에 의해} \end{aligned}$$

귀납 단계:

$$
\begin{aligned}
a+b=b+a \implies \\
a+b' &= a+(b+1) && \text{9.7에 의해} \\
&= (a+b)+1 && \text{덧셈의 결합법칙에 의해} \\
&= (b+a)+1 && \text{귀납 가정에 의해} \\
&= b+(a+1) && \text{덧셈의 결합법칙에 의해} \\
&= b+(1+a) && \text{9.8에 의해} \\
&= (b+1)+a && \text{덧셈의 결합법칙에 의해} \\
&= b'+a && \text{9.7에 의해}
\end{aligned}
$$

**연습문제 9.3** 수학적 귀납법으로 다음을 증명하시오.

- 곱셈의 결합법칙과 교환법칙
- 곱셈의 덧셈에 대한 분배법칙

**연습문제 9.4** 수학적 귀납법으로 자연수 사이의 전순서 집합성을 정의하시오.

**연습문제 9.5** 수학적 귀납법으로 자연수에 대한 바로 앞의 원소 부분함수를 정의하시오.

• • •

페아노 공리는 자연수를 정의해 주는 것일까? 그렇지 않다. 페아노가 "수(양의 정수)는 정의할 수 없다"고 얘기한 것처럼 말이다. (순서, 앞과 뒤, 합계 같은 것의 개념이 수의 개념 못지않게 복잡하기도 하다.) 바꿔 말하자면, 자연수가 무엇인지 이미 알고 있는 게 아니라면 페아노의 정의만 가지고는 그게 무엇인지 알 수가 없다. 페아노 공리는 이미 알고 있는 수의 개념을 기술할 수 있게 해 주는 것, 산술에 대한 인식을 형식화시켜서 증명의 구조를 세울 수 있게 해 주는 것이다.

일반적으로 공리의 역할은 설명하는 것이지 정의하는 것이 아니라고 말할 수 있다. 설명이 건설적이지 않을 수도 있다. 즉, 어떤 결과가 나올지 분명히 알려 주지 않을 수 있다. 알고리즘을 제안해줄 수 있다고 하더라도, 그 알고리즘이 계산적으로 매우 비효율적일 수 있다. 제정신인 사람이라면 바로 뒤의 원소 함수를 반복해서 적용하는 식으로 덧셈을 하진 않을 것이다. 하지만 이 공리들은 여전히 중요한 역할을 한다. 자연수의 어떤 성질이 필수적이고 어떤 것이 그렇지 않은지에 대해 생각할 여지를 주기 때문이다.

프로그래밍 인터페이스에 대한 문서를 공부할 때는 이런 접근법이 도움이 될 수 있다. '왜 이런 요구조건이 있어야 할까?', '이런 게 없었다면 어떻게 됐을까?' 같은 식으로 생각해볼 수 있기 때문이다.



## 9.8 마무리

이번 장은 명제가 참이라는 것을 보여주기 위한 형식적이면서도 사회적인 절차인 증명에 대해 알아보는 것으로 시작했다. 증명이 어떤 식으로 진실 사이의 연결을 보여주는지를 살펴보았는데 증명 체계는 지식을 체계화하는 방법이다. 정리의 발견에 대해서 알아보고 정리가 제공하는 중요한 추상화에 대해서도 알아보았다.

그다음으로는 지식을 조직화하는 더 풍부한 형식화, 즉 공리 체계에 대해 살펴보았고 기하학과 산술이 어떻게 기본 원리로부터 구축되었는지 알아보았다. 공리 체계는 지식의 복잡성을 줄일 수 있다는 중요한 기능을 제공한다. 몇 가지 공리와 추론 규칙으로부터 유도할 수 있기 때문에 모든 참인 명제를 외우지 않아도 된다.

하지만 역사적으로 수학자들이 모든 정리를 공리로부터 유도해낸 게 아니라는 것을 염두에 둘 필요가 있다. 공리는 여러 정리 사이의 상호관계를 잘 이해하게 된 이후에 그 밑에 깔린 가정을 알아낸 후에야 제안될 수 있었다. 프로그래밍에 대해서도 마찬가지 절차가 적용된다. 제대로 된 추상화를 설계하기 위해서는 수많은 실전 알고리즘을 분석하고 그들 사이의 상호관계를 이해해야만 한다.

공리 체계를 이용하여 지식을 조직화할 수 있지만, 거기에는 이미 조직화할 지식이 어느 정도 있어야 한다는 전제가 깔려 있다. 정리는 증명보다 발견이 더 중요하다. 뭔가가 참이라는 믿음이 생기기 전에는 그것을 증명할 필요성을 느낄 수 없기 때문이다.

근대 수학자들은 종종 지식의 경험적 근원을 잊어버리곤 한다. 그리스의 위대한 수학자 아르키메데스는 그의 책 〈방법〉에서 측정과 실험을 포함하여 수학적 지식을 획득하는 어떤 방법이 유효한지를 논의한 바 있다. 일단 수학적인 사실을 발견한 후에야 그것을 상세하게 증명할 수 있게 마련이다. 프로그래밍에서도 마찬가지 원칙이 통한다. 어떤 프로그램이 올바르다고 증명하려면 우선 올바른 프로그램을 만들어야 한다. 그 과정에서 시행착오가 있다고 하더라도 말이다.

# 10장

# 기초 프로그래밍 개념

모든 인간은 천성적으로 지식을 추구한다.

_ 아리스토텔레스, 〈형이상학〉 I, 1

이번 장에서는 개념이나 반복자와 같이 제네릭 프로그래밍과 연관된 몇 가지 주요 아이디어를 알아보도록 하겠다. 또한, 그런 아이디어를 기반으로 하는 몇 가지 공통적인 프로그래밍 작업에 대해서도 살펴보겠다. 하지만 우선 추상화라는 것을 어떻게 생각하게 되었는지부터 시작해 보자.



## 10.1 아리스토텔레스와 추상화

르네상스 시대 이탈리아 화가인 라파엘로의 걸작, "아테네 학당"에는 고대 그리스의 여러 철학자가 등장한다(아래 그림 참조). 중앙에는 고대 그리스의 2대 철학자로 꼽히는 플라톤과 아리스토텔레스가 있다. 플라톤은 위쪽을 가리키고 있고 그 제자인 아리스토텔레스는 손을 뻗어 바닥 쪽을 향하고 있다. 플라톤은 영원불멸의 것에 집중해야 한다는 의미로 하늘나라 쪽을

가리키고 있고 아리스토텔레스는 실제 세상을 공부해야 한다는 뜻에서 바닥을 가리키고 있다는 것으로 해석하는 게 일반적이다. 실제로 플라톤은 수학을, 아리스토텔레스는 다른 모든 것, 특히 과학을 창시했다고 말할 수 있다. 아리스토텔레스의 업적은 미학에서 동물학에 이르기까지 전 분야에 걸쳐 있다.

### 아리스토텔레스(기원전 384-322)

아리스토텔레스는 그리스에서 북쪽으로 멀리 떨어져 있는 스타게이라라는 도시 출신이다. 어린 시절에 대해서는 거의 알려진 것이 없지만, 언제인가 지혜를 찾아 아테네로 이동했다고 한다. 그는 플라톤의 아카데메이아에서 약 20년 동안 배우고 가르쳤다. 그는 플라톤이 사망할 무렵(아마도 플라톤의 후계자로 지목되지 못했다는데 실망해서) 아테네를 떠났다.

기원전 343년, 마케도니아의 필리포스 왕은 아리스토텔레스를 그의 아들 알렉산드로스와 친구들의 가정교사로 임명했다. 알렉산드로스 왕자와 아리스토텔레스의 관계에 대해서는 잘 알려지지 않았지만, 훗날 알렉산드로스가 왕이 되고 "알렉산드로스 대왕"이라는 칭호를 얻은 계기가 된 아시아 정복을 시작한 이후 아리스토텔레스의 수장고에 집어넣을 진귀한 식물과 동물 표본을 보내줬다고 한다.

기원전 355년경, 아리스토텔레스는 아테네로 돌아와서 직접 리케이온이라는 명문 학교를 세웠다. 그 뒤로 12년 동안 그는 놀라운 지식을 집대성했다. 그의 스승인 플라톤은 영원불변의 진리에 몰두했지만, 아리스토텔레스는 실재하는 그대로 세상을 이해하려 했다. 예를 들어 플라톤은 정치에 대한 책을 쓸 때 이상적인 사회라면 어때야 할지를 논했다. 아리스토텔레스는 정치에 관한 책을 쓸 때 학생들을 그리스의 주요 도시국가에 보내서 각각의 구성에 대한 보고를 수집했다. 아리스토텔레스는 모든 것을 관찰하고 기술하고 그가 본 것을 설명하는 접근법을 썼다.

아리스토텔레스는 상상할 수 있는 거의 모든 주제에 관해 가르치고 기록을 남겼다. 그 시대의 주요 저술가들에 따르면 아리스토텔레스는 글을 정말 잘 썼다고 한다. 하지만 안타깝게도 대화록을 비롯하여 원래 책으로 내려고 썼던 글은 모두 소실되었다. 지금 남아있는 글은 아마도 강의록으로 만들었을 간단한 원고뿐이다. 하지만 〈니코마코스 윤리학〉, 〈정치학〉, 〈형이상학〉을 비롯한 여러 저작들은 지금까지도 필독 도서로 남아있다. 그리고 문체나 구성은 다르지만, 그가 남긴 글들은 지식을 백과사전처럼 집대성한 것이라고 할 수 있다.

아리스토텔레스가 남긴 과학적 지식 중에는 분명한 오류도 있지만, 문어가 어떤 식으로 번식하는지와 같이 상세한 주제에 대한 관찰 사실을 비롯하여 과학적인 세계를 체계적으로 기록한 최초의 인물이 아리스토텔레스인 것은 분명하다.

아리스토텔레스는 기원전 322년경 아테네를 떠났으며 몇 해 지나지 않아 사망했다. 창시자가 죽은 후에도 꽤 오랫동안 이어진 다른 철학적인 전통(스토아학파, 플라톤주의 등)과 달리 아리스토텔레스의 철학은 그 명맥이 바로 끊겼다. 그리스 철학이 점점 더 자기 성찰적인 방향으로 발전하면서 관찰 가능한 현실을 연구하는 아리스토텔레스의 학풍에 대한 관심도 희미해졌다. 리케이온의 명성은 금방 사그라들었으며 스스로를 아리스토텔레스학파라고 자칭하는 그리스나 로마 시대 학자들은 거의 찾아볼 수 없었다. 중세에 그의 업적이 재발견되는 과정에서도 학자들은 그가 남긴 문헌을 맹목적으로 공부했을 뿐, 직접 나가서 현실 세계를 관찰하는 그의 방법론을 따르진 않았다. 모든 근대 과학의 근간이라 할 수 있는 경험에 기반한 접근법이야말로 아리스토텔레스가 남긴 위대한 유산이다. 또한, 근대 대학에서 학과 형태로 반영된 지식의 구성도 아리스토텔레스가 제안한 분류법을 그대로 이어받은 것이라고 할 수 있다.

아리스토텔레스가 남긴 문헌은 서기 1000년 무렵까지 아라비아 철학자들이 잘 보관하고 있었다. 12세기 들어서 그리스도교 왕국들이 스페인 영토의 대부분을 알안달루스라는 이슬람 국가로부터 되찾았을 때, 스페인의 톨레도라는 도시에서 아리스토텔레스가 쓴 책의 번역본을 포함한 수많은 아라비아어 서적들이 소장된 도서관이 발견되었다. 그렇게 아리스토텔레스의 책이 그리스어 원문에서 라틴어로 번역되었으며 아리스토텔레스의 르네상스가 유럽 전역으로 퍼질 수 있었다. 아리스토텔레스는 "철학자"의 전형으로 알려졌고 그의 업적은 일반 상식의 일부로 자리 잡았다. 안달루시아 출신의 위대한 철학자인 이븐 루시드(유럽에서는 아베로에스라는 이름으로 더 잘 알려져 있다)가 자신의 철학 지식과 이슬람의 가르침을 곁들여서 쓴 아리스토텔레스에 대한 해설서도 많은 인기를 얻었으며 이븐 루시드는 "해설자"라는 이름으로 불리기도 했다. 토마스 아퀴나스나 둔스 스코투스 같은 13세기 기독교인 학자들은 아리스토텔레스주의가 기독교 신앙과 일맥상통하는 면이 있다고 생각했다. 아리스토텔레스에게 "세례"를 준 셈이다. 그리하여 아리스토텔레스가 남긴 문헌들은 수백 년이 넘는 시간에 걸쳐서 유럽 대학의 필수 교과목으로 자리 잡았다.

아리스토텔레스가 남긴 문헌 가운데 가장 중요한 것으로 〈오르가논(Organon)〉을 꼽을 수 있다. 〈오르가논〉은 논리학의 여러 영역에 관한 여섯 권의 저작을 가리키는 명칭인데 2600년 동안 그 분야의 절대적인 교과서였다고 해도 과언이 아니다.* 〈오르가논〉 중 첫 번째 저작인 범주론에서는 추상화 개념이 제시되었다. 개체, 종, 속의 차이에 대한 설명도 들어가 있다. 요즘은 대부분 사람들이 종이나 속을 생물학에서 사용하는 구분법으로만 생각하고 있지만 아리스토텔레스는 이 방법을 모든 것에 적용했다. 종에는 어떤 유형의 사물의 "필수불가결한" 특성이 들어간다. 한 속에는 여러 종이 들어갈 수 있으며 각 종은 종차(differentia)(같은 속에 들어있는 다른 종과 구분할 수 있게 해 주는 것)

* 〈오르가논〉의 라틴어판은 아리스토텔레스의 다른 저작들에 비해 훨씬 일찍 유럽에 전파되었다. 6세기 초, 보에티우스가 최초로 라틴어 번역판을 펴냈기 때문이다.

로 구분할 수 있다.

제네릭 프로그래밍(종보다는 속 수준에 더 초점을 맞추는 프로그래밍 사고법)이라는 용어가 탄생하게 된 배경에도 아리스토텔레스의 속(genus) 개념이 숨어있다.

## 10.2 값과 유형



지금까지 풀어놓은 내용이 컴퓨터 프로그래밍에 어떤 식으로 녹아 들어갈 수 있을지 알아보자. 우선 몇 가지 정의부터 시작하겠다.

**정의 10.1** 연속된 비트들을 자료, 또는 데이터(datum)라고 한다.

예를 들어 01000001 같은 것은 데이터다.

**정의 10.2** 데이터에 해석이 더해진 것을 값(value)이라고 한다.

해석 없는 데이터에는 아무 의미도 없다. 01000001은 정수 65일 수도 있고 “A”라는 문자일 수도 있고 전혀 다른 어떤 것일 수도 있다. 모든 값은 메모리상의 데이터와 연관되어야만 한다. C++나 Java 같은 언어에서 메모리상에 존재하는 데이터가 아닌 것을 참조할 방법은 없다.

**정의 10.3** 공통적인 해석을 공유하는 값의 집합을 값 유형(value type)이라고 한다.

**정의 10.4** 주어진 값 유형에 속하는 값이 담겨있는 메모리상의 비트의 모음을 객체(object)라고 한다.

지금까지 나온 정의들을 보면 한 객체에 해당하는 모든 비트가 연속적이어야 한다는 조건은 찾을 수 없다. 실제로 한 객체의 여러 조각이 메모리의 서로 다른 곳에 들어가 있는 것을 흔하게 볼 수 있는데 그런 조각들을 떨어진 조각(remote part)이라고 부른다.

값이 절대로 바뀌지 않는 객체는 불변(immutable) 객체, 바뀔 수 있는 객체는 가변(mutable) 객체라고 한다. 주어진 값 유형 가운데 어떤 값이든 저장할 수 있는 객체는 무제한(unrestricted) 객체라고 한다.

**정의 10.5** 어떤 특정한 객체의 주소가 주어졌을 때 주어진 값 유형에 속하는 값을 저장하고 꺼내오는 일관된 방법을 객체 유형(object type)이라고 한다.

우리가 프로그래밍 언어에서 "유형"이라고 부르는 것은 객체 유형이다. Java, C++ 같은 프로그래밍 언어에서는 값 유형을 정의하는 메커니즘을 제공하지 않는다.* 모든 유형은 메모리상에 존재하며 객체 유형이다.

FROM MATHEMATICS TO GENERIC PROGRAMMING

## 10.3 개념

제네릭 프로그램의 핵심은 개념이라는 아이디어에 있다. 개념은 연관된 객체 유형의 모음을 기술하기 위한 방법이다. 개념과 유형 사이의 관계는 수학에서 이론과 모형 사이의 관계 그리고 아리스토텔레스가 도입한 과학 용어 중에서 속과 종 사이의 관계와 똑같다.

| 자연과학 | 수학 | 프로그래밍 | 프로그래밍에서의 예 |
|---|---|---|---|
| 속 | 이론 | 개념 | 정수, 문자 |
| 종 | 모형 | 유형 또는 클래스 | `uint8_t, char` |
| 개체 | 원소 | 인스턴스 | 01000001 (65, 'A') |

* C++에 있는 반복자 특성 정보인 value_type은 그 이름과는 달리 여기에서 설명하고 있는 값 유형을 리턴하지 않는다. 대신 반복자가 가리키는 값의 객체 유형을 리턴한다.

개념과 C++에서 그 개념에 속하는 몇 가지 유형의 예로 다음과 같은 것을 들 수 있다.

- 정수*: int8_t, uint8_t, int16_t, ...
- 부호 없는 정수: uint8_t, uint16_t, ...
- 부호 있는 정수: int8_t, int16_t, ...

많은 언어에 암묵적인 의미의 개념이 적용되어 있긴 하지만, 명시적으로 개념을 사용할 수 있는 언어는 거의 없다.**

일부 언어에서는 인터페이스만 지정해 놓고 실제 구현은 나중에 할 수 있다. C++에서는 추상 클래스, 자바에서는 인터페이스로 그런 기능을 제공한다. 하지만 이런 방식에서는 인터페이스를 완전하게 지정하게 되어 있으며 인자나 리턴값의 유형 같은 것이 엄격하게 제한된다. 반면에 개념을 활용하면 인터페이스를 서로 연관된 유형의 묶음 같은 것으로 지정할 수 있다. 예를 들어 자바나 C++에서 int32 유형의 값을 리턴하는 size()라는 함수가 포함되는 인터페이스를 지정할 수 있다. 개념을 지원하는 경우라면 어떤 정수 유형(uint8, int16, int64 등)이든 정수 유형의 값을 리턴하기만 하면 되는 size()라는 함수가 포함되는 인터페이스를 만들 수 있다.

개념은 유형에 대한 일련의 요구조건, 또는 주어진 유형이 특정 요구조건을 만족시키는지 시험하기 위한 기준*** 같은 것으로 볼 수 있다. 이 요구조건에서는 다음과 같은 것들을 따지게 된다.

- 해당 유형에서 제공해야 하는 연산
- 그 유형의 의미

* 여기서는 C++ 내장 정수 유형을 뜻한다. 이 모든 유형 외에 무한 정확도 정수와 같은 다른 정수 표현까지도 포함하는 더 광범위한 의미로 쓰이기도 한다.

** C++에 개념을 포함하자는 제안이 있긴 했지만 아직 받아들여지진 않았다. 하스켈 같은 함수형 프로그래밍 언어에도 개념과 유사한 기능이 들어가 있다.

*** 참 또는 거짓을 리턴하는 함수

- 시간/공간 복잡도

어떤 유형이 특정 개념에 대해 위와 같은 요구조건들을 모두 맞출 수 있다면 그 유형은 그 개념을 '만족시킨다'고 한다.

개념이라는 걸 처음 접하는 프로그래머라면 세 번째에 있는 시간/공간 복잡도가 왜 필요할까 하는 생각이 들 것이다. 복잡도는 그냥 구현과 관련된 사소한 부분에 불과하다고 볼 수도 있기 때문이다. 이 물음에 답하기 위해 실전에서 볼 만한 예제를 하나 생각해 보자. 스택을 나타내기 위해 stack이라는 추상 데이터 유형을 정의했는데 배열로 구현했고 배열에 뭔가를 집어넣을 때마다 공간을 추가해야 해서 기존 모든 원소를 새 위치로 옮겨야 한다고 해 보자. 이러면 스택에 새 원소를 집어넣는 작업이 빠른(상수) 연산이 아니라 느린(선형) 연산이 되고 만다. 결국 프로그래머들이 스택에서 당연하게 기대하는 것에 위배되는 셈이다. 집어넣고(푸시) 꺼내는(팝) 연산이 빠르지 않은 스택은 진짜 스택이라고 할 수 없다. 따라서 어떤 개념을 만족시키는지를 따질 때 복잡도 조건도 포함해야 한다.

• • •

개념과 연관된 두 가지 유용한 아이디어로 유형 함수(type function)와 유형 속성(type attributes)이라는 게 있다. 유형 함수는 어떤 유형이 주어지면 그와 연계된 유형들을 리턴하는 함수이다. 예를 들어 다음과 같은 유형 함수가 있다면 꽤 편하게 써먹을 수 있을 것이다.

- `value_type(Sequence)`
- `coefficient_type(Polynomial)`
- `ith_element_type(Tuple, size_t)`

안타깝게도 주류 프로그래밍 언어 중에 유형 함수가 있는 언어는 없다. 구현이 그리 어려울 것 같지 않은데도 말이다(특정 수열에 들어있는 원소의 유형 같은 것은 컴파일러에서 이미 다 알고 있다).

유형 속성은 유형이 주어지면 그 속성 가운데 하나를 나타내는 값을 리턴하는 함수이다. 예를 들면 다음과 같다.

- `sizeof`
- `alignment_of`
- 구조체에 들어있는 멤버 개수
- 유형의 이름

C나 C++에 `sizeof()`가 있듯이, 일부 언어에서는 유형 속성을 제공하기도 한다.

• • •

몇 가지 아주 일반적인 개념을 살펴보자. 첫 번째는 7장에서 이미 소개한 바 있는 정칙유형 개념 **Regular***이다. 간단하게 말하자면 다음과 같은 연산을 제공하는 유형은 정칙유형이다.

- 복사 생성
- 대입
- 등치
- 소멸

복사 생성자가 있다는 말에는 기본 생성자가 있다는 뜻이 이미 내포되어 있다. `T a(b)`는 `T a; a = b;`와 같기 때문이다. **Regular**의 의미를 설명하기 위해 위에 있는 요구조건들을 공리로 표현해 보자.

$$
\begin{aligned}
\forall a\, \forall b\, \forall c\ &: T\, a(b) \implies (b = c \implies a = c) \\
\forall a\, \forall b\, \forall c\ &: a \leftarrow b \implies (b = c \implies a = c) \\
\forall f \in \text{정칙함수}\ &: a = b \implies f(a) = f(b)
\end{aligned}
$$

---

* 일반적인 관례에 따라 개념 이름을 영문자로 표시할 때는 단어의 첫 글자는 대문자로, 글꼴은 산세리프로 표기하겠다.

첫 번째 공리에서는 $a$를 $b$로부터 복사하여 생성하면 $b$와 같았던 것은 모두 $a$와도 같아진다는 것을 뜻한다. 두 번째 공리는 $a$에 $b$를 대입하면 $b$와 같았던 것이 모두 a와 같아진다는 것을 보여준다. 세 번째 공리에서는 정칙함수(regular function)라는 것이 등장하는데 정칙함수에서는 입력이 같으면 결과도 같다. 어떤 함수가 정칙이어야 하는지 지정하는 것은 프로그래머 본인이 챙겨야 한다. 그래야만 다른 프로그래머들이 (나중에 언젠가는 컴파일러가) 정칙함수에서는 등치가 보존된다는 사실을 믿고 후속작업을 할 수 있다.

**Regular**에는 각 연산이 객체의 면적에 대해 선형보다 더 나쁘지 않아야 한다는 복잡도 요구조건이 붙는다. 여기에서 면적이란 헤더 및 떨어진 조각의 모든 데이터와 커넥터까지 포함하여 그 객체가 차지하는 모든 공간을 뜻한다.*

**Regular** 개념은 범용적이어서, 특정 프로그래밍 언어로 한정되지 않는다. 어떤 언어에 있는 어떤 유형이든 위의 요구조건을 만족하면 **Regular** 개념에 속하는 것이다.

비슷한 개념으로 반정칙유형, **Semiregular**가 있다. 등치 연산이 명시적으로 정의되어 있지 않다는 점을 제외하면 **Regular**와 같다. 등치를 확인하는 방법을 구현하기가 아주 까다로운 특이한 경우에는 이 개념이 필요하다. 이런 상황에서도 등치가 암묵적으로 정의된 것으로 가정하긴 한다. 그래야 복사나 대입과 관련된 공리가 유효하기 때문이다. 결국은 앞에서 본 것처럼 $a$를 $b$에 대입한다는 것은 대입 후에는 $b$의 값이 $a$의 값과 '같다'는 뜻이기 때문이다.

## 10.4 반복자

FROM MATHEMATICS TO GENERIC PROGRAMMING

반복자는 수열 내에서 어디에 있는지 표현하기 위해 사용하는 개념이다. 사실

* **Regular** 개념에 대해 더 정확하게 알고 싶다면 〈프로그래밍의 이해(Elements of Programming)〉의 1.5절을 참고하자.

원래는 반복자가 아니라 "좌표" 또는 "위치"라는 이름을 쓸 예정이었다. 포인터를 일반화한 것으로 볼 수 있기 때문이다. 일부 프로그래밍 언어에서는 여러 기능이 들어가서 꽤 무겁고 복잡하게 만들어진 것을 반복자라고 부르지만, 반복자의 개념 자체는 아주 간단하게 위치를 나타내는 것에 불과하다.

반복자는 다음 세 가지 연산을 지원해야 한다.

- 정칙유형 연산
- 바로 뒤의 원소(successor)
- 역참조(dereference)

반복자는 "선형 시간 안에 선형 검색을 할 수 있게 해 주는 것"으로 생각할 수 있다. 반복자의 핵심은 바로 뒤의 원소(successor, 다음 항목)이다. 사실 반복자는 페아노의 공리에서 바로 나오는 개념이기도 하다. "바로 뒤의 원소가 있는 이론"이 바로 반복자이기 때문이다. 하지만 여기서 얘기하는 반복자 개념에서는 페아노의 공리가 모두 필요하지 않기 때문에 좀 덜 엄밀하다. 예를 들어 페아노의 산술에서는 모든 수에 바로 뒤의 원소가 있어야 하지만, 반복자의 경우에는 데이터에 끝이 있을 수 있으므로 반드시 그래야만 하는 건 아니다. 그리고 페아노 산술에서는 바로 뒤의 원소가 같으면 바로 앞의 원소(predecessor, 이전 항목)도 같아야 하고 반복되는 순환부가 없어야 한다. 프로그래머들은 이런 요구조건은 안 따라도 된다. 앞쪽에 있는 원소로 다시 연결되어 순환부가 만들어지는 자료구조를 써도 된다. 계산 작업을 효율적으로 하기 위해 그런 자료구조가 꼭 필요할 때도 있다.

두 번째 반복자 연산인 역참조는 반복자로부터 값을 구하는 연산이다. 역참조에는 "빨라야 한다"는 시간 복잡도 요구조건이 있다. 반복자를 이용하는 방법보다 더 빠르게 데이터를 구할 방법은 없어야 한다는 뜻이다. 빠른 이동을 위해 추가 데이터를 저장할 필요가 있다든가 하는 상황에서는 반복자가 전통적인 포인터보다 더 커질 수도 있다. 반복자에서 객체 끝을 지나쳤다든가 하는 상황을 나타내기 위한 특별한 값이나 역참조할 수 없는 널 포인터 같은 특이값을 지원할 수도 있다. 역참조가 부분 함수(모든 값에 대해 정의되어 있지 않은 함수)여도 무방하다. 0으로 나누는 게 정의되어 있지 않음에도 불구하고 수학에서 나눗셈을 잘 쓰고 있듯이 말이다.

역참조와 바로 뒤의 원소는 밀접하게 연결되어 있으며* 그 관계로 인해 다음과 같은 제약이 생긴다.

- 바로 뒤의 원소가 정의되어 있을 때만 반복자에 대한 역참조가 정의된다.
- 범위 밖에 있지 않으면 역참조를 할 수 있다.

반복자에 대해 등치가 필요한 이유는 무엇일까? 즉, 반복자는 왜 **Semiregular** 유형이 아니라 **Regular** 유형이어야 할까? 그래야만 한 반복자가 다른 반복자와 같은 위치를 나타내는지 알 수 있기 때문이다.

FROM MATHEMATICS TO GENERIC PROGRAMMING

## 10.5 반복자의 범주와 연산, 속성

반복자에도 몇 가지 종류가 있는데 이를 반복자의 범주라고 부른다. 가장 중요한 것 몇 가지를 들자면 다음과 같다.

- 입력 반복자(input iterator)로는 단방향 종주를 한 번만 할 수 있다. 한 번만 지나가고 끝나는 알고리즘 같은 경우를 생각하면 된다. 입력 반복자의 대표적인 예로 입력 스트림에서의 위치를 들 수 있다. 바이트 단위로 데이터가 전송되어 들어오면 한 번에 하나씩 처리할 수 있는데 일단 입력을 처리하고 나면 사라지고 만다. 특히 입력 반복자에서는 `i == j`라고 해서 `++i == ++j`가 성립하지 않는다. 예를 들어 입력 스트림에서 한 문자를 받아오고 나면 다른 반복자로 같은 문자를 받아올 수가 없다. 어떤 알고리즘에서

* 역참조와 바로 뒤의 원소 사이의 관계에 대한 자세한 내용에 대해서는 〈프로그래밍의 이해(Elements of Programming)〉 6장을 참조하자.

입력 반복자만 요구한다고 해서 그 알고리즘을 입력 스트림에만 적용할 수 있는 것은 아니라는 점에 주의하자.

- 순방향 반복자(forward iterator)도 한 방향으로만 종주할 수 있는 것은 마찬가지지만, 여러 번 지나가야 하는 알고리즘에서처럼 필요하면 다시 종주할 수 있다. 순방향 반복자의 대표적인 예로는 단일 연결 리스트*에서의 위치를 들 수 있다.
- 양방향 반복자(bidirectional iterator)로는 양방향으로 종주할 수 있고 다시 종주할 수도 있다. 따라서 여러 번 지나가야 하는 알고리즘에서 쓸 수 있다. 양방향 반복자의 대표적인 예로 이중 연결 리스트에서의 위치를 들 수 있다. 양방향 반복자의 바로 뒤의 원소 함수에는 역함수가 있어서, 어떤 원소 $x$에 $y$라는 바로 뒤의 원소가 있다면 $y$에는 $x$라는 바로 앞의 원소가 있어야 한다.
- 임의 접근 반복자(random-access iterator)는 임의 접근 알고리즘을 지원한다. 즉, 어떤 원소든 상수 시간 안에 (멀리 있는 것도 빠르게) 접근할 수 있다. 대표적인 예로 배열이 있다.

이 외에도 다음과 같은 반복자가 있다.

- 출력 반복자(output iterator)에서는 바로 뒤의 원소 연산(++)과 역참조 연산(*)을 번갈아 가면서 쓸 수 있지만, 역참조 결과는 대입 연산의 왼쪽에만 쓸 수 있으며 등치 함수를 제공하지 않는다. 대표적인 예로 출력 스트림에서의 위치를 들 수 있다. 이미 출력이 끝난 원소에는 아예 접근할 수도 없기 때문에 등치를 정의할 수 없다.
- C++에는 지금까지 설명한 반복자만 들어있지만, 다음과 같은 반복자 개념도 꽤 쓸모가 있다.
- 연결 반복자(linked iterator)는 바로 뒤의 원소 함수가 바뀔 수 있는 상황(예를 들어 연결 구조가 변경된 연결 리스트)에서도 쓸 수 있는 반복자이다.

* 리스트의 연결 구조가 종주 도중에 바뀌지 않는다고 가정한다.

- 조각 반복자(segmented iterator)는 데이터가 불연속적인 조각으로 나뉘어 있으면서, 각 조각 안에서는 쭉 연속적으로 저장되어 있는 상황에서 쓸 수 있다. 조각 배열로 구현된 std::deque 같은 자료구조에 쓰기에 딱 좋다. 조각의 끝에 다다랐는지 확인하기 위해 매번 바로 뒤의 원소 연산을 쓸 필요 없이, 최상위 반복자에서는 다음 조각과 그 범위를 찾고 최하위 반복자로는 조각 안에서 종주할 수 있기 때문이다.

이런 반복자는 쉽게 구현할 수 있다. 개념이 언어에 내장되어 있지 않다고 해서 쓸 수 없는 것은 아니다. 원래 STL이라는 것은 좋은 예를 잘 모아놓은 것이지 유용한 개념과 자료구조, 알고리즘을 빠짐없이 모아놓은 것은 아니기 때문이다.

• • •

두 반복자 사이의 거리를 구하는 일은 간단하면서도 상당히 중요하다. 입력 반복자에 대해서는 다음과 같은 식으로 distance()라는 함수를 만들 수 있다.

```
template <InputIterator I>
DifferenceType<I> distance(I f, I l, std::input_iterator_tag) {
    // 전제조건: valid_range(f, l)
    DifferenceType<I> n(0);
    while (f != l) {
        ++f;
        ++n;
    }
    return n;
}
```

이 코드에서 세 가지 중요한 부분을 꼽을 수 있다. 첫째는 DifferenceType이라는 유형 함수를 쓰는 부분이고, 둘째는 반복자 태그 인자를 쓰는 부분이고 셋째는 전제조건에 있는 valid_range() 함수 부분이다. 이 세 가지에 대해서는 잠시 후에 알아보기로 하고 일단 임의 접근 반복자에 최적화된 다른 코드와 비교해 보자.

```
template <RandomAccessIterator I>
DifferenceType<I> distance(I f, I l,
                           std::random_access_iterator_tag) {
    // 전제조건: valid_range(f, l)
    return l - f;
}
```

임의 접근이 가능하므로 두 반복자를 왔다 갔다 하면서 증가시킬 필요가 없다. 상수 시간 연산인 뺄셈을 하면 거리를 바로 알 수 있기 때문이다.

반복자의 거리 유형(DifferenceType)은 가능한 최대 범위를 기록할 수 있을 만큼 큰 정수 유형이다. 예를 들어 반복자가 포인터라면 C++에서라면 ptrdiff_t 같은 것을 거리 유형으로 쓸 수 있다. 하지만 일반적으로는 반복자가 어떤 유형일지 사전에 알 수 없기 때문에 거리 유형을 알아낼 수 있는 유형 함수가 필요하다. C++에서는 일반적으로 활용할 수 있는 유형 함수 메커니즘을 제공하지 않지만, STL 반복자에는 반복자 속성이라는 특별한 속성이 있고 그중 하나로 거리 유형을 알아낼 수 있다. 반복자 속성에는 다음과 같은 것들이 있다.

- value_type
- reference
- pointer
- difference_type
- iterator_category

value_type은 앞에서도 언급했듯이 반복자가 가리키는 값의 유형을 리턴한다. reference와 pointer 속성은 현재 아키텍처*에서는 거의 안 쓰지만, 나머지는 아주 중요하다.

반복자 속성에 접근하는 문법이 너무 지저분하기 때문에 여기에서는 C++11의

* 인텔 프로세서 아키텍처의 초기 버전에는 짧고 긴 포인터 유형이 따로 있었기 때문에 반복자마다 어떤 포인터를 쓸지 알고 있어야 했다. 요즘은 반복자의 값 유형이 T라면 pointer 반복자 속성은 보통 T*이다.

using 구조를 활용하여 difference_type에 접근하는 별도의 유형 함수를 만들어서 쓰기로 하자.

```
template <InputIterator I>
using DifferenceType =
          typename std::iterator_traits<I>::difference_type;
```

이렇게 하면 앞에 있는 코드에서 썼던 DifferenceType 유형 함수가 완성된다.

iterator_category 반복자 속성에서는 우리가 다루고자 하는 반복자의 종류를 나타내는 태그 유형을 리턴한다. 이런 태그 유형의 객체에는 데이터가 없다. DifferenceType에서 했던 것과 마찬가지로 다음과 같이 유형 함수를 정의할 수 있다.

```
template <InputIterator I>
using IteratorCategory =
typename std::iterator_traits<I>::iterator_category;
```

이제 distance 함수에서 반복자 태그 인자를 사용하는 부분으로 돌아가 보자. 앞의 예에 있는 반복자 태그(input_iterator_tag와 random_access_iterator_tag)는 반복자 범주 속성으로 쓰일 수 있는 값이므로, 그런 태그를 인자에 포함시켜서 두 함수 구현의 유형 서명을 구분할 수 있다(이와 같은 예는 11장에서 좀 더 볼 수 있다). 이렇게 하면 distance 함수에 대해 범주 지명(category dispatch)을 할 수 있다. 즉, 임의의 반복자 범주에 대한 일반 형식을 만들어놓고 제일 빠른 것이 호출되도록 할 수 있다.

```
template <InputIterator I>
DifferenceType<I> distance(I f, I l) {
    return distance(f, l, IteratorCategory<I>());
}
```

세 번째 인자는 사실 적절한 유형의 인스턴스를 만들어내는 생성자를 호출하는 코드다. 함수에 유형을 전달할 수 없기 때문에 이렇게 한 것이다. 클라이언트에서 `distance()`를 호출할 때는 여기에 있는 것처럼 인자가 두 개인 버전을 호출한다. 그러면 그 함수에서 반복자 범주에 맞는 버전을 호출한다. 이 범주 지명 과정은 컴파일 시에 진행되고 일반 함수가 인라인 함수이므로 함수 호출을 통해 버전을 선택한다고 해서 시간이 더 걸리진 않는다.

이미 템플릿에서 다른 개념을 지정했기 때문에 태그 유형을 인자로 써서 함수 버전을 구분하는 방법이 쓸데없이 복잡해 보일 수도 있다. 하지만 여기에서는 프로그래머의 편의를 위해 개념을 사용했다는 점을 염두에 두자. 지금 나와 있는 C++ 컴파일러들은 개념이라는 것을 전혀 모른다. 언젠가 C++ 언어 자체에 개념이 추가된다면 반복자 범주 태그 메커니즘 같은 것을 번거롭게 쓸 필요도 없어질 것이다.



## 10.6 구간

구간(range)은 연속적으로 붙어있는 원소들을 가리키는 방법이다. 구간에는 반 열린(semi-open) 구간과 닫힌(closed) 구간이 있다.* 닫힌 구간 $[i,j]$에는 $i$, $j$ 항목이 모두 포함되고 반 열린 구간 $[i,j)$에는 $i$만 포함되고 $j$는 포함되지 않는다. 경계를 정의할 때는 반 열린 구간이 제일 편하다. 원소가 $n$ 개인 수열에 적용할 알고리즘에서는 $n + 1$ 개의 위치를 참조할 수 있어야 하기 때문이다. 예를 들어 새 항목을 삽입한다면, 집어넣을 수 있는 위치는 $n + 1$ 군데(첫 번째 원소 앞, 모든 인접한 두 원소 사이, 마지막 원소 뒤)이다. 그리고 반 열린 구간은 닫힌 구간과 달리 빈 구간도 표현할 수 있다. 게다가 반 열린 빈 구간은 어느 위치에서든 지정할 수 있다. 따라서 그냥 0이나 빈 리스트 같은 것에 비해 더 많은 정보를 제공할 수 있다.

* 수학에는 열린 구간도 있지만 프로그래밍에서는 열린 구간은 쓸모가 떨어져서 여기에서는 제외했다.

구간은 유계 구간과 계수 구간, 이렇게 두 가지 방법으로 지정할 수 있다. 유계(bounded) 구간에는 시작점을 가리키는 반복자와 끝 바로 다음을 가리키는 반복자, 이렇게 두 반복자가 있다. 계수(counted) 구간에는 시작점을 가리키는 반복자와 들어있는 항목 수를 나타내는 정수 $n$이 있다. 이렇게 하면 다음과 같이 네 가지 방식으로 구간을 지정할 수 있다.

| | 반 열린 구간 | 닫힌 구간 |
|---|---|---|
| 유계 구간: 반복자 두 개 | $[i, j)$ | $[i, j]$ |
| 계수 구간: 반복자 하나 정수 하나 | $[i, n)$ | $[i, n]$ |

(닫힌 계수 구간에서는 $n > 0$이어야 한다.) 앞으로 배우겠지만 상황에 따라 유계 구간이 나을 수도 있고 계수 구간이 나을 수도 있다.

수학 교과서에서는 수열의 첨자가 1에서 시작하지만 전산 분야에서는 보통 0에서 시작하기 때문에 여기에서도 구간의 첨자가 0으로 시작하는 관례를 따르겠다. 첨자를 0부터 시작하는 방식은 원래 전산 분야에서 메모리의 오프셋을 표기하기 위해 쓰기 시작했지만, 이 방법을 쓰면 원소가 $n$ 개인 수열에서 인덱스가 $[0, n)$ 구간에 속하게 되고 모든 반복의 경계가 그 구간의 길이로 제한되기 때문에 어떤 방식으로 구현하든 첨자를 0으로 시작하는 표현법이 자연스럽다.

• • •

이제 앞에서 만든 `distance` 함수의 세 번째 중요한 특징인 `valid_range` 함수로 돌아가 보자. 두 반복자로 지정된 구간이 유효하면 참을, 그렇지 않으면 거짓을 리턴하는 함수가 있다면 참 좋겠지만, 그런 함수를 구현하는 것은 불가능하다. 예를 들어 두 반복자가 각각 어떤 연결 리스트의 셀을 나타낸다고 할 때, 한 셀에서 다른 셀로 이어지는 경로가 있는지 알아낼 방법이 없다. 단순한 포인터의 경우에도 여전히 `valid_range`를 계산할 수가 없다. C나 C++에서 두 포인터가 (중간에 빈틈이 있을 수도 있기 때문에) 하나의 연속된 메모리 블록을 가리키는지 알아낼 방법이 없기 때문이다.

따라서 valid_range 함수를 만들 수 없지만, 여전히 전제조건으로 사용할 수는 있다. 코드 자체에서 올바른 방식으로 작동하는 것을 보장하는 대신, 아래에 있는 공리를 써서 특정 조건이 만족되면 distance 함수가 의도대로 작동할 것임을 알 수 있는 방식이다.

$$\begin{aligned} \text{container}(c) &\implies \text{valid}(\text{begin}(c), \text{end}(c)) \\ \text{valid}(x, y) \wedge x \neq y &\implies \text{valid}(\text{successor}(x), y) \end{aligned}$$

첫 번째 공리는 $c$가 컨테이너라면 begin()에서 end()까지의 구간이 유효하다는 것을 의미한다. 두 번째 공리는 $[x,y)$가 빈 구간이 아니면서 유효한 구간이라면 $[\text{successor}(x),y)$ 구간도 유효하다는 뜻이다. C++ 배열을 비롯한 모든 STL 스타일 컨테이너는 위 두 공리를 따라야만 한다. 이 공리를 따른다면 알고리즘이 올바르다는 것을 증명할 수 있다. 예를 들어 10.5절에서 본 입력 반복자에 대한 distance 함수를 보자. 두 번째 공리로부터, 유효한 구간에서 시작한다면 매번 순환문이 반복될 때마다 유효한 구간으로 시작하게 될 것임을 알 수 있다.

• • •

바로 뒤의 원소(++)와 distance 연산 외에, 반복자를 한 번에 여러 칸 움직일 수도 있다면 유용할 것이다. 이런 함수를 advance라고 해 보자. 전과 마찬가지로 이 함수도 두 가지 버전으로 만들어 보자. 우선 입력 반복자에 대해서는 다음과 같이 만들 수 있다.

```
template <InputIterator I>
void advance(I& x, DifferenceType<I> n, std::input_iterator_tag) {
    while (n) {
        --n;
        ++x;
    }
}
```

임의 접근 반복자에 대해서는 다음과 같이 구현하면 된다.

```
template <RandomAccessIterator I>
void advance(I& x, DifferenceType<I> n,
             std::random_access_iterator_tag) {
    x += n;
}
```

범주 지명을 위한 최상위 함수는 다음과 같이 구현한다.

```
template <InputIterator I>
void advance(I& x, DifferenceType<I> n) {
    advance(x, n, IteratorCategory<I>());
}
```

## 10.7 선형 검색

FROM MATHEMATICS TO GENERIC PROGRAMMING

선형 검색은 프로그래머라면 당연히 알아야 할 기본이라고 할 수 있는 프로그래밍 작업이다. 선형 검색은 간단하게는 '특정 원소를 찾을 때까지 선형 리스트를 쭉 훑어나가는' 것을 뜻한다. 하지만 여기에서는 주어진 조건을 만족시키는 원소를 찾을 때까지 리스트를 훑는 함수로 일반화해서 생각하자. 단순하게 특정한 값만 찾는 것이 아니라 처음으로 등장하는 홀수, 처음으로 등장하는 모음이 없는 단어 같은 것도 찾을 수 있다. 물론 그런 원소가 없을 수도 있기 때문에 항목을 찾지 못했다는 것을 나타내기 위한 방법도 필요하다. 이 함수의 이름은 "조건을 만족하는 게 있으면 찾아라"라는 뜻에서 find_if라고 부르기로 하자.*

```
template <InputIterator I, Predicate P>
I find_if(I f, I l, P p) {
    while (f != l && !p(*f)) ++f;
    return f;
}
```

* 이 이름은 커먼 리스프(Common Lisp)라는 프로그래밍 언어에서 쓰기 시작했다.

이 함수는 등치, 역참조, 바로 뒤의 원소 연산이 있어야만 작동할 수 있다. 주어진 조건(Predicate P)을 만족하는 항목이 없으면 리턴값 f는 구간의 맨 뒤의 다음을 가리키는 반복자인 l과 같을 것이다. find_if를 호출하는 쪽에서는 리턴값을 l과 비교하여 조건에 맞는 항목을 찾았는지 아닌지 판단할 수 있다. C나 C++에서는 배열 맨 뒤 바로 다음 위치를 가리키는 포인터도 반드시 유효하다. 하지만 그런 포인터를 역참조해서는 안 된다. 모든 STL 컨테이너에서 반복자에 대해 이런 식의 유효성(마지막 원소 다음을 가리키는 반복자도 유효할 것)을 보장한다.

이 함수에는 암묵적인 전제조건이 하나 있다. 반복자의 값 유형과 조건을 나타내는 P의 인자 유형이 같아야 한다는 점이다. 이 둘이 같지 않으면 구간에 속하는 항목에 대해 조건을 적용할 수가 없기 때문이다.

입력 반복자에 대해서는 선형 검색 함수를 다음과 같이 바꿔쓸 수 있다. 이름을 오버로드하여 쓸 수도 있겠지만, 여기에서는 계수 구간을 사용하는 버전이라는 점을 강조하기 위하여 이름 뒤에 _n을 덧붙였다.

```
template <InputIterator I, Predicate P>
std::pair<I, DifferenceType<I>>
find_if_n(I f, DifferenceType<I> n, P p) {
    while (n && !p(*f)) { ++f; --n; }
    return {f, n};
}
```

f와 n을 쌍으로 리턴하는 이유는 뭘까? 앞에서 했던 것처럼 찾아낸 원소를 가리키는 반복자만 리턴하면 되는 것 아닐까? 그렇지 않다. 이전 버전에서는 호출한 쪽에서 “마지막” 반복자를 알고 있었기 때문에 비교해볼 수 있었지만 여기에서는 그럴 수가 없다. 따라서 두 번째 리턴값은 호출한 쪽에 리턴하는 반복자가 맨 뒤를 가리키는지 알 수 있게 해 주는 역할을 한다. 반복자가 맨 뒤를 가리킨다면 조건을 만족시키는 항목을 찾지 못한 것이고 리턴된 반복자를 역참조할 수가 없다. 그리고 조건에 맞는 항목을 찾은 경우에도 검색이 끝난 위치에서

다시 검색을 시작하고 싶다면 두 번째 리턴값을 활용할 수 있다. 두 번째 리턴값이 없다면 원하는 항목 중 첫 번째로 등장하는 것만 찾을 수 있다.

여기서 또 한 가지 중요한 포인트를 생각해볼 수 있다. 코드에 버그가 있을 수 있듯이 인터페이스에도 버그가 있을 수 있다는 점이다. 다음 절에서 한 가지 예를 알아보기로 하자.

## 10.8 이진 검색

FROM MATHEMATICS TO GENERIC PROGRAMMING

수열이 이미 정렬되어 있다면 이진 검색이라는 알고리즘으로 훨씬 효율적으로 검색할 수 있다. 이 함수는 설명하기는 쉽지만 제대로 구현하기가 어려울 뿐 아니라 이진 검색을 위한 인터페이스를 설계하는 건 더 어렵다.

### 이진 검색의 기원

이진 검색의 뿌리는 중간값 정리, 혹은 볼자노-코시 정리에서 찾을 수 있다.

> $[a, b]$ 구간에서 $f(a) < f(b)$를 만족하는 $f$라는 연속함수가 있을 때,
> $\forall u \in [f(a), f(b)]$에 대해 $u = f(c)$를 만족하는 $c \in [a, b]$가 존재한다.

이 정리의 증명은 이진 검색으로 이루어진다. 예를 들어 $f(a)$는 $-3$이고 $f(b)$는 5인 연속함수가 있다고 해 보자. 중간값 정리에 의하면 그 두 값 사이에 있는 어떤 값(0을 예로 들어보자)에 대해서 $f(c) = 0$을 만족하는 $c$가 함수의 정의역 안에 존재한다. 그 점을 어떻게 찾을 수 있을까? $a$와 $b$의 딱 중간에 있는 점 $x_1$을 찾은 다음 $f(x_1)$을 계산하는 데서 시작할 수 있다. 그 값이 0이면 $c$를 찾은 것이니 바로 끝난다. 그 값이 0보다 크면 $a$와 $x_1$의 딱

중간에 있는 또 다른 점 $x_2$에 대해 같은 작업을 반복한다. $f(x_1)$이 0보다 작으면 $x_1$과 $b$의 딱 중간에 있는 점 $x_2$에 대해 같은 작업을 반복하면 된다. 이것을 반복하면 $c$에 근사적으로 수렴하게 된다.

시몬 스테빈도 다항식에 대한 중간값 정리를 고안하면서 비슷한 아이디어를 제안했다. 하지만 스테빈은 모든 것을 십진수로 처리하는 데 관심을 쏟다 보니 두 점 사이를 반씩 나누는 대신 열 개로 쪼개서 원하는 값이 들어 있는 1/10 간격을 찾을 때까지 각각의 값을 확인하는 방법을 썼다. 다항식에 대해 구간을 반씩 나눠가는 방법은 1795년 라그랑주가 처음으로 고안했다. 19세기 초, 볼자노와 코시가 중간값 정리를 일반화하였으며 지금 수학자들이 사용하는 방식이 바로 이 방식이다.

이진 검색은 에니악(ENIAC)(최초의 범용 전자식 컴퓨터)을 만든 물리학자 존 모클리가 1946년에 처음 프로그래밍 기법으로 도입했다. 하지만 당시에는 아직 여러모로 미비한 점이 많았다. 이진 검색을 수행하는 "올바른" 알고리즘은 1960년 D. H. 레머라는 수학자가 처음으로 발표했는데 레머도 이전에 에니악 프로젝트에 참여한 적이 있었다. 하지만 레머의 버전에도 인터페이스에 오류가 있었고 이 오류는 그 후로 수십 년 동안 계속 남아 있었다.

이렇게 오류가 있는 인터페이스는 아직도 유닉스의 `bsearch()` 함수에 남아있다. POSIX* 표준을 보면 다음과 같은 내용이 들어있다.

> `bsearch()` 함수는 배열에서 찾아낸 멤버에 대한 포인터를 리턴한다. 조건에 맞는 멤버를 못 찾았을 때는 널 포인터를 리턴한다. 조건에 맞는 멤버가 두 개 이상일 때 어떤 것에 대한 포인터를 리턴할지는 정의되어 있지 않다.**

이 인터페이스에는 두 가지 근본적인 결함이 있다. 첫째는 항목을 못 찾았음을 나타내기 위해 널 포인터를 리턴하는 부분이다. 검색을 한 뒤에 해당 항목이 들

* POSIX는 유닉스 계열 운영 체제에 대한 일련의 표준이다. 예를 들어 리눅스도 POSIX 호환 OS이다.

** http://www.unix.com/man-page/POSIX/3posix/bsearch/

어있지 않으면 제 위치에 집어넣는 경우가 흔하게 있다. 하지만 이런 인터페이스를 쓸 때는 집어넣을 위치를 다시 처음부터 찾아야만 한다. 게다가 이번에는 선형 검색을 해야 한다. 그리고 찾지 못한 항목에 가장 가까운 값, 또는 그 바로 다음 값을 찾아야 하는 상황도 매우 흔하다. 실제 찾아야 하는 유형의 항목 바로 앞에 있는 뭔가를 검색하는 경우도 있다.

둘째는 찾고자 하는 항목이 여러 개 있을 때와 관련된 문제다. 찾아낸 것이 가져와야 할 항목에 대한 키일 수도 있다. 포인터가 몇 번째 항목을 가리키고 있는지 모른다면 같은 조건을 만족시키는 모든 항목을 어떻게 가져와야 할까? 조건에 맞는 항목의 시퀀스의 끝을 알아내기 위해서는 앞뒤로 선형 검색을 해야 한다.

• • •

이진 검색을 제대로 구현하려면 우선 분할점(partition point)이라는 개념을 알아야 한다. $[f,l)$이라는 일련의 항목들이 있는데 어떤 조건이 $[f,m)$ 구간에 대해서는 참이고 $[m,l)$ 구간에 대해서는 거짓이라고 해 보자.* 그러면 $m$ 위치가 분할점이 된다. 분할점을 구하는 함수가 있다면 그 조건을 다음과 같이 쓸 수 있다.

$$\exists m \in [f,l) \ : \ \Big(\forall i \in [f,m) \ : \ p(i)\Big) \ \wedge \ \Big(\forall i \in [m,l) \ : \ \neg p(i)\Big)$$

(즉, 앞에 설명한 것처럼 모든 원소는 이미 분할되어 있다.) 이 분할점을 구하는 함수에서는 주어진 전제조건에 맞춰 $m$이라는 값을 리턴하는 것이다. 위 식에서 $f$는 함수 이름이 아니라 해당 구간의 첫 번째 원소를 가리킨다는 점에 주의하자.

계수 구간을 쓴다면 분할점 알고리즘을 다음과 같은 식으로 구현할 수 있다.

```
template <ForwardIterator I, Predicate P>
I partition_point_n(I f, DifferenceType<I> n, P p) {
    while (n) {
```

* 사실 불 값 false가 true보다 더 앞으로 정렬된다는 점을 생각해 보면 거짓인 항목들이 앞으로 가는 게 더 나을 것 같긴 하다. 하지만 안타깝게도 이렇게 "잘못된" 순서가 C++ 언어의 표준으로 자리 잡은 이상 별수 없긴 하다.

```
        I middle(f);
        DifferenceType<I> half(n >> 1);
        advance(middle, half);
        if (!p(*middle)) {
            n = half;
        } else {
            f = ++middle;
            n = n - (half + 1);
        }
    }
    return f;
}
```

이 알고리즘은 엄청나게 중요하기 때문에 시간이 좀 걸려도 확실하게 이해하고 넘어가는 게 좋다. 여기에서는 중간값 정리에서와 같은 식으로 이진 검색 방식의 전략을 사용한다. 우리 목표는 처음으로 나오는 "나쁜" 원소(즉 주어진 조건에 대해 거짓인 첫 번째 원소)를 리턴하는 것이다. while 순환문은 n이 0이 될 때까지 계속 돌아간다. 이 순환문 안에서는 middle이라는 반복자를 f와 f+n 사이의 중간 위치로 설정한다. 그 위치에 있는 원소에 대해 주어진 조건이 거짓이면 n을 이전 값의 절반으로 설정한 다음 같은 순환문을 반복한다. 중간 원소에 대해 주어진 조건이 참이면 시작점 f를 middle 다음 값으로 설정하고 n은 남은 원소 개수에 맞춰 조정해 주고 같은 순환문을 반복한다. 반복문이 끝났을 때 리턴되는 값이 바로 분할점이며 조건이 참인 마지막 값 다음 위치를 가리키고 된다.

이 함수에서 advance라는 함수로 반복자를 옮긴다는 점에 주의하자. 반복자의 유형을 모르기 때문에 더하기 연산을 쓸 수 있는지 모르기 때문이다. 만약 임의 접근 반복자를 쓴다면 이 advance 함수가 아주 빠르게 작동할 것이다. (임의 접근 반복자가 없다면 최대 $n$ 번 움직이는 작업을 해야 하겠지만, 어떤 경우에든 비교 연산 횟수는 $\log n$ 번을 넘기지 않는다.)

유계 구간을 사용한다면 거리를 계산한 다음 계수 구간 버전을 호출해 주면 끝난다.

```
template <ForwardIterator I, Predicate P>
I partition_point(I f, I l, P p) {
    return partition_point_n(f, distance(f, l), p);
}
```

이제 일반화된 이진 검색 문제로 돌아가 보자. 이 문제를 풀기 위해 다음과 같은 보조정리를 활용해 보자.

**보조정리 10.1 (이진 검색 보조정리):** 임의의 정렬된 구간 $[i,j)$와 어떤 값 $a$(찾아야 할 항목)가 주어졌을 때, $k$ 위치에 있는 값을 $v_k$라고 표기할 때, 다음과 같은 조건을 만족하는 하계(아래쪽 경계) $b_l$과 상계(위쪽 경계) $b_u$가 존재한다.

$$\begin{aligned} &1.\ \forall k \in [i, b_l) &: v_k < a \\ &2.\ \forall k \in [b_l, b_u) &: v_k = a \\ &3.\ \forall k \in [b_u, j) &: v_k > a \end{aligned}$$

이런 조건을 만족시키는 경계들이 반드시 존재하며 찾는 값이 없는 경우는 $b_l = b_u$인 특별 케이스에 해당한다. 구간 안에 있는 데이터들은 다음과 같은 그림으로 표현할 수 있다.

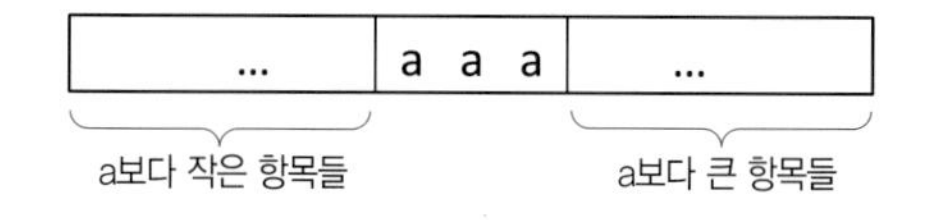


**연습문제 10.1** 이진 검색 보조정리를 증명하시오.

이제 분할점 함수를 써서 이진 검색을 할 수 있다. 주어진 수열이 완전히 정렬되어 있다면 어떤 구간이든 $a$라는 임의의 값에 대해 $x < a$라는 조건을 기준으로 분할되어 있는 셈이다. STL에서는 작업에 따라 이진 검색을 수행하는 함수를 몇 가지 제공한다. 원하는 항목이 나타나는 첫 번째 위치를 찾고 싶다면 하계를 찾는 `lower_bound` 함수를 쓰면 된다. C++11에 있는 기능을 활용하자면 `lower_bound` 함수는 다음과 같은 식으로 만들 수 있다.

```
template <ForwardIterator I>
I lower_bound(I f, I l, ValueType<I> a) {
    return partition_point(f, l,
                           [=](ValueType<I> x) { return x < a; });
}
```

마지막 줄에서는 인자가 $a$보다 작으면 참을 리턴하는 익명 함수(람다 표현식이라고 부르기도 한다*)를 정의하면서 그 함수를 분할점을 찾는 `partition_point` 함수에서 사용할 조건으로 넘겨준다. `lower_bound` 함수에서는 항목 $a$의 위치, 또는 $a$가 들어갈 위치를 리턴한다. `ValueType`은 앞에서 `DifferenceType`으로 썼던 것처럼, 적당한 반복자 속성을 액세스하기 위한 유형 함수를 의미한다.

```
template <InputIterator I>
using ValueType = typename std::iterator_traits<I>::value_type;
```

리턴된 위치가 `l`이 아니어도 항목을 찾아냈는지 알 수 있어야 한다. 이를 위해서는 호출한 쪽에서 리턴값을 역참조한 값이 $a$와 같은지 확인해봐야 한다.

항목을 찾을 수 있는 마지막 위치를 찾고 싶다면 상계를 찾는 `upper_bound` 함수를 써야 한다. 이 함수도 조건을 $x$가 $a$보다 작은지가 아닌 $x$가 $a$ 이하인지를 검색하는 것으로 바꾸는 것을 제외하면 `lower_bound` 함수와 똑같다.

어떤 함수가 "진짜" 이진 검색인지 궁금해하는 독자도 있을 것이다. 정답은 어떤 작업을 하는지에 따라 다르다. 조건에 맞는 첫 번째 원소의 위치를 찾고 싶다면 `lower_bound`가 "진짜" 이진 검색이 된다. 조건에 맞는 마지막 원소의 위치를 찾고 싶다면 `upper_bound`가 정답이다. 조건에 맞는 모든 원소의 구간을 알고 싶다면 STL에서 제공하는 또 다른 함수인 `equal_range`를 쓰면 된다. 조건에 맞는 원소가 있는지 확인하기만 하면 되는 상황이라면 `binary_search`라는 함수를 쓰면 된다. 하지만 이 함수에서는 `lower_bound` 함수를 호출한 다음 리턴값을 역참조한 값이 찾고자 하는 항목과 같은지 비교한 결과를 알려줄 뿐이다.

---

* 람다 표현식 사용법은 부록 C에 수록했다.

`equal_range`에서는 반 열린 구간을 사용하는 STL 관행의 장점이 두드러진다. 원하는 항목이 없어도 그 항목이 들어갈 만한 위치에 해당하는 빈 구간을 리턴하면 되기 때문이다.

FROM MATHEMATICS TO GENERIC PROGRAMMING

## 10.9 마무리

이 장의 시작 부분에서는 아리스토텔레스의 추상화 수준(개체, 종, 속)이 어떤 식으로 프로그래밍에서의 인스턴스, 유형, 개념에 대응될 수 있는지 알아보았다. 제네릭 프로그래밍이 다양한 상황에서 잘 돌아갈 수 있는 것은 개념이라는 것 덕분이다.

프로그래머가 해야 할 가장 중요한 일 가운데 하나는 자기가 구현해야 할 작업에서 기존에 있던 개념을 찾아내는 것이다. 종종 알고리즘이나 자료구조를 새로 개발할 수도 있지만, 새로운 개념을 정의하는 일은 흔치 않다. 새 개념을 정의할 때, 그게 단순히 서로 무관한 요구조건의 모음이 아니라 진정한 개념이라는 결론을 내리는 게 간단한 일은 아니다. 오컴의 면도날 원칙에 따라 꼭 필요하지도 않은 새 개념을 만들어내면 안 된다.

그다음으로는 반복자라는 개념을 도입했으며 몇 가지 기초 알고리즘에서 반복자의 역할에 대해 알아보았다. 서로 다른 종류의 반복자에 대해 컴파일 시 유형 지명을 활용함으로써 상황에 맞게 가장 효율적인 구현을 실행할 수 있다.

마지막으로 올바른 코드뿐 아니라 올바른 인터페이스를 만드는 것의 중요성에 대해 알아보았다. 인터페이스를 잘못 만들면 함수의 활용성이 크게 제한될 수 있으며 인터페이스를 제대로 만들면 효율은 그대로 유지하면서 다양한 상황에서 활용할 수 있다.

# 11장

# 순열 알고리즘

알고리즘에서도 백문이 불여일견이다.

_ 도널드 커누스

복잡한 컴퓨터 프로그램도 흔히들 사용하는 기초적인 작업을 수행하는 조그만 조각들이 모여서 만들어진다. 10장에서는 데이터를 찾아내는 것과 관련된 몇 가지 작업에 대해 살펴보았다. 이번 장에서는 데이터를 새 위치로 옮기는 것과 관련된 작업에 대해 알아보고 제네릭 프로그래밍에 맞는 방식으로 구현하는 방법을 살펴보기로 하자. 그리고 앞에서 배웠던 두 가지 개념(추상대수의 군 개념과 정수론의 최대공약수 개념)과 이러한 작업들이 어떻게 연결될 수 있는지에 대해서도 알아도록 하자.

우리가 이번 장에서 주로 알아볼 작업(돌리고 뒤집는 작업)을 하다 보면 적용할 반복자의 개념에 따라 같은 작업을 다르게 해야 하는 알고리즘이 필요하다. 제네릭 프로그래밍 기법들 못지않게 이런 알고리즘도 그 실용성 면에서 아주 중요하다. 특히 항목들을 돌리는 `rotate` 알고리즘은 `vector`에서 `stable_sort`에 이르기까지 다양한 STL 구성요소를 구현하는 데 있어서 가장 널리 쓰이는 것 가운데 하나로 꼽을 수 있다.

FROM MATHEMATICS TO GENERIC PROGRAMMING

## 11.1 순열과 호환

GCD 알고리즘에 대해 알아보면서 군을 비롯한 여러 대수구조에 대해 배울 수 있었다. 이런 지식을 바탕으로 여러 기초 알고리즘에서 중요한 역할을 하는 순열과 호환이라는 수학 연산에 대해 알아보기로 하자.

**정의 11.1** $n$ 개의 객체의 열로부터 자기 자신으로 가는 함수를 순열(permutation)이라고 한다.

순열은 다음과 같은 형식으로 표기한다.*

* 수학에서 행렬을 표기하는 방식과 같다. 보통 맥락에 따라 순열인지 행렬인지 구분할 수 있다.

$$\begin{pmatrix} 1 & 2 & 3 & 4 \\ 2 & 4 & 1 & 3 \end{pmatrix}$$

첫 번째 행은 객체의 열의 인덱스(위치)를 나타낸다(수학에서의 표기법에 따라 1에서 시작했다). 두 번째 행은 순열을 적용한 후에 첫째 행에 적힌 항목이 옮겨갈 위치를 나타낸다. 이 예에서는 1번 위치에 있던 항목은 2번 위치로, 2번 위치에 있던 항목은 4번 위치로, 3번 위치에 있던 항목은 1번 위치로, 4번 위치에 있던 항목은 3번 위치로 가는 식이다.

편의상 첫 번째 행을 생략하고 순열을 다음과 같이 줄여 쓰기도 한다.

$$\begin{pmatrix} 2 & 4 & 1 & 3 \end{pmatrix}$$

즉, 원래 $i$ 번째 위치에 있던 원소가 어디로 가는지를 $i$ 번째 자리에 적어주는 식이다. 순열은 다음과 같은 식으로 적용할 수 있다.

$$(2\,4\,1\,3) : \{a, b, c, d\} = \{c, a, d, b\}$$

순열 표기법을 써서 대칭군을 정의할 수 있다.

**정의 11.2** $n$ 개의 원소에 대한 모든 순열의 집합은 **대칭군** $S_n$이라는 군을 구성한다.

대칭군에는 다음과 같은 특성이 있다.

이진 연산: 합성 (결합법칙 성립)

역연산: 역순열

항등원: 항등 순열

여기에서 군의 원소 자체가 함수가 되고 군 연산은 함수에 대한 연산이 된다. 각 항목을 오른쪽으로 두 칸씩 밀어 옮기는 $x$라는 순열이 있고 각 항목을 오른쪽으로 세 칸씩 밀어 옮기는 $y$라는 순열이 있을 때 그 둘을 합성한 순열 $x \circ y$는 각 항목을 오른쪽으로 다섯 칸씩 밀어 옮기는 순열이다.

원소가 $n$ 개인 모든 유한군은 대칭군 $S_n$의 부분군과 동형이기 때문에 대칭군을 가장 중요한 군 가운데 하나로 꼽을 수 있다. 이 성질을 케일리의 정리라고 부른다.

**연습문제 11.1** 케일리의 정리를 증명하라.

**연습문제 11.2** $S_n$의 차수는 얼마인가?

이제 순열의 특별 케이스 중 하나인 호환에 대해 알아보자.

**정의 11.3** $i$ 번째와 $j$ 번째 원소($i \neq j$)만 서로 맞바꾸고 나머지는 움직이지 않는 순열을 호환(互換, transposition) $(i,j)$라고 부른다.

호환은 다음과 같이 서로 맞바꿀 두 위치만 적어주는 방식으로 표기할 수 있다.

$$(2\ 3) : \{a, b, c, d\} = \{a, c, b, d\}$$

프로그래밍에서는 보통 이런 역할을 하는 함수에 swap이라는 이름을 붙인다. C++에서는 다음과 같이 간단하게 구현할 수 있다.

```
template <Semiregular T>
void swap(T& x, T& y) {
    T tmp(x);
    x = y;
    y = tmp;
}
```

이 연산을 쓰기 위해서는 인자들이 반정칙(Semiregular)* 개념을 만족시키기만 하면 된다. 이 swap 함수를 돌리기 위해서는, 즉 위 코드가 작동하기 위해서는, 복사 생성 연산, 대입 연산, 소멸 연산이 필요하다. 동치를 명시적으로 검사하진 않기 때문에 정칙유형이 필요하진 않다. 알고리즘을 설계할 때는 유형이 만족시켜야 할 개념을 파악하는 것 못지않게, 불필요하게 과한 조건을 걸지 않는 것도 중요하다.

* C++의 이동 생성/할당(move semantics)에 대한 내용은 이 책의 범위를 벗어나기 때문에 논하지 않기로 한다.

• • •

다음의 호환 보조정리를 보면 swap 연산이 얼마나 중요한 기본 연산인지 알 수 있다.

**보조정리 11.1 (호환 보조정리):** 모든 순열은 호환의 곱이다.

**| 증명** 한 호환으로 적어도 한 원소를 최종 위치로 보낼 수 있다. 따라서 최대 $n - 1$ 개의 호환으로 $n$ 개의 원소를 전부 최종 위치로 보낼 수 있다. |

왜 호환이 $n - 1$ 개만 필요할까? $n - 1$ 개의 항목이 제 위치로 가고 나면 $n$ 번째 항목도 제 위치에 가 있을 수밖에 없다. 어차피 더 이상 다른 위치가 남아 있지 않기 때문이다.

**연습문제 11.3** $n > 2$이면 $S_n$은 아벨군이 아님을 증명하라.

모든 순열은 원소가 $n$ 개인 유향 그래프를 정의한다. 순열을 충분히 여러 번 적용하면 특정 원소가 원래 위치로 돌아갈 수 있으며 이는 그래프에서 순환(cycle)에 해당한다. 모든 순열은 순환으로 분해할 수 있다. 예를 들어 (2 3 5 6 1 4)라는 순열을 생각해 보자. 4번 위치에 있는 원소는 6번 위치로 가고 6번 위치에 있는 원소는 4번 위치로 가므로 이 순열을 두 번 적용하면 4번과 6번은 모두 처음 시작 위치로 돌아간다. 1, 2, 3, 5번 위치에 있는 원소에 대해서도 마찬가지 패턴을 볼 수 있는데 순열을 네 번 적용하면 모두 처음 시작 위치로 돌아간다. 이 순열 (2 3 5 6 1 4)는 이렇게 두 개의 순환으로 분해할 수 있으며 이 두 순환은 다음과 같은 그림으로 표현할 수 있다.

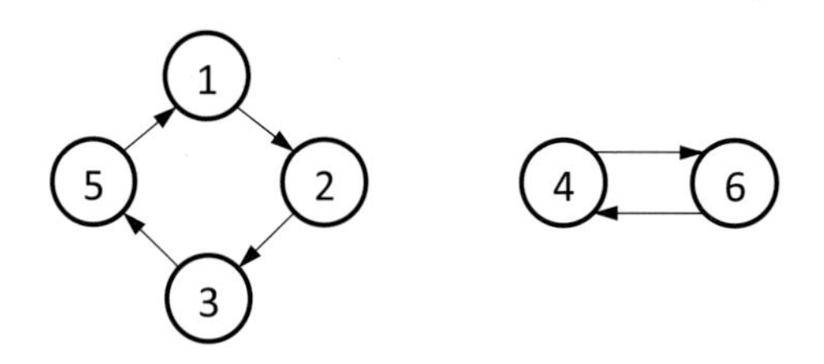

순열의 분해는 (2 3 5 6 1 4)=(1 2 3 5)(4 6) 같은 식으로 표현할 수 있다.

오른쪽에 있는 순환 표기법은 호환 표기법을 확장한 것으로 생각할 수 있다. 표기법이 (순환을 표기한 것인지 일반 순열을 표기한 것인지) 조금 애매할 수도 있지만, 보통은 정황상 어렵지 않게 파악할 수 있다. 그리고 순열에는 1부터 $n$까지 모든 정수가 들어가야 하지만 순환에서는 그렇지 않아도 된다.

**순환은 서로 소이다.** 순환에서 어떤 한 위치에 있으면 그 순환에 있는 다른 모든 위치로 갈 수 있다. 따라서 두 순환에서 같은 한 점을 공유하면 다른 모든 점도 공유해야만 한다. 즉, 같은 순환이어야 한다는 뜻이다. 따라서 두 개의 서로 다른 순환이 있다면 그 두 순환에는 겹치는 점이 없어야 한다.

**정의 11.4** 원소가 하나뿐인 순환을 **자명한 순환**(trivial cycle)이라고 한다.

**연습문제 11.4** 원소가 $n$ 개인 순열에 자명한 순환은 몇 개 들어갈 수 있을까?

**정리 11.1 (대입 횟수):** 원소 개수가 $n$, 자명한 순환 개수가 $u$, 자명하지 않은 순환 개수가 $v$일 때, 임의의 순열을 수행하기 위해 필요한 대입 횟수는 $n - u + v$이다.

**| 증명** 길이가 $k$인 자명하지 않은 순환을 수행하기 위해서는 모든 원소를 이동시켜야 하고 덮어쓸 첫 번째 값을 따로 저장해야 하기 때문에 총 $k + 1$ 번의 대입이 필요하다. 모든 자명하지 않은 순환에 대해 추가 이동이 필요하므로 $v$ 개의 순환을 모두 처리하려면 $v$ 번 추가로 이동해야 한다. 자명한 순환에 속하는 원소는 아예 움직일 필요가 없는데 그에 해당하는 게 $u$ 개 있다. 따라서 $n - u$ 개의 원소를 움직여야 하고 v 번 추가로 움직여야 하므로 총 $n - u + v$ 번 대입 연산을 해야 한다. |

정확하게 $n/2$ 개의 순환이 들어있는 순열을 역순열이라고 한다. 대입을 가장 여러 번 해야 하기 때문에 어떻게 보면 "가장 어려운" 순열이라고 할 수 있다. 역순열은 11.5절에서 상세하게 알아보도록 하자.

**연습문제 11.5** 전방 반복자에 대해 쓸 수 있는 제자리* 역순열 알고리즘을 설계하라. 이 알고리즘은 링크를 변경하지 않은 상태로 단일 연결 리스트에 대해 작동할 수 있어야 한다.

## 11.2 구간 맞바꾸기

FROM MATHEMATICS TO GENERIC PROGRAMMING

한 번에 여러 항목을 맞바꿔야 할 때도 있다. 프로그래밍을 하다 보면 한 구간의 모든 값을 다른 구간(겹칠 수도 있다)에 있는 값들과 맞바꾸는 작업을 종종 하게 된다. 다음과 같이 순환문을 돌리면서 한 번에 하나씩 맞바꾸면 된다.

```
while (condition) std::swap(*iter0++, *iter1++);
```

여기에서 iter0와 iter1은 각 구간에서 서로 대응되는 값을 가리키는 반복자이다. 여기에서도 10장에서 언급했듯이 반 열린 구간(경계의 왼쪽이 가리키는 값은 포함되고 오른쪽이 가리키는 값은 포함되지 않는 구간)을 쓴다.

두 구간을 맞바꿀 때는 둘 중 한쪽만을 명시적으로 지정해도 된다. 아래 코드를 보면 첫 번째 구간의 경계는 first0와 last0로 지정하지만, 두 번째 구간에 대한 정보는 first1만 넘겨주면 된다.

```
template <ForwardIterator I0, ForwardIterator I1>
// ValueType<I0> == ValueType<I1>
I1 swap_ranges(I0 first0, I0 last0, I1 first1) {
    while (first0 != last0) swap(*first0++, *first1++);
    return first1;
}
```

두 번째 구간의 끝은 굳이 지정할 필요가 없다. 어차피 구간을 맞바꾸려면 두

* 제자리 알고리즘에 대해서는 11.6절에서 알아보겠다. 일단은 정의 11.6을 참조하자.

번째 구간에 있는 원소 개수는 첫 번째 구간의 원소 개수와 같아야 하기 때문이다. 위 함수에서 first1은 왜 리턴할까? 호출하는 쪽에서 써먹을 수 있기 때문이다. 예를 들어 두 번째 구간이 더 길다면 두 번째 구간에서 변경되지 않은 부분이 어디에서 시작하는지 알아야 할 일도 있기 때문이다. 호출하는 쪽에서는 따로 알아낼 수 없는 정보인 데다가, 이것을 리턴한다고 해서 특별히 시간이나 메모리를 많이 잡아먹는 것도 아니다.

4.6절에서 소개했던 유용한 리턴의 법칙을 다시 한번 떠올려보자.

---

### 유용한 리턴의 법칙 다시보기

코드를 짜다 보면 호출하는 함수에서 지금은 필요하지 않은 값을 계산하는 일이 왕왕 생긴다. 그런데 상황에 따라 그 값이 중요할 수도 있다. 이럴 때는 유용한 리턴의 법칙(law of useful return)을 따르는 게 좋다.

> 함수에서 계산한 것 중 유용할 만한 정보는 모두 리턴하는 게 좋다.

4장에서 본 적이 있는 몫-나머지 함수가 대표적인 예이다. 처음에 그 함수를 만들었을 때는 나머지만 필요했지만, 어차피 나머지를 구하면서 몫을 구하는 데 필요한 작업도 전부 했다. 그런데 알고 보면 몫과 나머지를 모두 활용하는 상황도 생길 수 있다.

불필요하게 추가로 계산을 하거나 쓸데없는 정보까지 리턴하라는 말은 아니다. 앞에서 본 코드를 예로 들자면 first0는 리턴해도 별 쓸모가 없다. 알고리즘의 정의상 실행이 끝나고 나면 first0는 last0와 똑같아지는데 last0는 호출하는 쪽에서 이미 알고 있기 때문이다. 이미 알고 있는 정보를 다시 리턴해줄 필요는 없다.

---

---

### 유형 분리의 법칙

swap_ranges 코드에는 유형 분리의 법칙(law of separating types)이라는 또 다른 중요한 프로그래밍 원칙도 적용되어 있다.

> 두 유형이 서로 다를 수 있는 상황에서 둘이 같다고 가정하지 않는다.

swap_ranges 함수는 다음과 같이 두 개의 반복자 유형에 대해 정의되었다.

```
template <ForwardIterator I0, ForwardIterator I1>
// ValueType<I0> == ValueType<I1>
I1 swap_ranges(I0 first0, I0 last0, I1 first1);
```

만약 두 반복자가 같은 유형이라고 가정했다면 코드는 다음과 같은 식이었을 것이다.

```
template <ForwardIterator I>
I swap_ranges(I first0, I last0, I first1);
```

첫 번째 코드는 더 일반성이 높아서, 두 번째 방법대로 했다면 계산 자원을 추가로 들이지 않고는 작업할 수 없는 상황에서도 써먹을 수 있다. 예를 들어 첫 번째 방식으로 연결 리스트에 있는 특정 구간의 원소들을 어떤 배열에 있는 특정 구간의 원소들과 맞바꿀 수도 있다.

하지만 두 유형이 서로 다르다고 해서 둘 사이에 아무 관계가 없는 것은 아니다. swap_ranges에서 데이터에 대해 swap 함수를 호출하려면 I0의 값 유형이 I1의 값 유형과 같아야 한다. 아직 언어 자체에서 개념 기능을 지원하진 않더라도, 앞의 코드에서 볼 수 있는 것처럼 주석으로 값 유형이 같아야 한다는 조건을 다른 사람들에게 알려줄 수는 있다.

---

두 번째 구간이 모든 원소를 맞바꿀 수 있을 만큼 충분히 긴지 확실하지 않다면 두 구간을 모두 명시적으로 지정하도록 해 놓고 while 구문에서 양쪽 반복자가 모두 구간을 벗어나지 않는지 확인하는 방법을 쓸 수도 있다.

```
template <ForwardIterator I0, ForwardIterator I1>
std::pair<I0, I1> swap_ranges(I0 first0, I0 last0,
                              I1 first1, I1 last1) {
    while (first0 != last0 && first1 != last1) {
        swap(*first0++, *first1++);
    }
    return {first0, first1};
}
```

이번에는 first0과 first1을 모두 리턴한다. 한쪽 구간이 다른 쪽 구간보다 짧아서 last0, last1까지 못 갔을 수도 있기 때문이다.

계수 구간을 맞바꾸는 방법도 거의 똑같다. 구간 끝에 도달했는지 확인하는 대신 $n$부터 0까지 1씩 감소시켜가면서 맞바꾼 원소 수를 세는 점이 다를 뿐이다.

```
template <ForwardIterator I0, ForwardIterator I1, Integer N>
std::pair<I0, I1> swap_ranges_n(I0 first0, I1 first1, N n) {
    while (n != N(0)) {
        swap(*first0++, *first1++);
        --n;
    }
    return {first0, first1};
}
```

---

### 완전성의 법칙

앞에서 swap_ranges와 swap_ranges_n을 둘 다 만들었다. 처음에 함수를 만들 때는 둘 중 한 버전만 필요했지만, 나중에 클라이언트가 다른 버전을 요구하게 될 가능성도 있다.

> 이렇게 모든 버전을 만든 것은 완전성의 법칙과 연관되어 있다.
>
> 인터페이스를 설계할 때는 연관된 모든 함수를 제공하는 것을 고려해 보아야 한다.

한 알고리즘을 여러 다른 방식으로 호출할 수 있다면 서로 연관된 기능에 대한 인터페이스도 제공하자. 앞에서 본 맞바꾸기 함수 예제에서 유계 구간에 대해 사용할 두 개의 서로 연관된 인터페이스를 제공했고 계수 구간에 대한 인터페이스도 제공했다.

여러 경우를 한 인터페이스로 전부 처리해야 하는 것은 아니다. 계수 구간용 함수, 유계 구간용 함수를 각각 따로 만들어도 전혀 문제 되지 않는다. 특히 이질적인 옵션을 한 인터페이스로 처리하는 것은 피해야 한다. 예를 들어 컨테이너에서 "원소 삽입"과 "원소 삭제" 기능을 모두 제공해야 한다고 해서 두 기능을 "insert_or_erase"라는 하나의 함수에서 처리해야 하는 것은 아니다.

---

반복 횟수를 미리 알고 시작하기 때문에 컴파일러 입장에서는 계수 구간 쪽이 더 좋다. 순환문 펼치기나 소프트웨어 파이프라이닝 같은 최적화를 할 수 있기 때문이다.

**연습문제 11.6** 다음과 같은 인터페이스를 제공하지 않는 이유를 설명하라.

```
pair<I0, I1> swap_ranges_n(I0 first0, I1 first1, N0 n0, N1 n1)
```

FROM MATHEMATICS TO GENERIC PROGRAMMING

## 11.3 회전

회전 알고리즘은 널리 알려지지 않은 알고리즘 중 가장 중요한 것 가운데 하나로 꼽을 만하다. 이 알고리즘은 텍스트 편집기의 버퍼 조작과 같이 다양한 분야에서 광범위하게 쓰인다. 회전이라는 수학 연산은 다음과 같은 식으로 정의된다.

**정의 11.5** $k \geq 0$일 때, $n$ 개의 원소의 $k$에 의한 순열

$$(k \bmod n, k + 1 \bmod n, \ldots, k + n - 2 \bmod n, k + n - 1 \bmod n)$$

을 회전이라고 부른다.

$n$ 개의 원소를 전부 동그라미 위에 올려놓았다고 했을 때 각각을 "시계방향"으로 $k$ 칸만큼 이동시키는 것과 같다고 생각하면 된다.

얼핏 보면 구간의 시작과 끝 그리고 옮길 칸 수를 인자로 받아서 $k \bmod n$만큼 이동하는 식으로 구현할 수 있을 것 같아 보인다. 하지만 모든 연산에 대해서 나머지 연산을 하면 시간이 오래 걸린다. 그리고 회전을 시킨다는 게 실은 서로 길이가 다른 블록을 서로 바꿔주는 것과 똑같은데 이런 작업은 다양한 상황에서 유용하게 쓰인다. 이런 관점에서 본다면 $[f,m)$, $[m,l)$이 유효한 구간이라고 할 때 $f$, $m$, $l$이라는 세 개의 반복자로 회전을 표현하면 편하다.* 그러면 $[f,m)$과 $[m,l)$을 서로 바꿔주기만 하면 순환이 끝난다. $[f,l)$이라는 구간에서 $k$ 칸 회전시키고 싶다면 $m$ 자리에 $l - k$에 해당하는 값을 전달해주면 된다. 예를 들어 $[0,7)$ 구간으로 지정한 수열에 대해 $k = 5$인 회전을 하고 싶다면 $m = l - k = 7$

* 여기서 $f$, $m$, $l$은 각각 first, middle, last에서 딴 첫 글자이다.

− 5 = 2를 넘겨주면 된다.

```
0 1 2 3 4 5 6
f   m         l
```

그러면 다음과 같은 순열이 만들어진다.

```
2 3 4 5 6 0 1
```

결국 각 항목을 오른쪽으로 다섯 칸씩 움직인(그리고 끝에 가면 앞으로 돌려보낸) 셈이 된다.

**연습문제 11.7** 회전하는 함수 `rotate(f, m, l)`을 호출하면 distance(*f*,*l*) 개의 원소들을 distance(*m*,*l*)만큼 회전하는 것과 같은 작업을 수행하게 된다는 것을 증명하라.

회전 알고리즘을 구현한 것 중 코넬대 교수인 데이비드 그라이즈(David Gries)와 IBM 연구원인 할란 밀즈(Harlan Mills)가 개발한 구현이 잘 알려져 있다.

```
template <ForwardIterator I>
void gries_mills_rotate(I f, I m, I l) {
    // u = distance(f, m) && v = distance(m, l)
    if (f == m || m == l) return;                // u == 0 || v == 0
    pair<I, I> p = swap_ranges(f, m, m, l);
    while(p.first != m || p.second != l) {
        if (p.first == m) {                      // u < v
            f = m; m = p.second;                 // v = v - u
        } else {                                 // v < u
            f = p.first;                         // u = u - v
        }
        p = swap_ranges(f, m, m, l);
    }
    return;                                      // u == v
}
```

이 알고리즘에서는 우선 일반 swap_ranges 함수를 써서 최대한 많이(더 짧은 쪽 구간에 있는 원소 개수만큼) 맞바꾼다. if 테스트에서 첫 번째 구간을 다 옮겼는지 아니면 두 번째 구간을 다 옮겼는지 확인한다. 그 결과에 따라 f와 m의 시작 위치를 다시 설정한다. 그러고 나서 다시 맞바꾸기 작업을 한다. 이 작업을 양쪽 구간 모두 남은 원소가 없어질 때까지 반복한다.

예제를 직접 돌려보면 좀 더 이해하기가 쉽다. 알고리즘이 실행될 때 구간이 어떻게 변환되는지, 반복자가 어떻게 움직이는지 알아보자.

**시작:**

```
0 1 2 3 4 5 6
f   m       l
```

[0,1]과 [2,3]을 맞바꾼다. 양쪽 구간 모두 다 바뀌었는지 확인해 본다. 첫 번째 구간만 다 바뀌었으므로 f = m, m = p.second로 설정하여 아직 움직이지 않은 수열의 첫 번째 원소를 가리키도록 한다.

```
2 3 0 1 4 5 6
    f   m   l
```

[0,1]과 [4,5]를 맞바꾼다. 양쪽 구간 모두 다 바뀌었는지 확인해 본다. 첫 번째 구간만 다 바뀌었으므로 다시 f = m, m = p.second로 설정한다.

```
2 3 4 5 0 1 6
        f   m l
```

[0]과 [6]을 맞바꾼다. 양쪽 구간 모두 다 바뀌었는지 확인해 본다. 이번에는 두 번째 구간만 다 바뀌었으므로 f = p.first로 설정한다.

```
2 3 4 5 6 1 0
          f m l
```

[1]과 [0]을 맞바꾼다. 양쪽 구간 모두 다 바뀌었는지 확인해 본다. 모두 바뀌었으니 이제 끝났다.

```
2 3 4 5 6 0 1
            f m
              l
```

이제 gries_mills_rotate 코드에 있는 주석(굵은 글꼴로 표시된 부분)을 살펴보자. 첫 번째 구간 $[f,m)$의 길이를 $u$, 두 번째 구간 $[m,l)$의 길이를 $v$로 표기한다. 이 부분을 잘 살펴보면 놀라운 걸 발견할 수 있다. 예전에 최대공약수 GCD를 구할 때와 마찬가지 방식으로 돌아간다는 점이다. 이 알고리즘이 끝날 때를 보면 $u = v =$ (처음 두 구간의 길이의 최대공약수)가 된다는 것을 알 수 있다.

**연습문제 11.8** swap_ranges 함수의 알고리즘을 보면 불필요하게 반복자를 비교한다는 것을 알 수 있다. 반복자를 쓸데없이 비교하지 않도록 알고리즘을 고쳐보자.

이 회전 알고리즘에서 새로운 중간 위치, 즉 첫 번째 원소가 이동한 위치를 리턴하면 여러모로 유용하게 써먹을 수 있다. 회전 함수에서 새로운 중간 위치를 리턴한다면 rotate(f, rotate(f, m, l), l)은 항등 순열이다. 우선 다음과 같은 "보조 회전" 알고리즘이 필요하다.

```
template <ForwardIterator I>
void rotate_unguarded(I f, I m, I l) {
    // assert(f != m && m != l)
    pair<I, I> p = swap_ranges(f, m, m, l);
    while (p.first != m || p.second != l) {
        f = p.first;
        if (m == f) m = p.second;
        p = swap_ranges(f, m, m, l);
    }
}
```

가운데 있는 순환문은 그라이즈-밀즈 알고리즘과 같은 내용이지만 코드는 조금 다르다(이전 코드도 이렇게 작성할 수 있었지만, 앞에서는 $u$와 $v$를 계산하는 부분을 더 분명하게 보여주기 위해서 다른 식으로 썼다).

마지막 위치까지의 거리가 첫 번째 위치에서 $m$까지의 거리와 같은 $m'$을 찾아야 한다. $m'$은 처음에 swap_ranges를 호출했을 때 리턴되는 값이다. 이 값을 가져오기 위해 rotate의 최종 버전에서는 전방 반복자가 있으면 쓸 수 있는 rotate_unguarded를 호출하기로 하자. 잠시 뒤에 설명하겠지만, 인자 목록에 있는 forward_iterator_tag 유형이 있기 때문에 해당 상황에서만 이 함수를 호출할 수 있다.

```
template <ForwardIterator I>
I rotate(I f, I m, I l, std::forward_iterator_tag) {
    if (f == m) return l;
    if (m == l) return f;
    pair<I, I> p = swap_ranges(f, m, m, l);
    while (p.first != m || p.second != l) {
        if (p.second == l) {
            rotate_unguarded(p.first, m, l);
            return p.first;
        }
        f = m;
        m = p.second;
        p = swap_ranges(f, m, m, l);
    }
    return m;
}
```

이 알고리즘에서는 대입 작업을 얼마나 많이 반복할까? 주 순환문을 마지막 반복할 때까지, 구간을 맞바꿀 때마다 한 원소를 제 위치에 집어넣으면서 거기 들어있던 원소를 다른 자리로 옮기게 된다. 하지만 swap_ranges를 마지막으로 호출할 때는 두 구간의 길이가 똑같기 때문에 맞바꾸기 작업이 진행되는 동안 모든 원소들이 제 위치로 들어간다. 따라서 맞바꾸는 총 횟수는 전체 원소의 개수 $n$에서 마지막 단계에서 한 방에 맞바꿈으로써 절약한 맞바꾸기 횟수를 빼 주면 된다. 마지막 단계에서 절약한 횟수는 총 몇 번일까? 앞에서 설명했듯이 마지막에 맞바꾸는 구간의 길이는 gcd($n-k,k$) = gcd($n,k$)이며 여기에서 $n$ = distance($f,l$)이고 $k$ = distance($m,l$)이다. 따라서 맞바꾸는 총 횟수는 $n$ − gcd($n,k$)이다. 한 번 맞바꿀 때마다 대입 연산을 세 번씩(`tmp = a; a = b; b = tmp`) 해야 하므로 대입 횟수는 총 3($n$−gcd($n,k$))이다.

# 11.4 순환 사용법

FROM MATHEMATICS TO GENERIC PROGRAMMING

더 빠른 회전 알고리즘을 찾을 수 있을까? 회전에도 다른 순열과 마찬가지로 순환이 있다는 점을 활용하면 가능하다. $n$ = 6 개의 원소에 대한 $k$ = 2인 회전을 생각해 보자.

```
0 1 2 3 4 5
     ⇓
4 5 0 1 2 3
```

0번 위치에 있는 항목은 2번 위치로, 2번 위치에 있는 항목은 4번 위치로, 4번 위치에 있는 항목은 0번 위치로 이동한다. 따라서 이 세 원소가 순환을 이룬다. 마찬가지로 1번 항목은 3번 위치로, 3번 항목은 5번 위치로, 5번 위치는 다시 1번 위치로 가면서 또 다른 순환을 만들어낸다. 따라서 이 회전에는 순환이 두 개 있다. 11.1절에서 배웠듯이 모든 순열은 $n-u+v$ 번의 대입으로 처리할 수 있다($n$은 원소 개수, $u$는 자명한 순환의 개수, $v$는 자명하지 않은 순환의 개수). 보통은 자명한 순환은 잘 없는 것을 감안하면 $n+v$ 번 대입하면 된다.

**연습문제 11.9** $n$ 개의 원소에 대한 회전에 자명한 순환이 있으면 그 회전에는 자명한 순환이 $n$ 개 있음을 증명하라. 바꿔 말하자면 회전에서는 모든 원소가 움직이거나 아니면 모든 원소가 움직이지 않아야만 한다.

그런데 순환의 개수는 $\gcd(k,n)$이므로 회전은 $n + \gcd(k,n)$ 번의 대입으로 완성할 수 있다.* 그라이즈-밀즈 알고리즘에서의 $3(n - \gcd(n,k))$과는 꽤 다른 값이다. 게다가 보통은 GCD 값이 아주 작은 편이다. 실제 상황에서 보면 약 60%의 경우에 GCD가 1이다. 따라서 순환을 활용하는 회전 알고리즘의 대입 횟수가 더 적은 편이다.

하지만 순환을 이용하는 방법에도 단점은 있다. 그라이즈-밀즈 알고리즘은 한 칸씩 앞으로 가기만 하면 되기 때문에 단일 연결 리스트에 대해서도 쓸 수 있다. 하지만 순환을 활용하려면 한꺼번에 여러 칸을 넘어가야 할 수도 있다. 따라서 이 알고리즘에는 임의 접근 반복자를 사용해야 한다는 제약조건이 붙는다.

새 회전 함수를 만들기 위해 먼저 순환에 속한 모든 원소를 다음 위치로 옮기는 보조 함수를 만들어 보자. 하지만 "$x$ 위치에 있는 항목이 어디로 이동하는지"를 지정하는 대신 "$x$ 위치로 이동할 항목을 어디에서 찾을 수 있는지"를 지정하는 방식을 쓰자. 이 두 연산은 수학적으로는 대칭적이지만, 전자의 경우에는 (마지막 원소를 제외한) 모든 항목에 대해 임시 변수를 저장해야 하는 반면, 후자의 경우에는 한 순환마다 하나씩만 저장하면 되기 때문에 후자가 더 효율적이다.

보조 함수는 다음과 같다.

```
template <ForwardIterator I, Transformation F>
void rotate_cycle_from(I i, F from) {
    ValueType<I> tmp = *i;
    I start = i;
    for (I j = from(i); j != start; j = from(j)) {
        *i = *j;
        i = j;
    }
    *i = tmp;
}
```

여기에 있는 `ValueType` 함수는 10.8절 끝부분에서 정의했던 값 유형 함수이다.

---

* 증명은 〈프로그래밍의 이해(Elements of Programming)〉 10.4절에서 찾을 수 있다.

rotate_cycle_from 함수에서는 어떤 항목이 어디에서 오는지 어떻게 판단할까? 그 정보는 인자로 전달하는 from 함수 객체에 담겨 있다. from(i)는 "*i* 위치로 들어갈 원소가 어디에서 오는지 계산하는" 함수라고 생각할 수 있다.

rotate_cycle_from에 넘겨줄 함수 객체는 rotate_transform의 인스턴스이며 이 함수 객체는 다음과 같이 정의할 수 있다.

```
template <RandomAccessIterator I>
struct rotate_transform {
    DifferenceType<I> plus;
    DifferenceType<I> minus;
    I m1;

    rotate_transform(I f, I m, I l) :
        plus(m - f), minus(m - l), m1(f + (l - m)) {}
        // m1은 앞으로 갈 항목과 뒤로 갈 항목을 나눠주는 역할을 한다.

    I operator()(I i) const {
        return i + ((i < m1) ?  plus : minus);
    }
};
```

개념적으로는 원소를 "돌리는" 것이지만, (구간 끝에서 앞으로 돌아가기 때문에) 실제로는 앞으로 가는 항목도 있고 뒤로 가는 항목도 있다. 일련의 주어진 구간에 대해 rotate_transform의 인스턴스를 만들면 (1) 앞으로 가야 할 항목들에 대해서 앞으로 얼마나 가야 하는지, (2) 뒤로 가야 할 항목들에 대해서 뒤로 얼마나 가야 하는지, (3) 언제 앞으로 옮기고 언제 뒤로 옮겨야 하는지 결정하기 위한 교차점이 어디인지 미리 계산하게 된다.

이제 순환을 활용하는 버전의 회전 알고리즘을 만들 수 있다. 이 알고리즘은 플레처(Fletcher)와 실버(Silver)가 1965년에 발견한 알고리즘을 변형한 것이다.

```
template <RandomAccessIterator I>
I rotate(I f, I m, I l, std::random_access_iterator_tag) {
    if (f == m) return l;
```

```
    if (m == l) return f;
    DifferenceType<I> cycles = gcd(m - f, l - m);
    rotate_transform<I> rotator(f, m, l);
    while (cycles-- > 0) rotate_cycle_from(f + cycles, rotator);
    return rotator.m1;
}
```

몇 가지 자명한 경계조건을 처리한 다음 우선 순환의 개수(GCD 값)를 계산하고 rotate_transform 객체를 생성한다. 그리고 rotate_cycle_from을 호출하여 각 순환에 속하는 원소들을 이동시키고 각 순환별로 이 작업을 반복한다.

예를 한 번 살펴보자. 이번 절 맨 앞에서 예로 들었던 원소 개수가 $n = 6$이고 $k = 2$인 회전을 생각해 보자. 편의상 배열에 저장된 정수 값을 회전한다고 가정하자.

```
0 1 2 3 4 5
```

또한 반복자는 0부터 시작하는 배열의 오프셋이라고 가정하자(주어진 위치에 있는 값과 위치 자체를 구분해야 한다는 데 주의하자). $k = 2$ 회전을 수행하기 위해서는 $f = 0$, $m = 4$, $l = 6$, 이렇게 세 개의 반복자를 넘겨줘야 한다.

```
0 1 2 3 4 5
f       m   l
```

새로 만든 rotate 함수의 경계조건은 이 상황과 맞지 않으므로 모두 건너뛰고 순환 횟수를 제일 먼저 계산하는데 이 값은 $\gcd(m - f, l - m) = \gcd(4, 2) = 2$이다. 그다음으로는 rotator 객체를 생성하는데 이때 상태 변수를 다음과 같은 식으로 초기화한다.

$$plus \leftarrow m - f = 4 - 0 = 4$$
$$minus \leftarrow m - l = 4 - 6 = -2$$
$$m1 \leftarrow f + (l - m) = 0 + (6 - 4) = 2$$

이 함수의 주 순환문에서는 순환의 모든 원소를 회전시킨 다음, 다음 순환으로 넘어간다. rotate_cycle_from이 호출되었을 때 어떤 일이 일어나는지 살펴보자.

처음에는 $f + d = 0 + 2 = 2$를 첫 번째 인자로 넘겨준다. 따라서 함수 내에서 $i = 2$이다. 2 위치에 있는 값 2를 tmp 변수에 저장한 다음 start를 시작 위치인 2로 설정한다.

이제 새 변수 j가 start와 같아질 때까지 순환문을 돌린다. 순환문이 한 바퀴 돌 때마다 from 변수를 통해 전달한 rotator 함수 객체를 써서 j 값을 설정한다. 기본적으로 이 rotator 객체에서는 인자가 저장된 m1 값보다 작은지 큰지에 따라 저장되어 있던 plus나 minus를 인자에 더해주기만 할 뿐이다. 예를 들어 from(0)을 호출하면 0이 2보다 작으므로 0+4, 즉 4를 리턴한다. from(4)를 호출하면 4는 2보다 작지 않기 때문에 $4 + (-2)$, 즉 2를 리턴한다.

rotate_cycle_from에서 순환문을 돌리면 배열에 있는 값이 다음과 같은 식으로 바뀌게 된다.

$i \leftarrow 2,\ j \leftarrow from(2) = 0$

```
0 1 2 3 4 5
j   i
```

$*i \leftarrow *j$

```
0 1 0 3 4 5
j   i
```

$i \leftarrow j = 0,\ j \leftarrow from(0) = 4$

```
0 1 0 3 4 5
i       j
```

$*i \leftarrow *j$

```
4 1 0 3 4 5
i       j
```

$i \leftarrow j = 4,\ j \leftarrow from(4) = 2$ 이 값은 *start*와 같으므로 순환문이 끝난다.

```
4 1 0 3 4 5
    j   i
```

$*i \leftarrow tmp$

```
4 1 0 3 2 5
    j   i
```

이와 같은 과정이 끝나면 `rotate` 함수의 `while` 순환문 안에서 첫 번째 `rotate_cycle_from`을 호출한 작업이 끝난다.

**연습문제 11.10** `rotate` 함수가 끝날 때까지 위 예제가 어떤 식으로 돌아가는지 확인해 보자.

방금 살펴본 `rotate` 함수의 서명과 앞에서 구현한 `rotate` 함수의 서명을 비교해 보면 마지막 인자의 유형이 다르다. 다음 절에서는 주어진 상황에 따라 더 빠른 구현을 자동으로 호출해주는 래퍼를 만들어 보자.

### 실제 실행 속도가 빠른 알고리즘은?

앞에서 알고리즘에 따라 대입 횟수가 다른 예를 확인해 보았다. 대입 횟수가 적으면 실행 속도도 더 빠를까? 반드시 그런 것은 아니다. 실제 상황에서는 필요한 데이터를 캐시에 잘 집어넣음으로써 실행 시간을 크게 줄일 수 있다. 메모리 내에서 크게 건너뛰는 일이 많고(참조 지역성(locality of reference)이 안 좋다고 부른다) 대입 횟수가 적은 알고리즘이 참조 지역성이 좋고 대입 횟수가 많은 알고리즘보다 더 느릴 수도 있다.

# 11.5 뒤집기

또 다른 중요한 기초 알고리즘으로 수열의 원소들의 순서를 뒤집어주는 뒤집기(reverse) 알고리즘이 있다. 조금 더 형식을 따져서 얘기하자면 뒤집기는 원소가 $k$ 개인 리스트에 대해서 0번 항목과 $k-1$ 번 항목을 맞바꾸고 1번 항목과 $k-2$ 번 항목을 맞바꾸는 식으로 원소들을 뒤집어주는 순열이다.

이런 일을 해 주는 reverse 함수가 있으면 다음과 같이 코드 세 줄만 가지고 rotate 함수를 구현할 수 있다.

```
template <BidirectionalIterator I>
void three_reverse_rotate(I f, I m, I l) {
    reverse(f, m);
    reverse(m, l);
    reverse(f, l);
}
```

예를 들어 0 1 2 3 4 5라는 수열에 대해 $k = 2$ 회전을 적용한다고 해 보자. 이 알고리즘은 다음과 같은 연산을 수행한다.

```
                f       m   l
start           0 1 2 3 4 5
reverse(f, m)   3 2 1 0 4 5
reverse(m, l)   3 2 1 0 5 4
reverse(f, l)   4 5 0 1 2 3
```

**연습문제 11.11** 뒤집기를 세 번 해서 회전을 할 때 대입 연산은 총 몇 번 필요할까?

이 우아한 알고리즘은 양방향 반복자에 대해 쓸 수 있다(누가 만들었는지는 알려지지 않았다). 하지만 문제가 하나 있다. 새로운 중간 위치를 리턴하지 않는다는 점이다. 이 문제를 해결하기 위해 마지막 reverse 호출을 두 부분으로 쪼개보자. 두 반복자 중 하나가 끝에 다다를 때까지 원소들을 뒤집는 새 함수가 필요하다.

```
template <BidirectionalIterator I>
pair<I, I> reverse_until(I f, I m, I l) {
    while (f != m && m != l) swap(*f++, *--l);
    return {f, l};
}
```

실행이 끝나고 나면 끝에 다다르지 않은 반복자가 새로운 중간 위치를 가리키게 된다.

이제 양방향 반복자를 위한 일반 rotate 함수를 만들 수 있다. 원래 세 번째로 reverse를 호출해야 하는 상황일 때 reverse_until을 호출하고, 새로운 중간 위치를 저장하고, 나머지 구간을 뒤집는 일을 마친다.

```
template <BidirectionalIterator I>
I rotate(I f, I m, I l, bidirectional_iterator_tag) {
    reverse(f, m);
    reverse(m, l);
    pair<I, I> p = reverse_until(f, m, l);
    reverse(p.first, p.second);
    if (m == p.first) return p.second;
    return p.first;
}
```

지금까지 각각 다른 유형의 반복자에 대해 최적화된 세 가지 rotate 함수를 구현하는 방법을 살펴보았다. 하지만 이 함수를 사용하는 프로그래머가 각각을 구분해서 사용하지 않아도 된다면 더 좋을 것이다. 10.5절에서 distance 함수를 만들 때 했던 것과 마찬가지로 어떤 유형의 반복자에 대해서든 쓸 수 있는 더 간단한 버전을 만든 다음 범주 지명 기능을 써서 컴파일러에서 어떤 구현을 실행시킬지 결정하도록 하자.

```
template <ForwardIterator I>
I rotate(I f, I m, I l) {
```

```
    return rotate(f, m, l, IteratorCategory<I>());
}
```

이러면 프로그래머는 그냥 rotate 함수만 호출하면 된다. 그러면 컴파일러에서 어떤 유형의 반복자를 사용하는지 파악하여 적절한 구현을 호출해준다.

• • •

지금까지 reverse 함수를 계속 써왔는데 이 함수를 실제로 어떻게 구현해야 할까? 양방향 반복자의 경우에는 꽤 간단하게 구현할 수 있다. 맨 앞을 가리키는 포인터가 있고 거기서 앞으로 움직일 수 있으며 맨 뒤를 가리키는 포인터가 있고 거기서 뒤로 움직일 수 있기 때문에 끝에 도달할 때까지 서로 맞바꿔주면 된다.

```
template <BidirectionalIterator I>
void reverse(I f, I l, std::bidirectional_iterator_tag) {
    while (f != l && f != --l) std::swap(*f++, *l);
}
```

**연습문제 11.12** 앞에 있는 while 순환문에서 매번 f != l과 f != --l을 모두 테스트하는 이유를 설명하라.

유용한 리턴의 법칙을 따른다면 pair<I, I>(f, l)을 리턴해야 하는 건 아닐까? 여기에서는 이 정보가 유용하게 쓰인다는 근거가 없기 때문에 굳이 그 값을 리턴할 필요는 없다.

물론 순환문을 몇 번 실행해야 할지 미리 안다면 두 번 테스트를 하지 않아도 된다. 만약 반복 횟수 $n$을 함수의 인자로 넘겨준다면 $n/2$ 번만 테스트하고도 전체 코드를 구현할 수 있다.

```
template <BidirectionalIterator I, Integer N>
void reverse_n(I f, I l, N n) {
    n >>= 1;
    while (n-- > N(0)) {
```

```
    swap(*f++, *--l); }
}
```

특히 임의 접근 반복자를 쓴다면 반복 횟수를 상수 시간에 계산할 수 있기 때문에 reverse_n을 써서 다음과 같은 식으로 reverse를 구현할 수 있다.

```
template <RandomAccessIterator I>
void reverse(I f, I l, std::random_access_iterator_tag) {
    reverse_n(f, l, l - f);
}
```

전방 반복자만 있을 때 뒤집으려면 어떻게 해야 할까? 구간을 절반(아래 코드에서 h)으로 분할하는 재귀적인 보조 함수를 쓰면 된다. 인자 n은 뒤집을 수열의 길이를 추적하는 용도로 쓰인다.

```
template <ForwardIterator I, Integer N>
I reverse_recursive(I f, N n) {
    if (n == 0) return f;
    if (n == 1) return ++f;
    N h = n >> 1;
    I m = reverse_recursive(f, h);
    if (odd(n)) ++m;
    I l = reverse_recursive(m, h);
    swap_ranges_n(f, m, h);
    return l;
}
```

**연습문제 11.13** {0, 1, 2, 3, 4, 5, 6, 7, 8}이라는 수열을 예제 삼아 reverse_recursive 알고리즘이 어떻게 작동하는지 확인해 보자.

이 함수는 구간의 끝을 리턴하기 때문에 첫 번째 재귀 호출에서 중간지점을 리턴한다. 그 후에는 길이가 짝수인지 홀수인지에 따라 중간지점을 1 또는 0 전진시킨다.

이제 전방 반복자를 위한 reverse 함수는 다음과 같이 만들면 된다.

```
template <ForwardIterator I>
void reverse(I f, I l, std::forward_iterator_tag) {
    reverse_recursive(f, distance(f, l));
}
```

마지막으로, 어떤 유형의 반복자에 대해서든 쓸 수 있는 제네릭 버전의 reverse 함수는 rotate 함수에 대해서와 마찬가지로 다음과 같이 만들 수 있다.

```
template <ForwardIterator I>
void reverse(I f, I l) {
    reverse(f, l, IteratorCategory<I>());
}
```

---

### 인터페이스 개선의 법칙

rotate를 위한 올바른 인터페이스는 무엇일까? 원래 std::rotate에서는 void를 리턴했다. 몇 년 사용 경험이 쌓이고 보니 새로운 중간 위치(첫 번째 원소가 옮겨간 위치)를 리턴하면 in_place_merge, stable_partition 같은 다른 STL 알고리즘을 더 간단하게 구현할 수 있다는 것이 확실해졌다.

하지만 안타깝게도 다른 부분을 건드리지 않으면서 중간 위치를 리턴할 수 있는 방법을 찾는 게 쉽지 않았다. 이런 구현상의 문제를 해결하기 전까지는 필요한 값을 리턴하도록 인터페이스를 다시 설계할 수가 없었다. 이렇게 C++ 언어 표준을 바꾸기까지 10년이 넘는 시간이 걸렸다.

이는 인터페이스 개선의 법칙(law of interface refinement)의 좋은 예라고 할 수 있다.

> 인터페이스를 설계할 때는 프로그램을 설계할 때와 마찬가지로 여러 번 재작업이 필요하다.

알고리즘이 실제로 어떤 식으로 쓰일지 알기 전까지는 최선의 인터페이스를 설계할 수 없다. 그러나 어떤 식으로 쓰이는지 애초부터 완전하게 파악하는 건 불가능한 일이다. 게다가 어떤 구현이 실제로 쓰일지도 제대로 모르는 상황에서 최선의 인터페이스를 설계할 수도 없다.

---

# 11.6 공간 복잡도

구체적인 알고리즘에 대해 논할 때는 시간 복잡도와 공간 복잡도를 모두 따져봐야 한다. 시간 복잡도는 (상수, 로그, 다항식, 지수 등으로) 레벨이 다양하다. 하지만 공간 복잡도는 보통 제자리에서 계산하는 것과 그렇지 않은 것, 이렇게 딱 두 범주로만 구분한다.

**정의 11.6** 길이가 $n$인 입력에 대해 $O((\log n)^k)$만큼의 추가 공간을 사용하는 경우 (이때 $k$는 상수)에 이 알고리즘을 제자리(또는 로그다항식 공간) 알고리즘이라고 부른다.

처음에는 제자리 알고리즘(in–place algorithm)을 상수 공간을 사용하는 알고리즘으로 정의했으나, 이런 제약조건은 너무 빡빡하다. "제자리" 알고리즘이라는 개념은 데이터를 복사하지 않아도 되는 알고리즘을 가리킨다. 하지만 이렇게 데이터를 복사하지 않는 알고리즘 중에는 퀵 정렬처럼 분할 정복 기법을 쓰는 것도 있는데 이런 기법에서는 로그 수준의 추가 공간이 필요하다. 따라서 이런 알고리즘까지 포함시킬 수 있도록 제자리 알고리즘의 정의를 고치게 되었다.

제자리 알고리즘이 아닌 알고리즘에서는 공간을 더 많이 사용한다. 보통 데이터를 한 번 복사하는 이상의 공간을 사용하게 된다.

• • •

제자리 알고리즘이 아닌 알고리즘을 썼을 때 제자리 알고리즘에 비해 얼마나 빨라질 수 있는지 reverse 함수를 예로 들어 살펴보자. 우선 구간의 끝에서부터 시작해서 원소들을 역순으로 복사하는 다음과 같은 보조함수가 필요하다.

```
template <BidirectionalIterator I, OutputIterator O>
O reverse_copy(I f, I l, O result) {
    while (f != l) *result++ = *--l;
    return result;
}
```

제자리 알고리즘이 아닌 알고리즘을 사용하는 reverse 함수는 다음과 같이 만들 수 있다. 데이터를 전부 버퍼로 복사한 다음 다시 역순으로 복사하면 된다.

```
template <ForwardIterator I, Integer N, BidirectionalIterator B>
I reverse_n_with_buffer(I f, N n, B buffer) {
    B buffer_end = copy_n(f, n, buffer);
    return reverse_copy(buffer, buffer_end, f);
}
```

원소들을 맞바꾸는 방식으로 구현했을 때는 대입 연산을 $3n$ 번 해야 했지만 위 함수에서는 $2n$ 번만 하면 된다.

## 11.7 메모리 적응형 알고리즘

FROM MATHEMATICS TO GENERIC PROGRAMMING

실전에서는 모든 것을 제자리 알고리즘과 그렇지 않은 알고리즘만으로 딱 잘라 말하기기 쉽지 않다. 메모리가 무한정 있다고 가정하는 것도 비현실적이지만, 여유 메모리가 로그다항식 공간으로 국한된다는 가정도 마찬가지다. 보통 25%나 10%, 5% 정도, 아무리 심해도 1% 정도는 여유 메모리가 있게 마련이고 그런 공간을 잘 활용하면 성능을 크게 끌어올릴 수 있다. 메모리가 얼마나 남아있든 그에 맞춰 작동할 수 있는 메모리 적응형 알고리즘을 만들 필요가 있다.

앞에서 만든 reverse 함수의 메모리 적응형 버전을 만들어 보자. 이 함수에서는 임시 공간으로 사용할 buffer 변수와 그 버퍼의 크기를 나타내는 bufsize라는 인자를 받아들인다. 이 알고리즘은 재귀적인데 사실 앞 절에서 만들었던 reverse_recursive와 거의 똑같다. 하지만 큰 덩어리에 대해서만 재귀 호출을 하기 때문에 오버헤드가 그리 크진 않다. 함수가 호출되었을 때 뒤집을 수열이 버퍼에 들어갈 수 있으면 버퍼를 써서 빠르게 뒤집는 방식이다. 수열이 버퍼보다 길면 수열을 반으로 쪼개어 재귀 호출을 한다.

```
template <ForwardIterator I, Integer N, BidirectionalIterator B>
I reverse_n_adaptive(I f, N n, B buffer, N bufsize) {
    if (n == N(0)) return f;
    if (n == N(1)) return ++f;
    if (n <= bufsize) return reverse_n_with_buffer(f, n, buffer);
    N h = n >> 1;
    I m = reverse_n_adaptive(f, h, buffer, bufsize);
    advance(m, n & 1);
    I l = reverse_n_adaptive(m, h, buffer, bufsize);
    swap_ranges_n(f, m, h);
    return l;
}
```

이 함수를 호출할 때는 시스템에서 쓸 수 있는 메모리 용량을 확인한 다음 그 값을 bufsize로 넘겨주면 된다. 하지만 쓸 수 있는 메모리 용량을 확인하는 기능을 운영체제 차원에서 제공하지 않는 경우가 대부분이다.

### get_temporary_buffer에 대한 슬픈 이야기

이 책의 첫 번째 저자가 C++ STL 라이브러리를 처음 설계할 때, n이라는 변수를 받아서 물리적 메모리의 여유 공간에 만들 수 있는 n 이하의 최대 임시 버퍼 크기를 리턴해주는 get_temporary_buffer라는 함수를 만들면 유용하겠다는 생각을 했다. 일단은 (제대로 된 버전이라면 운영체제에서만 알 수 있는 정보를 사용해야 할 것이기 때문에) 처음에는 아주 큰 메모리에서 시작해서 제대로 된 포인터를 리턴할 때까지 점점 작은 메모리를 요구하는 식으로 malloc을 반복해서 호출하는, 간단하긴 하지만 실용성은 떨어지는 방식으로 구현된 함수를 만들었다. 그리고 눈에 잘 띄도록 "일단 대충 구현한 코드입니다. 제대로 구현한 새 코드로 바꿔주세요!"라는 주석을 넣어두었다. 놀랍게도 몇 년이 지난 후에도 STL 구현을 제공하는 주요 업체들은 (주석은 지운 채로) 처음에 대충 만든 코드를 그대로 사용하고 있었다.

## 11.8 마무리

10장과 11장에서는 단순한 작업에서도 여러 다른 알고리즘을 생각해볼 수 있고 그 과정에서 많은 것을 배울 수 있다는 점을 확인할 수 있었다. 이러한 예를 통해 확인할 수 있었던 프로그래밍의 법칙(유용한 리턴의 법칙, 유형 분리의 법칙, 완전성의 법칙, 인터페이스 개선의 법칙)은 거의 모든 프로그래밍 상황에 그대로 적용된다.

이번 장에서는 프로그래밍에서 이론과 실전이 어떤 식으로 만나는지도 알아볼 수 있었다. 군론에 바탕을 두고 있는 순열 이론에 관한 지식을 바탕으로 회전을 더 효율적으로 구현하는 알고리즘을 만드는 과정도 살펴보았다. 동시에 메모리 적응형 알고리즘의 예로부터, 사용 가능한 메모리 용량같이 실제 구현 시에 고려해야 할 사항들이 알고리즘 선택과 실행 속도 같은 부분에 지대한 영향을 끼칠 수 있다는 것을 확인할 수 있었다. 이론과 실제는 동전의 양면과 같다. 좋은 프로그래머라면 둘 다 제대로 알고 있어야만 한다.

# 12장

# GCD 확장

나는 짝수와 홀수에 대고 맹세할 수 있다.

_ 꾸란, 수라 알 파즈르

교과서에 나와 있거나 이미 오래전부터 널리 사용한 자료구조나 알고리즘이 최선의 해결책이라고 생각하는 프로그래머들이 많이 있다. 하지만 그렇지 않은 경우도 적지 않게 있다. 심지어 유클리드에서 가우스에 이르기까지 수천 년 이상 사용하던 알고리즘도 최선이 아닐 수 있다. 이번 장에서는 GCD 계산이라는 오래된 문제에 대한 새로운 해결책의 예를 몇 가지 알아보기로 하자. 그러고 나서 정수론의 어떤 정리가 증명되면서 지금까지도 쓰이고 있는 알고리즘의 중요한 변형 버전이 만들어진 과정에 대해 알아보도록 하자.

FROM MATHEMATICS TO GENERIC PROGRAMMING

## 12.1 하드웨어의 제약과 더 효율적인 알고리즘

1961년, 이스라엘의 박사과정 대학원생 요제프 "요시" 슈타인은 박사학위 논문 주제로 라카 대수학을 연구하고 있었다. 어떤 유리수 계산을 해야 했는데 그러자면 GCD를 써서 분수를 약분해야 했다. 하지만 느린 컴퓨터로 빨리 계산을 해야만 하는 상황이었기 때문에 더 빠른 방법을 찾기 위해 애를 쓰고 있었다. 그가 적어놓은 글을 옮겨 보자면 이렇다.

> "라카 대수학"을 사용한다는 것은 $a/b \cdot \sqrt{c}$ 형식($a$, $b$, $c$는 모두 정수)의 수를 가지고 계산을 한다는 것을 뜻했다. 나는 당시에 이스라엘에서 쓸 수 있는 유일한 컴퓨터인 바이츠만(Weizmann) 연구소의 WEIZAC에서 돌릴 프로그램을 만들었다. 덧셈에는 57마이크로초, 나눗셈에는 900마이크로초가 걸렸다. 시프트는 덧셈보다 빨랐다. 컴파일러도 없고 어셈블러도 없고 부동소수점 계산도 안 되는 데다가 16진수 코드로 프로그래밍을 해야 했고 라카 교수님과 그 밑에 있는 학생들이 쓸 수 있는 시간은 일주일에 두 시간에 불과했다. 알고리즘을 찾을 수밖에 없는 상황이었다. GCD를 빠르게 하는 것

이 바로 생존을 의미하는 것이었으니까.[*]

슈타인은 GCD를 쉽게 계산하거나 다른 GCD 표현식으로 쉽게 쓸 수 있는 상황이 있다는 것을 알아냈다. 그는 짝수나 홀수, 또는 자기 자신과의 GCD를 구하는 특별한 경우들을 따져 보았다. 그 결과 모든 경우를 다음과 같이 분류할 수 있다는 사실을 찾아냈다.

첫 번째 수가 0인 경우: $\gcd(0, n) = n$
두 번째 수가 0인 경우: $\gcd(n, 0) = n$
같은 값: $\gcd(n, n) = n$
짝수, 짝수: $\gcd(2n, 2m) = 2 \cdot \gcd(n, m)$
짝수, 홀수: $\gcd(2n, 2m + 1) = \gcd(n, 2m + 1)$
홀수, 짝수: $\gcd(2n + 1, 2m) = \gcd(2n + 1, m)$
작은 홀수, 큰 홀수: $\gcd(2n + 1, 2(n + k) + 1) = \gcd(2n + 1, k)$
큰 홀수, 작은 홀수: $\gcd(2(n + k) + 1, 2n + 1) = \gcd(2n + 1, k)$

이런 결과를 바탕으로 슈타인은 다음과 같은 알고리즘을 만들었다.

```
template <BinaryInteger N>
N stein_gcd(N m, N n) {
    if (m < N(0)) m = -m;
    if (n < N(0)) n = -n;
    if (m == N(0)) return n;
    if (n == N(0)) return m;

    // m > 0 && n > 0

    int d_m = 0;
    while (even(m)) { m >>= 1; ++d_m;}

    int d_n = 0;
    while (even(n)) { n >>= 1; ++d_n;}

    // odd(m) && odd(n)
```

* 슈타인, 개인 편지, 2003년

```
    while (m != n) {
        if (n > m) swap(n, m);
        m -= n;
        do m >>= 1; while (even(m));
    }

    // m == n

    return m << min(d_m, d_n);
}
```

이 코드가 어떻게 돌아가는지 보자. 이 함수에서는 두 개의 **BinaryInteger**, 즉 일반적인 컴퓨터에서 사용하는 정수처럼 시프트 연산과 짝홀 검사를 빠르게 할 수 있는 이진수로 표현된 정수를 받아들인다. 우선 둘 중 한 인자가 0인 쉬운 경우를 처리한 다음, 둘 다 양수인 경우만 처리하면 되도록 음수가 들어왔으면 부호를 바꿔준다.

그다음으로는 인자가 짝수이면 오른쪽 시프트 연산으로 인수 2를 빼 준다. 이때 인수 2가 몇 번 들어갔는지 확인할 수 있도록 시프트 횟수를 센다. 인수 2의 개수를 세는 용도로는 일반 int 형을 쓰면 된다. 어차피 그 최댓값이 인자로 넘겨받은 수의 총 비트수를 넘어서진 못하기 때문이다. 이 작업이 다 끝나고 나면 홀수만 두 개 남는다.

이제 주 순환문이 나온다. 여기에서는 더 큰 쪽에서 작은 쪽을 뺀 다음(홀수에서 홀수를 빼면 짝수가 나오기 때문에) 다시 시프트 연산으로 그 결과에서 2의 거듭제곱수를 추가로 제거한다.* 다 끝나고 나면 두 수가 같아진다. 순환문을 반복할 때마다 최소 한 번씩은 반으로 나누기 때문에 반복 횟수는 log $n$ 번을 넘어가지 않는다. 이 알고리즘의 성능은 1이 들어있는 비트의 개수에 따라 결정된다.

* 시프트 연산을 반복하는 순환문으로는 while이 아니고 do-while 문을 쓴다. 처음에는 당연히 짝수이기 때문에 이 순환문은 한 번은 무조건 돌아가야 하기 때문이다.

마지막으로 결과를 리턴하는데 이때 처음에 두 수를 시프트했던 횟수 중 작은 수만큼 다시 왼쪽으로 시프트시켜서 되돌려준다. 주 순환문 내에서는 2의 거듭 제곱 부분은 신경 쓰지 않아도 된다. 이미 두 홀수의 GCD를 구하는 단계이므로 GCD의 인자 중에는 2가 없기 때문이다.

위 알고리즘을 실제로 적용한 예를 살펴보자. GCD(196, 42)를 계산한다면 다음과 같은 식으로 돌아간다.

| | $m$ | $n$ | | $d_m$ | $d_n$ |
|---|---|---|---|---|---|
| 인수 2를 모두 빼낸다: | | | | | |
| | 196 | 42 | | 0 | 0 |
| | 98 | 42 | | 1 | 0 |
| | 49 | 42 | | 2 | 0 |
| | 49 | 21 | | 2 | 1 |
| 주 순환문: | | | | | |
| | 49 | 21 | | 2 | 1 |
| | 28 | 21 | (m에서 n을 뺀다) | 2 | 1 |
| | 14 | 21 | (m을 시프트시킨다) | 2 | 1 |
| | 7 | 21 | (m을 시프트시킨다) | 2 | 1 |
| | 21 | 7 | (m과 n을 맞바꾼다) | 2 | 1 |
| | 14 | 7 | (m에서 n을 뺀다) | 2 | 1 |
| | 7 | 7 | (m을 시프트시킨다) | 2 | 1 |

결과:

$$7 \times 2^{\min(2,1)} = 7 \times 2 = 14$$

이런 식으로 슈타인은 몇 가지 특별 케이스에 대해 알아낸 내용을 바탕으로 더 빠른 알고리즘을 만들어냈다. 이 특별 케이스는 짝수 홀수 그리고 인수 2를 빼내는 것과 관련이 있는데 이는 모두 컴퓨터에서 쉽게 할 수 있는 일이고 이런 이유로 인해 슈타인 알고리즘이 빠르게 작동하는 것이다(요즘은 나머지 함수를 하드웨어에서 계산할 수 있지만, 여전히 단순한 시프트 연산보다는 훨씬 느리다). 하지만 이런 알고리즘을 그냥 똘똘한 꼼수 정도로 보고 넘어가도 되는 걸까? 혹시 더 근본적인 뭔가가 없을까? 이런 방법은 컴퓨터에서 이진 계산을 사용하기 때문에만 효과가 있는 걸까? 슈타인 알고리즘은 정수에 대해서만 쓸 수 있을까? 아니면 유클리드 호제법처럼 일반화할 수 있는 걸까?



## 12.2 슈타인 알고리즘 일반화

조금 전에 한 질문에 답하기 위해서 유클리드 호제법으로 GCD를 구하는 알고리즘이 어떤 식으로 발전해왔는지 되짚어보자.

- 양의 정수: 고대 그리스(기원전 5세기)
- 다항식: 스테빈(1600년경)
- 가우스 정수: 가우스(1830년경)
- 대수적 수: 디리클레, 데데킨트(1860년경)
- 제네릭 버전: 뇌터, 판데르바르르던(1930년경)

유클리드 호제법을 정수에서 다항식까지 확대하는 데 2000년이 넘게 걸렸다. 다행히도 슈타인 알고리즘을 일반화하는 데는 그리 오래 걸리지 않았다. 슈타인 알고리즘이 발표된 지 불과 2년 만에 커누스는 체 $\mathbb{F}[x]$에 대한 단변수 다항식에 적용할 수 있는 버전의 알고리즘을 알아냈다.

여기서 핵심은 정수에서 2가 했던 역할을 다항식에서는 $x$가 할 수 있다는 점이다. 즉, $x$의 거듭제곱들을 인수로 빼낼 수 있다. 그리고 $x^2 + x$ 같이 $x$로 나누어떨어지는 것은 $x$에 대해 "짝"이고 $x^2 + x + 1$같이 $x$로 나누어떨어지지 않는 것은 "홀"이며 $x^2 + x$를 "시프트"하면 $x + 1$이 된다고 생각할 수 있다. 이진수 정수에서 2로 나누는 것이 일반 나눗셈보다 쉬운 것과 마찬가지로 다항식에서는 $x$로 나누는 것이 일반 나눗셈보다 쉽다. 두 경우 모두 시프트만 하면 된다(다항식은 사실 계수의 수열이나 마찬가지이므로 $x$로 나누는 것은 그 수열을 한 칸 씩 시프트하는 것과 마찬가지다).

슈타인이 찾아냈던 특별 케이스들을 다항식 버전으로 적어 보자면 다음과 같다.

$$\gcd(p, 0) = \gcd(0, p) = p \tag{12.1}$$

$$\gcd(p, p) = p \tag{12.2}$$

$$\gcd(xp, xq) = x \cdot \gcd(p, q) \tag{12.3}$$

$$\gcd(xp, xq + c) = \gcd(p, xq + c) \tag{12.4}$$

$$\gcd(xp + c, xq) = \gcd(xp + c, q) \tag{12.5}$$

$$\deg(p) \geq \deg(q) \implies \gcd(xp + c, xq + d) = \gcd\left(p - \frac{c}{d}q, xq + d\right) \tag{12.6}$$

$$\deg(p) < \deg(q) \implies \gcd(xp + c, xq + d) = \gcd\left(xp + c, q - \frac{d}{c}q\right) \tag{12.7}$$

마지막 두 규칙에서 한쪽의 0차 계수를 소거하는 방법을 잘 살펴보자. 이렇게 함으로써 "홀, 홀" 경우를 "짝, 홀" 경우로 변환시킬 수 있다.

식 12.6에 표시된 동치관계를 얻기 위해서는 두 가지 배경지식이 필요하다. 첫째, $u$, $v$라는 두 다항식이 있을 때 $\gcd(u,v) = \gcd(u,av)$이다. 이때 $a$는 0이 아닌 계수다. 이 관계로부터 두 번째 인자에 $c/d$라는 계수를 곱해도 GCD는 똑같다.

$$\gcd(xp + c, xq + d) = \gcd\left(xp + c, \frac{c}{d}(xq + d)\right)$$

둘째, $\gcd(u,v) = \gcd(u,v - u)$이다. 이는 이 책의 앞쪽(식 3.9)에서 이미 알아본 바 있다. 따라서 새로운 두 번째 인자를 첫 번째 인자에서 빼도 GCD는 똑같다.

$$\begin{aligned}
\gcd(xp + c, xq + d) &= \gcd\left(xp + c - \frac{c}{d}(xq + d), xq + d\right) \\
&= \gcd\left(xp + c - \frac{c}{d}xq + c, xq + d\right) \\
&= \gcd\left(xp - \frac{c}{d}xq, xq + d\right)
\end{aligned}$$

마지막으로, GCD에 들어오는 인자 가운데 하나는 $x$로 나눌 수 있지만 다른 하나는 그렇지 않다면 (GCD에는 그 $x$가 인자로 들어가지 않을 것이므로) $x$를 빼버려도 된다는 점을 이용할 수 있다. $x$를 시프트시켜버릴 수 있는 것이다. 따라서 다음과 같은 관계가 성립함을 알 수 있다.

$$\gcd(xp + c, xq + d) = \gcd\left(p - \frac{c}{d}q, xq + d\right)$$

매번 변환할 때마다 다항식의 차수가 줄어드는 것을 알 수 있다. 위 알고리즘으로 $\gcd(x^3 - 3x - 2,\ x^2 - 4)$를 계산하면 다음과 같은 식으로 돌아간다.

| $m$ | $n$ | 연산 |
|---|---|---|
| $x^3 - 3x - 2$ | $x^2 - 4$ | $m - (0.5x^2 - 2)$ |
| $x^3 - 0.5x^2 - 3x$ | $x^2 - 4$ | $m$ 시프트 |
| $x^2 - 0.5x - 3$ | $x^2 - 4$ | $m - (0.75x^2 - 3)$ |
| $0.25x^2 - 0.5x$ | $x^2 - 4$ | $m$ 최고차항 계수를 1로 |
| $x^2 - 2x$ | $x^2 - 4$ | $m$ 시프트 |
| $x - 2$ | $x^2 - 4$ | $n - (2x - 4)$ |
| $x - 2$ | $x^2 - 2x$ | $n$ 시프트 |
| $x - 2$ | $x - 2$ | GCD : $x - 2$ |

우선 두 식의 상수항(식 12.6과 12.7의 $c$와 $d$에 해당하는 항)의 비율이 1/2이니까 $n$에 1/2을 곱한 다음 그 식을 $m$에서 뺀다(위 표의 첫째 줄). 그러면 $m$이 둘째 줄에 있는 것처럼 바뀐다. 그러고 나서 $m$을 "시프트"시킨다($x$로 나눈다). 그러면 셋째 줄에 있는 것과 같은 식이 만들어진다. 이와 같은 과정을 계속해서 반복해서 GCD를 구할 수 있다.

2000년, 안드레 바일레르트(Andre Weilert)는 슈타인 알고리즘을 가우스 정수로 일반화시켰다. 여기에서는 $1 + i$가 2 역할을 한다. 즉, $1 + i$로 나누는 게 시프트 연산에 해당하는 것이다. 2003년에는 담고(Damgård)와 프란드센(Frandsen)이 이 알고리즘을 아이젠슈타인 정수로도 확장하였다.

2004년, 아가르왈(Agarwal)과 프란드센이 환 중에 유클리드 영역은 아니면서도 슈타인 알고리즘이 여전히 적용되는 것이 있음을 보이기도 했다. 슈타인 알고리즘은 적용되지만 유클리드 호제법은 적용되지 않는 경우도 있다는 뜻이다. 슈타인 알고리즘의 영역이 유클리드 영역이 아니라면 대체 어떤 영역인 걸까? 이 글을 쓰고 있는 현시점에서 이 문제는 아직 풀리지 않았다.

슈타인 알고리즘에서 분명한 것 중 하나는 홀짝 구분이 반드시 필요하다는 점이다. 여기에서는 짝수 개념을 가장 작은 소수로 나누어떨어지는 경우로, 가장 작은 소수 개념은 그 수로 나눴을 때 나머지가 0이거나 역수가 있는 원소인 경우로 일반화시켰다. (한 환에 가장 작은 소수가 여러 개 있을 수 있다. 예를 들어 가우스 정수에서는 $1 + i$, $1 - i$, $-1 + i$, $-1 - i$가 모두 가장 작은 정수다.)

정수의 GCD를 계산할 때는 왜 2를 인수분해할까? 2로 계속해서 나누다 보면 결국은 나머지가 1이 나오게 되기 때문이다. 즉, 홀수가 나오기 때문이다. 홀수가 두 개 있으면(2로 나눈 나머지가 모두 1인 두 수가 있으면) 뺄셈으로 GCD 알고리즘을 계속 돌릴 수 있다. 이렇게 나머지를 상쇄시킬 수 있는 것은 2가 정수에서 가장 작은 소수이기 때문이다. 다항식에서는 $x$가, 가우스 정수에서는 $i + 1$ 이 그 역할을 한다.* 가장 작은 소수로 나누면 그 나머지는 반드시 0 아니면 단원(unit)이다. 0이 아닌 가장 작은 노름(norm)을 가지는 수가 단원이기 때문이다. 정수의 경우에 2를 쓰는 이유는 컴퓨터에서 이진법을 쓰기 때문이 아니라 2가 가장 작은 소수이기 때문이다. 이 알고리즘이 가능한 이유는 정수의 근본적인 속성 때문이지 컴퓨터 하드웨어 구현방식 때문이 아니다. 물론 컴퓨터에서 이진법을 쓰기 때문에 시프트 연산이 아주 빨라서 효율적이긴 하지만 말이다.

**연습문제 12.1** $[0, 2^{16})$, $[0, 2^{32})$, $[0, 2^{64})$ 범위의 임의의 정수에 대해서 슈타인 알고리즘과 유클리드 호제법의 성능을 비교하라.

* 가우스 정수 환에서는 2가 소수가 아니다. (1+i)(1−i)로 인수분해할 수 있기 때문이다.

# 12.3 베주 항등식

GCD와 환 구조 사이의 관계를 이해하려면 베주 항등식을 알아야 한다. 베주 항등식은 곱셈의 역원을 계산하는 데 있어서 실용적으로 중요한 알고리즘과도 이어진다. 베주 항등식에 따르면 유클리드 영역에 있는 임의의 두 값 $a$와 $b$에 대해 일차결합으로 원래 값의 GCD를 만들 수 있는 계수가 존재한다.

**정리 12.1 (베주 항등식):**

$$\forall a, b \; \exists x, y \; : \; xa + yb = \gcd(a, b)$$

예를 들어 $a = 196$이고 $b = 42$라면 이 정리에 의하면 $196x + 42y = \gcd(196,42)$를 만족하는 $x$와 $y$가 있어야 한다. $\gcd(196,42) = 14$이므로 이 경우에는 $x = -1$이고 $y = 5$이다. 일반적인 경우에 $x$와 $y$를 계산하는 방법은 잠시 후에 알아보도록 하자.

수학의 여러 분야에서 그렇듯이, 이 정리도 발견한 사람의 이름을 딴 이름이 붙어 있다. 18세기 수학자인 에티엔 베주(Étienne Bézout)가 항등식에 대해 이 정리를 증명하긴 했지만, 사실 정수에 대해서는 백 년 전 클로드 바셰(Cluade Bachet)가 먼저 증명했다.

### 클로드 가스파르 바셰 드 메지리아크(1581–1638)

보통 바셰라고 부르는 클로드 가스파르 바셰 드 메지리아크(Claude Gaspar Bachet de Méziriac)는 르네상스 시대의 프랑스 수학자이다. 다양한 분야를 연구한 학자였지만 두 가지 업적으로 유명하다. 첫째는 디오판토스의 〈산수론〉을 그리스어에서 라틴어로 번역한 일이다. 라틴어는 당시 유럽에서 과학과 철학 분야의 공용어였다. 수학자들은 그가 1621년에 번역한 책을 주로 봤는데 페르마가 그의 마지막 정리를 구석에 끄적여 놓았던 책도 바로 이 책이었다. 둘째로, 그는 〈Problèmes plaisants〉라는 재미로 보는 수학책을 처음으로 저술했는데 1612년에 초판이 출판되었다. 이 책 덕분에 프랑스에서는 지식인들 사이에서 수학이 인기를 얻어서 여러 사람들이 취미로 즐기기도 했다. 이 책에는 마방진에 관한 내용뿐 아니라 베주 항등식을 증명하는 내용도 실려 있다.

바셰는 아카데미 프랑세즈(프랑스 학술원)의 최초 회원 중 하나였는데 아카데미 프랑세즈는 리슐리외 추기경이 불어에 대한 최고 권위를 지닌 기구로 설립했으며 공식 불어 사전을 편찬했다.

환은 정수와 유사한 특성이 있는 대수구조이다. 덧셈과 유사한 연산자와 곱셈과 유사한 연산자가 모두 있지만 역수는 덧셈에 대해서만 존재한다(환의 정의는 8.3, 8.4절에서 다시 찾아볼 수 있다).

베주 항등식을 증명하려면 계수 $x$와 $y$가 언제나 존재한다는 것을 증명해야 한다. 그러려면 아이디얼(ideal)이라는 새로운 대수구조를 도입해야 한다.

**정의 12.1** 다음 조건을 만족시키는 어떤 환 $R$의 공집합이 아닌 부분집합 $I$를 아이디얼이라고 정의한다.

$$
\begin{aligned}
&1.\ \forall x, y \in I : x + y \in I \\
&2.\ \forall x \in I, \forall a \in R : ax \in I
\end{aligned}
$$

첫 번째 성질은 아이디얼이 덧셈에 대해 닫혀 있음을 뜻한다. 즉, 아이디얼의 어떤 두 원소를 더해도 그 결과는 아이디얼의 원소이다. 두 번째 성질은 좀 더 까다로운데 아이디얼이 아이디얼에 속하는 원소뿐 아니라 환에 있는 모든 원소와의 곱셈에 대해 닫혀 있다는 뜻이다.

아이디얼의 예로 짝수의 집합(정수라는 환의 공집합이 아닌 부분집합)을 들 수 있다. 두 짝수를 더하면 짝수가 나온다. (꼭 짝수가 아니어도) 어떤 정수에든 짝수를 곱하면 그 값도 짝수이다. 아이디얼의 또 다른 예로는 근이 5인 단변수 다항식과 상수항이 0인 $x$와 $y$의 다항식(예: $x^2 + 3y^2 + xy + x$) 같은 것이 있다. 특히 마지막 예의 중요성에 대해서는 잠시 후에 다시 알아보기로 하자. 모든 부분환이 아이디얼은 아니라는 점에 주의하자. 정수는 가우스 정수의 부분환이긴 하지만 가우스 정수의 아이디얼은 아니다. 정수에 허수 $i$를 곱하면 정수가 나오지 않기 때문이다.

**연습문제 12.2**

1. 아이디얼 $I$가 뺄셈에 대하여 닫혀있음을 증명하라.
2. $I$에 0이 포함되어 있음을 증명하라.

**보조정리 12.1 (일차결합 아이디얼):** 환의 임의의 두 원소 $a$와 $b$에 대해 모든 원소 $\{xa + yb\}$의 집합은 아이디얼을 구성한다.

**| 증명** 우선 이 집합은 다음과 같이 덧셈에 대하여 닫혀 있다.

$$(x_1a + y_1b) + (x_2a + y_2b) = (x_1 + x_2)a + (y_1 + y_2)b$$

그리고 환의 임의의 원소와의 곱셈에 대해서도 다음과 같이 닫혀 있다.

$$z(xa + yb) = (zx)a + (zy)b$$

따라서 이 집합은 아이디얼이다. ▮

**연습문제 12.3** 일차결합 아이디얼의 모든 원소는 $a$와 $b$의 모든 공약수로 나누어 떨어짐을 증명하라.

**보조정리 12.2 (유클리드 영역의 아이디얼):** 유클리드 영역의 모든 아이디얼은 나머지 연산과 유클리드 GCD에 대해 닫혀 있다.

**| 증명**

1. 나머지 연산에 대하여 닫혀 있음에 대한 증명: 정의상 다음과 같은 식이 성립한다.

$$(a\text{를 } b\text{로 나눈 나머지}) = a - (a\text{를 } b\text{로 나눈 몫}) \cdot b$$

   $b$가 아이디얼의 원소이면 아이디얼의 두 번째 공리에 따라 $b$로 곱한 것은 모두 아이디얼의 원소이므로 ($a$를 $b$로 나눈 몫)·b도 아이디얼의 원소이다. 연습문제 12.2에 의해 아이디얼의 두 원소 사이의 차도 아이디얼의 원소이다.

2. GCD에 대하여 닫혀 있음에 대한 증명: GCD 알고리즘은 나머지 연산을 계속해서 적용하는 식으로 구성되어 있으므로 1의 결과에 따라 자연스럽게 유클리드 영역의 모든 아이디얼은 GCD에 대해서도 닫혀 있다. ∎

**정의 12.2** 환 $R$의 아이디얼 $I$에 대해 다음 조건을 만족하는 $a \in R$가 $I$에 있으면 $a$를 주원소(principal element)라고 부르며 $I$는 주아이디얼(principal ideal)이라고 부른다.

$$x \in I \iff \exists y \in R : x = ay$$

즉, 주아이디얼은 한 원소로부터 생성될 수 있는 아이디얼이다. 주아이디얼의 예로 짝수의 집합을 들 수 있다. (2가 주원소이다.) 근이 5인 다항식도 주아이디얼이다. 하지만 상수항이 0인 $x$와 $y$의 다항식은 아이디얼이긴 하지만 주아이디얼은 아니다. 앞에서 다항식 $x^2 + 3y^2 + xy + x$를 아이디얼의 한 예로 들었는데 $x$ 또는 $y$만 가지고 이 다항식을 생성할 수 있는 방법이 없기 때문이다.

**연습문제 12.4** 주아이디얼의 모든 원소는 주원소로 나누어떨어짐을 증명하라.

앞에서 논했듯이 정역(integral domain)은 영인자(zero divisor)가 없는 환이다. (정의 8.7 참조)

**정의 12.3** 어떤 정역의 모든 아이디얼이 주아이디얼이면 그 정역은 주아이디얼 정역(principal ideal domain, PID)이라고 부른다.

예를 들어 정수의 환은 PID이지만 정수에 대한 다변수 다항식의 환은 PID가 아니다.

**정리 12.2** *ED* $\Longrightarrow$ *PID*. 모든 유클리드 영역은 주아이디얼 정역이다.

**| 증명** 유클리드 영역의 모든 아이디얼 $I$에는 최소의 양의 노름을 가지는 원소(가장 작은 0이 아닌 원소) $m$이 있다. 임의의 원소 $a \in I$는 $m$으로 나누어떨어지지 않는다면 어떤 나머지 값 $r$이 있을 것이다.

$$a = qm + r \text{ 이때 } 0 < \|r\| < \|m\|$$

$m$이 가장 작은 원소라고 했기 때문에, 어떤 나머지가 이보다 작은 것은 불가능하다. 따라서 $a$를 $m$으로 나눈 나머지는 있을 수 없고 결국 $a = qm$이다. 따라서 한 원소로부터 다른 모든 원소를 만들어낼 수 있는데 이런 정역은 정의상 주아이디얼 정역이다. |

이제 베주 항등식을 증명할 수 있다. 이 항등식은 $xa + yb = \gcd(a, b)$를 만족하는 $x$, $y$가 최소 하나는 반드시 존재한다는 내용이므로 모든 가능한 일차결합 $xa + yb$가 원하는 값을 가진다는 형태로 고쳐 쓸 수 있다.

**베주 항등식을 다르게 표현한 형태:** 유클리드 영역의 일차결합 아이디얼 $I = \{xa + yb\}$에는 $\gcd(a, b)$가 들어있다.

**| 증명** $I = \{xa + yb\}$라는 일차결합 아이디얼이 있을 때 $a = 1a + 0b$이므로 $a$는 $I$에 들어있다. 마찬가지로 $b = 0a + 1b$이므로 $b$도 $I$에 들어있다. 보조정리 12.2에 의해 유클리드 영역의 모든 아이디얼은 GCD에 대해 닫혀있으므로 $\gcd(a, b)$도 $I$에 들어있다. |

베주 항등식을 써서 5장에서 본 가역성 보조정리를 증명할 수도 있다.

**보조정리 5.4 (가역성 보조정리):**

$$\forall a, n \in \mathbb{Z} \ : \ \gcd(a, n) = 1 \implies \exists x \in \mathbb{Z}_n \ : \ ax = xa = 1 \bmod n$$

**| 증명** 베주 항등식에 의해

$$\exists x, y \in \mathbb{Z} \ : \ xa + yn = gcd(a, n)$$

따라서 $\gcd(a,n) = 1$이면 $xa + yn = 1$이다. 따라서 $xa = -yn + 1$이므로

$$xa = 1 \bmod n$$

이다. ∎

**연습문제 12.5** 베주 항등식을 이용하여 $p$가 소수이면 0보다 크고 $p$보다 작은 모든 $a$에는 $p$로 나눈 나머지 연산에 대해 곱셈의 역원이 존재함을 증명하라.

## 12.4 확장된 GCD

FROM MATHEMATICS TO GENERIC PROGRAMMING

바로 앞 절에서 베주 항등식을 증명하는 방법을 알아보았다. 그 증명에서는 항등식이 성립한다는 것만 보였을 뿐, 계수를 구하는 방법은 다루지 않는다. 이런 증명을 비구성적 증명이라고 부른다. 수학 분야에서는 오래전부터 비구성적 증명도 구성적 증명만큼 유효한지에 대해 논란이 있었다. 비구성적 증명을 사용하는 데 반대하는 사람들을 구성주의자 또는 직관주의자라고 부른다. 20세기에 들어서면서 다비트 힐베르트를 위시한 괴팅겐학파가 힘을 얻으면서 구성주의자들이 강한 역풍을 맞았다. 몇 안 되는 구성주의의 수호자 가운데 하나였던 앙리 푸앵카레가 이 전투에서 패배한 이후로 요즘은 비구성적 증명이 널리 쓰이고 있다.

## 앙리 푸앵카레(1854-1912)

쥘 앙리 푸앵카레(Jules Henri Poincaré)는 프랑스의 수학자이자 물리학자였다. 그는 열렬한 애국자 집안 출신이며 그의 사촌인 레몽 푸앵카레는 프랑스의 총리와 대통령직을 역임했다. 그는 다양한 분야에 걸쳐 500편이 넘는 논문을 발표했는데 그중에는 아인슈타인과 무관하게, 때로는 아인슈타인보다 더 일찍 특수상대론에 대해 발표한 논문도 있었다. 표준시간대를 정립하는 것과 같이 실용적인 분야에서도 다양한 업적을 남겼지만, 그는 우주를 이해하는 도구로써의 과학을 가장 중요하게 여겼다.

그는 다음과 같은 글을 남기기도 했다.

> 과학자는 실용적인 목표에 매달리면 안 된다. 물론 실용적인 결과가 나올 수도 있겠지만, 그건 부수적인 것에 불과하다. 과학자의 연구 주제는 어떤 큰 목표의 일부분에 불과하며 그 큰 목표야말로 모든 연구의 원동력이어야 한다. 과학을 응용하여 경이로운 일을 해낼 수 있긴 하지만, 응용만을 염두에 둔 과학은 더 이상 과학이라고 할 수 없다. 그런 건 차라리 요리법에 더 가깝다.

푸앵카레는 철학과 과학에 관한 중요한 책을 몇 권 내기도 했으며 아카데미 프랑세즈의 회원으로 선출되기도 했다.

푸앵카레는 수학의 거의 모든 분야에서 업적을 남겼으며 대수적 위상수학과 같은 몇 가지 분야를 창시하기도 했다. 그 시절에는 종종 세계 최고의 수학자가 푸앵카레인지 힐베르트인지를 놓고 논쟁이 벌어지기도 했다. 푸앵카레는 집합론과 힐베르트의 형식주의적 접근법에 대해 비판하면서 프랑스와 당시 통일된 지 얼마 안 된 독일 사이의 경쟁 구도에서 서로 적대적인 위치에 섰다. 형식주의자들은 푸앵카레의 직관주의적 접근법을 거부했는데 직관주의적 접근법이 설 자리를 잃은 일은 20세기 수학에서 매우 아쉬운 부분이라 할 수 있겠다. 그 두 관점은 상대 접근법의 부족한 점을 서로 보완해줄 수 있는 관계이기 때문이다.

형식주의 수학자들의 관점과는 별개로 프로그래밍 관점에서 보자면 존재한다는 사실만 증명하는 것보다는 실제 값을 구하기 위한 알고리즘까지 제시하는 쪽이 훨씬 만족스럽다. 이번 절에서는 베주 항등식을 구성적으로 증명해 보겠다. 바꿔 말하자면 $xa + yb = \gcd(a, b)$를 만족시키는 $x$와 $y$를 찾아내기 위한 알고리즘을 유도해 보겠다.

$a$와 $b$의 GCD를 계산하기 위해 유클리드 호제법을 적용하는 과정에서 어떤 일이 일어나는지 다시 살펴보면 전체 과정을 더 수월하게 이해할 수 있다.

```
template <EuclideanDomain E>
E gcd(E a, E b) {
    while (b != E(0)) {
        a = remainder(a, b);
        std::swap(a, b);
    }
return a;
}
```

순환문을 반복할 때마다 $a$ 자리에 $a$를 $b$로 나눈 나머지(remainder$(a, b)$)를 대입하고 $a$와 $b$를 맞바꾸면 마지막에 남는 나머지가 GCD가 된다. 따라서 다음과 같은 식으로 계속 나머지 연산을 처리한다.

$$\begin{aligned}
r_1 &= \text{remainder}(a, b) \\
r_2 &= \text{remainder}(b, r_1) \\
r_3 &= \text{remainder}(r_1, r_2) \\
&\vdots \\
r_n &= \text{remainder}(r_{n-2}, r_{n-1})
\end{aligned}$$

$k$ 번째에는 나머지 연산의 두 번째 인자였던 값이 $k+1$번째에는 첫 번째 인자가 된다.

remainder($a,b$)는 $a$를 $b$로 나눈 나머지이므로 다음과 같이 쓸 수 있다.

$$\begin{aligned} r_1 &= a - b \cdot q_1 & (12.8) \\ r_2 &= b - r_1 \cdot q_2 \\ r_3 &= r_1 - r_2 \cdot q_3 \\ &\vdots \\ r_n &= r_{n-2} - r_{n-1} \cdot q_n & (12.9) \end{aligned}$$

여기에서 $q$ 항들은 각 나누기 연산의 몫이다. 각각의 식을 우변의 첫 항(나머지 함수의 첫 번째 인자)에 대해서 풀면 다음과 같다.

$$\begin{aligned} a &= b \cdot q_1 + r_1 \\ b &= r_1 \cdot q_2 + r_2 \\ r_1 &= r_2 \cdot q_3 + r_3 \\ &\vdots \\ r_{n-2} &= r_{n-1} \cdot q_n + r_n \end{aligned}$$

4.7절에서 어떻게 위 수열에서 마지막으로 나오는 0이 아닌 나머지 $r_n$이 첫 두 인자의 GCD가 되는지 알아본 바 있다. 베주 항등식에 대해서는 $r_n = \gcd(a,b) = xa + yb$ 임을 보여야 한다. 이전 수열에서 각각의 방정식을 $a$와 $b$의 일차결합으로 쓸 수 있다면 다음 항도 마찬가지로 $a$와 $b$의 일차결합으로 쓸 수 있다. 일단 첫 세 항은 간단하다.

$$\begin{aligned} a &= 1 \cdot a + 0 \cdot b & (12.10) \\ b &= 0 \cdot a + 1 \cdot b & (12.11) \\ r_1 &= 1 \cdot a + (-q_1) \cdot b \end{aligned}$$

마지막 식은 첫 번째 나머지 수열(식 12.8)의 $r_1$의 정의에서 바로 나온다. $r_2$에서는 $r_1$을 풀어쓰고 항들을 재배열해야 한다.

$$
\begin{aligned}
r_2 &= b - r_1 q_2 \\
&= b - (a - q_1 b) q_2 \\
&= b - q_2 a + q_1 q_2 b \\
&= -q_2 a + (1 + q_1 q_2) b
\end{aligned}
$$

이제 재귀식을 계속 돌리면 계수를 구할 수 있다. 두 연속된 나머지를 일차결합으로 표현하는 방법을 알아냈다고 가정해 보자.

$$
\begin{aligned}
r_i &= x_i a + y_i b \\
r_{i+1} &= x_{i+1} a + y_{i+1} b
\end{aligned}
$$

이전 두 나머지를 가지고 임의의 나머지를 정의하는 방법과 관해 앞에서 알아낸 내용(연습문제 12.9)을 적용할 수 있다. 이전 값을 대입한 다음 다시 식을 정리하여 $a$와 계수의 곱, $b$와 계수의 곱 형태로 다음과 같이 묶어낼 수 있다.

$$
\begin{aligned}
r_{i+2} &= r_i - r_{i+1} q_{i+2} \\
&= x_i a + y_i b - (x_{i+1} a + y_{i+1} b) q_{i+2} \\
&= x_i a + y_i b - x_{i+1} q_{i+2} a - y_{i+1} q_{i+2} b \\
&= x_i a - x_{i+1} q_{i+2} a + y_i b - y_{i+1} q_{i+2} b \\
&= (x_i - x_{i+1} q_{i+2}) a + (y_i - y_{i+1} q_{i+2}) b
\end{aligned}
$$

이렇게 수열 $r_n$의 모든 항을 $a$와 $b$의 일차결합으로 표현할 수 있으며 위와 같은 절차를 거쳐 모든 단계의 계수 $x$와 $y$를 구할 수 있다. 그리고 위 식을 보면 $a$의 계수는 이전 항들의 $a$의 계수만으로 정의되고(모든 변수가 $x$이다), $b$의 계수는 이전 항들의 $b$의 계수만으로 정의된다(모든 변수가 $y$이다). 특히 $i + 2$번째 항의 계수는 다음과 같이 표현된다.

$$
\begin{aligned}
x_{i+2} &= x_i - x_{i+1} q_{i+2} \\
y_{i+2} &= y_i - y_{i+1} q_{i+2}
\end{aligned}
\qquad (12.12)
$$

이렇게 끝까지 가면 $xa + yb = \gcd(a,b)$를 만족시키는 계수 $x$와 $y$가 나온다.

앞에서 봤듯이 $y$ 항은 $x$ 항에 대한 의존성이 없고 $x$ 항도 $y$ 항에 대한 의존성이 없다. $xa + yb = \gcd(a,b)$이므로 $b \neq 0$이기만 하면 $y$를 다음과 같은 식으로 정의할 수 있다.

$$y = \frac{\gcd(a, b) - ax}{b}$$

따라서 굳이 $y$의 중간 항까지 계속 계산하지 않아도 된다.

**연습문제 12.6** $b = 0$일 때 $x$와 $y$의 값은?

• • •

베주 항등식에서 계수 $x$를 구하는 방법을 알았으니 GCD 알고리즘에서 이 값을 리턴하게 만들 수도 있다. 이렇게 새로 만드는 알고리즘은 확장된 GCD(또는 확장된 유클리드 호제법)라고 부른다. 나머지의 수열을 계산하는 것은 일반 GCD와 같지만, 그 외에 앞에서 구한 방정식을 가지고 $x$ 계수의 수열도 계산한다.

앞에서 본 것처럼 재귀식의 모든 항을 다 저장할 필요는 없고 두 개의 이전 항(여기에서는 $x_0, x_1$이라고 부르자)만 있으면 된다. 물론 수열 계산을 시작하기 위해서도 첫 두 값을 알아야 하지만, 다행히도 그 두 값은 바로 알 수 있다. 첫 번째와 두 번째 일차결합(식 12.10과 12.11)의 $a$ 항의 계수인 1과 0이다. 그다음부터는 조금 전에 유도한 $x_{i+2}$ 공식을 가지고 다음 값을 계산하기만 하면 된다. $x$를 새로 계산할 때마다 몫이 있어야 하므로 그 계산을 위한 함수도 필요하다. GCD를 계산하는 것은 전과 마찬가지이기 때문에 나머지 연산도 필요하다. 몫과 나머지가 모두 필요하므로 4.6절에서 만들었던, 첫째 원소로는 몫을, 둘째 원소로는 나머지를 리턴하는 `quotient_remainder` 함수를 사용하자. 이렇게 만든 확장된 GCD 코드는 다음과 같다.

```
template <EuclideanDomain E>
std::pair<E, E> extended_gcd(E a, E b) {
    E x0(1);
    E x1(0);
    while (b != E(0)) {
        // r과 x 새 값 계산
```

```
        std::pair<E, E> qr = quotient_remainder(a, b);
        E x2 = x0 - qr.first * x1;
        // r과 x 시프트
        x0 = x1; x1 = x2;
        a = b;
        b = qr.second;
    }
    return {x0, a};
}
```

$b$가 0이 되면 이 함수에서 베주 항등식의 계수 $x$ 값과 $a$와 $b$의 GCD를 쌍으로 리턴한다.

**연습문제 12.7** 슈타인 알고리즘을 바탕으로 하는 버전의 확장된 GCD 알고리즘을 구현하라.

FROM MATHEMATICS TO GENERIC PROGRAMMING

## 12.5 GCD의 응용

GCD에 대한 논의를 마치면서 이 알고리즘의 주요 응용 분야를 알아보자.

**암호학** 다음 장에 나와 있는 것처럼 현대의 암호학 알고리즘은 큰 수 $n$의 모듈로에 대한 곱셈 역수를 찾아낼 수 있음을 바탕으로 하고 있으며 확장된 GCD 알고리즘으로 이 계산을 할 수 있다.

베주 항등식에 의해 다음과 같은 식이 성립하므로

$$xa + yb = \gcd(a, b)$$

다음과 같이 쓸 수 있다.

$$xa = \gcd(a, b) - yb$$

$\gcd(a,b) = 1$이면

$$xa = 1 - yb$$

이다. 즉 $x$와 $a$를 곱한 값이 $b$의 배수에 1을 더한 것이기 때문에 다음과 같이 표현할 수 있다.

$$xa = 1 \bmod b$$

5장에서 배웠듯이 곱한 값이 1인 두 수는 서로 곱셈의 역수이다. `extended_gcd` 알고리즘에서 $x$와 $\gcd(a,b)$를 리턴하므로 GCD가 1이면 $x$는 $a \bmod b$의 곱셈에 대한 역수이다. $y$는 구할 필요도 없다.

**유리수 계산** 다양한 분야에서 유리수 계산을 활용하는데 이를 위해서는 기약분수로 약분을 해야 하고 그러려면 GCD 알고리즘이 필요하다.

**정적분** 정적분을 하다 보면 유리 다항식 분수를 원시 분수로 분해하는 작업이 아주 중요한데 이때 실수 다항식에 대한 GCD가 필요하다.

**회전 알고리즘** 11장에서 보았듯이 회전 알고리즘에서도 GCD가 중요한 역할을 한다. 실제로 C++의 `std::rotate` 함수도 그렇게 구현되어 있다.



## 12.6 마무리

이번 장에서는 오래된 알고리즘을 계속 탐구함으로써 새로운 통찰을 얻어낸 두 가지 예에 대해 알아보았다. 슈타인은 GCD를 계산할 때 짝수와 홀수에서 나타나는 패턴을 관찰하여 더 효율적인 알고리즘을 만들었는데 그 알고리즘에서 몇 가지 중요한 수학적인 관계를 파악할 수 있었다. GCD에 대한 바셰의 증명으로부터 확장된 GCD 알고리즘이 만들어졌는데 그 결과는 다양한 분야에서 활용되고 있다.

특히, 슈타인 알고리즘의 발견으로부터 다음과 같은 프로그래밍 원리를 이끌어 낼 수 있다.

1. **모든 유용한 알고리즘은 기초 수학에 기반을 두고 있다.** 슈타인이 짝수와 홀수의 GCD를 계산할 때 유용한 패턴을 찾아냈을 당시에는 가장 작은 소수에 대한 생각은 하지 못했다. 실제로 알고리즘을 발견한 사람이 그 알고리즘의 가장 일반적인 수학적 기반을 파악하지 못하는 경우가 비일비재하다. 알고리즘을 처음 발견하고 나서 그 알고리즘을 완전히 이해하기까지 시간이 한참 걸리는 일도 종종 있다. 그럼에도 불구하고 그 밑바탕에는 어떤 기초적인 수학이 깔려 있다. 이런 이유로 모든 유용한 프로그램은 충분히 연구할 만한 가치가 있으며 모든 최적화의 뒤에는 탄탄한 수학이 자리 잡고 있다.
2. **위대한 수학자들이 연구한 고전적인 문제에도 새로운 풀이법이 있을 수 있다.** 예를 들어 누군가가 정렬을 $O(n \log n)$보다 빠르게 하는 것이 불가능하다고 하더라도 믿지 말자. 지금 내가 풀어야 하는 문제에 대해서는 틀린 말일 수도 있다.
3. **성능 관련 제약조건은 창의성에 도움이 된다.** 슈타인이 기존 방법을 대신할 방법을 찾을 수 있었던 것은 1961년에 그가 쓰던 WEIZAC 컴퓨터의 한계 덕분이었다. 이와 유사한 사례는 수없이 많다. 필요는 발명의 어머니라는 말이 괜히 생긴 게 아니다.

# 13장

# 실전 응용

나는 모든 형태의 비밀문서에 꽤 익숙하고
그 주제에 관해 소소한 논문도 쓴 적이 있습니다.
그 논문에서 166가지의 암호를 분석하기도 했지요.
하지만 이 암호는 전혀 새로운 것이라고 인정할 수밖에 없군요.

_ 셜록 홈스

이 책 전반에 걸쳐서 정수론 연구에서 파생된 중요한 알고리즘들을 다양하게 살펴보았다. 그런 수학적인 결과들을 일반화하는 과정에서 어떤 식으로 추상대수학이 발전할 수 있었는지, 어떻게 추상화에 관한 개념으로부터 제네릭 프로그래밍의 원칙들이 만들어졌는지에 대해서도 알아볼 수 있었다. 이제 보안 통신 체계 가운데 하나인 공개키 암호 시스템을 통해서 그러한 수학적인 결과들과 일반화된 알고리즘을 실전에 활용하는 방법에 대해 알아보도록 하자.



## 13.1 암호학

암호학(cryptology)은 비밀 통신의 과학이다. 암호법(cryptography)은 코드와 암호* 를 개발하는 것과 관련되어 있으며 암호해독(cryptanalysis)은 그러한 코드와 암호를 깨는 것과 관련돼 있다.

비밀 메시지를 보내는 개념의 기원은 고대로까지 거슬러 올라가는데 스파르타나 페르시아 같은 데서도 암호법의 예를 볼 수 있다. 율리우스 카이사르는 군사 메시지를 보낼 때 알파벳을 "순환"시킨 글자로 치환하는 기법을 썼는데 이런 기법을 카이사르 암호(Caesar cipher)라고 부른다. 19세기에는 간단한 대치 암호를 사용하는 암호법, 암호문 퍼즐이 유행했다. 1839년, 에드거 앨런 포는 어떤 잡지에서 독자들이 만든 어떤 암호문도 해독할 수 있다고 주장했으며 실제로 거의 성공했다. 몇 년 후 그는 "황금충"이라는 단편 소설에서 그런 코드를 해독하는 방법을 설명했다. 수십 년 후에 나온 아서 코난 도일 경의 "춤추는 사람의 모험"이라는 책에서도 대치 암호가 큰 비중을 차지한다.

---

* 코드(code)는 사람이나 장소, 사건의 이름 같은 어떤 의미를 지니는 개념을 다른 텍스트로 대체하는 비밀 통신 체계를 뜻하고 암호(cipher)는 텍스트를 표현 단계에서 (글자별 또는 비트별로) 변환하기 위한 체계를 뜻한다. 하지만 이 두 용어를 종종 엄밀하게 구분하지 않고 혼용하기도 한다. 영어에서도 encipher, decipher를 encode, decode와 섞어 쓰기도 한다. 우리말에서는 용어 구분이 더 불분명해서, encode, encipher는 각각 부호화, 암호화로 구분해서 쓰기도 하지만 decode, decipher는 거의 복호화로 표기한다.

하지만 암호법의 중요성은 그냥 흥미 수준에서 그치지 않았다. 코드와 암호는 외교, 간첩 활동, 전쟁 등에서 중요한 역할을 했다. 20세기 초, 세계열강의 군대 사이에서는 더 나은 암호체계를 만드는 것이 최우선적인 일 가운데 하나였다. 이런 코드를 깨는 능력은 전장에서의 성패를 가늠하는 결정적인 요인이었다.

### 블레츨리 파크와 컴퓨터 개발

2차대전 당시 영국의 주된 암호해독 그룹은 블레츨리 파크라는 시골의 한 영지에 자리 잡고 있었다. 당시 독일 해군은 에니그마 머신이라는 상용 암호화 기법을 향상시킨 버전을 사용하고 있었다. 에니그마의 이전 버전은 마리안 레예프스키(Marian Rejewski)라는 암호 해독가가 여러 설정을 전기기계 장치로 병렬로 검사하는 방법으로 해독한 바 있다.

블레츨리 파크에는 전산학의 기반을 닦은 앨런 튜링이라는 걸출한 젊은 수학자가 있었는데 그는 “봄베”라는, 레예프스키의 장치를 훨씬 복잡하게 업그레이드한 버전의 기기를 만들었다. 튜링과 그의 동료들의 공로로 연합군은 에니그마 메시지를 해독할 수 있었고 2차대전 승전에 크게 기여했다.

나치가 사용하는 또 다른 암호화 기법으로 로렌츠 머신이라는 것이 있었다. 영국 암호 해독가들은 로렌츠 암호를 깨는 데 있어서 전기기계 장치인 봄베만으로는 부족하다는 것을 깨달았다. 그래서 토미 플라워즈라는 엔지니어가 “콜로서스”라는 진공관을 이용하는 강력한 전자장치를 설계했다. 범용 계산 장비는 아니었고 부분적으로만 프로그래밍할 수 있었지만, 콜로서스가 세계 최초의 프로그래밍 가능한 전자식 디지털 컴퓨터가 될 수도 있었다.

암호체계(cryptosystem)는 데이터를 암호화하고 복호화하는 알고리즘으로 구성된다. 원래의 데이터는 평문(plaintext)이라고 부르고 암호화된 데이터는 암호문(ciphertext)이라고 부른다. 암호화 및 복호화 알고리즘의 작용은 일련의 키(key)에 의해 결정된다.

$$\text{암호문} = \text{암호화}(key_0, \text{평문})$$

$$\text{평문} = \text{복호화}(key_1, \text{암호문})$$

어떤 암호체계에서 $key_0 = key_1$이면 그 체계는 대칭형이라고 부르며 그렇지 않으면 비대칭형이라고 부른다.

초기 암호체계 중에는 대칭형이 많았고 비밀키를 사용했다. 이 방법에는 보내는 이와 받는 이가 모두 키를 미리 알고 있어야 한다는 문제가 있다. 키가 뚫려서 보내는 이가 새 키로 바꾸고자 할 때는 새 키를 받는 이에게 은밀하게 보낼 수 있는 어떤 방법이 필요하다.

• • •

공개키 암호체계에서는 한 쌍의 키를 사용하는데 공개키는 암호화에, 비밀키는 복호화에 쓰인다. 앨리스가 밥에게 메시지를 보낸다면 앨리스는 밥의 공개키로 메시지를 암호화하면 된다. 이러면 밥을 제외한 다른 사람들은 암호문을 해독할 수 없고 밥만 비밀키로 메시지를 복호활 수 있다.

공개키 암호체계를 갖추려면 다음과 같은 조건을 만족시켜야 한다.

1. 암호화 함수는 정방향으로는 쉽게 계산할 수 있지만 역방향으로는 계산이 어려운 일방향함수여야 한다. 여기서 "어렵다"고 함은 전산학적으로 시간 복잡도가 지수함수적이어야 한다는(즉 계산 시간이 키의 크기에 대해 지수함수적으로 증가해야 한다는) 뜻이다.
2. 역함수는 특정 추가 정보가 있을 때는 쉽게 계산할 수 있어야 한다. 이 추가정보를 트랩도어(trapdoor)라고 부른다.
3. 암호화 알고리즘과 복호화 알고리즘은 모두 공개되어 있다. 이래야 이 기법을 모든 관계자들이 신뢰할 수 있다.

1, 2번 조건을 만족시키는 함수를 트랩도어 일방향함수(trapdoor one-way function)라고 부른다.

제일 유명한 공개키 암호체계는 RSA 알고리즘(알고리즘을 만든 라이베스트(Rivest), 샤미르(Shamir), 애들만(Adleman)의 이름 첫 자를 따서 붙인 이름)이다. RSA 알고리즘은 소수와 관련된 몇 가지 수학적인 결과를 바탕으로 만들어졌는데 자세한 내용은 잠시 후에 알아보기로 하자.

### 공개키 암호법은 누가 발명했을까?

한동안 스탠퍼드대의 마틴 헬맨(Martin Hellman) 교수와 대학원생 휘트필드 디피(Whitfield Diffie) 그리고 랠프 머클(Ralph Merkle)이 1976년에 공개키 암호법을 만든 것으로 알려져 있었다. 그들은 공개키 암호법의 작동 방식을 제안했으며 트랩도어 일방향함수가 필요하다는 것을 발견했다. 하지만 그런 함수의 예는 찾아내지 못했고 그냥 그런 걸 가정하기만 했을 뿐이었다. 1977년, MIT의 연구원인 론 라이베스트(Ron Rivest), 아디 샤미르(Adi Shamir), 렌 애들만(Len Adleman)이 트랩도어 일방향함수를 만드는 방법을 찾아냈고 발명한 사람들의 이름을 따서 이 알고리즘을 RSA라고 부르게 되었다.

1997년, 영국 정부에서는 영국의 군사보안 연구자인 클리포드 콕스(Clifford Cocks)가 1973년에 RSA의 특수 케이스를 발명했다는 정보를 공개했다. 하지만 콕스의 문건이 공개된 것은 RSA 알고리즘이 발표된 지 이미 20년이 지난 후였다. 전직 미국 국가안보국장이었던 바비 레이 인먼(Bobby Ray Inman) 제독은 그보다도 더 이른 1960년대에 미국 국가안보국(NSA)에서 일종의 공개키 암호 기법을 발명했다고 주장했지만, 그 사실을 뒷받침할 만한 증거는 제시하지 못했다. 또 다른 나라의 안보기관에서 자기네가 더 먼저 공개키 암호체계를 만들었다고 주장할지도 모르는 일이다.

# 13.2 소수 여부 검사법

소수와 합성수를 구분하는 문제는 산술에서
가장 중요하면서도 유용한 문제 가운데 하나이다.

_ **C. F. 가우스**, 〈산술 연구〉

근대 암호법에서 중요한 문제 가운데 하나로 어떤 정수가 소수인지 판별하는 문제를 꼽을 수 있다. 가우스는 (1) 어떤 수가 소수인지 합성수인지 판별하는 것과 (2) 어떤 수를 인수분해하는 것이 매우 어려운 문제라고 주장했다. 잠시 후에 알게 되겠지만, (1)은 틀린 주장이다. 지금까지 알려진 바에 의하면 (2)는 맞는 것으로 보이는데 근대 암호체계가 이 가정에 기반을 두고 있기 때문에 우리에게는 다행스러운 일이다.

어떤 정수 $n$이 소수인지 판별하기 위해서는 그 정수가 어떤 정수 $i$로 나누어떨어지는지 알 수 있어야 한다.

```
template <Integer I>
bool divides(const I& i, const I& n) {
    return n % i == I(0);
}
```

이 함수를 계속해서 호출하면 주어진 정수 $n$의 가장 작은 약수를 찾아낼 수 있다. 3장에 나온 에라토스테네스의 체에서 했던 것처럼, 3에서 시작해서 2씩 키우면서 후보 숫자의 제곱이 $n$ 이상이 되면 멈춘다.

```
template <Integer I>
I smallest_divisor(I n) {
    // 전제조건: n > 0
    if (even(n)) return I(2);
    for (I i(3); i * i <= n; i += I(2)) {
        if (divides(i, n)) return i;
```

```
    }
    return n;
}
```

이제 $n$이 소수인지 판별해주는 간단한 함수를 만들 수 있다.

```
template <Integer I>
I is_prime(const I& n) {
    return n > I(1) && smallest_divisor(n) == n;
}
```

이 함수는 수학적으로는 맞긴 하지만 별로 빠르진 않다. 이 함수의 복잡도는 $O(\sqrt{n}) = O(2^{(\log n)/2})$이다. 즉, 자릿수에 대해 지수함수적으로 증가한다. 200자리 수를 테스트하려면 우주의 나이만큼 오랜 시간 동안 기다려야 할 수도 있다.

이 문제를 극복하기 위해서는 다른 접근법이 필요한데 모듈러 곱셈을 활용하는 방식이다. 필요한 기능을 제공하는 함수 객체를 사용하기로 하자.

```
template <Integer I>
struct modulo_multiply {
    I modulus;
    modulo_multiply(const I& i) : modulus(i) {}

    I operator() (const I& n, const I& m) const {
        return (n * m) % modulus;
    }
};
```

항등원도 필요하다.

```
template <Integer I>
I identity_element(const modulo_multiply<I>&) {
    return I(1);
}
```

이제 어떤 소수 $p$에 대한 모듈러 곱셈의 역원을 계산할 수 있다. 5장에서 페르마의 작은 정리의 결과로 나왔던 ($0 < a < p$일 때) $a$의 역수는 $a^{p-2}$라는 결과를 이용하는 방법이다(5.4절 페르마의 작은 정리 증명 바로 아래쪽에 나와 있다). 이 함수에서는 7장에서 만들었던 `power` 함수를 사용한다.

```
template <Integer I>
I multiplicative_inverse_fermat(I a, I p) {
    // 전제조건: p는 소수이며 a > 0이다.
    return power_monoid(a, p - 2, modulo_multiply<I>(p));
}
```

이와 같은 함수들을 가지고 페르마의 작은 정리를 이용하면 어떤 정수가 소수인지 판별할 수 있다. 페르마의 작은 정리의 내용은 다음과 같다.

> $p$가 소수이면 임의의 a ($0 < a < p$)에 대해 $a^{p-1} - 1$은 $p$로 나누어떨어진다.

위 내용은 다음과 같이 고쳐 쓸 수 있다.

> $p$가 소수이면 임의의 a ($0 < a < p$)에 대해 $a^{p-1} = 1 \bmod p$이다.

어떤 정수 $n$이 소수인지 판별하는 방법은 이렇다. $n$보다 작은 임의의 정수 $a$를 골라서 모듈러 곱셈으로 $n - 1$ 거듭제곱(mod $n$)을 계산한 다음 그 결과가 1인지 확인한다(이때 $a$를 증거(witness)라고 부른다). 결과가 1이 아니면 위 명제의 대우명제로부터 $n$은 소수가 아님을 알 수 있다. 결과가 1이면 $n$이 소수일 수 있는 것이고 여러 난수를 증거로 시도하면 매우 높은 확률로 소수일 수 있다는 결론을 내릴 수 있다.

```
template <Integer I>
bool fermat_test(I n, I witness) {
    // 전제조건: 0 < witness < n
    I remainder(power_semigroup(witness,
                                n - I(1),
                                modulo_multiply<I>(n)));
    return remainder == I(1);
}
```

여기에서는 0승은 필요 없기 때문에 `power_monoid`가 아닌 `power_semigroup`을 쓴다. 거듭제곱을 빠르게 구할 수 있기 때문에(7장에서 다뤘던 일반화된 이집트인의 곱셈 알고리즘을 활용하면 $O(\log n)$으로 계산할 수 있다) 페르마 테스트는 아주 빠르다.

• • •

페르마 테스트는 웬만하면 잘 작동하지만, $n$과 서로 소인 모든 증거에 대해 엉뚱한 결과가 나오는(합성수인데도 나머지가 1이 나오는) 경우도 있다. 이런 수를 카마이클(Carmichael) 수라고 부른다.

**정의 13.1** 1보다 큰 합성수 $n$이 다음 조건을 만족시키면 그 수를 카마이클 수라고 부른다.

$$\forall b > 1,\ b\text{와 } n\text{이 서로 소} \implies b^{n-1} = 1 \bmod n$$

카마이클 수의 예로 172081을 들 수 있는데 172081 = 7 · 13 · 31 · 61로 소인수분해된다.

**연습문제 13.1** 어떤 수가 카마이클 수인지 판단하기 위한 다음 함수를 구현하라.

```
bool is_carmichael(n)
```

**연습문제 13.2** 연습문제 13.1에서 구현한 함수로 첫 일곱 개의 카마이클 수를 구하라.

## 13.3 밀러-라빈 테스트

FROM MATHEMATICS TO GENERIC PROGRAMMING

카마이클 수에 대한 걱정을 덜기 위해 밀러-라빈 테스트(Miller-Rabin test)라는 향상된 버전의 소수 검증 방법을 도입하자. 이 테스트 방법에서도 빠른 거듭제곱 알고리즘을 사용한다.

$n - 1$은 짝수이므로 ($n$이 짝수라면 애초에 소수 여부를 확인할 필요도 없다) $n - 1$을 $2^k \cdot$ q라고 쓸 수 있다. 밀러–라빈 테스트에서는 $w^{2^0 q}, w^{2^1 q}, \cdots, w^{2^k q}$라는 수열을 사용하는데 여기에서 $w$는 테스트하고자 하는 수보다 작은 임의의 수이다. 이 수열의 마지막 지수는 $n - 1$인데 페르마 테스트에서 사용하는 수와 같다. 이게 왜 중요한지에는 잠시 후에 알아보자.

이 테스트에서는 자가 상쇄의 법칙(**보조정리 5.3**)도 사용하는데 변수명을 다르게 쓰고 모듈러 곱셈을 사용하자.

$$n\text{이 소수일 때 임의의 } x\ (0 < x < n)\text{에 대해 } x^2 = 1 \bmod n \Longrightarrow x = 1 \vee x = -1$$

모듈러 계산에서 $-1 \bmod n$은 $(n-1) \bmod n$과 같은데 아래 코드에서도 그러한 특성을 활용한다. $x$가 1도 −1도 아닌데 $x^2 = 1 \bmod n$을 만족하는 $x$를 찾을 수 있다면 $n$은 소수가 아니다.

잘 따져 보면 두 가지 결론을 뽑아낼 수 있다. (1) $x^2 = 1 \bmod n$이면 $x$의 제곱을 다시 계산할 필요가 없다. 어차피 다시 1이 나오기 때문이다. 1이 나오면 그냥 끝나는 것이다. (2) $x^2 = 1 \bmod n$인데 $x$가 −1이 아니면 $n$은 소수가 아님을 알 수 있다. ($x = 1$인 경우는 이미 그 전에 제외시켰기 때문이다.)

코드는 다음과 같다. 이 함수에서는 $n$이 소수일 가능성이 있으면 참을, 분명히 소수가 아니면 거짓을 리턴한다.

```
template <Integer I>
bool miller_rabin_test(I n, I q, I k, I w) {

    // 전제조건: n > 1 ∧ n - 1 = 2^k q ∧ q는 홀수

    modulo_multiply<I> mmult(n);
    I x = power_semigroup(w, q, mmult);
    if (x == I(1) || x == n - I(1)) return true;
    for (I i(1); i < k; ++i) {
```

```
        // x = w^(i-1)q

        x = mmult(x, x);
        if (x == n - I(1)) return true;
        if (x == I(1))      return false;
    }
    return false;
}
```

이 함수에는 $q$와 $k$를 인자로 넘겨준다. 여러 서로 다른 증거를 가지고 이 함수를 여러 번 호출할 것이기 때문에 $n - 1$을 매번 다시 인수분해할 필요는 없다.

맨 앞부분에서 power_semigroup 함수를 호출했을 때 1이나 −1이 리턴되면 왜 바로 참을 리턴할까? 그러면 제곱한 값이 1이고 제곱을 한다는 것은 거듭제곱 계산을 할 때 지수에 2를 곱하는 것이므로 이 작업을 $k$ 번 반복하면 지수가 $n - 1$이 되고 이 값은 페르마의 작은 정리가 성립하기 위해 필요한 수이기 때문이다. 바꿔 말하자면 $w^q \bmod n = 1$ 또는 −1이면 $w^{2^k q} \bmod n = w^{n-1} \bmod n = 1$이다.

한 가지 예를 확인해 보자. $n = 2793$이 소수인지 확인한다고 해 보자. $w = 150$을 임의의 증거로 선택하자. $n - 1 = 2792$는 $2^3 \cdot 349$로 소인수분해할 수 있으므로 $q = 349$이고 $k = 3$이다. 그러면 다음과 같이 계산할 수 있다.

$$x = w^q \bmod n = 150^{349} \bmod 2793 = 2019$$

결과가 1이나 −1이 아니니까 $x$를 계속해서 제곱한다.

$$i = 1;\ \ x^2 = 150^{2^1 \cdot 349} \bmod 2793 = 1374$$
$$i = 2;\ \ x^2 = 150^{2^2 \cdot 349} \bmod 2793 = 2601$$

결과가 1이나 −1이 아닌데 순환문이 다음번에 돌 때는 $i = k$이므로 계산을 중단하고 거짓을 리턴하면 된다. 즉 2793은 소수가 아니다.

페르마 테스트와 마찬가지로 밀러-라빈 테스트도 거의 항상 옳은 결과를 내준다. 그러나 페르마 테스트와 다르게 밀러-라빈 테스트에서는 옳은 결과가 나오는 확률이 증명되어 있다. 임의의 증거 *w*에 대해 최소 75%의 경우에 맞는 결과를 보장한다*(그리고 실제로는 그 확률이 더 높은 경우가 많다). 만약 100개의 증거를 임의로 선택해서 테스트를 반복하면 오류가 날 확률이 $2^{200}$분의 1까지 줄어든다. 커누스는 "우주에서 날아온 방사선 같은 것 때문에 컴퓨터에서 1비트가 날아갈 확률이 훨씬 더 높겠다."라는 말을 남기기도 했다.

### AKS: 새로운 소수 테스트 방법

2002년에 인도 칸푸르 공과대의 학부생 니라지 카얄(Neeraj Kayal), 니틴 삭세나(Nitin Saxena)가 지도교수 마닌드라 아그라왈(Manindra Agrawal)과 함께 결정론적 다항식 시간 소수 테스트 알고리즘을 개발하고 그 결과를 발표했다. 정수론 분야에서 수백 년간 수많은 이들이 매달렸던 문제를 풀어낸 것이다.

앤드류 그랜빌(Andrew Granville)이 이 기법을 매우 깔끔하게 설명하는 논문을 썼다. 수학적인 내용으로 가득한 논문이긴 하지만, 전문가가 아니어도 어느 정도 이해할 수 있다. 최근 수십 년간 발표된 중요한 수학적 결과들은 수학을 꽤 오랫동안 공부한 사람들만 겨우 이해할 수 있다는 점을 감안하면 꽤 특이한 일이다. 큰마음 먹고 공부해 볼 의지가 있는 독자라면 한 번 찾아서 읽어보는 것도 좋다.

AKS 알고리즘이 위대한 업적이긴 하지만 확률론적인 밀러-라빈 알고리즘이 여전히 훨씬 더 빠르므로 여기에서는 다루진 않겠다.

* 사실 이 보장이 성립하려면 q가 홀수라는 요구조건이 필요하다.

# 13.4 RSA 알고리즘의 작동 원리

RSA 알고리즘은 현재 가장 중요하고 널리 쓰이는 암호체계 중 하나라고 할 수 있다. 어떤 사용자, 회사, 웹사이트 및 온라인상의 주체가 본인이 본인이라고 확실히 얘기하기 위해 인증을 하는 용도로 많이 사용하는 알고리즘이다. 주고받을 데이터를 더 빠르게 암호화/복호화하기 위한 별개의 대칭형 암호화 체계에서 사용할 개인키를 교환하기 위한 용도로도 많이 쓰인다.

RSA를 사용하는 몇몇 주요 통신 프로토콜의 예로는 다음과 같은 것이 있다.

| | |
|---|---|
| IPSec | 저수준 데이터 전송을 위한 보안 |
| PPTP | 가상 개인 네트워크 |
| SET | 보안 전자 트랜잭션(예: 신용카드 트랜잭션) |
| SSH | 다른 컴퓨터에 대한 보안 원격 접속 |
| SSL/TLS | 데이터 전송 계층 |

이런 프로토콜은 일상적으로 많이 쓰는 프로토콜이다. 예를 들어 "보안" 웹사이트(https로 시작하는 URL을 사용하는 웹사이트)에 방문한다면 SSL/TLS를 쓰게 되고 그러면 결과적으로 RSA나 (구현 방식에 따라) 유사한 공개키 암호체계를 쓸 수밖에 없다.

RSA에서는 조금 전까지 살펴본 소수 테스트를 위한 수학적 방법을 사용한다. RSA에서는 두 단계를 거치는데 첫째는 가끔씩만 필요한 키 생성이고 둘째는 메시지를 보내거나 받을 때마다 필요한 암호화/복호화다.

키 생성은 다음과 같은 식으로 진행된다. 우선 다음과 같은 값들을 계산해야 한다.

- 두 개의 큰 임의의 소수 $p_1$과 $p_2$ (밀러-라빈 테스트 덕분에 구할 수 있다)
- 그 두 소수의 곱, $n = p_1 p_2$

- 두 소수의 곱의 오일러 함수. 5장의 식 5.5로 계산할 수 있다. $\phi(p_1p_2) = (p_1 - 1)(p_2 - 1)$
- $\phi(p_1p_2)$와 서로 소인 임의의 공개키 *pub*
- $\phi(p_1p_2)$에 의한 모듈러 연산에 대한 *pub*의 곱셈 역수인 개인키 *prv*(이 값을 계산하기 위해서는 12장에서 유도했던 확장 GCD 함수를 쓴다)

이 값들을 다 계산하고 나면 $p_1$과 $p_2$는 지워버리고 *pub*와 *n*만 공개하고 *prv*는 비밀로 남겨둔다. *n*은 아주 큰 소수 인자가 두 개밖에 없는 큰 정수이기 때문에 짧은 시간 안에 인수분해할 수 없다.

암호화와 복호화 과정은 더 간단하다. 우선 텍스트를 일정한 크기(예를 들면 256바이트)로 쪼갠다. 이렇게 하면 쪼개진 텍스트를 정수로 취급할 수 있다. 메시지 블록의 크기인 *s*는 $n > 2^s$를 만족하는 수로 정한다. 평문 블록을 암호화할 때는 앞에서 배웠던 거듭제곱 알고리즘을 이용한다.

```
power_semigroup(plaintext_block, pub, modulo_multiply<I>(n));
```

복호화는 다음과 같은 식으로 할 수 있다.

```
power_semigroup(ciphertext_block, prv, modulo_multiply<I>(n));
```

암호화와 복호화 과정을 보면 둘이 똑같다는 것을 알 수 있다. 전달하는 텍스트와 키만 다를 뿐이다.

• • •

RSA는 어떻게 작동하는 걸까? 암호화할 때는 메시지 *m*의 *pub* 거듭제곱을 계산하고 복호화할 때는 그 결과의 *prv* 거듭제곱을 계산한다. 이 두 연산을 적용한 결과가 (모듈로 *n*으로) 원래 메시지 *m*이 된다는 것을 보여야 한다.

$$(m^{\text{pub}})^{\text{prv}} = m \bmod n$$

**| 증명** *prv*는 *pub* mod $\phi(p_1p_2)$의 곱셈에 대한 역수가 되도록 만든 값이기 때문에 정의상 *pub*와 *prv*의 곱은 $\phi(p_1p_2)$에 어떤 몫 $q$를 곱한 값에 1을 더한 값이다. 우변에 있는 승수를 치환하면 다음과 같은 식으로 계산할 수 있다.

$$
\begin{aligned}
(m^{\text{pub}})^{\text{prv}} &= m^{\text{pub}\times\text{prv}} \\
&= m^{1+q\phi(p_1p_2)} \\
&= mm^{q\phi(p_1p_2)} \\
&= m(m^{\phi(p_1p_2)})^q
\end{aligned}
$$

이제 5장에서 배운 오일러의 정리($a^{\phi(n)} - 1$은 $n$으로 나누어떨어지므로 $a^{\phi(n)} = 1+vn$)를 적용하면 다음과 같이 된다.

$$= m(1 + vn)^q$$

$(1 + vn)^q$을 전개하면 1을 제외한 모든 항은 $n$의 배수이므로 1 더하기 $n$의 배수가 된다.

$$
\begin{aligned}
&= m + wn \\
&= m \bmod n
\end{aligned}
$$

|

오일러 정리를 적용하는 단계에서는 $m$이 $n = p_1p_2$와 서로 소라는 조건이 필요하다. $m$은 임의의 정수일 텐데 그 수가 $p_1p_2$와 서로 소라는 것을 어떻게 확신할 수 있을까? $p_1$과 $p_2$는 매우 큰 소수이기 때문에 $m$과 $p_1p_2$가 서로 소일 확률은 거의 1이라고 할 수 있다. 정말 확실히 하고 싶다면 $m$ 뒤에 한 바이트를 덧붙여서 확실히 서로 소가 되게 만들 수도 있다. 하지만 서로 소라는 요구조건이 없는 다른 증명 방식으로도 $(m^{\text{pub}})^{\text{prv}} = m \bmod n$이 성립한다는 것을 증명할 수 있기 때문에, 굳이 한 바이트를 덧붙이지 않아도 무방하다. 그 증명법은 이 책의 범위를 벗어나기 때문에 여기에서는 소개하지 않겠다.

• • •

RSA는 왜 제 기능을 하는 걸까? 바꿔 말하자면 왜 RSA가 안전하다고 믿을 수 있는 걸까? 소인수분해가 어렵고 $\phi$를 계산하는 게 거의 불가능하기 때문이다. 만약 언젠가 양자컴퓨터가 만들어진다면 큰 수의 소인수분해를 빠르게 할 수 있게 될 것이다. 하지만 아직은 보안 통신에서 RSA를 안전하게 사용할 수 있다.

## 프로젝트

**연습문제 13.3** RSA 키 생성 라이브러리를 구현하라.

**연습문제 13.4** 문자열과 키를 인자로 받아들이는 RSA 메시지 인코더/디코더를 구현하라.

**힌트:**

- 사용하는 언어에서 임의 정도의 정수를 지원하지 않으면 그 기능을 제공하는 패키지를 설치해야 한다.
- 두 수의 GCD가 1이면 그 두 수는 서로 소이다. 키 생성 단계에서 이 성질을 활용해 보자.
- 12장에서 유도했던 `extended_gcd`와 `multiplicative_inverse`를 활용해 보자.

12장에서 만들었던 `extended_gcd` 함수에서는 $ax + ny = \gcd(a,n)$을 만족하는 순서쌍 $(x,y)$를 리턴한다. 이 함수로 어떤 두 수가 서로 소인지 확인할 수 있다. 이 함수는 $a \bmod n$의 곱셈에 대한 역수가 존재하면 그 값을, 아니면 0을 리턴하는 `multiplicative_inverse`를 구현할 때도 쓰인다. 13.2절에서 살펴본 `multiplicative_inverse_fermat`와 달리 이 함수는 소수가 아닌 임의의 $n$에 대해 쓸 수 있다.

```
template <Integer I>
I multiplicative_inverse(I a, I n) {
    std::pair<I, I> p = extended_gcd(a, n);
    if (p.second != I(1)) return I(0);
    if (p.first < I(0)) return p.first + n;
    return p.first;
```

```
}
```

공개키로부터 개인키를 구할 때는 위 코드를 사용하면 된다.

FROM MATHEMATICS TO GENERIC PROGRAMMING

## 13.5 마무리

점점 더 많은 개인 정보가 온라인에 기록되고 인터넷을 통한 개인 간의 소통이 늘어날수록 개인 인증, 프라이버시, 보안이 더욱더 중요해지고 있다. 이번 장에서 살펴보았듯이, 데이터를 안전하게 지키고 위조를 방지하는 데 있어서 RSA 등의 공개키 암호체계는 인증, 암호화를 위한 키의 교환을 비롯한 다양한 보안 기능에 있어서 핵심적인 역할을 한다.

이런 중요하면서도 실용성이 강한 보안 기능은 수학에서 가장 이론적인 분야라고 할 수 있는 정수론에서 비롯한 결과를 기반으로 한다. 프로그래머들은 대체로 수학자들이 실용적인 면에는 전혀 관심이 없는 사람들이라고 생각하고 수학, 그중에서도 추상 수학이 실생활에 전혀 쓸모가 없다고 생각하는 경향이 있다. 하지만 역사를 돌이켜 보면 이런 선입견은 완전히 틀린 생각이다. 예로부터 수많은 위대한 수학자들이 엄청나게 실용적인 문제를 파고들었다. 예를 들어 가우스는 최초의 전기기계적인 전보와 관련된 연구를 했으며 푸앵카레는 시간대를 개발하는 데 꽤 많은 시간을 투자했다. 어쩌면 이보다 더 중요한 건 어떤 이론적인 개념이 실용적으로 쓰일지 내다보는 게 거의 불가능하다는 점일지도 모른다.

# 14장

# 결론

결론이 경험에 의해 입증되지 않는다면
아무리 강력한 주장이라도 아무 쓸모가 없다.

_ 로저 베이컨, 〈제3저작(Opus Tertium)〉

이 책을 시작하면서, 효율을 저해시키지 않으면서 알고리즘을 최대한 일반화된 조건으로 추상화시키는 데 초점을 맞추는 프로그래밍에 대한 마음가짐이 제네릭 프로그래밍의 핵심 특성이라는 점을 강조했다. 그리고 이 책 전반에 걸쳐 수학과 프로그래밍에서 이런 추상화 과정을 살펴보았다. 유클리드의 GCD 알고리즘을 최대한 일반화시키면서 추상대수라는, 추상적인 구조를 다루는 전혀 새로운 수학 분야가 만들어진 과정도 살펴보았다. 이렇게 만들어진 추상대수는 제네릭 프로그래밍의 근간을 제공하는 것이기도 하다. 똑같은 추상화 원리를 양의 정수를 곱하는 고대의 알고리즘에서 반군에 대한 빠른 거듭제곱 함수로 일반화시키는 데 적용하는 과정도 알아보았다. 이 함수는 피보나치 수를 계산하거나, 그래프에서 최단 경로를 찾아내거나, 인터넷 통신 프로토콜을 암호화하는 등의 다양한 분야에 응용된다. 이렇게 특정한 효율적인 해결책에서 시작해서 최대한 요구조건을 완화시키는 방향으로 나아가는 과정이야말로 제네릭 프로그래밍의 핵심이다.

제네릭 프로그래밍에서 추상화라는 개념은 추상대수에서 직접적으로 파생되는 것이지만, 프로그래머 입장에서는 효율도 챙겨야 한다. 특정 형에 대해서만 작동하더라도 더 빠른 알고리즘이 있다면 제네릭 알고리즘을 쓸 이유가 없다. 이런 이유 때문에 제네릭 알고리즘을 정의할 때 효율에 대한 부분도 포함시켜야만 한다. 이 책 전반에 걸쳐서, 강도 감소라든가 메모리 적응형 알고리즘을 적용할 수 있도록 코드를 고쳐쓰는 것에서부터, 상황에 따라 가장 빠른 구현을 호출할 수 있도록 컴파일 시 유형 지명 기능을 활용하는 것에 이르기까지, 효율을 증대시키기 위한 다양한 기법을 살펴본 바 있다. 일반적으로는 더 제네릭한 버전의 알고리즘을 찾으려는 과정에서 더 단순하고 효율적인 알고리즘을 찾을 수 있다는 것도 배웠다.

프로그래밍 인터페이스의 정확성이 프로그램 자체의 정확성만큼이나 중요할 수 있다는 것도 알 수 있었다. 정확한 인터페이스를 사용하면 더 광범위한 용도에 활용할 수 있다. 모든 유용한 계산 결과를 리턴함으로써 같은 일을 반복하지 않아도 된다든가 하는 식으로(유용한 리턴의 법칙) 효율 면에서 이득을 보는 데도 도움이 된다. 반대로 인터페이스가 정확하지 않으면 할 수 있는 것의 범위가 줄어들기 때문에, 응용 범위가 제한될 수밖에 없다. 예를 들어 조건에 맞는 원소를 찾아내는 `find` 함수에서 찾아낸 원소의 위치는 리턴하지 않고 찾았는지만 불 값으로 리턴하면 두 번째로 매치되는 원소가 있는지 알아낼 수 없다. 이 문제를 해결하려면 프로그램을 계속 고쳐 써야 하므로 인터페이스를 다시 설계해야만 한다. 이처럼 알고리즘을 실제로 구현하고 다양한 사용법을 경험해보기 전에는 올바른 인터페이스를 분명하게 알기 어렵다.

제네릭 프로그래밍을 이해하는 데 있어서 필수적인 또 다른 것 가운데 하나로 형과 개념의 구분을 들 수 있다. 수학 이론에서 공리가 어떤 추상적인 수학적 독립체(예: 군)의 의미를 규정짓는 요구조건인 것과 마찬가지로, 프로그래밍에서 개념은 형에 대한 요구조건이다. 전산학에서의 어떤 독립체의 의미를 규정짓는 요구조건이 바로 개념이다. 좋은 프로그래밍을 위해서는 어떤 알고리즘이나 자료구조에 꼭 맞는 개념을 선택하는 일이 필수적이다. 요구조건이 너무 많은 개념을 고르면 알고리즘을 사용할 수 있는 상황을 불필요하게 많이 제약할 수 있다. 반대로 요구조건이 너무 적은 개념을 고르면 제대로 써먹을 수 있는 알고리즘을 정의하는 게 불가능해질 수도 있다.

이제부터는 프로그램을 만들고자 할 때 제네릭 프로그래밍의 자세를 도입해 보자. 만들고자 하는 기능을 특정한 방법으로 구현하는 데서 시작해서 더 효율적이고 더 일반적으로 될 수 있도록 고치고 다듬어 보자. 코드를 다듬어 가면서 여러 부분이 어떤 식으로 서로 맞아들어가는지, 어떻게 하면 나중에도 유용할 만한 인터페이스를 제공할 수 있을지 곰곰이 따져보자. 불필요한 가정을 집어넣지는 않으면서 다루고자 하는 데이터에 딱 들어맞는 요구조건을 제공하는 개념을 고르자. 그리고 나 스스로가 알고리즘적으로 생각하는 오래된 수학적 전통의 계승자라는 점을 기억하자. 제네릭 프로그래밍의 원칙을 따르다 보면 유클리드에서 스테빈, 뇌터에 이르기까지 선대 학자들로부터 큰 도움을 받게 된다. 아름다운 일반적인 알고리즘을 설계할 수 있다면 우리도 그들의 업적에 조금이나마 기여할 수 있을 것이다.

# 15장

# 읽을거리

이 책에서 다룬 내용에 대해 더 자세하게 공부해 보고 싶은 독자라면 다음 참고문헌들을 찾아보자. 상세한 인용내역은 참고문헌으로 따로 수록했다.*

## 1장

**제네릭 프로그래밍** 제네릭 프로그래밍 개념을 처음으로 사용한 언어인 텍톤(Tecton)에 대한 자세한 내용은 카푸르(Kapur), 무서(Musser), 스테파노프(Stepanov)가 쓴 Tecton: A Language for Manipulating Generic Objects(1981)에서 찾아볼 수 있다. Ada 라이브러리에 대한 내용은 무서와 스테파노프가 쓴 Generic Programming(1988)이라는 논문에서, C++ STL에 관한 내용은 스테파노프와 리(Lee)가 쓴 The Standard Template Library(1994)라는 논문에서 찾아볼 수 있다. 이 문헌들은 모두 www.stepanovpapers.com에서 받을 수 있다.

## 2장

**수학의 역사** 2장뿐 아니라 이 책 전반에 걸쳐서 등장하는 수학사 관련 내용에 대한 참고문헌으로 카츠(Katz)의 〈A History of Mathematics: An Introduction〉(2009)을 추천한다. 이 책은 일반인이 볼 만한 수준에서 완전성과 수학적 엄격성을 아우를 수 있는 교과서이다. 수학에서 주류 개념의 역사적인 발전상을 날카롭게 펼쳐 보이는 책으로 존 스틸웰(John Stillwell)의 〈Mathematics and Its History〉(2010)도 있다.

**린드 파피루스** 린드 파피루스의 사본과 그 번역본을 함께 볼 수 있는 책으로 로빈스(Robins)와 슈트(Shute)의 〈The Rhind Mathematical Papyrus: An Ancient Egyptian Text〉(1987)가 있다. 판데르바르르던(van der Waerden)의 〈Geometry and Algebra in Ancient Civilizations〉(1983)에도 린드 파피루스에 관한 논의가 실려있다.

* 역주 참고문헌을 찾아보기 좋도록 저자명은 한글 표기에 로마자로 병기하였으며 책 제목은 영문 제목을 그대로 적었다.

## 3장

**이집트와 그리스의 수학** 카츠의 책 외에 판데르바르던의 〈Science Awakening〉(1963)과 토마스 히스 경(Sir Thomas Heath)의 두 권짜리 책, 〈History of Greek Mathematics〉(1921년 초판 발행, 1981년 재판 발행)도 훌륭하다. 두 책 모두 일반 독자들도 읽을만하다.

**도형수** 피타고라스 산술에 대한 가장 좋은 소개서로는 게라사의 니코마코스(Nicomachus of Gerasa)가 쓴 책을 꼽을 수 있는데 모티머 애들러(Mortimer Adler)가 편집한 브리태니커에서 나온 〈Great Books of the Western World〉 중 10권에서 찾을 수 있다. 이 책에는 유클리드와 아르키메데스의 모든 저서도 포함되어 있다.

**기초 정수론** 기초 정수론에 대한 좋은 소개서로 조지 크리스털(George Chrystal)의 〈Algebra: An Elementary Text-Book〉의 3장에 있다.

## 4장

**최대공측도** 4장에서 다루는 내용을 포함하여 그리스 수학의 일반 역사에 관해서는 3장에서도 언급했던 히스 경의 〈History of Greek Mathematics〉가 가장 훌륭한 참고문헌이다. 최대공측도를 비롯하여 플라톤의 아카데메이아에서 이루어진 수학 연구 결과에 대해서는 데이비드 파울러의 〈The Mathematics of Plato's Academy〉, 〈a New Reconstruction〉에서 수학적으로 꽤 복잡한 내용까지 상세히 다루고 있다. 원전에 관심 있는 독자라면 존 M. 쿠퍼(John M. Cooper)가 편집한 한 권짜리 〈Plato: Complete Works〉(현대어 번역본)를 읽어 보는 것도 좋다. GCD에 대한 상세한 설명은 조지 크리스털(George Chrystal)의 〈Algebra: An Elementary Text-Book〉에서 찾아볼 수 있다.

**고대 그리스 과학의 몰락** 고대 그리스 수학의 성쇠에 대해서는 루치오 루소(Lucio Russo)의 The Forgotten Revolution: How Science Was Born in 300 BC and Why It Had to Be Reborn에서 찾아볼 수 있다.

**0의 역사** 0의 역사에 대해서는 판데르바르던(van der Waarden)의 〈Science Awakening〉, 56–57쪽을 참조하였다.

**레오나르도 피사노(피보나치)** 레오나르도 피사노의 짧은 자서전은 리차드 그림(Richard Grimm)이 번역한 영문판으로 읽어볼 수 있다. 그가 남긴 걸작 〈산술 교본(Liber Abaci)〉은 로렌스 시글러(Laurence Sigler)가 옮긴 영어판이 나와 있다. 레오나르도 파시노의 정수론 관련 연구 결과는 맥클래넌(McClenon)이 1919년에 발표한 "Leonardo of Pisa and His Liber Quadratorum"이라는 짧은 문헌에서 자세하게 설명한 바 있다. 산술 이론의 역사에 관심이 있다면 레오나르도 피사노가 쓴 〈Liber Quadratorum〉 원문을 읽어보는 것도 괜찮다. L. E. Sigler가 번역한 현대 영어판이 있다. (참고문헌에서 Fibonacci 부분을 찾아보자)

**나머지와 몫** GCD를 나머지와 몫으로 확장하는 것과 관련된 자세한 내용은 스테파노프(Stepanov), 맥존스(McJones)의 〈Elements of Programming〉(2009) 5장에서 찾아볼 수 있다. 나머지에 대한 Floyd와 Knuth의 알고리즘은 두 저자가 1990년에 발표한 "Addition Machines"라는 논문에 나와 있다.

## 5장

**페르마와 오일러의 정수론 연구 결과** 이 장에 나와 있는 내용은 상당 부분 앙드레 베유(André Weil)의 〈Number Theory: An Approach through History from Hammurapi to Legendre〉를 바탕으로 했다. 고급 수학에 관한 배경지식이 필요한 책은 아니지만 일반 독자들에게는 어려울 수 있다. 가우스(Disquisitiones Arithmeticae)와 디리클레(Lectures on Number Theory)가 쓴 고전적인 정수론 교과서도 여전히 좋은 책이긴 하지만 수학 전공자가 아니라면 어려울 수 있다.

**오일러의 저서** 5장에서 다루고 있는 오일러의 생애에도 미적분학의 기반을 닦은 업적을 언급한 바 있다. 이 책의 주제와 직접적으로 관련된 것은 아니지만, 이 책들도 여전히 읽어볼 만하다. 그중 첫 번째 책인 〈Introduction to Analysis of the Infinite〉는 영어판으로도 나와 있다. 하지만 두 번째 책인 〈Foundations of Differential Calculus〉는 전반부만 영어판으로 나와 있으며 〈Integral Calculus〉는 영어판이 나와 있지 않다. 〈Letters to a German Princess〉는 인터넷에서 찾아볼 수 있다.

## 6장

**군론** 군론에 관한 고전으로 Burnside의 〈Theory of Groups of Finite Order〉가 있다. 1897년에 초판이 출간되었지만, 군론이 무엇인지에 대한 소개에 있어서 타의 추종을 불허하는 데다가 웬만한 현대의 책들에 비해 더 많은 예제를 담고 있다. 2004년 Dover Press에서 재출간했다.

**모형 이론** 안타깝게도 일반인이 볼 만한 모형 이론 입문서는 아직 없는 것 같다. 수학을 잘 아는 독자라면 Handbook of Mathematical Logic에 한 장으로 들어가 있는 제롬 케이슬러(Jerome Keisler)의 "Fundamentals of Model Theory"를 읽어볼 만하다.

## 7장

**유형에 대한 요구조건** 7장에서 다루는 내용 중 상당수에 대한 더 정형적인 논의는 스테파노프와 맥존스의 〈Elements of Programming〉에서 찾아볼 수 있다.

**축소** 축소에 대해서는 아이버슨(Iverson)의 논문 "Notation as a Tool of Though"(1980)을 읽어보자. 바커스(Backus)의 "Can Programming Be Liberated from the Von Neumann Style?"(1978)에서도 축소 개념을 다룬다. 병렬 컴퓨팅에 축소를 사용하는 것에 대한 논의는 카푸르, 무서, 스테파노프의 "Operators and Algebraic Structures"(1981)에서 찾아볼 수 있다. 축소를 활용하는 대표적인 예를 보여주는 J. 딘(J. Dean)의 "MapReduce: Simplified Data Processing on Large Clusters"(2004) 같은 글도 읽어볼 만하다.

## 8장

**시몬 스테빈** 스테빈은 과학과 수학에 지대한 기여를 했음에도 불구하고 그의 업적과 관련된 논문이나 책은 거의 없다. 전반적인 개요는 사튼(Sarton)의 "Simon Stevin of Bruges"에서 찾아볼 수 있다.

**다항식 나눗셈과 GCD** 다항식 나눗셈과 다항식의 GCD에 대한 내용을 간단하게 훑어보고 싶다면 크리스털의 〈Algebra〉 5, 6장을 읽어보자.

**추상대수학의 기원** 가우스 정수에 대한 기본적인 내용은 스틸웰(Stillwell)의 〈Elements of Number Theory〉 6장에 잘 나와 있다. 대수적 정수의 일반 개념을 소개하는 고전적인 교과서로는 리하르트 데데킨트(Richard Dedekind)의 〈Theory of Algebraic Integers〉가 있다. 스틸웰이 영어로 번역한 책에 있는 여러 개념을 설명해주는 도입부도 매우 훌륭하다. 데데킨트에서 뇌터 그리고 그 후대에 이르기까지 추상대수학의 발전상에 관한 상세한 학술적인 문헌으로 레오 코리(Leo Corry)의 〈Modern Algebra and the Rise of Mathematical Structures〉가 있다.

**추상대수학** 추상대수학을 더 깊이 있게 이해하고 싶다면 딱딱하긴 하지만 그래도 읽어볼 만하고 역사적인 내용도 곁들여 있는 스틸웰의 〈Elements of Algebra〉를 찾아보자.

**환** 스틸웰의 〈Elements of Number Theory〉에서 환에 대한 내용을 자세하게 다루는데 어렵지 않게 읽을 만한 책이다(제목으로 보면 스틸웰의 〈Elements of Algebra〉에 환에 관한 내용이 있을 것 같긴 하지만, 사실 이 책에서는 갈루아의 업적에 관한 내용에 초점을 맞추고 있기 때문에 환에 대한 내용은 다루지 않는다).

## 9장

**증명의 사회적 성질** 증명이 사회적인 절차라는 개념에 대한 논의는 드마일로(DeMillo), 립토(Lipton), 펄리스(Perlis)의 "Social Processes and Proffs of

Theorems and Programs"(1979)에서 찾아볼 수 있다.

**유클리드** 토마스 히스 경이 유클리드의 〈원론〉을 번역한 〈The Thirteen Books of the Elements〉는 쉽게 구해볼 수 있다. 이 번역본에는 역자의 상세한 해설도 담겨 있다. 올리버 번(Oliver Byrne)의 〈Oliver Byrne: The First Six Books of the Elements of Euclid〉 1847년 판이 최근에 다시 나왔는데 모든 증명을 그림으로 보여주는 점이 독특하다. 로빈 하츠혼(Robin Hartshorne)의 〈Geometry: Euclid and Beyond〉는 대학의 수학 전공자들을 대상으로 쓰인 교재이지만 (유클리드 기하학을 다루는) 첫 번째 장은 일반인들도 읽을 만하다.

**기하학의 공리** 하츠혼의 〈Geometry: Euclid and Beyond〉의 1, 2장을 보면 유클리드의 공리적 방법론과 힐베르트가 근대화시킨 유클리드 공리에 관한 내용이 상세하게 소개되어 있다. 기하학의 공리와 관련해서는 힐베르트의 〈Foundations of Geometry〉를 여전히 최고로 꼽을 수 있겠다.

**비유클리드 기하학** 이 주제에 관한 고전적인 접근법은 로버토 보놀라(Roberto Bonola)의 〈Non-Euclidean Geometry: A Critical and Historical Study of Its Development〉에서 찾아볼 수 있다. 하츠혼의 Geometry 7장에는 더 근대적인 (하지만 그래도 읽어볼 수 있는) 접근법이 수록되어 있다.

**페아노의 산술** 산술이 어떻게 맨 밑바닥부터 차곡차곡 구축될 수 있는지 궁금하다면 에드먼드 란다우(Edmund Landau)의 〈Foundations of Analysis〉를 읽어보자. 이 책에서는 페아노 공리와 비슷한 것에서부터 시작해서 정수, 유리수, 실수, 복소수를 구축하는 방법을 상세하게 기술한다. 페아노의 역작 〈Formulario Mathematico〉는 공리 체계로 유명한 책이긴 하지만 실제로는 실용적인 수학도 다양하게 다루는 책이다. 안타깝게도 이 책은 번역본이 없다. 페아노의 업적과 관련해서는 휴버트 케네디(Hubert Kennedy)의 〈Twelve Articles on Giuseppe Peano〉를 찾아보자.

## 10장

**아리스토텔레스의 지식의 구성** 아리스토텔레스의 삶과 철학에 대한 개론서로는 데이비드 로스 경(Sir David Ross)의 〈Aristotle(아리스토텔레스)〉(세창출판사, 2016)이 좋다. 아리스토텔레스 전집은 다양하게 나와 있는데 Bollingen Foundation 판으로 나온 두 권으로 된 전집(〈The Complete Works of Aristotle, The Revised Oxford Translation〉)과 Loeb Classical Library 판으로 나온 여러 권짜리 전집 등이 있다. 10장에서 다룬 아리스토텔레스의 범주론에 관심 있다면 그 부분만 골라서 읽어보면 된다.

**개념** 스테파노프와 맥존스의 〈Elements of Programming〉 1장에 더 정형적이고 상세한 내용이 담겨 있다.

**반복자와 검색** 〈Elements of Programming〉 6장에 더 정형적이고 상세한 내용이 담겨 있다.

## 11장

**순열과 호환** 순열에 대해서는 크리스털의 〈Algebra〉 23장에서 자세한 내용을 다룬다. 6장에서도 언급했던 번사이드의 〈Theory of Groups of Finite Order〉를 보면 이 주제에 대한 더 깊이 있는 내용을 배울 수 있다.

**회전과 뒤집기** 〈Elements of Programming〉 10장을 보면 이 책 6장에서 다룬 회전과 뒤집기 알고리즘에 대한 더 자세한 내용이 들어있다.

## 12장

**슈타인 알고리즘** GCD를 더 빠르게 구하는 알고리즘에 관한 슈타인의 논문 제목은 "Computational Problems Associated with Racah Algebra"이다. Knuth의 〈The Art of Computer Programming〉 2권의 4.5.2절에서도 이 알고리즘을 자세하게 다룬다.

**재미로 하는 수학** 재미 삼아 풀어볼 만한 장난스러운 문제를 연구하다 보니 수학적으로 중요한 발전이 이루어진 경우도 꽤 많다. 유명한 수학자 중에는 이런 수학적인 게임을 풀다가 수학에 흥미를 가지게 된 사람들도 많다. 이런 주제에 관한 고전적인 책으로 W. W. 라우스 볼(W. W. Rouse Ball)의 〈Mathematical Recreations and Essays〉가 있다.

## 13장

**암호학** 암호학의 역사를 재미있게 풀어놓은 책으로 데이비드 칸(David Kahn)의 〈The Codebreakers: The Comprehensive History of Secret Communication from Ancient Times to the Internet(코드브레이커)〉(이지북, 2005)이 있다. 근대 암호학에서 사용하는 방법에 대한 교과서라고 할 수 있는 책으로는 카츠(Katz), 린델(Lindell)의 〈Introduction to Modern Cryptography: Princicples and Protocols〉가 있다.

**정수론** RSA 알고리즘에 대한 논의까지 들어있는 근대적인 정수론 개론서로 존 스틸웰의 〈Elements of Number Theory〉(2003)가 있다. 이 책에는 우리가 5장, 8장에서 다루는 내용도 들어있다.

**AKS 소수 테스트** 이 결정론적 다항식 시간 소수 테스트 알고리즘에 대한 내용은 그랜빌(Granville)의 〈It Is Easy to Determine Whether a Given Integer Is Prime〉(2005)에 나와 있다.

부록 A

# 표기법

이 책에서 특별한 설명 없이 사용한 기호 중에 수학에 익숙하지 않은 독자들이 잘 모를 수도 있는 것들을 아래에 정리해 보았다. 각 기호별로 간단한 설명과 사용례를 적었다.

$\neg p$

논리 부정. "not $p$", "$p$가 아님" 같은 식으로 읽는다. $p$가 참이면 $\neg p$는 거짓이고 $\neg p$가 참이면 $p$는 거짓이다.

$p \vee q$

논리합. "$p$ or $q$", "$p$ 또는 $q$" 같은 식으로 읽는다. $p \vee q$는 $p$가 참이거나 $q$가 참이거나 둘 다 참일 때 참이다.

$p \wedge q$

논리곱. "$p$ and $q$", "$p$이면서 $q$" 같은 식으로 읽는다. $p \wedge q$는 $p$와 $q$가 둘 다 참일 때만 참이다.

$p \Longrightarrow q$

조건문, 논리적 함의. "$p$ implies $q$", "$p$이면 $q$이다" 같은 식으로 읽는다. $p \Longrightarrow q$는 $p$가 참이면서 $q$가 거짓일 때만 거짓이다. $p$가 거짓이면 항상 참이라는 것을 받아들이기 어려울 수 있는데 "참이 아닌 것을 가정하고 시작하면 아무 명제나 마구 주장할 수 있다"라고 생각하면 좀 와 닿을 수 있다. 논리적 함의에 관한 더 상세한 내용은 이 부록 맨 끝에 있는 "조건문과 대우" 부분에서 읽어보자.

$p \Longleftrightarrow q$

논리적 동치. "$p$와 $q$는 서로 필요충분조건이다", "$p$ if and only if $q$"라고 읽고 "$p$ iff $q$"라고 쓰기도 한다. $p \Longleftrightarrow q$는 $p$, $q$가 모두 참이거나 모두 거짓일 때만 참이다. $(p \Longrightarrow q) \wedge (q \Longrightarrow p)$하고 완전히 똑같다.

$x \in S$

집합의 원소. "$x$는 $S$의 원소이다" 또는 "$x$가 $S$에 있다"라고 읽는다.

$x \notin S$

집합의 원소의 부정. "$x$는 $S$의 원소가 아니다" 또는 "$x$가 $S$에 없다"라고 읽는다.

$\forall x \in S$

전칭기호. "$S$에 있는 모든 $x$에 대하여" 또는 "$S$에 있는 임의의 $x$에 대하여"라고 읽는다. 때로는 어떤 집합 $S$에 속한다는 것을 문맥에 따라 가정하고 $\forall x$라고만 쓰기도 한다.

$\exists x \in S$

존재기호. "$S$에 $x$가 존재한다"라고 읽는다. 때로는 어떤 집합 $S$에 속한다는 것을 문맥에 따라 가정하고 $\exists x$라고만 쓰기도 한다.

$S \cup T$

합집합. "$S$와 $T$의 합집합"이라고 읽는다. 어떤 원소 $x$는 $S$의 원소이거나 $T$의 원소이거나 $S$와 $T$ 모두의 원소일 때 S와 T의 합집합의 원소이다.

$S \cap T$

교집합. "$S$와 $T$의 교집합"이라고 읽는다. 어떤 원소 $x$는 $S$와 $T$ 모두의 원소일 때 $S$와 $T$의 교집합의 원소이다.

$S = \{x \mid \cdots\}$

집합의 정의. "$S$는 다음 조건을 만족하는 모든 $x$의 집합이다"라고 읽는다. ⋯ 부분에 $x$에 관한 조건을 적는다.

$\mathbb{N}$

0, 1, 2, 3, ⋯ 같은 자연수의 집합. 개수를 셀 때 쓰는 수이다. (자연수 집합에 0을 포함하는 경우도 있고 포함하지 않는 경우도 있다.)

$\mathbb{Z}$

모든 자연수와 0, 음수를 포함하는 정수의 집합

$\mathbb{Z}_n$

$n$으로 나눈 나머지의 집합. $\{0, 1, 2, \cdots, n-1\}$

$\mathbb{Q}$

$\{\frac{p}{q}\}$와 같은 유리수(두 정수로 이루어진 분수)의 집합

$\mathbb{R}$

실수의 집합

$\mathbb{C}$

복소수 $a + bi$의 집합. 여기에서 $a$, $b$는 실수이며 $i^2 = -1$이다.

### 예제

$\text{even}(x) \Longleftrightarrow \neg\text{odd}(x)$

"$x$가 짝수인 것과 $x$가 홀수가 아닌 것은 서로 필요충분조건이다."

$S = \{x \mid x \in \mathbb{Z} \wedge \text{even}(x)\}$

"$S$는 정수의 집합에 속하면서 짝수인 모든 수의 집합이다" 또는 "$S$는 모든 짝수인 정수의 집합이다."

$\forall x \exists y : y = x + 1$

"임의의 $x$에 대하여, $y$가 $x$ 더하기 1인 $y$가 존재한다."

$x \in \{S \cap T\} \Longrightarrow x \in \{S \cup T\}$

"$x$가 $S$와 $T$의 교집합의 원소이면, $x$는 $S$와 $T$의 합집합의 원소이다."

## 조건문과 대우

논리적 함의를 나타내는 조건문 $p \implies q$는 대우라고 부르는 것과 논리적으로 동등한데 대우는 다음과 같은 형식으로 구성된다.

$$\neg q \implies \neg p$$

다음과 같은 예를 생각해 보자.

$n = 2$이면 $n$은 짝수이다.

여기에서 명제 $p$는 "$n = 2$"이고 명제 $q$는 "$n$은 짝수"이다. 실제 이 조건문은 참이다. 이 조건문의 대우를 만들려면 양쪽을 각각 부정한 다음 조건의 방향을 뒤집으면 된다. 따라서 위에 있는 선언의 대우는 다음과 같다.

$n$이 짝수가 아니면 $n \neq 2$이다.

이 조건문도 참이다.

어떤 조건문과 그 대우는 논리적으로 동등하기 때문에 둘 중 더 편한 쪽으로 바꿔서 써도 된다.

대우를 역($q \implies p$)과 헷갈리지 않도록 주의하자. 어떤 조건문이 참이라고 해서 그 역이 참인 것은 아니다. 그 둘의 참 거짓은 서로 독립적이다. 예를 들어 위에 있는 예를 그대로 써 보자면, 원래 조건문의 역은 다음과 같이 쓸 수 있다.

$n$이 짝수이면 $n = 2$이다.

이 조건문은 분명 거짓이다.

부록 B

# 일반적인 증명 기법

수학과 전산학 분야에서 자주 볼 수 있고 이 책에서도 사용한 표준적인 증명 기법이 몇 가지 있다. 본문에 나온 증명을 이해하기 어렵다면 이 부록을 읽어보자.



## B.1 귀류법

증명해야 할 대상은 대부분 "$p$이면 $q$이다" ($p \Longrightarrow q$) 같은 형식을 갖추는데 여기에서 $p$와 $q$는 각각 명제다. $p$가 거짓이면 전혀 다른 문제가 되기 때문에 항상 $p$가 참이라는 전제로부터 시작하게 된다. 귀류법에서는 원래 가정한 것의 반대를 가정(즉, $q$가 참이 아니라고 가정)한 다음, 그렇게 가정하면 논리적인 모순(특히 명제 $p$가 거짓이 되는 모순)이 발생함을 보인다. 그러면 명제 $q$가 참이라는 결론을 얻게 되어 원래의 조건문이 참임을 증명할 수 있다.

한 가지 예를 살펴보자. 모든 정수 $n$에 대하여 다음을 증명해 보자.

$$n^2 \text{ 이 홀수이면 } n\text{은 홀수이다.}$$

여기에서는 "$n^2$ 은 홀수이다"가 $p$이고 "$n$은 홀수이다"가 $q$이다. 이제 결론의 정반대가 참이라고, 즉 $n$이 홀수가 아니고 짝수라고 가정해 보자. 어떤 정수 $n$이 짝수라면 그 수는 다른 어떤 정수 $m$에 2를 곱한 식으로 쓸 수 있다.

$$n = 2m$$

이 $n$을 제곱하면 어떻게 될까?

$$n^2 = 2 \cdot 2 \cdot m^2$$

새 변수 $x$를 도입하고, $x = 2m^2$이라고 하자. 그러면 다음과 같이 치환할 수 있다.

$$n^2 = 2 \cdot 2m^2 = 2x$$

이제 $n^2$을 다른 어떤 정수 $x$에 2를 곱한 식으로 쓸 수 있음을 알 수 있다. 그런데 이는 짝수의 정의에 해당하는 성질인데 우리는 앞에서 $n^2$이 홀수라고 가정했다. $n^2$이 짝수이면서 동시에 홀수인 것은 논리적으로 모순이다. 따라서 앞에서 $n$이 짝수라고 가정한 것은 거짓이고 결과적으로 $n$은 홀수여야 한다.

## B.2 수학적 귀납법

FROM MATHEMATICS TO GENERIC PROGRAMMING

원소의 개수가 무한히 많은 무한집합의 원소에 대해 어떤 성질을 증명해야 할 때도 있다. 이런 경우에 모든 원소에 대해 그 성질이 맞는지 따져볼 수는 없어도 수학적 귀납법은 쓸 수 있을 때도 있다. 무언가를 수학적 귀납법으로 증명하려면 다음과 같이 두 가지가 필요하다.

- 집합의 첫 원소에 대해 참임을 증명한다. 이를 기저라고 부른다.
- 집합의 어떤 임의의 원소에 대해 참이라는 가정(귀납 가정) 하에, 그 원소 다음 원소에 대해서도 참이 된다는 것을 증명한다. 이를 귀납 단계라고 부른다.

예를 들어 임의의 양의 정수 $n$에 대해 다음 등식이 성립함을 증명해 보자.

$$1 + 2 + 3 + \cdots + n = \frac{n(n+1)}{2}$$

**기저:**

$n = 1$일 때 등식이 성립할까? 즉 다음 식은 참일까?

$$1 = \frac{1 \cdot (1+1)}{2}?$$

계산해 보면 위 식이 참임을 알 수 있다.

**귀납 단계:**

위 등식이 $n = k$일 때 참이라고 가정해 보자. 그러면 그 등식이 $n = k + 1$에 대해서도 참일까? $k$에 대해서 참이면 다음 식이 성립한다.

$$1 + 2 + 3 + \cdots + k = \frac{k(k+1)}{2}$$

양변에 $k + 1$을 더하자.

$$\begin{aligned} 1 + 2 + 3 + \cdots + k + (k+1) &= \frac{k(k+1)}{2} + (k+1) \\ &= \frac{k(k+1)}{2} + \frac{2(k+1)}{2} \\ &= \frac{(k+1)(k+2)}{2} \\ &= \frac{(k+1)((k+1)+1)}{2} \end{aligned}$$

이는 $n = k + 1$일 때 $\frac{n(n+1)}{2}$과 같다. 따라서 $k$에 대해 등식이 참이면 $k + 1$에 대해서도 등식이 참임이 증명된다.

기저와 귀납 단계를 모두 증명했으므로 원래 조건문이 증명되었다.

FROM MATHEMATICS TO GENERIC PROGRAMMING

## B.3 비둘기집 원리

비둘기집 원리는 디리클레 원리라고도 부르는데 아주 간단한 원리이다. 비둘기집이 $n$ 칸 있는데 비둘기는 $n$ 마리보다 많다면 적어도 한 비둘기집에는 비둘기가 두 마리 이상 들어가야 한다는 원리다. 실생활에서도 수많은 예를 생각해볼 수 있다. 예를 들어 사람이 367명이 있다면 그중 두 명은 반드시 생일이 같을 수밖에 없는 식으로 말이다. 그런데 이런 원리를 수학 증명에서도 유용하게 써먹을 수 있다. 어떤 두 대상이 같을 것이라는 정리를 증명할 때 비둘기집 원리가 도움이 될 수 있다.

예를 들어보자.

> 100보다 작은 양의 정수 10개가 들어있는 모든 집합에는
>
> 원소의 합이 똑같은 서로 다른 두 부분집합이 반드시 존재한다.

우선 가능한 원소의 합이 몇 가지인지 따져보자. 부분집합 중 하나는 공집합이므로 가장 작은 값은 0이다. 가장 큰 합은 가장 큰 수 열 개가 들어있는 집합에서 나올 수 있고 그 값은 $90 + 91 + 92 + \cdots + 99 = 945$이다. 따라서 어떤 부분집합을 선택하든 부분집합의 원소의 합은 $[0,945]$ 구간 안에 있는 값이다. 여기에는 총 946개의 수가 들어있으므로 가능한 원소의 합은 총 946개이다. 이제 그 열 개의 정수의 집합에서 만들 수 있는 부분집합의 수를 따져보자. 집합의 $i$ 번째 원소가 부분집합에 들어있으면 $i$ 번째 비트가 1, 그렇지 않으면 0인 방식으로 각 부분집합을 이진수로 표현할 수 있다. 집합에 원소가 열 개 있으므로 한 원소당 1비트씩 쓰면 총 $2^{10} = 1024$개의 부분집합이 존재함을 알 수 있다. 부분집합의 원소의 합은 최대 946개인데 부분집합은 총 1024개가 있을 수 있으므로, 비둘기집 원리에 따라, 부분집합 가운데 최소 두 개는 합이 같을 수밖에 없다.

부록 C

# C++의 기초

이 책에서는 C++를 기반으로 삼는다. C나 자바 같은 언어를 사용하는 프로그래머라면 쉽게 이해할 수 있을 것이다. 하지만 책의 내용을 이해하는 데 반드시 필요한 C++의 주요 기능, 표현 양식이 몇 가지 있다. 그런 내용을 여기에서 설명하고자 한다. 이 책에서는 다른 설명이 없다면 C++의 1998 표준 버전에 있는 기능만 사용한다. C++11 소개 문헌으로는 비야네 스트롭스트룹(Bjarne Stroustrup)의 〈A Tour of C++〉가 있다. 완전한 레퍼런스 서적을 원한다면 스트롭스트룹의 〈The C++ Programming Language〉를 보면 된다.



## C.1 템플릿 함수

C++에서 제네릭 프로그래밍 패러다임을 지원하는 방법 가운데 하나로 템플릿이 있다. 다음과 같은 함수가 있다고 가정하자.

```
int my_function(int x) {
    int y;
    ... 복잡한 작업 처리 ...
    return y;
}
```

이번에는 똑같은 계산을 하고 싶은데 int가 아닌 double 부동소수점수를 인자로 받아들이고 리턴하고 싶다고 해 보자. C++에서는 함수 이름을 오버로딩할 수 있기 때문에 이름은 똑같지만 다른 유형 인자를 받아들이는 새 함수를 만들 수 있다.

```
double my_function(double x) {
    double y;
    ... 복잡한 작업 처리 ...
    return y;
}
```

하지만 유형 빼면 다른 게 전혀 없는데 함수를 따로 만들면 낭비가 심하다.

템플릿으로 이런 문제를 피해갈 수 있다. 템플릿을 쓰면 해당 코드의 문법적, 의미적 요구조건만 모두 만족하면 어떤 유형에 대해서든 사용할 수 있는 함수를 만들 수 있다. 다음과 같이 하면 된다.

```
template <typename T>
T my_function(T x) {
    T y;
    ... 복잡한 작업 처리 ...
    return y;
}
```

이렇게 하면 T 유형을 인자로 받아서 T 유형을 리턴하는 함수가 만들어지는데 여기에서 T는 그 함수를 호출하는 방식에 따라 결정된다. 다음과 같은 식으로 하면

```
int x(1);
int y = my_function(x);
```

my_function()은 T가 int로 설정된 상태로 호출된다. 만약 다음과 같은 식으로 한다면

```
double x(1.0);
double y = my_function(x);
```

my_function()은 T가 double로 설정된 상태로 호출된다. 이 과정은 컴파일 시에 이루어지므로 템플릿을 쓴다고 해서 성능이 떨어질 일은 없다.



## C.2 개념

개념(concept)은 제네릭 프로그래밍에서 필수불가결한 부분인데 10.3절에서도

어느 정도 논의한 바 있다. 아래에 있는 내용은 간단하게 참고할 때 읽어보기 좋도록 구성해 보았다.

개념은 프로그래머에게 주어진 템플릿 인자에 어떤 요구조건이 있는지 알려주는 역할을 한다. 예를 들어 어떤 함수를 호출할 때 수 유형만 써야 한다는 것을 알려주고자 한다면 다음과 같은 식으로 쓸 수 있다.

```
Template <Number N>
```

즉 이 코드는 int, double, uint64_t 같은 유형에 대해서는 쓸 수 있지만 문자열 같은 유형에 대해서는 쓸 수 없다는 뜻이다. "수(Number)" 같은 제한조건이 바로 개념이다. 하지만 이 책을 쓰는 현시점에서 C++에서는 개념을 언어 자체에 내장된 기능으로 지원하지 않는다. 즉, C++에서는 템플릿 유형에 특정한 요구조건을 강제로 지정할 만한 방법이 없다.

이런 제한에도 불구하고 이 책에 수록된 코드 예제에서는 개념 기능이라는 게 있는 것으로 가정하고 코드를 작성하였다. 다음과 같이 typename에 대한 앨리어스로 개념을 정의하는 식으로 구현할 수 있다.

```
#define Number typename
```

그러면 다음과 같은 코드를

```
template <Number N>
```

컴파일러 입장에서는 다음과 같은 식으로 인식할 것이다.

```
template <typename N>
```

하지만 인간인 프로그래머라면 어떤 제한조건을 의도하고 저런 코드를 짰는지 이해할 수 있을 것이다.

FROM MATHEMATICS TO GENERIC PROGRAMMING

## C.3 선언 구문과 유형이 정해진 상수

C++에서는 다양한 방식으로 변수를 선언하고 초기화할 수 있다. 전통적인 C에서는 다음과 같은 문법만 가능하다.

```
int x = y;
```

하지만 C++에서는 위의 코드를 보통 다음과 같은 식으로 쓴다.

```
int x(y);
```

C++ 객체를 생성할 때 쓰는 문법과의 일관성을 생각하면 이쪽이 더 낫다.

(**참고:** 현 버전의 C++에서는 다음과 같은 초기화 방법도 지원한다.

```
int x{y};
```

하지만 이런 사용법은 아직 그리 널리 쓰이고 있진 않기 때문에 이 책에서도 이런 식으로 초기화하는 코드는 쓰지 않았다.)

수 유형의 상수를 사용할 때는 유형에 매우 주의해야 한다. 예를 들어 전통적인 C 프로그램에서는 다음과 같은 코드를 쉽게 볼 수 있다.

```
if (something) return 0;
```

별로 좋지 않은 코드다. 그 함수에서 리턴하는 0의 유형이 대체 뭘까? 기본값은 분명 int겠지만, 프로그램에서 16비트 부호 없는 정수와 같이 정수 중에서도 특정 유형을 리턴해야 할 수도 있고 다른 템플릿 인자로 지정한 유형을 리턴해야 할 수도 있다. 자동으로 처리되는 형 변환에 의존하기보다는 다음과 같은 코드를 써서 리턴 유형을 명시적으로 지정하자.

```
if (something) return uint16_t(0);
```

템플릿 인자를 사용한다면 다음과 같이 쓸 수 있을 것이다.

```
if (something) return T(0);
```

여기에서 T는 템플릿으로 지정한 유형이다.

FROM MATHEMATICS TO GENERIC PROGRAMMING

## C.4 함수 객체

일련의 초기화 과정이 필요하고 특정 상태를 유지하는 함수가 필요할 때가 있다. C++에서는 보통 함수 객체(영어로는 function object 또는 functor라고 쓴다)로 이런 기능을 구현한다. 함수 객체는 하나의 (이름 없는) 함수를 캡슐화한 객체이다. 환율을 변환하는 간단한 예제를 살펴보자.

```
struct converter {
    double exchange_rate;

    converter(double ex) : exchange_rate(ex) {}

    double operator()(double amt) {
        return amt * exchange_rate;
    }
};
```

객체 안에 포함되는 이름 없는 함수를 선언할 때는 위에서 볼 수 있듯이 operator() 구문을 쓰면 된다.

이 함수를 쓰기 위해서는 우선 converter 객체의 인스턴스를 생성해야 한다(그 과정에서 환율, exchange_rate가 초기화된다). 여기에서는 유로화를 미화로 변환하는 예를 만들어 보자. 인스턴스 이름은 eur_to_usd로 하자. 그러면 그 인스턴스를 써서 변환 함수를 호출할 수 있다.

```
int main() {

    converter eur_to_usd(1.3043);

    double euros;
    do {
        std::cout << "Enter amount in Euros: ";
        std::cin >> euros;
        std::cout << euros << " euros is "
                  << eur_to_usd(euros) << " dollars "
                  << std::endl;
    } while (euros > 0.0);
}
```

함수 객체에는 함수에 인자로 넘겨줄 수 있다는 장점이 있다. (C++에서는 함수를 직접 전달할 수는 없고 함수 포인터만 넘겨줄 수 있는데 이렇게 하면 간접 함수 호출 때문에 성능이 떨어지는 것을 감수해야만 한다.) 그리고 함수 객체에는 상태에 대한 정보까지 포함시킬 수 있다는 장점도 있다.

FROM MATHEMATICS TO GENERIC PROGRAMMING

## C.5 전제 조건, 사후 조건 그리고 assert 구문

함수는 유효한 인자가 주어졌을 때 특정한 계산을 수행하는 역할을 한다. 바꿔 말하자면, 함수의 전제 조건이 만족되면 특정한 사후 조건이 참이 될 것이다. 다음과 같은 식으로 전제 조건과 사후 조건을 코드 주석으로 남기는 경우가 종종 있다.

```
// 전제 조건: y != 0.0
double my_ratio(double x, double y) {
    return x / y;
```

```
}
// 사후 조건: x/y 값을 리턴한다.
```

하지만 라이브러리에서 조건을 확인하기 위한 assert 메커니즘을 제공하기도 한다. 따라서 다음과 같은 식으로 코드를 만들 수도 있다.

```
double my_ratio(double x, double y) {
    assert(y != 0.0);
    return x /y ;
}
```

assert 표현식의 결과가 참이면 아무 일도 일어나지 않는다. 하지만 그 결과가 거짓이면 프로그램 실행이 중단되고 에러 메시지가 출력된다.

최종 버전에서는 성능이 저하되는 것을 방지하기 위해 assert 구문이 작동되지 않도록 해 놓는다.

FROM MATHEMATICS TO GENERIC PROGRAMMING

## C.6 STL 알고리즘과 자료구조

C++ 언어에는 표준 템플릿 라이브러리(Standard Template Library, STL)라는 표준 소프트웨어 구성요소 라이브러리가 포함되어 있다. 이 라이브러리에는 C++ 프로그래머들이 자주 사용하는 자료구조, 알고리즘 및 여러 유틸리티가 들어있다. 모든 STL 구성요소는 std라는 네임스페이스에 속한다. 이 책의 코드 예제에서 STL 구성요소를 사용할 때는 명시적으로 std::를 앞에 붙여 쓴다.

STL은 제네릭 라이브러리이다. 적절한 유형이라면 어떤 유형에 대해서든 쓸 수 있다는 뜻이다. 자료구조의 경우 객체를 선언할 때 템플릿 인자로 유형을 지정한다. 예를 들어

```
std::vector<int> v;
```

라고 하면 정수 벡터를 선언할 수 있고,

```
std::vector<bool> v;
```

라고 하면 불 벡터를 선언할 수 있다.

이 책에서는 다음과 같은 STL 구성요소를 사용했다.

**산술 연산과 비교를 위해 사용한 함수 객체(함수 객체에 대해서는 C.4절 참조):**

- `std::plus` – 연산자의 두 인자의 합을 계산한다.
- `std::multiplies` – 연산자의 두 인자의 곱을 계산한다.
- `std::negate` – 연산자의 인자의 음수를 계산한다.
- `std::less` – 연산자의 첫 번째 인자가 두 번째 인자보다 작으면 참을, 그렇지 않으면 거짓을 리턴한다.
- `std::less_equal` – 연산자의 첫 번째 인자가 두 번째 인자와 같거나 그보다 작으면 참을, 그렇지 않으면 거짓을 리턴한다.

**자료구조:**

- `std::pair` – 두 개의 임의의 객체를 저장하는 구조. 보통 한 함수에서 두 객체를 리턴할 때 사용한다.
- `std::vector` – 상수 시간 임의 접근을 지원하는, 한 유형의 원소들을 모아서 보관할 수 있는 컨테이너

**알고리즘:**

- `std::fill` – 첫 두 인자로 지정한 구간을 세 번째 인자로 지정한 값으로 채운다.
- `std::swap` – 주어진 인자의 내용을 맞바꾼다.

- std::partition_point – (첫째와 둘째 인자로 지정한) 이미 구획이 정리된 구간에서 (세 번째 인자로 지정한) 주어진 조건에 맞지 않는 첫 번째 원소에 대한 반복자를 리턴한다. 10.8절의 논의를 참고하자.

**기타 유틸리티:**

- std::advance – (첫 번째 인자로 지정한) 반복자 위치를 (두 번째 인자로 지정한) 특정 거리만큼 전진시킨다.

여기에 열거된 것들을 비롯한 다양한 STL 구성요소에 대해 더 자세히 알고 싶다면 스트롭스트룹의 〈The C++ Programming Language〉의 4부를 참조하자.

FROM MATHEMATICS TO GENERIC PROGRAMMING

## C.7 반복자와 구간

반복자는 제네릭 프로그래밍에서 중요한 부분으로 10.4절에서 자세하게 다룬다. 아래에는 간단하게 참고할 만한 내용을 정리해 보았다.

반복자는 포인터를 추상화한 것으로 어떤 시퀀스의 특정 위치를 가리킨다. 이 책에 있는 예제에서는 다음과 같이 서로 다른 반복자 태그를 가지고 있는 네 유형의 반복자를 사용한다.

- **입력 반복자(input iterator)**는 한 방향 종주를 한 번만 할 수 있는 반복자이다. 한 번 지나가기만 하면 되는 알고리즘에서 필요할 만한 반복자이다. 입력 반복자의 표준적인 모형으로 입력 스트림을 들 수 있다.

  **태그:** std::input_iterator_tag

- **전방 반복자(forward iterator)**도 한 방향 종주를 지원하지만, 그 종주를 여러 번 반복할 수 있다. 여러 번 한 방향으로 지나갈 필요가 있는 알고리즘에서 쓸 수 있다. 전방 반복자의 표준적인 모형으로 단일 연결 리스트에서의

위치를 들 수 있다.

**태그:** `std::forward_iterator_tag`

- **양방향 반복자(bidirectional iterator)**는 여러 번 반복할 수 있는 양방향 종주를 지원한다. (여러 번 훑고 지나가야 하는 알고리즘에서 쓸 수 있다.) 양방향 반복자의 표준적인 모형으로 이중 연결 리스트에서의 위치를 들 수 있다.

  **태그:** `std::bidirectional_iterator_tag`

- **임의 접근 반복자(random-access iterator)**는 임의 접근 알고리즘을 지원할 수 있다. 어떤 원소든 상수 시간에 접근할 수 있다. 임의 접근 반복자의 표준 모형으로 배열의 위치를 들 수 있다.

  **태그:** `std::random_access_iterator_tag`

반복자 태그는 함수 서명에서 사용할 수 있는 특수 유형으로, 특정 반복자를 사용했을 때 오버로드된 함수의 올바른 버전이 호출될 수 있게 해 주는 역할을 한다. 11장에 나와 있는 예를 참조하자.

STL 함수 중에는 데이터 영역의 시작과 끝을 나타내는 두 개의 반복자를 받아들이는 것도 있다. 데이터의 끝을 가리키는 반복자(보통 `last`라는 인자 이름을 쓴다)는 일반적으로 마지막 원소 바로 다음 위치를 가리킨다.

반복자에는 반복자 속성(iterator traits)이라는 특별한 속성이 있다. 우리가 사용하는 속성으로는 다음과 같은 것들이 있다.

- `value_type`: 반복자가 가리키는 객체의 유형
- `difference_type`: 한 반복자에서 다른 반복자로 이동하는 데 필요한 증가 연산 횟수를 표현할 수 있는 내장 유형
- `iterator_category`: 앞에서 설명했던 반복자 태그

특정 반복자 유형 *x*의 반복자 특성은 다음과 같은 문법으로 액세스할 수 있다.

```
std:iterator_traits<x>::value_type
```

반복자에 대한 내용은 10장을 참조하자.



## C.8 C++11의 using을 이용한 유형 앨리어스와 유형 함수

현재 C++ 표준 버전인 C++11에는 유형 및 기타 구조체에 대한 앨리어스를 제공할 수 있게 해 주는 using이라는 기능이 있다. 길고 복잡한 유형 이름을 간단하게 쓰기 위한 용도로 많이 쓴다. 예를 들면 이런 식이다.

```
using myptr = long_complicated_class_name*;
```

이렇게 해 주고 나면 어디서든 long_complicated_class_name* 대신 myptr이라고 쓰기만 하면 된다.

C나 이전 버전의 C++에 익숙하다면 typedef 같은 예전 앨리어스 방식이 더 익숙하겠지만 using을 쓰는 쪽이 융통성 면에서 더 뛰어나다. 예를 들어 using 기능을 쓰면 반복자 특성을 위한 템플릿 유형 함수를 만들 수도 있다. 다음과 같은 식으로 하면

```
template <InputIterator I>
using IteratorCategory =
            typename std::iterator_traits<I>::iterator_category;
```

굳이 다음과 같은 식으로 쓰지 않고

```
std::iterator_traits<I>::iterator_category
```

다음과 같이 써도 된다.

```
IteratorCategory<I>
```

FROM MATHEMATICS TO GENERIC PROGRAMMING

## C.9 C++11의 리스트 초기화

C와 C++에서는 다음과 같이 중괄호 안에 값의 리스트를 넣어주는 식으로 배열을 간편하게 초기화할 수 있다.

```
char my_array[5] = {‘a’, ‘e’, ‘i’, ‘o’, ‘u’};
```

C++11에서는 이 문법을 배열뿐 아니라 벡터나 순서쌍 같은 구조로도 확장시켰다.

```
std::vector<char> = {'a', 'e', 'i', 'o', 'u'};
std::pair<int, double> = {42, 3.1415};
```

FROM MATHEMATICS TO GENERIC PROGRAMMING

## C.10 C++11의 람다 함수

C++11에서는 람다 함수를 지원한다. 람다 함수는 일회용 익명 함수이며 보통 다른 함수의 인자로 쓰인다.

인자의 세제곱을 계산해서 다른 함수로 넘겨주는 함수가 필요한 상황을 생각해보자. 기존의 방식대로라면 아래와 같은 식으로 함수 객체로 구현해서 별도로 선언하고 인스턴스를 만들고 그 인스턴스를 전달해야 한다.

```
struct cuber {
    cuber() {}; // 생성자
```

```
    int operator()(int x) {
        return x * x * x;
    }
};

int main() {
    ...
    cuber cube;
    int a = some_other_function(cube);
    ...
}
```

하지만 세제곱 함수를 한 번만 쓰면 될 상황이라면 너무 번거로운 방법이다. 어차피 다시 쓰지 않을 거라면 함수 객체를 만드는 것은 물론 함수에 이름을 붙이는 것조차도 귀찮다. 이럴 때는 람다 함수를 인라인으로 만들어주고 표현식 전체를 인자로 넘겨주면 된다.

```
int main() {
    ...
    int a = some_other_function([=](int x) { return x * x * x; });
    ...
}
```

람다 함수 문법은 함수 이름 대신 [=]라는 표현을 쓰고 리턴 유형을 지정해주지 않아도 된다는 점을 제외하면 보통 함수를 구현할 때 쓰는 문법과 같다. 리턴 유형은 컴파일러에서 알아서 처리한다.



## C.11 inline 지시자에 관하여

C++에서 함수 앞에 `inline` 지시자를 붙이면 컴파일러에서는 그 함수를 호출

하는 쪽의 코드에 함수 본체를 포함시킨다. 이렇게 하면 함수 호출에 따르는 오버헤드를 피할 수 있다. 실제 이 책에 있는 함수들 중 상당수가 inline으로 선언하면 좋을 만한 함수들이다.

인라인 함수는 비교적 짧은 코드에서만 쓸만하다. 큰 함수를 인라인 함수로 만들면 호출하는 쪽의 코드가 너무 커지면서 코드 캐싱이 제대로 안 되는 등 성능 문제를 일으키게 될 가능성이 높아진다. 이런 경우에 컴파일러에서 문제가 될 만한 inline 지시자를 무시해 버리기도 한다. 그리고 컴파일러가 좋아지면서 상황에 따라 자동으로 코드를 인라인으로 처리하기도 한다. 이런 이유 때문에 inline 지시자가 조만간 없어질 수도 있으므로 이 책의 예제에서는 사용하지 않았다.

부록 D

# 참고문헌

# 참고문헌

독자의 편의를 감안하여 참고문헌 부분은 번역 없이 그대로 수록하였습니다.


**Adler, Mortimer J. (Ed.). (1991).** Great Books of the Western World, Vol. 10: Euclid, Archimedes, Nicomachus. Chicago: Encyclopaedia Brittanica.

**Aristotle. (1938).** Aristotle: Categories, On Interpretation, Prior Analytics, Vol. 325. Translated by H. P. Cooke and Hugh Tredennick. Cambridge, MA: Loeb Classical Library.

**Aristotle. (1984).** The Complete Works of Aristotle: The Revised Oxford Translation. Edited by Jonathan Barnes. Princeton, NJ: Princeton University Press.

**Backus, John. (1978).** "Can Programming Be Liberated from the Von Neumann Style?: A Functional Style and Its Algebra of Programs." Communications of the ACM 21(8), 613–641.

**Ball, W. W. Rouse, and H. S. M. Coxeter. ([1922] 2010).** Mathematical Recreations and Essays (10th ed.). Reprint, New York: Dover Publications. Original edition published 1892.

**Bonola, Roberto. ([1955] 2010).** Non–Euclidean Geometry: A Critical and Historical Study of Its Development. Translated by H. S. Carslaw. Reprint, New York: Dover Publications. Originally published as La Geometria nonEuclidea, 1912.

**Burnside, William. ([1911] 2004).** Theory of Groups of Finite Order (2nd ed.). Reprint, Mineola, NY: Dover Publications.

**Byrne, Oliver. (2010).** The First Six Books of the Elements of Euclid. Taschen. Facsimile of 1847 edition.

**Chrystal, George. ([1964] 1999).** Algebra: An Elementary Text–Book (7th ed.). Reprint, Providence, RI: American Mathematical Society. Original edition published 1886.

**Cohen, Morris R., and I. E. Drabkin. (1948).** A Source Book in Greek Science. Cambridge, MA: Harvard University Press.

**Corry, Leo. (2004).** Modern Algebra and the Rise of Mathematical Structures (2nd revised ed.). Basel, Switzerland: Birkhäuser.

**Dean, Jeffrey, and Sanjay Ghemawat. (2008).** "MapReduce: Simplifi ed Data Processing on Large Clusters." Communications of the ACM 51(1), 107–113.

**Dedekind, Richard. (1996).** Theory of Algebraic Integers. Translated by John Stillwell. Cambridge, UK: Cambridge University Press. Originally published as Über die Theorie der ganzen algebraicschen Zahlen, 1877.

**De Millo, Richard A., Richard J. Lipton, and Alan J. Perlis. (1979).** "SocialProcesses and Proofs of Theorems and Programs." Communications of the ACM 22(5), 271–280.

**Dirichlet, P. G. L. (1999).** Lectures on Number Theory. Supplements by R. Dedekind. Translated by John Stillwell. Providence, RI: American Mathematical Society. Originally published as Vorlesungen über Zahlentheorie, 1863.

**Euclid. (1956).** Euclid: The Thirteen Books of the Elements. Translated by Thomas L. Heath. (2nd ed.). New York: Dover Publications.

**Euler, Leonhard. (1988).** Introduction to Analysis of the Infi nite, Vol. 1 and 2. Translated by John D. Blanton. New York: Springer. Originally published as Introductio in analysin infi nitorum , 1748.

**Euler, Leonhard. (2000).** Foundations of Differential Calculus. Translated by John D. Blanton. New York: Springer. Originally published as Institutiones Calculi Differentialis, 1755.

**Fibonacci, Leonardo Pisano, and L. E. Sigler (Trans.). (1987).** The Book of Squares: An Annotated Translation into Modern English. Boston: Academic Press. Originally published in Latin as Liber Quadratorum, 1225.

**Floyd, Robert W., and Donald E. Knuth. (1990).** "Addition Machines." SIAM Journal on Computing 19(2), 329–340.

**Fowler, David H. (1987).** The Mathematics of Plato's Academy: A New Reconstruction. Oxford, UK: Clarendon Press.

**Gauss, Carl Friedrich. (1965).** Disquisitiones Arithmeticae. Translated by Arthur A. Clarke, S.J. New Haven, CT: Yale University Press. Original Latin edition, 1801.

**Granville, Andrew. (2005).** "It Is Easy to Determine whether a Given Integer Is Prime." Bulletin of the American Mathematical Society 42(1), 3–38.

**Gries, David, and Gary Levin. (1980).** "Computing Fibonacci Numbers (and Similarly Defi ned Functions) in Log Time." Information Processing Letters 11(2), 68–69.

**Grimm, Richard E. (1973).** "The Autobiography of Leonardo Pisano." Fibonacci Quarterly 11(1), 99–104.

**Hartshorne, Robin. (2000).** Geometry: Euclid and Beyond. New York: Springer.

**Heath, Thomas. ([1921] 1981).** A History of Greek Mathematics. Reprint, New York: Dover Publications.

**Hilbert, David. ([1971] 1999).** Foundations of Geometry (10th ed.). Translated by Leo Unger and revised by Paul Bernays. Chicago: Open Court. Originally published as Grundlagen der Geometrie, 1899.

**Iverson, Kenneth E. (1962).** "A Programming Language." In Proceedings of the May 1–3, 1962, Spring Joint Computer Conference, AIEE–IRE '62, pp. 345–351. ACM.

**Iverson, Kenneth E. (1980).** "Notation As a Tool of Thought." Communications of the ACM 35(1–2), 2–31.

**Kahn, David. (1996).** The Codebreakers: The Comprehensive History of Secret Communication from Ancient Times to the Internet (Revised ed.). New York: Scribner.

**Kapur, D., D. R. Musser, and A. A. Stepanov. (1981a).** "Operators and Algebraic Structures." In Proceedings of the 1981 Conference on Functional Programming

Languages and Computer Architecture, FPCA '81, New York, NY, pp. 59–64. ACM.

**Kapur, D., D. R. Musser, and A. A. Stepanov. (1981b).** "Tecton: A Language for Manipulating Generic Objects." In Program Specifi cation, Proceedings ofa Workshop, pp. 402–414. Springer-Verlag.

**Katz, Jonathan, and Yehuda Lindell. (2008).** Introduction to Modern Cryptography. Boca Raton, FL: CRC Press.

**Katz, Victor J. (2009).** A History of Mathematics: An Introduction (3rd ed.). Boston: Addison-Wesley.

**Keisler, H. Jerome. (1989).** "Fundamentals of Model Theory." In J. Barwise (Ed.), Handbook of Mathematical Logic. North Holland.

**Kennedy, Hubert. (2002).** Twelve Articles on Giuseppe Peano. San Francisco: Peremptory Publications.

**Knuth, Donald E. (2007).** The Art of Computer Programming, Vol. 2: Seminumerical Algorithms. Boston: Addison-Wesley.

**Landau, Edmund. ([1966] 2001).** Foundations of Analysis (3rd ed.). Translated by F. Steinhardt. Reprint, Providence, RI: Chelsea.

**McClenon, R. B. (1919).** "Leonardo of Pisa and His Liber Quadratorum." The American Mathematical Monthly 26(1), 1–8.

**Musser, David R., and Alexander A. Stepanov. (1988).** "Generic Programming." In Proceedings of the International Symposium ISSAC'88 on Symbolic and Algebraic Computation, pp. 13–25. Springer-Verlag.

**Peano, Giuseppe. (1960).** Formulario Mathematico. Edizioni Cremonense. Original edition published 1908.

**Plato. (1997).** Plato: Complete Works. Edited by J. M. Cooper and D. S. Hutchinson. Indianapolis, IN: Hackett Publishing.

**Robins, Gay, and Charles Shute. (1987).** The Rhind Mathematical Papyrus: An Ancient Egyptian Text. London: British Museum Publications.

**Ross, David. (2004).** Aristotle (6th ed.). London: Routledge. Russo, Lucio. (2004). The Forgotten Revolution: How Science Was Born in 300 BC and Why It Had to Be Reborn. Translated by Silvio Levy. New York: Springer. Originally published as La rivoluzione dimenticata, 1996.

**Sarton, George. (1934).** "Simon Stevin of Bruges." Isis 21(2), 241–303.

**Sigler, Laurence. (1987).** Fibonacci's Liber Abaci: A Translation into Modern English of Leonardo Pisano's Book of Calculation. New York: Springer. Original Latin edition, 1202.

**Stein, Josef. (1967).** "Computational Problems Associated with Racah Algebra." Journal of Computational Physics 1(3), 397–405.

**Stepanov, Alexander, and Meng Lee. (1995).** The Standard Template Library. Hewlett–Packard Laboratories, Technical Publications Department.

**Stepanov, Alexander, and Paul McJones. (2009).** Elements of Programming. Boston: Addison–Wesley Professional.

**Stillwell, John. (1994).** Elements of Algebra. New York: Springer.

**Stillwell, John. (2002).** Elements of Number Theory. New York: Springer.

**Stillwell, John. (2010).** Mathematics and Its History. New York: Springer.

**Stroustrup, Bjarne. (2013a).** The C++ Programming Language (4th ed.). Boston: Addison–Wesley Professional. Stroustrup, Bjarne. (2013b). A Tour of C++. Boston: Addison–Wesley Professional.

**van der Waerden, B. L. (1983).** Geometry and Algebra in Ancient Civilizations. Berlin: Springer–Verlag.

**van der Waerden, B. L. (1988).** Science Awakening: Egyptian, Babylonian, and Greek Mathematics. Translated by Arnold Dresden. Dordrecht, Netherlands: Kluwer Academic Publishers.

**Weil, André. (2007).** Number Theory: An Approach through History from Hammurapi to Legendre. Cambridge, MA: Birkhäuser Boston.

## A

abelian group 127
abstract algebra 126
abstraction 126
Ada 352
addition chain 031
additive group 127
Adleman 333
advance 264, 270
Agarwal 312
AKS 소수 테스트 359
AKS 알고리즘 340
algebraic integer 196
algebraic structure 126
and 362
Andre Weilert 312
Andrew Granville 340
APL 175
arithmetic 235
assert 메커니즘 380
axiom 225

## B

Bartel van der Waerden 199
bidirectional iterator 258, 383
binary operation 127
binary_search 272
Bobby Ray 333
Bolyai Farkas 229
Bolyai Jánops 229
bsearch() 268

## C

C++ 374
C++11 260
Caesar cipher 330
Cartesian coordinates 185
categorical theory 150
category dispatch 261
characteristic 210
ciphertext 331
Clifford Cocks 333
closed 262
Cluade Bachet 314
Common Lisp 164, 265

common notion 223
commutative algebra 201
complete 148
concept 046, 197, 375
consistent 148
coset 141
cryptanalysis 330
cryptography 330
cryptosystem 331
C++ STL 352
cycle 279
cyclic group 140

## D

Damgård 312
datum 250
David Gries 286
dereference 256
difference_type 260, 383
DifferenceType 259, 260, 261
differentia 249
directed graph 207
Disme 182, 183
Disquisitiones Arithmeticae 191
distance() 259
distributivity 186

## E

edge 207
Elements of Programming 255
ENIAC 268
equal_range 272
equivalence 162
Étienne Bézout 314
Euclidean domain 208
Euclidus Vindicatus 226
Euler totient function 118
Évariste Galois 126
extended_gcd 324, 344

## F

fermat_test 336
field 210
find 349
find_if 265
Fletcher 292

forward iterator 258, 382
Foundations of Geometry 233
FP 175
Frandsen 312
functional forms 176
function object 174, 378
functor 378

G

GCD 091, 188, 195, 208, 276, 288, 291, 306, 310, 354, 356
GCD 알고리즘 208
GCM 058
generate 196
generator 140
George Chrystal 353
Giuseppe Peano 235
gries_mills_rotate 288
group 126
GroupOperation 174

H

Hadoop 176
Harlan Mills 286

I

ideal 315
identity element 127
immutable 251
independent 148
inline 지시자 386
in-place algorithm 301
input iterator 257, 382
Integer 166
integral domain 202
Interlingua 237
invertible 201
IPSec 341
isomorphic 150
iterator 186
iterator_category 260, 261, 383
iterator traits 383

## J

John Backus 175
John Stillwell 352
Jules Henri Poincaré 320

## K

Katz 352
Kelin group 154
key 331

## L

linear recurrence sequence 179
linked iterator 258
locality of reference 295
lower_bound 271

## M

magma 134
Manindra Agrawal 340
MapReduce 176
Marian Rejewski 331
Martin Hellman 333
Mathematical Formulas 235
miller_rabin_test 338
Miller–Rabin test 337
min 연산 208
model 149
module 211
modulus 202
monic polynomial 196
monoid 131
move semantics 278
multiplicative_inverse 344
multiplicative_inverse_fermat 336, 344
MultiplicativeSemigroup 169
multiply–accumulate 158
multipy–accumulate 032
mutable 251

## N

Neeraj Kayal 340
negate 174
Nitin Saxena 340
node 207
noncommutative additive semigroup

163

NoncommutativeAdditiveSemigroup 165

noncommutative algebra 201

nonconstructive proof 232

norm 193, 209, 313

not 362

## O

object 250

oblong number 040

octonion 211

Operators and Algebraic Structures 176

operator() 구문 378

or 362

order 137

Organon 249

output iterator 258

## P

palindromic prime 051

partial 161

partition point 269

Peter Gustav Lejeune Dirichlet 195

PID 318

plaintext 331

pointer 260

POSIX 268

postulate 223

power 179, 207, 336

power_semigroup 339, 342

power 함수 172

PPTP 341

prime field 210

prime number 042

prime subfield 210

Prince Maurice of Orange 183

principal element 317

principal ideal 317

principal ideal domain 318

Principia Mathematica 237

Privatdozent 198

proper divisor 052

proper subfield 210

ptrdiff_t 260

Q

quaternion 211

quotient 209

quotient_remainder 324

R

Ralph Merkle 333

random–access iterator 258, 383

range 262

reference 260

Regular 254

regular function 255

regular type 162

remainder 209

remote part 251

reverse 296, 298, 302

ring 199

Rivest 333

rotate 276, 296, 298

RSA 알고리즘 333, 341

S

Scheme 164

segmented iterator 259

semigroup 131

SemigroupOperation 172

semi–open 262

Semiregular 255, 278

semiring 186, 205

SET 341

Shamir 333

Silver 292

size() 252

Socratic method 069

space–filling curve 236

SSH 341

SSL/TLS 341

stable_sort 276

Standard Template Library 151, 380

std 380

std::deque 259

stein_gcd 307

Stephen Kleene 163

STL 018, 151, 171, 276, 303, 380

strength reduction 049

subfield 210

subgroup 138

successor 256

swap 278

swap_ranges 287

syntactic requirement 160

## T

Tecton 352

theory 147

transformation group 134

transitive closure 206

transposition 278

trapdoor 332

trapdoor one-way function 332

triangular number 040

trivial cycle 280

trivial subgroup 139

tropical semiring 208

type attributes 253

type function 253

## U

unit 201, 313

univalent theory 150

univariate 185

unrestricted 251

upper_bound 272

using 261, 384

## V

valid_range() 259

value 250

value type 250

value_type 251, 260, 383

vector 276

Vorlesungen über Zahlentheorie 196

## W

weak semiring 205

Weizmann 306

Whitfield Diffie 333

witness 336

## Z

zero divisor 202

## ㄱ

가변 객체 251
가역 201
가역성 239, 318
가역성 보조정리 319
가우스 107, 190, 227, 310
가우스 분포 192
가우스 정수 194, 200, 202, 310, 312
가정 225
가환군 127
가환대수 201
가환환 201, 213
갈루아 126, 129
갈루아같 198
감소 수열 189
값 250
값 유형 함수 291
값으로 전달 160
강도 감소 348
강의록 248
개념 046, 165, 197, 246, 251, 349, 358, 375
개인키 342, 345
개체 249, 251
객원 강사 198
객체 250
객체 유형 251
객체의 면적 255
거듭제곱 136, 169, 203, 336
거듭제곱수의 차의 공식 053, 100
거리 259
거리 유형 260
게라사의 니코마코스 040
격자 194
결과로 산술의 기본 정리 191
결합법칙 028, 156, 160, 186, 204, 211, 216, 217, 241, 277
결합성 126, 162
경계 281
계산 306
계산 기계 225
계산 이론 237
계수 187, 213
계수 구간 263, 266, 270, 284
고대 그리스 038

고대 그리스 과학 353
고대 그리스 수학 353
고대 이집트 026
곱셈 027, 127, 204, 240, 315
곱셈 누적 032, 158
곱셈 누적 함수 166
곱셈 단항 179, 214
곱셈 반군 169
곱셈의 결합법칙 217
곱셈의 교환법칙 217
곱셈적 함수 056
곱셈 항등원 171
곱하기 212
공간 255
공간 복잡도 253, 301
공간적인 추론 능력 216
공간 채움 곡선 236
공개키 332, 342, 345
공개키 암호법 333
공개키 암호체계 332
공리 076, 199, 211, 212, 216, 223, 225, 231, 264, 349, 357
공리적 방법 223
공리 집합 148
공리 체계 231
공리화 148
공복 190
공약수 058
공준 223, 225
공측도 057, 058
공통 개념 223, 224, 225
과학 221, 247
관찰 247
괴델 233
괴팅겐 190
괴팅겐 대학교 190, 232
괴팅겐학파 319
교수 190
교집합 363
교환법칙 127, 133, 156, 162, 201, 204, 211, 213, 216, 217, 241
교환적이지 않은 덧셈 단항 168
교환적이지 않은 덧셈 반군 163
구간 262, 281, 285
구성적 증명 319
구성주의자 319
구장산술 080
구장산술주 080

구조체 254
구현 149, 252, 303
군 126, 155, 156, 198, 212, 276, 349
군론 355
군 연산 174
굴리엘모 보나치 083
귀납 가설 133
귀납 가정 369
귀납 공리 043, 236
귀납 단계 240, 369
귀류법 060, 368
그노몬 041
그라스만 236
그라이즈 286
그래프 206, 279
그래프 이론 104
그랜빌 340
기독교 신앙 249
기술 248
기약분수 326
기저 369
기초 수학 327
기하학 039, 216
기하학의 기초 233
기하학자 026
기호 적분 189
기호 표기법 235
길이 203, 217
꼬리 재귀 호출 032
꼭짓점 218
끝 285

ㄴ

나눗셈 187
나머지 077, 084, 086, 109, 189, 209, 316, 354
나머지 순열 보조정리 106
나머지 연산 285
내각 226
내각의 합 227
내적 203
너비 217
널 포인터 256, 268
넓이 217
네덜란드 183
네덜란드어 184
네임스페이스 380
노드 207

노름 193, 209, 213, 313
논리곱 362
논리 부정 362
논리적 함의 362
논리합 362
뇌터 233, 310
뇌터의 아이들 198
뇌터의 정리 198
니코마코스 029, 040
니코마코스 윤리학 248
니콜라이 이바노비치 로바쳅스키 227

ㄷ

다임 183
다항식 185, 200, 202, 268, 310, 356
다항식 나눗셈 187, 356
단방향 종주 257
단변수 다항식 185
단엽 이론 150
단원 313
단위 201
단위원 127, 218
단위 정육각형 218
단일 연결 리스트 258, 281, 291
단항 131, 155, 156, 168, 212
닫힌 구간 262
닮음 226
담고 312
대각 원소 179
대수 189
대수구조 126, 155, 199, 211, 212, 315
대수적 객체 198
대수적 수 310
대수적 수론 232
대수적 위상수학 320
대수적 정수 196, 201
대수학의 기본 정리 192
대수학의 역사 182
대우 365
대우명제 099, 336
대입 160, 254, 278, 295
대입 횟수 280, 295
대치 암호 330
대칭군 277
대칭성 162, 198
대칭형 332

대화록 248
더하기 212
덧셈 160, 212, 239, 306, 315
덧셈군 127, 200, 211, 213
덧셈 단항 156, 214
덧셈 반군 156
덧셈 사슬 031
덧셈의 결합법칙 216, 241
덧셈의 교환법칙 216, 241
데데킨트 190, 196, 232, 236, 310
데이터 185, 250
데카르트 097, 185
데카르트 좌표 185
데카르트 평면 193
도형수 353
독립 148
독립적 공리 집합 148
독일 190
독일 공주님께 보내는 편지 104
동등 102
동물학 247
동치 126, 224, 362
동치성 162
동형 150, 277
동형 모형 150
둔스 스코투스 249
뒤집기 296, 358
등식 161
등식 추론 161
등치 254, 255, 266
디리클레 190, 195, 310
디리클레 원리 370
디오판토스 083, 100, 314
디코더 344
디피 333
떨어진 조각 251, 255

ㄹ

라그랑주 144, 268
라그랑주 정리 143
라이베스트 333
라이브러리 380
라이프니츠 039, 103
라카 대수학 306
라틴어 237
라파엘로 246
람다 표현식 272

람다 함수 385
러셀 237
러시아 소작농의 알고리즘 028
러시아 제국 과학 아카데미 104
레기우스 096
레머 268
레예프스키 331
레오나르도 082, 176
레온하르트 오일러 103
로그 030
로그다항식 공간 301
로렌츠 암호 331
로바쳅스키 227
로버트 플로이드 090
르네상스 249
리만 190
리슐리외 추기경 097
리스트 265
리케이온 247
리턴 282
리턴 유형 377
리팩토링 077
린드 수학 파피루스 026
린드 파피루스 026, 088, 352
링크 281

## ㅁ

마그마 134, 156
마랭 메르센 097
마케도니아 247
맞바꾸기 281
맵리듀스 176
머클 333
메르센 097
메르센 소수 097
메모리 250, 263
메모리 블록 263
메모리 적응형 알고리즘 302, 348
멤버 254
면적 255
명명 원칙 164
명제 148
모듈 211, 213
모듈러 곱셈 336
모듈러 산술 107, 121, 192
모듈로 n 곱셈 역수 110
모서리 207

모순 368
모스크바 대학교 228
모형 149, 251
모형 이론 355
몫 084, 087, 188, 209, 354
몫-나머지 함수 282
무리수 063, 064, 184, 211
무사 071
무세이온 071
무제한 객체 251
무한 내림 불가 042
무한 분석 입문 104
문답법 069
문법적인 요구조건 160
문자열 연결 212
문자열 연결 연산 163
뮤즈 071
미님 수도회 097
미분기하학 192
미분방정식 104
미분학 104
미적분 104
미적분학 103
미학 247
민코프스키 190, 233
밀러-라빈 테스트 337
밀레토스의 탈레스 220
밀레투스 038
밀즈 286

ㅂ

바로 뒤의 원소 235, 256, 264, 266
바로 앞의 원소 256
바르텔스 228
바빌로니아 081
바빌론 039
바셰 314
바셰트 100
바이츠만 연구소 306
바이트 257
바일레르트 312
반군 131, 155, 156, 162, 212, 348
반복 177
반복문 034
반복자 046, 186, 246, 251, 255, 257, 263, 283, 285, 358, 382
반복자 범주 태그 메커니즘 262
반복자 속성 260, 383

반복자 태그 261, 383
반복자 태그 인자 259, 261
반복형 함수 085
반복 횟수 284
반사성 162
반 열린 구간 262, 273, 281
반정칙 278
반정칙유형 255
반직선 076
반환 186, 203, 204, 205, 212
발견 244
방법 244
배열 253, 258
배커스 175
백과사전 248
버그 267
버퍼 285, 302
범위 257
범주 257
범주론 249
범주 이론 150
범주 지명 261, 265, 297
범함수 형식 176
법 202
베르누이 103
베를린 104
베블런 150
베주 314
베주 항등식 314
벡터 164, 193, 203, 211
벡터 공간 211, 213, 233
변종 214
변환군 134
보안 345
보에티우스 249
보여이 야노시 229
보여이 퍼르커시 229
보조정리 047
보존법칙 198
복사 301
복사 생성 254, 278
복소수 193, 210, 211, 364
복소수 노름 209
복소수 표기법 193
복소평면 193
복잡도 253
복호화 331, 341, 342
볼자노 268

볼자노–코시 정리 267
봄베 331
부등식 161
부분군 138, 156
부분집합 139
부분체 210
부분 함수 161, 257
부분환 316
부피 217
부호 없는 정수 252
부호 있는 정수 252
분류법 214
분배법칙 204, 213
분배성 186
분수 306
분할점 269
분해 279
불 AND 206
불 OR 206
불 반환 206
불변 객체 251
불변량 이론 232
불 행렬 206
브라운슈바이크 공작 191
블랙홀 198
블레츨리 파크 331
비가환대수 201
비가환환 201
비구성적 증명 232, 319
비대칭형 332
비둘기집 원리 138, 370
비밀키 332
비범주 이론 151, 153
비유클리드 기하학 226
비트 250
빈 구간 262, 273
빠른 거듭제곱 함수 348
빠른 곱셈 알고리즘 027

ㅅ

사상 150
사원수 211
사전조건 158
사케리 226
사후 조건 379
삭세나 340
삭제 284

산수론 314
산술 185, 235, 357
산술교본 082
산술 연구 191
산술 연산 187
산학 100
삼각수 040, 057
삼각형 227
삼분법 059
삽입 284
상계 271
상쇄 107, 126
상쇄 공리 168
상쇄 법칙 110
상수 199
상수 공간 301
상수 시간 258
상트페테르부르크 104
상트페테르부르크 대학교 228
생물학 249
생성 196
생성원 140
생성자 152
샤미르 333
서로 소 280, 343
서명 261
선 224
선분 209
선언 377
선언 구문 377
선형 검색 256, 265
선형대수 203
선형대수학 149, 201
선형 리스트 265
선형 시간 256
선형 재귀 수열 179
선형 재귀 함수 179, 203
선형 정수 조합 196
설명 248
세제곱근 184
셀 263
소멸 254, 278
소셜 네트워크 206
소수 042, 194, 334
소수 검증 방법 337
소수 나머지 체 210
소수점 182
소수점 표기법 183

소수 테스트 340
소아시아 221
소인 부분체 210
소인수분해 053, 121, 191, 195, 344
소체 210, 213
소크라테스 068
소크라테스식 대화법 069
소프트웨어 파이프라이닝 284
소피스트 069
소행성 세레스 192
속 249, 251
속도 295
수렴 진화 080
수론 보고서 232
수열 263, 267
수직선 184
수학 247, 251
수학의 왕자 193
수학의 원리 237
수학적 공식 235
수학적 귀납법 133, 137, 242, 369
순 꼬리 재귀 호출 033
순방향 반복자 258
순서 231
순열 106, 276, 358
순환 279, 290
순환군 140, 156
순환문 펼치기 284
순환 부분군 140
슈타인 306
슈타인 알고리즘 307, 358
슈타인 알고리즘 일반화 310
스칼라 203
스킴 164
스타게이라 247
스택 253
스테빈 182, 183, 268, 310, 356
스텝 047
스텝 크기 045
스트림 257
스틸웰 352
스페인 249
스페인 제국 183
승수 187
시각적인 증명 216
시간 295
시간 복잡도 253, 256, 301, 332
시작 285

시작 단계 240
시작점 263
시프트 030, 089, 306
실링 183
실버 292
실수 182, 184, 210, 211, 364
실수 계수 211
실수부 193
실수축 193
실체 235
실행 속도 295
실험 230, 244
십진수 268
십진 위치 기수법 082
쌍곡기하학 227

## ㅇ

아가르왈 312
아그라왈 340
아라비아 249
아래쪽 경계 271
아르키메데스 244
아르키메데스의 공리 076, 232
아리스토제너스 038
아리스토텔레스 221, 246, 247
아리스토텔레스주의 249
아리아바타 080
아리아바티야 080
아메스 026
아베로에스 249
아벨군 127, 140, 155, 156, 200, 212, 279
아이디얼 315
아이버슨 175
아이젠슈타인 정수 196, 312
아인슈타인 198
아카데메이아 069, 247
아카데무스 069
아카데미 프랑세즈 315, 320
아키텍처 260
아테네 068, 247
아테네 학당 246
안달루시아 249
알고리즘 026, 197
알렉산드로스 070, 247
알렉산드리아 068, 070
알안달루스 249

암호 330
암호문 331
암호법 330
암호체계 331
암호학 359
암호해독 330
암호화 331, 341, 342
애들만 333
앤드루 와일스 101
앨리어스 376, 384
약분 306, 326
약한 반환 205
양 209
양방향 반복자 258, 298, 383
양의 정수 310
양자역학 198, 233
양자컴퓨터 344
에니그마 331
에니악 268
에라토스테네스 043
에라토스테네스의 체 043
에미 뇌터 197
에우독소스 072
에우클레이데스 042
여성 197
역 365
역수 109, 127, 156, 210, 213, 313,
315, 325, 342
역수 없음 보조정리 115
역순열 277, 280
역연산 127, 168, 204, 277
역원 314, 336
역참조 256, 266
역함수 332
역행렬 212
연결 231
연결 리스트 258
연결 반복자 258
연산 127, 150, 199, 212, 252, 277
연산자와 대수구조 176
열대 반환 208
열린 구간 262
영 081
영역 208
영인자 202, 213, 317
오라녜 공작 마우리츠 183
오르가논 249
오미크론 081

오버로드 164
오버로딩 374
오버헤드 033
오스트로그라드스키 228
오일러 103, 192, 354
오일러의 정리 116, 118, 147, 343
오일러 파이 함수 118
오일러 함수 342
오프셋 263
옥타브 039
올라가는 재귀 함수 078
와일스 101
완료 073, 092, 189
완비성 공리 232
완비 포함 142
완전 148
완전성 238
완전성의 법칙 284
완전수 052, 055, 096
완전한 이론 148
왼쪽 덧셈 240
요구사항 046
요구조건 159, 164, 252, 349, 376
요한 베르누이 103
우선순위 줄임 049
원 218
원론 042, 072, 223, 357
원소 212, 251, 280, 284, 363
원주율 218
위상적 211
위쪽 경계 271
위치 256, 277, 382
위치 기수법 082
윌슨의 정리 112
유계 구간 263, 270, 284
유닉스 268
유대인 190
유리수 063, 064, 210, 211, 213, 306, 326, 364
유용한 결과 리턴 법칙 089
유용한 리턴의 법칙 282, 348
유일한 역원 136
유클리드 042, 071, 192, 223, 357
유클리드 공간 211
유클리드 공리 357
유클리드 알고리즘 075, 188, 195
유클리드 영역 208, 213, 312, 316, 318
유클리드 옹호 226

유클리드 호제법 075
유클리드 환 208
유한군 138, 277
유한 수열 185
유한 차원 211
유한 차원 체 211
유향 그래프 207, 279
유형 188, 250, 251, 377
유형 분리의 법칙 282
유형 서명 261
유형 속성 253
유형 지명 348
유형 함수 253, 259, 260, 272
유효성 266
유효성 검증 092
음수 168, 184
음악 039
의미 252
의미론적인 요구조건 160
이동 179
이동 생성/할당 278
이론 147, 251
이븐 루시드 249
이상 247
이슬람 249
이중 연결 리스트 258
이진 검색 184, 267
이진 검색 보조정리 271
이진 연산 156, 277
이집트 026, 038, 069
이집트인 220
이집트인의 곱셈 027
이집트인의 곱셈 알고리즘 088, 158
이집트인의 나눗셈 088
이차집합 211, 213
이항연산 127, 163
익명 함수 272, 385
인덱스 045, 047, 263, 277
인도 039, 080
인라인 386
인라인 함수 262
인먼 333
인수 046, 187
인수분해 334, 342
인스턴스 198, 251
인증 345
인코더 344
인터페이스 252, 267, 284, 349

인터페이스 개선의 법칙 300
인테르링구아 237
인텔 프로세서 아키텍처 260
일계수 다항식 196
일관성 148
일관성 있는 이론 148
일대일 135
일대일 대응 135, 142
일반성 151
일반화 126, 171, 197, 212, 348
일방향함수 332
일차결합 아이디얼 316
일차집합 211, 213
임의 접근 260
임의 접근 반복자 258, 264, 270, 291, 299, 383
임의 정도 344
입력 반복자 257, 264, 382
입력 스트림 257
잉여류 141

ㅈ

자 061
자가동형성 150
자가 상쇄 111
자가 상쇄의 법칙 111, 338
자기 부합적 193
자료 250
자료구조 197
자명한 부분군 139
자명한 순환 280, 290
자연과학 251
자연수 205, 212, 235, 363
자연수의 정렬성 060
자유낙하 184
작도 192
작도법 064, 072, 085
재귀식 179
재귀적 나머지 보조정리 077
재귀 호출 032, 085
재작업 300
적분학 104
전방 반복자 281, 299, 382
전사 사상 135
전순서 집합성 242
전이성 162
전이적 폐포 206
전제 조건 379

전처리기 165
전칭기호 363
절댓값 193, 209
점 224
점화식 179
정17각형 작도법 191
정다각형 191
정렬 267, 271
정렬성 060
정리 216, 220
정삼각형 218
정수 141, 202, 213, 252, 364
정수론 019, 039, 083, 096, 100, 192, 276, 353, 359
정수론 강의 196
정역 202, 208, 213, 317
정역학 184
정육각형 218
정의 223, 239
정의역 161, 267
정적분 326
정치 247
정치학 248
정칙유형 162, 172, 225, 254, 256
정칙함수 254, 255
정형적 193
제네릭 프로그래밍 018, 197, 250, 348, 352
제약조건 150, 327
제자리 알고리즘 281, 301
제퍼슨 182
조각 250
조각 반복자 259
조건문 362, 365
조지 크리스털 060
존 모클리 268
존재기호 363
종 249, 251
종주 257
종차 249
좌잉여류 141
좌표 256
주석 303
주아이디얼 317
주아이디얼 정역 318
주원소 317
주판 081
중간값 정리 184, 267

중국 080
증거 336
증명 216, 219, 271, 356, 368
증명 기법 368
지름 218
지명 261
지역성 295
지표 210
직관주의 321
직관주의자 319
직사각수 040
직사각형 217
직선 224
진부분체 210, 213
진약수 052, 056
진약수합 056
집합 235, 363
짝수 029, 307, 313

ㅊ

차수 137, 187, 209, 278
참조 지역성 295
창의성 327
척도 209
천구 039
천문학 039
철학 221
첨자 263
체 043, 210, 211, 213
체계화 216
체의 확장 210
초기화 377, 385
초월수 184
최단 거리 207
최단 경로 208
최대공약수 075, 091, 196, 059, 276, 288
최대공측도 058, 075, 353
최소자승법 192
최적화 284
최하위 비트 030
추상대수 233, 276, 348
추상대수학 019, 126, 196, 198, 356
추상수학 165
추상집합 155
추상 클래스 252
추상화 019, 126, 158, 196, 208, 246, 348, 382

추이성 224
추측 148
축소 175, 355
출력 반복자 258
출력 스트림 258
측도 058
측정 058, 244
측지학 192
친구 206
친화수 096

ㅋ

카르테시우스 185
카를 프리드리히 가우스 191
카마이클 337
카얄 340
카이사르 330
카이사르 암호 330
카잔 대학교 228
카츠 352
카탈디 096
칼리닌그라드 232
캐시 295
커넥터 255
커누스 090
커먼 리스프 164, 265
컨테이너 264, 284
컴퍼스 061
컴퓨터 대수 189
케일리의 정리 278
켤레복소수 193
코드 185, 330
코발레프스카야 197
코시 198, 268
콕스 333
콜로서스 331
쾨니히스베르크 232
쿠란트 234
크로톤 039
크리스털 189, 353
클라인 190, 197
클라인군 154
클래스 251
클레이니 163
키 331
키 생성 341

ㅌ


탈레스 038, 220

탈레스의 정리 222

태그 262

텍톤 352

템플릿 374

템플릿 유형 함수 384

템플릿 함수 374

토끼 176

토리노 대학교 236

토마스 아퀴나스 249

톨레도 249

통계학 192

통분 불가능한 양 073

튜링 233, 331

트랩도어 332

트랩도어 일방향함수 332

특별 케이스 309

특성 정보 251


ㅍ


파스칼 101

파운드 183

파이 함수 118

판데르바르던 182, 199, 310

팔원수 211

팝 253

페르마 083, 097, 100, 192, 354

페르마 소수 102, 191

페르마의 마지막 정리 101

페르마의 작은 정리 103, 113, 146, 336

페르마 테스트 337

페르시아 038

페아노 234, 235

페아노 곡선 236

페아노의 공리 235, 256, 357

페아노의 산술 236, 357

펜스 183

편각 193

평문 331

평방교본 083

평행 224, 231

평행사변형 184

평행선 225

평행선 공준 225

폐포 206

포 330

포인터 256, 382
포함 262
포함-제외 원리 119
표기법 280
표준 템플릿 라이브러리 018, 151, 380
표트르 대제 104
푸시 253
푸앵카레 319, 320
프라이버시 345
프란드센 312
프로그래밍 251
프로그래밍의 이해 255
프로클로스 071
프리드리히 2세 083, 104
프톨레마이오스 226
플라워즈 331
플라톤 068, 246
플라톤의 질문 041
플랑드르 183
플레이페어 226
플레이페어의 공리 226
플레처 292
플로이드 090
플루타르코스 041
피보나치 082, 176, 354
피보나치 수 176
피보나치 수열 090
피사 082
피사의 레오나르도 082
피에르 드 페르마 100
피타고라스 038
피타고라스 산술 353
피타고라스학파 039, 057
필리포스 왕 247
필요충분조건 364

ㅎ

하계 271
하둡 176
하스켈 252
하이얌 226
하이젠베르크 190
학술지 098
함수 262, 267
함수 객체 174, 378
함수형 프로그래밍 언어 252
합동 226, 231

합성 277
합성수 042, 334, 337
합스부르크 왕가 183
합집합 363
항등 156
항등 순열 277, 288
항등원 127, 171, 240, 277, 335
항등원 0 205
항목 수 263
해석기하학 101
해석역학 145
해석학 104
해석함수 051
해설자 249
행렬 178, 200, 276
행렬 곱 203, 204, 212
행렬 곱셈 212
행렬–벡터 곱 203
행렬식 178
행렬의 곱셈 179
행렬–행렬 곱 204
허수 193
허수부 193
헤더 255
헤로도토스 221
헬라스 220
헬맨 333
현대 대수학 199
현대 물리학 198
형 349
형식주의 231
형식주의적 320
형이상학 248
호너의 원리 186
호환 278
호환 보조정리 279
홀란트 183
홀수 029, 307, 313
홀수 거듭제곱수의 합의 공식 054
홀짝 구분 313
화이트헤드 237
확률이론 101
확장 211
확장된 GCD 324
환 198, 199, 204, 212, 213, 312, 315, 356
회문 051
회문 소수 051

회전 326, 358
회전 알고리즘 291
힌두 숫자 083
힐베르트 190, 197, 231, 232, 319
힐베르트 공간 233
힐베르트의 문제 233
힐베르트의 프로그램 233

## 기호

{min,+}–반환 208
{∨,∧}–반환 206

## 번호

0 081
1 240
2차 선형 재귀 수열 179
2차원 211
2차원 벡터 212
2차원 유클리드 공간 211
4차원 211
4학 039
8차원 211
10분의 1에 관하여 182, 184
10진법 082
12음 음계 184